Harten, Harten · Frauen – Kultur – Revolution 1789 – 1799

Frauen in Geschichte und Gesellschaft

Herausgegeben von Annette Kuhn und Valentine Rothe

Band 3

Frauen - Kultur - Revolution 1789 - 1799

Elke Harten
Hans-Christian Harten

Centaurus-Verlagsgesellschaft
Pfaffenweiler 1989

CIP-Titelaufnahme der Deutschen Bibliothek

Harten, Hans-Christian:
Frauen–Kultur–Revolution: 1789 – 1799/Hans-Christian
Harten; Elke Harten. – Pfaffenweiler: Centaurus-Verl.-Ges.,
1988
(Frauen in Geschichte und Gesellschaft; Bd. 3)
ISBN 3-89085-257-2
NE: Harten, Elke; GT

ISSN 0933-0313

Umschlagbild: Nanine Vallain, La Liberté. Musée de la Révolution française, Vizille.
Satz: Der Schreibservice, Freiburg i. Br.
Druck: Caro Druck, Frankfurt a. M.

Inhalt

Einführung

1. Feminismus und Politik in der Französischen Revolution 3

2. Auf der Suche nach der republikanischen Identität der Frau 11
   2.1 Ordnung und Moral des republikanischen Gemeinwesens 11
   2.2 Frauenbilder: Mutter und Göttin der Vernunft 18
   2.3 Die patriotische Frau und die republikanische Heroine 23

3. Beiträge von Frauen zur literarischen und ästhetischen Kultur der Revolution 29
   3.1 Literarische Werke: Hymnen, Lieder, Oden und Theaterstücke 29
   3.2 Ästhetische Kultur 39
   3.3 Revolutionäre Kunstwerke 44
   – Künstlerische Produktion 44
   – Kleines Lexikon der Künstlerinnen der Revolution 49

4. Mädchenerziehung und Pädagogik 64
   4.1 Zur Situation des Mädchenunterrichts während der Revolution 64
   4.2 Republikanische Lehrerinnen und politische Mädchenbildung 70
   4.3 Konzeptionen zur Mädchenerziehung 78
   4.4 Moralbücher und Texte für den republikanischen Unterricht 95

Dokumente

I. Die neue kulturelle und moralische Ordnung 103

1. *Anonym*, Gesuch der Frauen an die Nationalversammlung 103
2. *Madame Bastille (Citoyenne Desmoulins)*, Antrag zugunsten des weiblichen Geschlechts (1789) 105
3. *Citoyenne Trevisani*, Petition an den Nationalkonvent (Jahr II) 108
   dies., Projekt einer Nationalbank nach dem Vorbild derer zu Venedig (Jahr II) 110

4. *Citoyenne Cavaillon*, Rede, gehalten in der Gesellschaft der Sansculotten von Excidoeuil, am 1. Floréal II 112
5. *Citoyenne Cavaillon*, Brief an den Konvent 118
6. *Citoyenne Paseault*, Anschreiben an den Konvent (26. Frimaire II) 119

II. Revolutionsfeste 121

7. *Madame Mouret*, Plan für ein Bündnis der französischen Frauen (1790) 121
8. Fest der Citoyennes von Cany (Jahr II) 123
9. *Citoyenne Verdier d'Uzès/Citoyen Dintrans*, Hymne, bestimmt für ein heiliges nationales Fest (Jahr II) 131
10. *Citoyenne Cavaillon*, Hymnen an den Allmächtigen, gesungen von den Sansculotten von Excidoeuil am 20. Prairial II, erstes Fest des Höchsten Wesens 134

III. Oden, Hymnen, Lieder 139

11. *Citoyenne Ferrand*, Der Zug nach Versailles und die Ankunft des Königs in Paris 139
dies., Die Zerstörung der Königsstatuen 140
dies., Die Zerstörung der Klöster 141
12. *Citoyenne Allain-Labertinière*, Strophen an die Verteidiger der Freiheit 142
13. *Citoyenne Thiliol*, Strophen über die Einnahme von Toulon (Jahr II) 144
14. *Marie Monnet*, Petition der französischen Republik (1795) 145
15. *Lucidor Corbin*, Rede im Tempel der Vernunft und Hymne der farbigen Citoyens (Jahr II) 147
16. *Citoyenne Flagel*, Hymne zu Ehren Marats und anderer Helden der Revolution 149
17. *Citoyenne Paseault*, Hymne (Jahr II) 150
18. *Citoyenne Dubois*, Republikanische Hymnen und Gebete an die Gottheit (Jahr II) 151
dies., Das republikanische Erwachen (Jahr III) 156
19. *Anonym*, Hymne Cherbourgeoise (Jahr III) 159
20. *Constance Pipelet*, Hymne an die Landwirtschaft (Jahr IV) 162

21. *Citoyenne Herouard*, Den Manen der französischen Minister, ermordet in Rastatt (Jahr VII) 163
22. Citoyenne Thiémé, Airs patriotiques (Noten) (Jahr II) 165

IV. Theaterstücke 171

23. *Citoyenne Desmoulins*, Die republikanische Heroine (Jahr II) 172
24. *Nicole Villiers*, Barra oder die republikanische Mutter (Jahr II) 196

V. Ästhetische Kultur 233

25. *Citoyenne Vallée*, Petition an die Nationalversammlung (1791) 233
26. Brief der Citoyennes von Avallon (1792) 236
27. *Citoyenne Gond-Boulliand* (Museum zu Ehrenrepublikanischer Heroen, 1793) 240
28. *Citoyenne Heuvrard*, Anschreiben an den Konvent (Musikinstitut für Frauen, 1794) 243

VI. Kunstwerke 247

VII. Pläne und Programme der Mädchenerziehung 267

29. *Madame L.*, Erster Brief einer Frau über die Erziehung ihres Geschlechtes (1791) 267
30. *Madame Mouret*, Anschreiben an die Nationalversammlung (1790) 270
31. *Madame Mouret*, Darlegung der unzuträglichsten Mißstände für das Glück einer Nation, oder Reflexionen über die schlechte Erziehung des weiblichen Geschlechtes, einschließlich wirksamer Mittel, diese zu verbessern (1790) 272
32. *Citoyenne Lemaignan*, Plan für die Erziehung der jungen Leute gemäß unserer neuen Verfassung (1793) 276
33. Die Freundinnen der Freiheit und Gleichheit der Stadt Besançon an die Abgeordneten des Nationalkonvents; Erziehungsplan für die jungen Mädchen der Republik (1793) 280
34. *Citoyenne Valincourt*, Petition (Jahr II) 284

35. *Citoyenne Clemenceau*, Projekt für die Kleidung der Kinder in den nationalen Erziehungshäusern (1793) 289
36. *Françoise Acrin*, Berufsschulen für Frauen (1792) 296
37. *Citoyenne Hardou*, Plan für eine Erziehungseinrichtung (1793) 301
38. *Citoyenne Laroche*, Prospectus für die Erziehung der Citoyennes 304

VIII. Texte für die Moralerziehung 305

39. *Anonym*, Patriotischer Katechismus (1789) 305
40. *Citoyenne H.*, Belehrungen für die Kinder oder Abriß der wichtigsten Pflichten des Citoyen (Jahr II) 307
41. *Citoyenne Desmarêts*, Grundlagen des republikanischen Unterrichts (Jahr II) 313
42. *Citoyenne Cavaillon*, Dialoge (Jahr II) 330
43. *Citoyenne Lambert*, Hinweise für die jungen französischen Republikanerinnen (Jahr II/III) 340

IX. Die wundersame Geburt einer Tochter der Freiheit 347

44. Freiheit, Gleichheit, Brüderlichkeit (3. Nivôse II) 348

Abbildungsnachweis 351

Abkürzungen 352

EINFÜHRUNG

1.

Feminismus und Politik in der Französischen Revolution

Die französische Revolution war die Geburtsstunde des modernen Feminismus: Auch wenn es vorher schon Forderungen nach politischer Gleichheit der Geschlechter gab, werden diese Forderungen doch jetzt zum ersten Mal politisch relevant. Der Erklärung der Menschenrechte folgte zwei Jahre später die berühmt gewordene *Déclaration des Droits de la Femme* von Olympe de Gouges; zur gleichen Zeit beginnen sich Frauen in eigenen Klubs und Gesellschaften zu organisieren, um ihre Emanzipationsbestrebungen in politisches Handeln umzusetzen. In zahlreichen Eingaben an die Nationalversammlung kommt die Erwartung der Frauen zum Ausdruck, in der künftigen Gesellschaft würde es keine Privilegien und Benachteiligungen allein aufgrund der Geschlechterzugehörigkeit mehr geben, sowie die Erwartung, zu dieser neuen Gesellschaft könne unmittelbar übergegangen werden, sie könne durch ein Gesetz herbeigeführt werden.

In der französischen Sprache bedeutet "hommes" gleichermaßen "Männer" wie "Menschen", daher ist eine Präzisierung erforderlich. Die *Droits de l'homme*, erklärt der Frauenklub der Sektion *Droits de l'Homme* von Paris, gelten für beide Geschlechter, ihre Gleichheit gründet sich auf die Natur - aber folgt daraus auch eine vollständige politische Gleichheit? Der naturrechtlichen Gleichheit der Geschlechter stehen unterschiedliche soziale Pflichten gegenüber: für dieselben Frauen liegt die weibliche Bestimmung vor allem in der Erziehung der Kinder (daneben gibt es auch eine Erziehung der Männer), freilich nach den Prinzipien der Freiheit und Gleichheit und im Geist des Patriotismus. Wenn sich auf die Natur keine Privilegien des Geschlechtes gründen lassen, dann hat sie doch den Geschlechtern unterschiedliche Aufgaben in der Gesellschaft zugewiesen.[1] Naturrechtliche Gleichheit bedeutet deshalb nicht von vornherein auch politische Gleichheit im Sinne einer unterschiedslosen Partizipation von Männern und Frauen an der Politik. Die entscheidende Frage ist, ob die "natürliche" Bestimmung der Frau zur Mutter und Gattin mit einer aktiven Rolle in der Politik vereinbar wäre. Unter den Stimmen, die diese Frage grundsätzlich bejahen, lassen sich zwei Positionen unterscheiden:

---

1 Discours prononcé à la Société des Citoyennes républicaines révolutionnaires, par les Citoyennes de la Section des Droits de l'homme. O.J. (BN, Lb^{40} 2411).

die erste entwirft Formen politischer Partizipation, die auf eine "spezifisch weibliche Bestimmung" bezogen sind, während eine zweite weiter geht und die Aufhebung jeglicher Unterschiede des Geschlechtes in der Politik fordert. Ein "Natursubstrat" weiblicher Bestimmung in der Gesellschaft bleibt aber durchgängig bestehen: Die Zuständigkeit der Frau für die frühe Kindheit, die Mutterrolle wird noch nirgends in Frage gestellt[2], die Möglichkeit, daß Männer und Frauen gemeinsam die Versorgung und Erziehung der Säuglinge und Kleinkinder organisieren können, scheint zu jener Zeit noch nicht denkbar gewesen zu sein; hier liegt offensichtlich eine objektive Grenze feministischer Bestrebungen im späten 18. Jahrhundert.

Beide Positionen schließen einander nicht aus: In der Regel beinhaltet die zweite Auffassung die erste, aber nicht umgekehrt. Die radikale, absolute Gleichheitsforderung in der politischen Sphäre ist übrigens selten. Selbst Olympe de Gouges *Déclaration* läßt einige Fragen offen. Die Präambel beginnt: "Die Mütter, die Töchter, die Schwestern, Vertreterinnen der Nation, verlangen als Nationalversammlung konstituiert zu werden". Sollen sie in die Nationalversammlung der Männer aufgenommen werden oder soll es eine eigene, weibliche Nationalversammlung geben? Artikel 1 ihrer Erklärung lautet: "Die Frau wird frei geboren und bleibt dem Mann ebenbürtig in allen Rechten. Unterschiede im Bereiche der Gesellschaft können nur im Gemeinwohl begründet sein."[3] Auf diese Formulierung kann sich durchaus eine Argumentation stützen, die Frauen im Namen des "Gemeinwohls" andere gesellschaftliche Aufgaben und Pflichten zuweist als Männern, denen dann auch eine jeweils geschlechtsspezifische Vertretung und Verwaltung entspräche. Dieses Beispiel zeigt bereits, wie schwer die beiden genannten Auffassungen voneinander abgrenzbar sind.

Eindeutiger und radikaler ist ein anonym verfaßter Gesetzentwurf zu den Rechten der Frau an die Nationalversammlung: Hier wird unmißverständlich die Beseitigung aller Unterschiede zwischen den Geschlechtern in der Politik gefordert, explizit ist davon die Rede, die Frauen als Abgeordnete zur Nationalversammlung zuzulassen. Die Schrift zielt darüber hinaus auf ein Programm ökonomischer und kultureller Emanzipation der Frau ab.[4] Beide Aspekte spielen auch bei Olympe de Gouges eine zentrale Rolle: Zugang zu öffentlichen Ämtern, Gemeinschaftlichkeit des Eigentums von Mann und Frau in der Ehe; Verbesserung der Lage der Frau über ein staatliches Bil-

2 Obwohl es schon Konzeptionen vergesellschafteter Kleinkinderziehung gab, aber auch hier sind es Frauen, die mit der Versorgung und Erziehung der Kinder betraut werden. Die Zuständigkeit der Frau für die frühe Kindheit wird auch im Feminismus des 19. Jahrhunderts noch nicht in Frage gestellt.

3 Olympe de Gouges, Déclaration des Droits de la Femme et de la Citoyenne. 1791.

4 Requête des Dames à l'Assemblée Nationale, o.J. (BHVP, 12087, Bd. 1, Nr. 20).

dungswesen. Jedoch ist der anonyme Entwurf auch hier präziser und weitgehender: Während Olympe de Gouges offenläßt, ob nur bestimmte Ämter gemeint sind, ist hier offenkundig an alle Ämter der öffentlichen Verwaltung und der Regierung gedacht, selbst militärische Funktionen für Frauen werden ins Auge gefaßt. Zum anderen wird ein kulturrevolutionäres Programm skizziert, das radikal-feministisch genannt werden kann: Bis in die Kleidung und in die Grammatik hinein soll die geschlechtsspezifische Ungleichheit in der Gesellschaft abgeschafft werden, weil nur so die alltägliche kulturelle Erniedrigung der Frau beseitigt werden kann. Dieses Programm würde nicht nur die weibliche, es würde auch die männliche Kultur umwälzen, in dieser Hinsicht war es auch eine Kampfansage an die Männer (Dok. 1).

Die Forderung nach politischem Wahlrecht findet sich in einer ganzen Reihe von Initiativen. Sie wird beispielsweise 1793 vom Frauenklub von Besançon erhoben[5], sie findet sich in einer im gleichen Jahr dem Konvent vorgetragenen Petition von Frauen: "die politische Freiheit und die Gleichheit der Rechte sollen den beiden Geschlechtern gemeinsam gehören", zugleich wird die Mündigkeit der Frauen mit dem 21. Lebensjahr, das Scheidungsrecht und eine allgemeine öffentliche Mädchenbildung gefordert[6]. Militant äußert sich eine Madame La M. de M. in den *Etrennes nationales des Dames*, die den Zugang der Frauen zur Nationalversammlung fordert: "Bringen wir die Männer wieder auf ihren Weg, dulden wir es nicht, daß sie uns mit ihren Systemen der Gleichheit und Freiheit, mit ihren Erklärungen der Rechte im Zustand der Unterlegenheit lassen, sagen wir die Wahrheit: im Stand der Sklaverei, in dem sie uns seit so langer Zeit festhalten ... Wenn sich irgendwelche Gatten finden sollten, die in ihrem Haus aristokratisch genug sind, um sich der Teilung der patriotischen Pflichten und Ehren zu widersetzen, die wir einklagen, dann werden wir uns ihnen gegenüber der Waffen bedienen, die sie mit so viel Erfolg gegen uns angewandt haben." Die Autorin stellt in Aussicht: "Wenn die Männer sich die Garde des Königs vorbehalten wollen, dann werden wir die Amazonen der Königin sein." "Gleiche Rechte - gleiche Vergnügen" ist ihre Devise.[7]

Die Citoyenne Desmoulins (Madame Bastille) sieht die Grundlage weiblicher Emanzipation in der ökonomischen Unabhängigkeit der Frau, das Mittel dazu ist ihre Zulassung zu Berufen, die sie ausfüllen können, und ein Bildungssystem, das den Frauen zur Entwicklung ihrer Fähigkeiten verhilft, die allein für die Stellenbesetzung maßgeblich sein sollen (Dok. 2). Mit der ökonomischen Unabhängigkeit verbindet sich die Erwartung einer Transforma-

5 M. de Villiers, Histoire des Clubs de Femmes et des Légions d'Amazones, 1793-1848-1871. Paris, 1910, S. 215.

6 AN, C 145 doss. 199 Nr. 29.

7 Etrennes nationales de Dames Nr. 1, November 1789.

tion der Zweckehe zur Liebesbeziehung gleicher, sich gegenseitig anerkennender Individuen, "Keimzelle" für die Versittlichung der ganzen Gesellschaft[8]. Das Bildungssystem wird allgemein als ein entscheidender Hebel weiblicher Emanzipation begriffen. Dies überrascht nicht, lag doch der Alphabetisierungsgrad der Frauen zu Beginn der Revolution nur bei 26,8%, für Männer dagegen bei 47,45%; darüber hinaus war Frauen das höhere Bildungswesen - Collèges, Universitäten, Akademien - verschlossen, über das auch nur einflußreiche Positionen in der Gesellschaft erlangt werden konnten. Höhere Bildung und Wissenschaft blieben auch während der Revolution neben dem Wahlrecht die mächtigsten Bastionen männlicher Vorherrschaft. Politische Macht und Bildungsstatus waren eng miteinander verknüpft. Dies lag in der Logik des bürgerlichen Freiheitsanspruchs: An die Stelle von Herkunft und vererbten Privilegien sollten Leistung und Kompetenz treten, die über ein allgemein zugängliches Bildungssystem erworben würden. Der Konvent beschloß zwar einen allgemeinen Elementarunterricht für Mädchen, machte aber vor der Öffnung der höheren Bildung halt. Zahlreich sind die Schriften, die erläutern, daß Frauen für diese Sphäre des Wissens nicht geschaffen seien; schon zu Beginn der Revolution wenden sich einige Frauen - beispielsweise Madame L. - leidenschaftlich gegen diese Ausgrenzung.

Nur wenige Männer schlossen sich den Forderungen nach allgemeiner politischer Gleichheit und der Öffnung von Bildung und Wissenschaft für Frauen an. Das bekannteste Beispiel ist Condorcet, ein anderes De la Fontaine, der 1791 einen Bildungsplan entwarf, in dem es keinen Unterschied des Geschlechts mehr geben sollte: "die Frauen haben die gleichen Rechte auf den öffentlichen Unterricht wie die Männer".[9] Die Reaktionen anderer Männer weisen auf eine fast paranoide und hysterische Angst vor der emanzipierten Frau hin.[10] Schon 1794 entstand der Mythos von der gebildeten und politisierenden Frau, die zwangsläufig ein "unnatürliches" Wesen, eine "Furie" werden muß: "... es gibt für einen Staat keine größere Plage als eine politische, schöngeistige und philosophische Frau. Dieses Ungeheuer, denn einen anderen Namen kann man einem solchen Wesen nicht geben, wird der Zerstörer der sozialen Gemeinschaft".[11] Das Verbot der politischen Frauenklubs durch den Konvent im Brumaire II wird vom Vertreter des Sicherheitsausschusses, Amar, sowohl mit der besonderen Konstitution als auch mit der mangelnden

---

8 Mme Bastille (= Citoyenne Desmoulins), Motion en faveur du sexe. In: Mme Mouret, Hg., Annales de l'Education du Sexe. Paris, 1790.

9 AN, F^{17} 1309 doss. 1.

10 Vgl. hierzu A. Dessens, Les Revendications des droits de la femme, Toulouse, 1905, S. 188 ff.

11 Henriques, Histoires et morales choisies, pour chaque mois de l'année républicaine. Paris, An III, S. 55 f.

Bildung der Frauen begründet: "Wenn wir berücksichtigen, daß die politische Erziehung der Männer in den Anfängen steht, daß alle Prinzipien noch nicht entwickelt sind und daß wir das Wort Freiheit erst zu stammeln vermögen, dann gilt dies noch mehr für die Frauen, deren moralische Erziehung fast völlig bedeutungslos ist. Ihre Anwesenheit in den *Sociétés populaires* würde daher Personen einen aktiven Anteil an der Regierung geben, die in besonders hohem Maß dem Irrtum und der Verführung ausgesetzt sind. Fügen wir hinzu, daß die Frauen von ihrer Konstitution her zu einer Überschwenglichkeit neigen, die für die öffentlichen Angelegenheiten unheilvoll wäre; die Interessen des Staates wären rasch allem geopfert, was die Lebhaftigkeit der Leidenschaften an Aufregung und Unordnung erzeugen kann. Der Hitze der öffentlichen Debatten hingegeben, würden sie ihren Kindern nicht die Liebe zum Vaterland, sondern Haß und vorgefaßte Meinungen eingeben. - Wir glauben daher nicht, und gewiß werdet ihr ebenso denken wie wir, daß es für die Frauen möglich ist, die politischen Rechte auszuüben."[12] Die Frauen sollen deshalb aber nicht auf ein umpolitisches Dasein reduziert werden: Ihre passive Teilnahme an politischen Versammlungen wird ausdrücklich bejaht (sie wird erst nach dem Thermidor untersagt), und nur wenige Wochen nach dem Verbot der Frauenorganisationen wird das Gesetz über den öffentlichen Unterricht erlassen, das einen obligatorischen Besuch republikanischer Primarschulen für Mädchen vorsieht, Schulen, in denen auch ein politischer Unterricht stattfinden sollte. Den Frauen wird die Ausübung aktiver politischer Rechte verwehrt, aber sie sollen sich als politische Subjekte bilden; denn in einer Republik ist ihre wichtigste Aufgabe die Erziehung der Kinder zu Patriotismus und republikanischer Moral, und auf diese Aufgabe als "republikanische Mütter" müssen sie selbst durch einen entsprechenden Unterricht - in der Schule und in der *Société populaire* - vorbereitet werden.

Manches spricht dafür, daß das Verbot der Frauenklubs weniger Ausdruck einer "frauenfeindlichen" Haltung der Abgeordneten im Konvent war als vielmehr nur eine Maßnahme im Rahmen der "Stabilisierungsbemühungen", die die Jakobinerregierung im Winter und Frühjahr 94 traf: Zurückdrängung der politischen Macht der in den Volksgesellschaften organisierten Sansculotten, Befreiung vom Druck der Straße, Beschränkung der sozialen Demokratie.[13] Der Konvent hatte vor allem die Auflösung des Klubs der "Revolutionären Republikanerinnen" im Auge, die Verbindungen zu den linken *Enragés* unterhielten.[14] Gleichwohl vermischt sich diese politische Maßnahme mit der

12 Moniteur, Bd. 18, S. 300.

13 Siehe hierzu Susanne Petersen, Marktweiber und Amazonen. Frauen in der Französischen Revolution. Köln, 1987.

14 Siehe hierzu Marie Cérati, Le club des Citoyennes Républicaines Révolutionnaires. Paris, 1966.

Formulierung eines spezifischen Frauenbildes, das den gesellschaftlichen und natürlichen Ort der Frau im Haus, bei ihren Kindern und in der Sorge für ihre Familie sieht, eine Frau, die im übrigen zugleich republikanische Bildung aufweist und von patriotischer Gesinnung durchdrungen ist.

Zwischen dieser auf das Haus und lediglich passiver Partizipation an der Politik beschränkten und der politisch autonomen, völlig gleichberechtigten Frau stellt die Konzeption einer "spezifisch weiblich" definierten Partizipation in gewisser Weise einen Kompromiß dar, der für beide Geschlechter akzeptabel sein konnte: aktive politische Mitwirkung, zum Teil auch eigene Organisation und Verwaltung in Bereichen, für die Frauen prädestiniert zu sein schienen, das heißt vor allem im Erziehungs- und Sozialwesen (Erziehung und Unterricht wurden während der Revolution weiter gefaßt als heute: sie schlossen beispielsweise alle Aspekte der ästhetischen Kultur mit ein). Dies waren Vorstellungen, die weit mehr Anhänger(innen) fanden als die radikalen Gleichheitsforderungen. Paradigmatisch ein Vorschlag Etta Palm d'Aelders vom März 1791: Gründung von Frauenorganisationen in allen Sektionen und Departements, die die Leitung und Aufsicht über die öffentliche Erziehung, das Ammenwesen und die Waisenhäuser, die soziale Fürsorge etc. innehätten.[15]

Tatsächlich konzentrierten sich auch die Aktivitäten der Frauenklubs, die bis zum Beginn des Jahres II entstanden waren, auf diese Tätigkeitsfelder. Diese Rollenbestimmung stand nicht im Widerspruch zur prinzipiellen Forderung nach Gleichheit der Geschlechter, die auch aus den Frauenklubs kam; diese Forderung beinhaltete aber nicht unbedingt, daß Frauen auch als Abgeordnete in der Nationalversammlung sitzen und alle öffentlichen Ämter bekleiden sollten. Freiheit und Gleichheit waren naturrechtliche Kategorien und im Selbstverständnis der Zeit noch an "Qualitäten der Natur" gebunden - die "republikanische Moral" etwa war noch nicht die historische Logik eines rationalen Diskurses, sondern Ausdruck der "natürlichen Stimme der Vernunft", die ihren Sitz im Herzen des freien Individuums hat.[16] Ebenso war es daher plausibel, daß zwischen Männern und Frauen natürliche Unterschiede bestehen, die unterschiedliche gesellschaftliche Bestimmungen begründen. Es entsprach durchaus dem naturrechtlichen Denken, wenn die Gleichheit der Geschlechter dann als verwirklicht galt, wenn beide ihrer natürlichen Bestimmung folgen könnten, ohne daß damit Unterordnungsbeziehungen verbunden wären, die dem Begriff der Freiheit und Gleichheit zuwiderliefen. Die Revolution bedeutete Rückkehr zu einer ursprünglichen Bestimmung der Menschen, die ihre natürliche Freiheit ausmachen und auf die sich ihre Gleichheit grün-

15 Etta Palm d'Aelders, Lettre d'une amie de la vérité ..., 23.3.1791 (BHVP, 12807, Bd. 1 Nr. 15).

16 Siehe hierzu H.-C. Harten, Die Kulturrevolution von 1789. München, 1989.

den würde. Das moderne abstrakte Individuum kündigt sich zwar in der Revolution an, aber es war noch eingebunden in Kategorien der Natur und vorgesellschaftlicher Bestimmungen; erst die Auflösung des traditionellen Familienverbandes durch den modernen Kapitalismus entkleidete das Individuum dieser Bindungen an vorgängige Natur. Vor diesem Hintergrund interpretieren wir die Formulierung Olympe de Gouges': Die Frauen ... "verlangen als Nationalversammlung konstitutiert zu werden" als Entwurf einer geschlechtsspezifischen Interessenvertretung;[17] allerdings auf nationaler, das heißt allgemeiner Ebene - insofern steht dieses Postulat zwischen den beiden genannten Positionen. In ähnlichem Sinn forderte Mademoiselle Jodin in ihren der Nationalversammlung zugesandten *Vues législatives pour les femmes* eine eigene Gesetzgebung für die Frauen, die ihre besondere Aufgabe und Bedeutung in der Gesellschaft berücksichtigt; diese Bedeutung liegt in der Sittlichkeit, in der Macht, die die Frauen über den moralischen und sittlichen Zustand der Gesellschaft haben.[18]

Freiheit und Gleichheit, Menschenrechte und Volkssouveränität - dies waren Abstraktionen, die eine allgemeine *Citoyenneté* begründeten, die aber konzeptionell ganz unterschiedlich ausgefüllt wurden. Versittlichung durch Erziehung, kulturelle Praxis und Ästhetik, durch Sozialfürsorge und karitative Brüderlichkeit oder Schwesterlichkeit war ein Ziel, für das die Frauen einen realen Erfahrungshintergrund mitbrachten und über den sie die neuen politisch-moralischen Prinzipien der Revolution konkretisieren, über die sie ihre Umsetzung mitgestalten konnten. Sie bildeten Elemente einer neuen Kultur, die ihnen gesellschaftliche Bedeutung/Anerkennung und ein Ende ihrer Inferiorität verhieß. Die Revolution zielte keineswegs auf eine bürgerliche Konkurrenzgesellschaft ab: Freiheit, Gleichheit und Brüderlichkeit/Schwesterlichkeit waren noch untrennbar miteinander verbunden, und für diese Verbindung waren die "natürlichen Qualitäten und Bestimmungen" der Frau entscheidend. Dies rechtfertigt gewiß nicht den Ausschluß der Frau aus der allgemeinen politischen Repräsentation, macht aber vielleicht verständlich, warum auch bei Frauen eine theoretische Konstruktion Anklang fand, die die Verweigerung des allgemeinen Wahlrechts damit begründete, daß Mann und Frau immer schon eine solidarische Einheit, eine Gemeinschaft zweier Liebender und Gleicher seien, so daß der Mann stets für die Frau mitsprechen würde; eine Doppel-Repräsentation wäre unnötig und unökonomisch (Und konnte man nicht die Liebe erwarten, nachdem mit der Einführung der Scheidung die rechtliche Grundlage der Ehe als "Zwangsgemeinschaft" entfallen war?). Die

17 Siehe auch Margarete Wolters/Clara Sutor, Hg., Marie Olympe de Gouges. Politische Schriften. Hamburg, 1979, S. 9 f.

18 In: Paule-Marie Duhet, Cahiers de doléances en 1789 et autres textes. Paris, 1981.

Frau sollte dagegen überall dort mitwirken oder autonome Gestaltungsmöglichkeiten haben, wo sie ihre "natürlichen Kompetenzen" einbringen kann: im Bildungs- und Erziehungswesen, bei den öffentlichen Festen, aber auch bei der Rechtsprechung, wo es um Frauenangelegenheiten ging; das "revolutionäre Wirkungsfeld" der Frau liegt damit primär in der kulturellen Sphäre der Sittlichkeit.[19] Ihre Garantie gegen die Unterdrückung durch den Mann wäre vor allem ihre eigene Arbeit an der Versittlichung der Familie, des Gemeinwesens, die "Kulturrevolution", die sie selber ins Werk setzt. Dies wäre eine "natürliche Arbeitsteilung", die allerdings impliziert, daß der Mann als Gesetzgeber der weiblichen Arbeit keine Grenzen zieht; insofern setzt die Konzeption voraus, was es erst herzustellen gälte - ein Zirkel, die Konfusion von Utopie und Realität, die die kulturelle Revolution von 1789-1799 insgesamt charakterisiert. Der napoleonische *Code civil*, der die Macht des Mannes in der Familie (die Gehorsamspflicht der Frau) wiederherstellte, markiert das abrupte Ende dieser Utopie des revolutionären Kleinbürgertums.

Eine "kulturrevolutionäre Versittlichung" der Gesellschaft durch die Frau hätte erfordert, daß sie selber an den gesetzlichen Rahmenbedingungen ihrer Arbeit hätte mitwirken können. Eben dies war die Intention Olympe de Gouges', die gleichfalls das soziale Individuum als eine Einheit von Mann und Frau definiert - "Jede Staatsgewalt wurzelt ihrem Wesen nach in der Nation, welche ihrerseits nichts anders ist, als eine Verbindung von Frau und Mann" - daraus aber gerade die Forderung einer politischen Repräsentation durch die Frauen selbst ableitete. Dazu fehlten jedoch die Voraussetzungen: Die politische Bildung der Frauen steckte noch mehr als die der Männer in den Anfängen, eine breite Bewegung und Organisation von Frauen, die den nötigen "Unterbau" hätte bilden können, existierte nicht, die Frauenklubs blieben - innerhalb der großen Zahl von Klubs und Volksgesellschaften - eine Randerscheinung[20], und die "Familienökonomie" ließ den Frauen auch nur wenig Möglichkeiten zu politischer Organisation[21]; schließlich trug die Angst der Männer vor der emanzipierten Frau das ihre dazu bei, alle Anfänge im Keim zu erstikken. Ein entscheidendes Hindernis lag, wie wir noch zeigen werden, im Begriff der Revolution selbst, die als eine natürliche Erneuerung der Kultur betrachtet wurde und eine "Mythologie" der Geschlechter enthielt, in der es für eine vollständige Egalisierung der allgemeinen politischen Partizipation noch keinen Raum gab.

---

19 Théremin, De la condition des femmes dans la république. Paris, An VII; Constance Pipelet, Rapport sur un ouvrage du Citoyen Théremin ... Paris, An VIII.

20 Jane Abray weist auf die geringe Resonanz hin, die die organisierten Frauen unter ihren Geschlechtsgenossinnen fanden. Dies.: Feminism in the French Revolution. In: American Historical Journal, Feb. 1975.

21 Olwen Hufton, Women in Revolution 1789-1796. In: Past and Present 53/1971.

2.

Auf der Suche nach der "republikanischen" Identität der Frau

2.1 Ordnung und Moral des republikanischen Gemeinwesens

Im Zentrum des gesellschaftlich-moralischen Diskurses der Frauen stehen zwei Aufgaben, die sie ihrem Geschlecht als natürliche Bestimmung zuweisen: primäre Erziehung und Mädchenbildung sowie die Leitung und Organisation karitativer Arbeiten, also Krankenpflege, Versorgung Bedürftiger etc. - in diesen Tätigkeitsfeldern erweitert sich die natürliche Mutterrolle der Frau zur Rolle einer "gesellschaftlichen Mutter". Diese konventionelle Frauenrolle verbindet sich in der Revolution mit der Forderung nach einer Institutionalisierung, die den Frauen eine eigene gesellschaftliche Macht verheißt. Nicht an diesem Frauenbild, sondern an der Forderung nach dieser Macht gingen die Meinungen auseinander: eine staatliche Institutionalisierung dieser Rolle durch entsprechende Gesetze wurde von der Nationalversammung nicht akzeptiert.

Der Abgeordnete Rousseau entwarf 1790 ein Konzept für eine weibliche Sozial- und Moralverwaltung, von Frauen selber gewählt und organisiert; ihre Zuständigkeiten sollten sich auf die Aufsicht über das sittliche Verhalten aller Frauen (vor allem der *filles publiques*, die Verteilung von Mitteln der öffentlichen Unterstützung für Arme, Kranke und Bedürftige und die Organisation von Kursen der Frauen- und Mädchenbildung erstrecken.[22] Dieses Projekt fand eine breite Resonanz vor allem unter Frauen.[23] Im Floréal II, als die *politische* Organisation der Frauen nicht mehr auf der "Tagesordnung" stand, adressierte Thérésia Cabarrus (die spätere Madame Tallien) eine Petition an den Konvent, in der sie den Ausschluß der Frauen aus der aktiven Politik als in der Natur begründet akzeptierte, daran aber die Forderung anschloß, den Frauen deshalb nicht die Partizipation an der Gestaltung des republikanischen Gemeinwesens zu verweigern. Hat die Natur die Frau nicht zur Politik bestimmt, so hat sie ihr doch andere Qualitäten gegeben, die sie ebenso wie den Mann, nur auf andere Weise, zum patriotischen Dienst am republikanischen Gemeinwesen befähigen: Die Frau ist zur Lehrerin, daneben aber vor allem

22 Ch.L. Rousseau, Essai sur l'éducation et l'existence civile et politique des femmes dans la constitution française. Paris, 1790.

23 M. de Villiers, Histoire des clubs ..., a.a.O., S. 17 ff.

zur Krankenpflegerin geboren. Für diese Arbeit bringt sie Fähigkeiten mit, in denen sie dem Mann überlegen ist: "Es mag einer Frau erlaubt sein, zu sagen: Die Männer sind zu Taten, die Kraft erfordern, zu tiefen Meditationen, zu energischen Tugenden bestimmt; aber bei Kranken ist ihre besorgteste Pflege grob und überstürzt; ihre sanfteste Stimme ist zu roh, ihre Aufmerksamkeit ist zerstreut, ihre Geduld hat einen gequälten Ausdruck; sie scheinen in gewisser Weise den Unglücklichen, dem sie helfen, zu fliehen ... Die Frauen dagegen scheinen, wenn sie einen Kranken pflegen, nur für ihn da zu sein, alles an ihnen kündigt Erleichterung und Linderung an; sie nehmen gern die Klagen entgegen: sie sind dazu da, euch zu trösten; schon ihre Stimme vermittelt Trost; ihr Blick ist mitfühlend, ihre Bewegungen sind sanft, ihre Hände begegnen dem größten Schmerz mit Aufmerksamkeit; ihre Versprechen vermitteln Vertrauen, ihre Worte lassen Hoffnung schöpfen ..."[24]

Die Citoyenne Cabarrus zeichnet hier nicht nur das Bild der wohltätigen bürgerlichen Frau; es handelt sich dabei um ein "republikanisches" Konzept in dem Sinn, als soziale Unterstützung, in der Verfassung von 1793 erstmals als ein allgemeines Recht verankert, nicht mehr als eine Gnade und ein Almosen empfangen, sondern als ein generalisierter Anspruch postuliert wird. Die Citoyenne schlägt ein Gesetz vor, das alle jungen Frauen verpflichtet, vor der Eheschließung eine bestimmte Zeit in den *asyles de la pauvreté et de la douleur* zu arbeiten. Die Hospitäler werden sich in *Temples de l'humanité* verwandeln, die selbstlose Arbeit der Frauen wird einen tiefgreifenden sittlichen Wandel in der ganzen Gesellschaft bewirken; auf diesen Beitrag zur moralischen Regeneration gründet sich ihr Anspruch, den Titel einer Citoyenne in einer Repulik zu führen.

Während hier bereits ein generalisiertes Programm für die Entfaltung der "karitativen Rolle der republikanischen Frau" entworfen wird, bleiben andere Konzeptionen in ihren Ansprüchen bescheidender, zielen aber in eine ähnliche Richtung. Die Citoyenne Robert (Mme Keralio) schlug Ende 1791 eine Demokratisierung der Administration der Hospitäler vor: Sie sollten auf die gleiche Weise wie die *Assemblées primaires* organisiert werden; alle zwei Jahre sollte die Administration neu gewählt werden, und sie sollten unter ständiger Kontrolle des Volkes, das heißt der Sektionen der Stadt stehen; diese Versammlungen würden auch Inspektoren wählen, die die Aufsicht über Hospitäler und Hospitalverwaltung führen. Für diese Aufsichts- und Leitungsfunktion wären - und dies hebt Louise Robert besonders hervor - vorzugsweise Frauen geeignet, auch wenn für sie administrative Aufgaben sonst nicht in Betracht kämen: "Ihre häuslichen Pflichten, heilige Pflichten, wichtig für die öffentliche Ordnung, verbieten ihnen alle administrativen Funktionen, und ich

24 Thérésia Cabarrus, Petition sur l'éducation des femmes. In: Moniteur 7. Floréal II.

habe keineswegs vor, sie aus ihrer Sphäre zu entfernen. Aber der Sinn fürs Detail, an den sie durch ihre häuslichen Arbeiten gewöhnt sind, macht sie für die vorgeschlagene Aufsicht geeignet. Das, was den vielseitigen Beobachtungen des Mannes entgeht, erfassen sie viel rascher bei der Visite oder bei der Prüfung der Einzelheiten der Buchführung. Sie werden selber die Suppe abschmecken, das Fleisch prüfen, die Bäckereien, die Kellerräume, den Geflügelhof, den Gartenbau, das Obst, kurz alles inspizieren, was unter die Dinge fällt, die sie von haus aus kennen und deren Kenntnis die Befähigung einer guten Hauswirtschafterin ausmacht."[25]

Solche Konzeptionen spiegelten die reale Praxis der Frauenklubs in der Französischen Revolution wider: Krankenpflege, Verteilung und Organisation sozialer Unterstützung, Förderung der Mädchen- und Frauenbildung waren ihre wichtigsten Tätigkeitsfelder, dazu kamen Arbeiten für die *défenseurs de la patrie*.[26] Zu den prominentesten Frauen, die diese Arbeit propagierten, gehörte Etta Palm d'Aelders. Nach ihrer legendären Rede am 23.3.1791 in der *Association fédérative des amis de la vérité*, in der sie zur Bildung patriotischer Frauengesellschaften aufrief, die sich des Armen-, Erziehungs- und Sozialwesens annehmen sollten, entstand einer der ersten Frauenklubs der Revolution; er beschloß als erstes, Erziehungs- und Arbeitshäuser für arme Mädchen zu organisieren.[27] Die Frauenklubs traten in dieser Hinsicht an die Stelle der Ordensfrauen, die bis dahin das Kranken- und Sozialwesen und weitgehend auch die Elementarerziehung für Mädchen getragen hatten. Die *Société des Amies de la Constitution* von Besançon etwa richtete neben dem Klub ein *atelier de charité* ein, in dem Anfang 1793 bereits achtzig Arbeiterinnen, überwiegend Frauen der armen Schichten, tätig waren. Sie übernahm auch die Verwaltung der Krankenhäuser, und auf ihren patriotischen Eifer ging die Vertreibung der *soeurs* aus den Hospitälern zurück; äußerer Anlaß war eine Visite der Jakobinerinnen in einem Krankenhaus der Stadt: "Eines Abends, als sie (die religiösen Frauen) alle zum Gebet versammelt waren, kamen zwei Mitglieder der Verwaltung, um sie hinauszuwerfen, indem sie ihnen sagten, daß sie hier nicht am Platze seien; daß Personen, die Kranke versorgen besser daran täten, ihnen die Marseillaise und andere patriotische Lieder zu singen, um sie heiter zu stimmen, und daß dies die richtigen Gebete für sie wären."[28]

25 Louise F. Robert, Discours sur l'administration des hopitaux (1791).

26 Zur Praxis der Frauenklubs siehe Paule-Marie Duhet, Les Femmes et la Révolution 1789-1794. Paris, 1971; Henriette Perrin, Le Club de Femmes de Besançon. In: Annales révolutionnaires 1917/1918; Geneviève Langeron, Le Club des Femmes de Dijon pendant la Révolution. In: La Révolution en Côte-d'Or 1929.

27 Siehe oben Anm. 15.

28 Zitiert nach H. Perrin, Le Club ..., a.a.O., S. 656.

Dieses Modell einer patriotisch-republikanischen pädagogischen und karitativen Arbeit und Verwaltung durch Frauen war paradigmatisch. Nur selten gingen Forderungen darüber hinaus: Olympe de Gouges etwa wollte den Frauen auch die Leitung der Eheschließungszeremonien übertragen und sie zu neuen Vestalinnen der Sansculotten machen, glaubt man dem Bericht Proussallines: "Fordern wir, die Feste und die Trauungen zu leiten, und daß nur wir mit der Erziehung der Jugend betraut werden. Dies ist um so einfacher, als die Priester, die - ich weiß nicht warum - dieses Privileg hatten, nicht mehr existieren. Es ist an uns, sie zu ersetzen und die Religion der wahren Sansculotten zu gründen."[29] Eine weibliche Priesterschaft wird auch in der anonym verfaßten *Requête* reklamiert, und die Citoyenne Pipelet schlug noch im Jahr VIII unter Bezugnahme auf Théremins Buch über die Rolle der Frau in der Republik vor, ihr die Gestaltung der republikanischen Feste zu überantworten, die während der Revolution die traditionellen Kirchenfeste ersetzen sollten[30]. Ein reales Kultamt übernahm die Frau 1793/94 als Göttin der Vernunft, indem sie in den Kirchen die neue Moral predigte.

Théroigne de Méricourt wies den Frauen die Aufgabe zu, über den Patriotismus und die politische Moral der Männer in der republikanischen Öffentlichkeit, in den Sektionsversammlungen zu wachen - sanfte Ordnungshüter, ausgestattet mit Schärpen, auf denen *Amitié* und *Fraternité* zu lesen wäre, die gleichwohl mit strengem Blick darauf achten würden, daß kein Feind der Demokratie und kein Agent der Könige die Versammlungen stört[31].

Henriette Perrin beschreibt, ohne ihre Mißbilligung zu verhehlen, wie die Jakobinerinnen von Besançon sich ausgiebig an der Denunziation von Feinden der republikanischen Ordnung beteiligten: Das Wort "Denunziation" hatte zu der Zeit aber noch eine andere Bedeutung als die, die wir heute mit ihm verbinden. Volkssouveränität und Republik, Gesetzgebung durch allgemein gewählte Volksvertreter waren gerade erst erkämpfte Neuerungen, Verstöße gegen das Gesetz und die republikanische Ordnung wurden noch - dies war historisch mehr oder weniger unvermeidlich - als Anschläge auf die Volkssouveränität als solche wahrgenommen, das Denunzieren konnte daher, nicht zuletzt auch vor dem Hintergrund von Krieg und Bürgerkrieg, als staatsbürgerliche Tugend aufgefaßt werden. Es hatte freilich auch einen pathologischen Aspekt; unter Jakobinern und Sansculotten gab es eine weit verbreitete Unfähigkeit zur rationalen und pragmatischen Auseinandersetzung mit der traditionalen Kultur, insbesondere der alten Religion, die allgemein dämoni-

29 Zitiert nach M. Cérati, Le Club ..., a.a.O., S. 51. - Marie Cérati bezweifelt den Wahrheitsgehalt.

30 Constance Pipelet, Rapport ..., a.a.O.

31 Théroigne de Méricourt, Aux 48 Sections. Paris, o.J.

siert wurde. Der Kampf für die Republik war aber nicht ohne weiteres immer auch gleichzusetzen mit dem Kampf gegen die katholische Religion, der die Mehrheit der Landbevölkerung weiter anhing. Die Gleichsetzung, die wir in den meisten Projekten und Artikulationen eines republikanischen Kults finden, verweist auf die Suche nach einem absoluten Moralsystem, das abweichenden Meinungen keinen Raum gab.

An der Elaboration eines republikanischen Systems der Tugend und des Kults waren auch Frauen beteiligt: Frauen hatten ebenso Anteil an den Vorgängen der Dechristianisierung und am kulturellen "Vandalismus" der Revolution. In den Sitzungsprotokollen des Unterrichtsausschusses findet sich beispielsweise im Prairial II folgende Notiz: "Brief der Citoyennes *agrégées à la Société populaire de Montpensier'*, die die Abschaffung der Statuen und Bilder fordern, die die Erinnerung an den Fanatismus wachhalten können."[32] Im August 1792 werden die *soeurs Maillard et Corbin, femmes de couleur* aus der *Société fraternelle des patriotes des deux sexes* ausgeschlossen, weil sie unter anderem zur Zerstörung aller Königsstatuen aufgerufen und am 14. Juli versucht hatten, die Sturmglocken von St. Roch zu läuten - Vorgänge, die bald zum kulturrevolutionären Alltag gehören werden[33]. Auf zahllosen Festen des Jahres II steckten Frauen als "Göttinnen der Vernunft" die "Scheiterhaufen des Aberglaubens" in Brand. Die Citoyenne Basset richtete noch 1798 eine *petition philosophique et républicaine* an den *Conseil des Cinq-Cents*, repressive Maßnahmen gegen den "Fanatismus" der antirepublikanischen Priester zu ergreifen[34].

Die Vorschläge von Frauen zu neuen Formen der Religion, der Moral und allgemein der Kultur unterscheiden sich kaum von allgemeinen Konzeptionen und Projekten der Zeit. Die Citoyenne Paseault, die selber im Frimaire II in *Bassière l'Egalité* zur Göttin der Tugend gewählt worden war (zu den weiblichen "Göttinnen" der Revolution weiter unten), rief den Konvent dazu auf, Dekadenlehrer in die Landgemeinden zu entsenden, die dort anstelle der alten geistlichen Messen die Menschenrechtserklärung und den republikanischen Kult während der Dekadi-Fete verkünden sollten (Dok. 6). Auch ein Vorschlag zur revolutionären Umbenennung von Monatsnamen ging von einer Frau ein: Die Kalenderzeit sollte nicht mehr an die Kultur des *Ancien Régime* und der Kirche erinnern, sondern die Werte und Prinzipien der Revolution im Alltagsbewußtsein wachhalten. Die Citoyenne Cavaillon kritisierte den offiziell beschlossenen republikanischen Kalender, weil er nicht das revolutio-

32 PV CIP, Bd. IV, 29. Prairial II.
33 M. de Villiers, Histoire ..., a.a.O., S. 56 f.
34 AN, AF III - 109, doss. 494.

näre Zeitbewußtsein, sondern den Kreis der Jahreszeiten zur Grundlage hatte (Dok. 5).

Am 1. Floréal II trat die Citoyenne Cavaillon in der *Société populaire* von Excidoeuil mit einer Rede auf - offensichtlich gehalten vor den Frauen der *Société*, ein Indiz dafür, daß hier trotz Verbotes eine Frauengesellschaft existierte? -, in der sie einen Abriß der Geschichte der Religionen gab und die Verbrechen der Priester anprangerte. Die Rede ist bemerkenswert, weil sie eine konzeptionelle Synthese von republikanischer Moral und urchristlichen Gleichheitsvorstellungen brachte, eine Synthese, die für eine ganze Reihe von Entwürfen des republikanischen Kults in den Jahren 93/94 charakteristisch ist und sich deutlich von den "deistischen" Konzeptionen der Jakobiner um Robespierre abhebt. Der Topos vom "Sansculotten Jesus" verweist auf eine revolutionäre Transformation volkskultureller Traditionen christlicher Heilsbilder; Jesus wird in dieser Re-Interpretation zum Stifter einer Religion der Armen, einer Religion der Nächstenliebe, der Brüderlichkeit und sozialen Gleichheit, der Gerechtigkeit und Güte - sogar für die Ehebrecherin zeigte er Verständnis, wie die Citoyenne hervorhebt. Dagegen verurteilt sie die Priester als eine Kaste, die eine Distanz zwischen Gott und den Menschen schuf und die ursprüngliche Lehre Jesu verraten habe. Sie schloß deshalb aber nicht die "wohltätigen" Priester, die sich der Sache der Armen verschrieben hatten aus der republikanischen Gemeinde der Gerechtigkeit und des "guten Herzens" aus. Sie forderte die Frauen auf, ihre Kinder im Geist dieser wahren Religion der Sansculotten zu erziehen.

Dieser "kulturrevolutionären" Position stand eine "gemäßigte" bürgerliche Haltung gegenüber, für die Madame Brulart und die Citoyenne Trevisani zwei Beispiele liefern. Madame Brulart, Comtesse de Genlis und im *Ancien Régime* Erzieherin der Kinder des Herzogs von Orléans, entwirft 1791 in ihrem *Discours sur le luxe* ein Programm gesellschaftlich-sittlicher Erneuerung: Öffentlich-staatliche Förderung von Tugend und Sittlichkeit auf der Grundlage eines politischen und ökonomischen Liberalismus. Luxus ist Synonym für sittlichen Verfall, dem sie mit einer, wenn man so will, spartanischen Ethik begegnen will. In der Tradition der Aufklärungsphilosophie fordert sie aber weniger repressive Gesetze als eine Umlenkung des natürlichen Egoismus der Menschen zu tugendhaftem Handeln durch öffentliche Ehrungen und Belohnungen. Neue öffentliche Institutionen sollen eine Revolution der Sitten bewirken und einen völlig neuen *esprit public* hervorbringen. Ihr Programm umfaßt 10 Punkte, darunter entgegen ihren zu Beginn des Diskurses postulierten Grundsätzen allerdings auch repressive Gesetze:

1. Gesetze gegen das Glücksspiel, das viele Bürger in den Ruin treibe;
2. Öffentliche Erziehung, insbesondere für Mädchen; keine Frau soll das Recht auf Erziehung ihrer Kinder, das Recht auf Vormundschaft oder die Teilnahme am *Conseil de famille* erhalten, wenn sie nicht eine entsprechende eigene Bildung und Erziehung in einer Prüfung vor einem zu diesem Zweck einzurichtenden Tribunal nachweisen kann - eine Art Bürokratisierung der mütterlichen Erziehungskompetenz;
3. Institutionalisierung der Adoption - damit würden die "Vorurteile der Geburt" verschwinden (die Adoption wird 1792 durch ein Gesetz möglich gemacht);
4. Öffentliche Ehrungen und Förderung von Tugend und gesellschaftlich nützlichen "Talenten";
5. Überwachung der *petits spectacles;*
6. Etablierung einer Polizei der öffentlichen Sitten;
7. Weiterentwicklung öffentlicher Feste durch Einbezug friedlicher Wettkämpfe *jeux de la liberté et de l'égalité*; öffentliche Ehrungen und Preise auch für Handwerker, deren Arbeiten zu allgemeinem Wohlstand beitragen;
8. Gesetze gegen Verleumdungs- und Schmähschriften, also zur Versittlichung der Presse;
9. eine Reform der Hospitäler;
10. Maßnahmen zur Förderung und Entwicklung der Gastfreundschaft.

Auf diesen letzten Punkt legt sie besonderes Gewicht: Ihr Ziel ist, Reisende aus allen Ländern anzuziehen, Literaten, Gelehrte und Künstler, vor allem aber auch Handwerker, Wissenschaftler und Erfinder, deren Arbeiten und Ideen für das allgemeine Wohl von Nutzen sein können. Um dies zu erreichen, schlägt sie vor, in den öffentlichen Schulen - auch in den Mädchenschulen - Gästehäuser einzurichten; die Fremden könnten hier während ihres Aufenthalts in Frankreich wohnen und zugleich einige Kurse für die Schüler(innen) abhalten[35].

Ein kaum minder umfangreiches und noch stärker von spezifisch bürgerlichen Interessen getragenes Programm gesellschaftlicher Versittlichung, das ebenfalls ökonomische Aspekte berücksichtigt, entwarf die Citoyenne Trevisani. Einige ihrer Vorschläge betreffen Verbesserungen in den Bereichen Gesundheit und Hygiene: Danach soll es in jeder größeren Stadt einen Chirurgen geben, der für problematische Geburten zuständig ist, vor deren Schwierigkei-

35 Mme Brulart (de Genlis), Discours sur le luxe et sur l'hospitalité, considérés sous leurs rapports avec les moeurs et l'éducation nationale. 1791.

ten die Kunst der Hebammen versagt; Friedhöfe sollen wegen der von ihnen ausgehenden Seuchengefahr außerhalb der Städte angelegt werden. Im Mittelpunkt ihres Konzeptes steht jedoch die bürgerliche Ordnung: Ihr Vorschlag, Einkäufe durch Hausangestellte an ein Zeugnis der Dienstherren zu binden, um dem Diebstahl vorzubeugen, verweist auf ein unmittelbar besitzbürgerliches Ordnungsinteresse. Volkstümliche Traditionen wie die Trinkgelage bei Eheschließungen, die Feste des Charivari und die "Unzucht" des Cabaret möchte sie abschaffen, weil sie unnötige Geldausgaben, Faulheit und Nicht-Arbeit begünstigten.

Die Citoyenne Trevisani beklagt, daß mit der Abschaffung der kirchlichen Trauung ein Verfall der Sitten eingesetzt habe; auf dem Land fehle es an gebildeten Beamten, die in der Lage wären, dem *mariage civique* (1792 gesetzlich eingeführt) eine sittliche Dimension zu geben. Der Konvent soll deshalb Kommissare ernennen, die vierteljährlich die Landgemeinden bereisen, um hier über die Ausführung der Gesetze, über Ordnung und bürgerlichen Anstand zu wachen. Frauen, die sich in Hauswirtschaft auskennen, deren "Element" Ordnung und Sauberkeit ist, soll die Leitung der Institutionen öffentlicher Wohlfahrt übertragen werden. Weiterhin schlägt sie eine Nationalbank vor, eine Art Sozialversicherungseinrichtung, die dem Volk ermöglichen soll, Vorsorge für das Alter zu treffen, während die wohlhabenderen Bürger hier Rücklagen bilden könnten, um sich vor dem Ruin durch unvorhergesehene Geschäftseinbrüche zu schützen. Vor allem begriff sie die Nationalbank als eine Einrichtung zur Zukunftssicherung der Kinder; die Einzahlungen sollten jedoch eine bestimmte Höhe nicht überschreiten, um ein künftiges Luxus-Leben als Rentier auszuschließen. Arbeit bleibt die Grundlage republikanischer Vergesellschaftung, und die Nationalbank dient nicht der kapitalistischen Akkumulation, sondern der sozialen Zukunftsvorsorge. In dieser Hinsicht handelt es sich auch beim Konzept der Citoyenne Trevisani nicht um ein Projekt des kapitalistischen, sondern des kleinen Bürgertums (Dok. 3).

2.2 Frauenbilder: Mutter und Göttin der Vernunft

Das primäre Bild der Frau in der Revolution war das der Mutter, die ihre Kinder zu Männern und Frauen des republikanischen Gemeinwesens, zu Staatsbürgern und Patrioten erzieht. Dies war nicht nur ein bürgerlicher und ein regressiver Mythos, der die Frau auf eine vermeintlich natürliche Bestimmung reduzierte; das Bild der "guten Mutter" war der Mythos der Revolution selbst, die sich als das Werk einer natürlichen Erneuerung begriff: Die selbstlose Liebe der Mutter, im wörtlichen Sinn die "guten Stoffe" der Mutter (um diesen Ausdruck von Melanie Klein zu verwenden), die sie unmittelbar von der Natur empfängt und an das Kind weitergibt, sollten den Ausgangspunkt für das Heranwachsen eines neuen, "guten und natürlichen" Menschen, für eine Wiedergeburt der Gesellschaft aus moralischer Reinheit konstituieren. Die Muttermilch war das primäre und privilegierte Medium dieser Umwandlung und Erneuerung der Gesellschaft, und in zahllosen Festen der Revolution wurde das Stillen der Kinder durch die leibliche Mutter propagiert.

Die fürsorgende und liebende Mutter war zugleich ein Symbol für Freiheit, Gleichheit und Brüderlichkeit auf der Grundlage einer natürlichen Ordnung. Vor der mütterlichen Liebe sind alle Kinder gleich, allen soll sie gleichermaßen Zuwendung und Fürsorge schenken, wie die Natur selbst, die ihre Gaben und Reichtümer allen Menschen ohne Unterschied bereitstellt. Die mütterliche Liebe wird freie Individuen hervorbringen, weil sie weder Begrenzungen des Standes noch der Herkunft kennt, keine personalen Unterordnungsbeziehungen konstituiert, sondern eine Gemeinschaft von Individuen, die nur noch den Gesetzen der Natur und den naturrechtlich begründeten Gesetzen des neuen Staates unterworfen sind; sie wird ein Volk brüderlich (und "schwesterlich") miteinander verkehrender Individuen schaffen, die die von der Mutter empfangene Liebe und Sorge um das Wohlergehen des Anderen zum Prinzip sozialer Kommunikation verallgemeinern. "Was du nicht willst, das man dir tu', das füg auch keinem anderen zu" war eine durchgängige Grundmaxime der republikanischen Moralbücher; aber ebenso häufig findet sich die andere Version dieses moralischen Prinzips: "Was du willst, das man dir tu', das gib auch den anderen."

Dieser Mythos einer naturhaften Erneuerung macht verständlich, warum die Frauen einerseits aus der Politik ausgeschlossen, andererseits zur Göttin der Freiheit, Gleichheit, Tugend oder Vernunft erhoben wurden: Die Sphäre der Politik ist durch Konflikte zwischen der (noch nicht völlig überwundenen) alten Kultur und der (noch nicht verwirklichten) neuen Kultur und durch die immanenten Widersprüche der "bürgerlichen Gesellschaft" gekennzeichnet; von diesen Widersprüchen und Konflikten gilt es die Frau fernzuhalten, damit ihre Reinheit als Quelle der Erneuerung und der Verheißung einer besseren Zukunft durch die Erziehung einer neuen Generation gewahrt werden kann, damit die Antagonismen der bürgerlichen Gesellschaft auf Dauer überwunden und in sozialer Harmonie aufgehoben werden können. - Das revolutionäre Bild der Frau unterscheidet sich von der bürgerlichen Frauenrolle des 19. Jahrhunderts, es enthält ein deutlich eschatologisches Moment; auf die größere Nähe der Frau zur Unmittelbarkeit der Natur gründen sich die tieferen Erlösungswünsche, die sich in den Revolution, insbesondere in ihren Festen artikulierten. In den Festen wird sowohl das Drama des kulturrevolutionären Bruchs mit dem *Ancien Régime* und die Dynamik dieses Prozesses als auch der Entwurf einer zukünftigen, idealisierten Gesellschaft in Szene gesetzt; die Feste sind daher besonders geeignet, die politisch-psychologisches Tiefendimensionen des revolutionären Prozesses und der revolutionären Heilserwartungen zu verstehen[36].

Weibliche Repräsentationen spielten vor allem in den Festen der Jahre 93/94 eine herausragende Rolle; die Frauen waren hier keinesfalls bloß Begleitdekor, deren Aufgabe darin bestanden hätte, die Abläufe zu "verschönern" und die heroischen Taten der Männer mit patriotischen Hymnen zu feiern. In den Festen der Dechristianisierung, oft auch noch in denen des "Höchsten Wesens" stand die Frau als Verkörperung der Grundprinzipien und Heilserwartungen der Revolution nicht nur im Mittelpunkt der Inszenierung, sondern zahlreiche Feste wurde auch von den Frauen selbst organisiert. Hier trugen sie auch die "rote Mütze", die ihnen in der Politik verwehrt wurde. In erster Linie traten sie als "Göttinnen der Vernunft" auf - Metapher für die Idee einer Rekonstitution der Vernunft aus reiner Natur -, aber ebenso werden alle anderen Prinzipien der republikanischen Ordnung in der Regel durch Frauen versinnbildlicht.

Die Göttin der Freiheit fuhr im Triumphwagen durch die Städte, begleitet von weiblichen Aposteln der republikanischen Tugend, die Göttin der Vernunft nahm auf den vor oder in den Kirchen errichteten "heiligen Bergen" Platz, um von dort die neuen Wahrheiten zu verkünden, Heerscharen von Frauen in weißen Gewändern begleiteten sie. Wir haben diese Arrangements an anderer Stelle beschrieben und wollen hier nur zwei Beispiele zur Veranschaulichung zitieren. Beim Fest der Vernunft, das am 20. Frimaire in Cognac stattfand - die Kirche war mit Rasen ausgelegt, in den Seitenkapellen hatte man Bäume aufgestellt, im Kirchenchor einen vierzig Fuß hohen Berg aufgeschüttet -, geleitete eine Gruppe von Frauen die *Déesse de la Raison* zum Fuß des Berges; hier reichte ihr der Präsident der Stadtverwaltung die Hand, schritt mit ihr einmal um den Berg herum und dann über Serpentinenwege zum Gipfel hinauf. Im Berg entdeckte man eine Grotte mit stillenden Müttern: *Nature, Maternité*. Gruppen von Vätern und Müttern sangen republikanische Hymnen zu Orgelklängen. Dann hielt die *Déesse* vom Berg herab eine Rede, in der sie den Anbruch eines neuen Zeitalters verkündete, das goldene Zeitalter, in dem die Liebe regieren wird: "Sterbliche ..., eure Aufgabe ist es, einander zu lieben; in euren Hütten, mit den Sitten und der Tugend und nicht mit Glaubensüberzeugungen, die die Vernunft beleidigen, sollt ihr dem Höchsten Wesen den Kult darbringen, den ihr ihm schuldet ... Die Tage des Aberglaubens, des Zaubers und der Vorurteile sind vorbei; das goldene Zeit-

36 Siehe hierzu H.-C. Harten, Die Kulturrevolution ..., a.a.O.

alter, das bisher nur in den Köpfen einiger Philanthropen existierte, ist im Begriff, sich zu verwirklichen: Die Stunde des Glücks ist angebrochen ... Bald werden sich alle Völker die Hand geben und die Freiheit und der ewige Friede werden sich die Hand reichen." Chöre von Männern und Frauen sangen abwechselnd Strophen einer Hymne, die die Citoyenne Lecoq zu diesem Anlaß geschrieben hatte. Die Mitglieder der Stadtverwaltung begaben sich zur *Déesse*, um von ihr *niveaux tricolors* in Empfang zu nehmen, die sie an ihren Hüten befestigten. Die Zeremonie endet mit einem weiteren Diskurs der Göttin, in dem sie schließlich den Repräsentanten der Gemeinde ihren republikanischen Segen erteilt: "Beamte des Volkes, die Vernunft überantwortet euch die Sorge, ihr Reich zu errichten; möge es keine anderen Grenzen haben als die Ewigkeit."[37]

Ein anderes Bild: Im Mittelpunkt des Festzuges, der am 20. Ventôse II in Bourg organisiert wurde, standen mehrere Wagen mit Müttern und Kindern. Eröffnet wurde der Festzug mit dem Wagen der *Egalité*, verkörpert durch eine junge Frau; sie war nicht allein: "Schwarze und Weiße umgaben sie; sie stützte sich auf sie und lächelte ihnen gleichermaßen zu; eine Gruppe von Frauen begleitete den Wagen, und es schien, als würde er von ihnen getragen." Der zweite Wagen trug den Freiheitsbaum, unter dem Kinder spielten; der dritte brachte folgendes rührendes Arrangement weltbürgerlicher mütterlicher Liebe: "Man erblickte mehrere schwarze Frauen, die weiße, und weiße Frauen, die schwarze Kinder stillten; zwei Citoyennes verkörperten die Freiheit und die Tugend, sie waren als Krieger gekleidet und saßen mit Schwarzen und Weißen zusammen auf Pferden ..."; der vierte Wagen war dem Überfluß gewidmet: Mädchen verteilten Blumen und Früchte; der fünfte schließlich zeigte das Bild natürlicher Fruchtbarkeit: In der Mitte ein Sinnbild der Natur, "eine Familie mit zahlreichen Kindern unter 6 Jahren drängte sich um sie; sie blickte sie wie eine Mutter an und man sah in ihren Augen den Wunsch leuchten, sich unaufhörlich fortzupflanzen." Jeder Wagen wurde von Frauen- und Mädchengruppen begleitet[38]. Halten wir fest, daß die Frau hier gleichzeitig als Mutter, als Göttin der Natur, der Freiheit und Gleichheit und als Kriegerin auftrat.

Zwei sehr unterschiedliche Arrangements und Inszenierungen, die aber einen Eindruck von den Heilserwartungen geben, die in weiblichen Repräsentationen ihre Verkörperung fanden. Die Feste dieser Zeit sind von solchen Repräsentationen beherrscht; der Kult des höchsten Wesens war ein erster Versuch, die republikanischen Göttinnen zu entthronen - nicht wenige Män-

---

37 Fête de l'inauguration du temple de la Raison, célébrée à Cognac, 20. Frimaire II, Angoulême.

38 B. Desisles, Récit de la seconde décade de ventôse, Bourg régénéré, 21. Ventôse II.

ner zeigten sich irritiert von der Verkörperung der Vernunft durch die Frau[39], aber sie wurde nicht durch männliche Gestalten ersetzt, und in vielen Fällen behielt man die Göttinnen der Freiheit sowie andere Göttinnen bei. Während die weiblichen Sinnbilder vielfältig und glorreich waren, gab es im wesentlichen nur eine männliche Figur: den Herkules mit der Keule, der das bewaffnete Volk symbolisierte, aber nicht annähernd die Verbreitung der republikanischen Göttinnen erreichte. Er war zudem nur deren Werkzeug, keine autonome Gestalt des Lichtes. In Cognac beschränkte sich seine Rolle darauf, in den Pausen zwischen Gesängen und Zeremonien mit einer Stimme "die aus den Tiefen des Berges zu kommen schien" auszurufen: "Souveränes Volk, stürze die Throne um, schlage die Könige, vernichte die Tyrannen!"

Den Kult der Göttin der Vernunft wird man als eine Metamorphose des Marienkults begreifen können - tatsächlich entstanden die Statuen der Freiheit oder Vernunft, die auf die abgeräumten Altäre in den Kirchen gestellt wurden, oft aus einer Umwandlung alter Marien- und anderer Heiligenfiguren - ähnlich wie Marat mit Jesus verglichen wurde. Die republikanische Religion dieser Zeit war vaterlos, vorübergehend regierten weibliche Gottheiten. Darin schlägt sich symbolisch der kulturelle Vatermord der Revolution nieder: die Hinrichtung des Königs und die Verfolgung, Verhöhnung und Deportation der eidverweigernden Priester, nicht zuletzt auch gesetzliche Maßnahmen, die die männliche und väterliche Gewalt gegenüber Frau und Kind schwächten - Vorgänge, die zweifellos tiefe und aufwühlende Wirkungen auf das Alltagsbewußtsein und die "kollektive Psyche" hatten. Psychoanalytisch gesprochen, schuf der kulturelle Vatermord eine ödipale Konstellation, in der die Mutter erorbert und zugleich bei starken mütterlichen Gestalten Zuflucht vor den rächenden Repräsentanten der alten Mächte gesucht wurde. Sie waren auch in dem Sinn Quellen der Erneuerung, als die guten mütterlichen Stoffe das Bruderkollektiv der "Vatermörder" stärken und zum revolutionären Kampf, zur Verteidigung der republikanischen Freiheit befähigen sollten. Beim Fest des 10.8.1793 tranken alle Abgeordneten der Nationalversammlung das Wasser aus dem Brunnen der Wiedergeburt, das aus den Brüsten der Statue der Natur floß, die man auf den Trümmern der Bastille errichtet hatte. Wir können die Dialektik von Ausschluß der Frau aus der Politik und dem Mythos naturhafter Wiedergeburt durch die Mutter jetzt besser verstehen: Die republikanische "Bruderhorde", um mit Freud zu sprechen, war in eine kollektive Schuld verstrickt, in Ängste, die die politische Praxis ständig aktualisierte; das Bild der reinen, göttlichen Frau sollte etwas von diesen Ängsten nehmen, und dies

39 So forderte z.B. der anonyme Autor eines republikanischen Moralkatechismus im Germinal II, diesen Repräsentationen ein Ende zu setzen: Essai d'instructions élémentaires sur la morale républicaine. AN, F^{17}11648 Nr. 30.

konnte nur gelingen, wenn die Frau nicht auch in die Verstrickung hineingezogen wurde. Die Frau mußte "rein" bleiben.

Die Verknüpfung der Imago der "republikanischen Mutter" mit der "Göttin der Freiheit/Vernunft" ist Ausdruck der Suche nach einem natürlichen Garanten, nach Schutz und Geborgenheit in einer Situation des kulturellen Bruchs, der nicht nur Freiheit und Autonomie, sondern auch Bindungslosigkeit und Leere mit all ihren angstauslösenden Momenten brachte. Zweifellos spielen in diesem Zusammenhang auch die frühkindlichen Sozialisationserfahrungen des *Ancien Régime* eine Rolle: die meisten Kinder wurden bis zur Revolution zu Ammen weggegeben, viele Kinder kamen dabei um, und generell gab es eine verbreitete Kindesvernachlässigung. "Natürliche Regeneration bedeutet auch, dem Kind die Mutterliebe zurückzugeben, und die weiblichen Imagines der Revolution signalisieren den Wunsch nach primärer Geborgenheit. (Damit soll ein historischer psychologischer Komplex bezeichnet werden; es versteht sich, daß 'Mutterliebe' nicht an die Funktion und Person der biologischen Mutter gebunden ist.)

2.3 Die patriotische Frau und die republikanische Heroine

Vor diesem Hintergrund überrascht es nicht mehr, wenn die Frauen selbst in ihrem Diskurs über die republikanischen Feste und Zeremonien sowie in eigenen Oden und Hymnen ihren wichtigsten Beitrag darin erblickten, die Männer zu Patriotismus und Heroismus zu ermutigen und aufzurufen. Hier erfüllt sich der weibliche Patriotismus: in der Fähigkeit der Frau, die Bande, die sie selbst legte, im Dienst für die Freiheit wieder zu lösen und den Heldentod des Sohnes oder des Ehemannes nicht nur zu akzeptieren, sondern auch zu propagieren. "Freiheit oder Tod", die Devise der Sansculotten, stickten Frauen auf die Trikolore-Fahnen, die sie den Männern in den politischen Versammlungen oder in der Revolutionsarmee übergaben. So brachte eine Gruppe von Mädchen in dem kleinen Ort Harcourt der Nationalgarde eine Fahne, auf die sie die Worte *Libres ou mourir* gestickt hatten; eine siebenjährige hielt dazu eine patriotische Rede: "Möge dieses auf alle Zeiten geachtete Zeichen stets an euerer Spitze auf dem glorreichen Feld der Ehre und des Sieges angetroffen werden, und mögen schließlich eure Taten, immer im Einklang mit dem Emblem, das (diese Fahne) trägt, der Nachwelt beweisen, daß ihr ihres Bürgersinns würdig seid und in jeder Hinsicht das Geschenk verdient, das wir in eure Hände legen."[40]

---

40 M. de Villiers, Histoire ..., a.a.O., S. 95.

In Marseille erkärte sich eine Gruppe von Frauen vor ihrer Sektion zu den neuen Priesterinnen der Vesta: "An uns ist es, das heilige Feuer zu bewahren, Bild einer makellosen Tugend, und seine leuchtenden Funken in alle Herzen zu blasen ... Möge die Liebe, diese unter einer despotischen Regierung verweichlichte Leidenschaft in unserer Republik die erste Triebkraft aller Tugenden sein. Entzünden wir ihre Fackel nur, um unsere Gatten zum Sieg zu führen. Der Sieg allein kann jene männliche Energie bewirken, die die erste Tugend der Seele ist, um den Helden zu schaffen." Die heimkehrenden Krieger wollen sie mit Siegeshymnen empfangen und mit *couronnes civiques* ehren; als eigenen Beitrag zur Verteidigung der Republik beschlossen sie *par un mouvement spontané*, ihre Haare abzuschneiden, um daraus Seile zu flechten, die in der Armee gebraucht würden[41].

Schon 1791 beschlossen die Citoyennes von Lyon, bei öffentlichen Festen mit Ehrungen der Patrioten festlich, das heißt "in weißem Gewand, mit rotem Gürtel und blauem Mantel"[42] aufzutreten. Die Frauenklubs organisierten eigene Abteilungen in den Festzügen, gelegentlich auch ganz eigene patriotische Feste. In Fontainebleau organisierten Frauen im Brumaire II ein Fest zu Ehren Marats; der Festzug wurde mit einer Gruppe von Kindern eingeleitet, die die "Erziehung" symbolisierten, gefolgt von der "Freiheit", dargestellt durch eine "römisch" gekleidete Frau, zu deren Füßen ein Kind das Buch der Verfassung trug. Eine Citoyenne hielt eine Rede, in der sie die Mütter aufrief, "häufig ihre Kinder um den Baum und die Büste (Marats) zu versammeln und dort ihren jungen Mut zu entzünden, ihnen die Allegorie des Freiheitsbaums, der die Statue ihres aufrichtigsten Freundes beschattet, zu erklären und zu vermitteln; ein Bild, das zu verkündigen scheint, daß die Freiheit stets ihre Verteidiger oder Rächer schützen wird." Die Präsidentin des Frauenklubs steckte auf diesem Fest den Scheiterhaufen aus Portraits von Königen und Königinnen aus dem Schloß in Brand, darunter ein Gemälde Champagnes. "Während dieses reinigenden Brandopfers erklang die Luft von diesen Rufen wider: Es lebe die Republik, Es lebe die Montagne, Geehrt sei Marat!"[43]

Diese Beispiele illustrieren den Identitätsentwurf der republikanischen Frau: Erziehung der Kinder zur republikanischen Tugend, Wachen über den Patriotismus der Männer. Daneben existierte ein anderes Modell des weiblichen Heroismus: die Gestalt der *femme-soldat*, die Frau, die das ihr von der republikanischen Moral zugewiesene Haus verläßt und selbst mit in den Freiheitskampf zieht, oder auch die Frau, die sich eigenhändig an der "patriotischen Waffenproduktion" beteiligt (siehe das Fest Cany, Dok. 8). Théroigne

41 Arch. dép. Bouches du Rhône, L 1984.

42 Institution des Citoyennes de Lyon, dévouées à la patrie. Lyon, 1791.

43 AN, C 279 doss. 760.

de Méricourt und der Klub der "Revolutionären Republikanerinnen" bemühten sich darum, weibliche "Amazonenheere" aufzustellen. Die "Revolutionären Republikanerinnen" beschlossen am 12.5.1793:

> "1. daß alle Bürgerinnen jeder Sektion ab 18 Jahren, sofern es ihre Kräfte erlauben, aufgefordert werden, ihren heimischen Herd zu verteidigen;
> 2. daß wir alle als Erkennungszeichen die dreifarbige Kokarde tragen;
> 3. daß wir Kommissare zur Organisierung einer Sammlung ernennen, um Frauen von Sansculotten zu bewaffnen, die es nicht aus eigenen Mitteln können."[44]

Die Präsidentin der *Société des Amies des vrais Amis de la Constitution* von Ruffec erklärte es zur Hauptaufgabe der Frauen, patriotische Energien und die Bereitschaft zum Freiheitskampf bei den Männern zu entfachen; aber die größte Wirkung würden sie entfalten, wenn sie als *apôtres de la liberté* selbst den Männern nachfolgten: "Wenn dann die Tyrannen uns den Krieg erklären sollten, Heldinnen der Verfassung, werdet ihr euren Herd verlassen und euch zu den Kämpfen begeben ... bei eurem Anblick werden unsere Soldaten entflammt und ihren Mut verdoppeln, die Piken werden sich erheben und bald wird der Dreiste zu Boden geworfen, die überraschten Despoten werden vom Angriff ablassen und sich mit Schande bedeckt zurückziehen, um ihre Niederlage zu beweinen. Und wenn eines Tages die Friedenstaube über dieses geliebte Land schwebt, werden unsere Waffen, die wir erhoben, in ihre Scheiden zurückkehren, und wir werden in Frieden die Fülle unserer Gesetze genießen."[45] Die bewaffneten Amazonen würden die Feinde der Freiheit das Fürchten lehren.

Am 6.3.1792 ging eine Petition mit 304 Unterschriften an die Nationalversammlung, in der Frauen baten, zum Waffendienst für die "Vaterlandsverteidigung" zugelassen zu werden, in einer anonym verfaßten Schrift wird zu einer Aushebung von 300 000 Mädchen und Frauen aufgerufen, die an den Grenzen kämpfen sollten[46]. Théroigne de Méricourt rief das Vorbild der Gallierinnen und Germaninnen sowie die Tage des 5. und 6. Oktober 1789 in Erinnerung, als die Frauen von Paris nach Versailles gezogen waren, um die Über-

44 Zitiert nach S. Petersen, Marktweiber ..., a.a.O., S. 180. BN, Ms. n. a. fr. 2668 f. 174-185.

45 Registre de la Société des Amies des vrais amis de la Constitution à Ruffec (Charente) 1791-1792. In: La Révolution française, Bd. 46/1904, S. 276.

46 Emile Céré, Madame Sans-Gêne et les femmes-soldats 1792-1815. Paris, 1894, S. 162; Anonym, Nouvelle Proclamation pour lever et enroler dans toute l'étendue de la République, 300 000 filles et femmes, pour aller aux frontières ... O.J. (BHVP, 12807 Bd. 1, Nr. 3).

siedlung des Königs und der Nationalversammung nach Paris zu erzwingen. Sie rief zu Waffenübungen auf den Champs-Elysées auf: "Ihr alle, hört mich an: Bewaffnen wir uns und gehen wir zwei oder dreimal die Woche zu den Champs-Elysées, um uns im Gebrauch der Waffen zu üben. Stellen wir eine Liste der französischen Amazonen auf, und alle, die ihr Vaterland wirklich lieben, sollen ihren Namen dort eintragen. Danach versammeln wir uns, um uns als Bataillon zu organisieren; wir werden diskutieren, wie man es aufstellen muß, ob nach dem Vorbild der Geschichte wie ein Regiment aus Alten oder nach dem Beispiel des heiligen Bataillons von Theben."[47]

Die Amazonenheere waren eine Chimäre, und Théroigne, die in "operettenhaftem" Aufzug, mit dem Säbel bewaffnet, Aufsehen erregte, blieb mit ihrem Vorhaben erfolglos. Der weibliche Soldat war aber eine historische Realität. Gerbaux hat nach Durchsicht von Quellen zweiunddreißig Beispiele für Frauen gefunden, die regulär in der Armee dienten; tatsächlich aber dürfte ihre Zahl weit höher gelegen haben. Einige von ihnen waren als Kannoniere oder Grenadiere eingesetzt, andere brachten es bis zum Rang eines Leutnants. Es handelte sich überwiegend um junge und unverheiratete Frauen um zwanzig Jahre. Es waren also weniger Frauen, die, wie man es erwarten könnte, ihren Männern nachfolgten, als vielmehr junge Frauen, die aus patriotischer Begeisterung selber am Krieg teilnehmen wollten. Beispielsweise trat Anne Quatresols aus dem Departement Loire mit 16 Jahren in die Armee ein und war von 1791 bis 1794 bei zahlreichen Schlachten dabei: "bei der Führung der Pferde der Artillerie in der Armee der Vendée und im Norden, bei den Belagerungen von Lille, Aachen, Namur, Maastricht, Dünkirchen, bei der Schlacht von Hondschoote, wo zwei Pferde unter ihr getötet wurden."[48]

Die freiwillige Bewerbung von Frauen für die Armee stieß auf Irritationen, wurde aber auch von einigen revolutionären Verwaltungen begeistert begrüßt. In Saint-Calais, Departement Sarthe, erschien am 10.3.1793 die Citoyenne Savonneau, dreißig Jahre alt und alleinstehend, vor dem Direktorium der Distriktverwaltung: "dieselbe hat erklärt, sich mehrmals während zwei Tagen bei der Verwaltung dieser Stadt vorgestellt zu haben, um als Freiwilliger verpflichtet zu werden, daß die Verwaltung wegen ihres Geschlechtes Schwierigkeiten geltend machte, sie einzuziehen, daß sie auf ihrem Wunsch bestand, den sie immer hatte und immer haben wird, ihren Arm für die Sicherung der Freiheit und Gleichheit einsetzen zu können, deshalb erscheint sie vor dem Direktorium und bittet es, ihre freiwillige Verpflichtung bereitwillig anzunehmen." Distrikt- und Departementverwaltung akzeptieren ihren Wunsch:

47 Aus: Otte Ernst, Théroigne de Méricourt. Paris, 1935, S. 252 f.

48 F. Gerbaux, Les femmes-soldats pendant la Révolution. In: La Révolution française 47/1904; siehe auch Céré. Madame Sans-Gêne ..., a.a.O.

"In Erwägung, daß der Mut bei der Frau genauso wie beim Mann vorkommt, daß beide gleichermaßen auf die Pflicht und das Recht Anspruch erheben können, ihrem Vaterland zu Hilfe zu eilen und sich für es zu opfern, daß das Verlangen der Marie Savonneau angenommen werden soll und Beifall verdient, weil sie sich freiwillig für das Vaterland aufopfert." Die Verwaltung läßt den Fall in allen Gemeinden bekannt machen, "um ihresgleichen zur Nachahmung zu ermutigen." Das Beispiel macht Schule: 10 Tage später werden zwei weitere Frauen in die Armee aufgenommen[49].

Der weibliche Soldat traf also keineswegs auf die geschlossene Ablehnung der Männer. Einige Frauen werden sogar mit öffentlichen Ehrungen bedacht. Angélique Drulon, die 1792 mit einundzwanzig Jahren ins 42. Infanterieregiment eintrat und es bis zum Leutnant brachte, wurde später in die Ehrenlegion aufgenommen, ebenso wie Marie-Jeanne Schellinck, die 1792 ins 2. Belgische Bataillon eintrat. Rose-Liberté Barrau aus dem Departement Tarn wurde mit neunzehn Jahren als Grenadier in die gleiche Kompanie aufgenommen, in der ihr Mann diente; ihre Heldentaten wurden in den *Recueil des actions héroiques* aufgenommen, auf Bildern verewigt und in einer Pantomime auf die Bühne gebracht. Legendären Ruhm erwarben die Schwestern Fernig, eine von ihnen hielt Scheffer auf einem Historiengemälde der Schlacht von Jemappes fest[50]. Ein Gesetz vom 30.4.1793 untersagte jedoch den Waffendienst von Frauen; nur als Wäscherinnen und Marketenderinnen durften Frauen in Zukunft in der Armee zugegen sein. Das Gesetz wurde offenbar nicht überall befolgt, in einigen Fällen dienten Frauen heimlich, als Männer verkleidet, weiter. Die offiziellen militärischen Dienstverhältnisse wurden aber im folgenden Jahr beendet, die meisten Frauen erhielten eine Gratifikation oder Pension zugesprochen. Gleichwohl fanden Beispiele soldatisch-patriotischen Heldentums von Frauen auch in den *Recueil des actions héroiques* Eingang, das offizielle Werk republikanischen Heroismus, das im Jahr II in hoher Auflage gedruckt und unter anderem an die Armeen und an Schulen verteilt wurde[51].

Das Thema des weiblichen Soldaten wurde in einer ganzen Reihe von Theaterstücken der Revolution behandelt, offensichtlich fand es das Interesse

---

49 L. Deschamps, Les femmes-soldats dans la Sarthe. In: La Révolution française Bd. 47/1904.

50 L. Bourdon, Annales du civisme et de la vertu, Nr. 1, Paris, An II, S. 21 f.; Anonyme, Liberté-Barrau ou les Héroines républicaines (Journal des Théâtres 11. Vendémiaire III); M. Dreyfous, Les Femmes de la Révolution. Paris, 1903, S. 183; allgemein hierzu Céré, Madame Sans-Gêne ..., a.a.O.

51 So wurden die Taten der Citoyennes Barrau und Bouillon geschildert, die in der Armee dienten: Recueil no. 1 und 5. Als weitere Beispiele weiblichen Patriotismus wurden die Citoyenne von Milhier (no. 3), "die piété filiale" eines Mädchen (no. 4) und die "dons patriotiques" der Künstlerfrauen am 18.9.89 in der Nationalversammlung erwähnt (no. 3).

einer breiteren Öffentlichkeit[52]. Die Schwestern Fernig tauchen in einem Stück Olympe de Gouges' auf (siehe unten); die Citoyenne Desmoulins schrieb 1794 ein Drama *L'Héroine républicaine* (Dok. 23), das die Geschichte einer Frau zum Gegenstand hatte, die in den Krieg zog, eine wahre Begebenheit, wie sie betont: Die "Heroine" verliebt sich in einen jungen Offizier, die beiden heiraten schließlich; die Heroine, die den Soldaten ihrer Kompanie als leuchtendes patriotisches Vorbild hingestellt wird, läßt keinen Zweifel daran, daß die Liebe zum Vaterland für sie über der ehelichen Liebe steht, und daß mit der Heirat der patriotische Dienst nicht zu Ende ist. Am Schluß des Stükkes singt sie zur Melodie des Refrains der Marseillaise:

"Vive, vive le son
De l'aimable canon.
L 'Amour (bis) ne peut jamais
Egaler ses attraits."

Die weibliche Heroine wird in diesem Stück von der Männergesellschaft akzeptiert und bewundert. Die politische Wirklichkeit sah anders aus; dem Gesetz des 30.4.1793 folgte im Frimaire II ein Gesetz, das Frauen, die noch in der Armee angetroffen würden, mit *police correctionnelle* bedrohte. Sechs Wochen vorher waren die politischen Frauenorganisationen verboten worden. Die offizielle Politik der Jakobiner propagierte das Bild der Frau als republikanische Mutter und Ehegattin, die ihre Söhne zur patriotischen Tugend erzog - das Drama *Bara ou la mère républicaine* der Citoyenne Villiers (Dok. 24) ist ein Beispiel für *dieses* Bild weiblichen Heroismus - und die heimkehrenden Patrioten auf den öffentlichen Festen mit Hymnen und Ehrungen empfing. Für das Bild der Frau, die nicht nur das "andere Geschlecht" war, sondern politischen und militärischen Kampf gleichberechtigt mit den Männern teilte, war darin kein Platz. Die kämpferische Heroine und die Göttin der Vernunft sind Topoi, die trotz der restriktiven Politik der Jakobiner vorübergehend einen gesellschaftlichen und kulturellen Raum für sich erobern konnten. Die Restriktion vollzieht sich in zwei Etappen: Zuerst verschwindet - gegen Ende des Jahres 1793 - die politische und "soldatische" Frau, dann wird - schrittweise seit dem Sommer 1794 - die Frau als Göttin des republikanischen Kults zurückgedrängt.

---

52 Suzanne Jean Berard, Une curiosité du théâtre à l'époque de la Révolution, les "faits historiques et patriotiques". In: Romanistische Zeitschrift für Literaturgeschichte 3/1979. Vgl. auch P. d'Estrée, Le théâtre sous la terreur, Paris 1913, S. 361 f.

3.

Beiträge von Frauen zur literarischen und ästhetischen Kultur von Revolution

3.1 Literarische Werke: Hymnen, Lieder, Oden und Theaterstücke

Das literarische Werk von Frauen ist umfangreich: Theaterstücke, vor allem aber Hymnen, Oden und Gesänge, größtenteils für die Revolutionsfeste verfaßt, darunter auch einige Musikstücke. Es gab literarisch besonders aktive Frauen wie beispielsweise die Citoyenne Desmoulins, die in den Jahren II und III zwei Sammlungen eigener Texte veröffentlichte: *Etrennes poétiques et morales* und *Les délassements d'une philosophe*. Beide Bücher sind anonym erschienen. Die *Délassements* sind fälschlich dem Buchhändler Le Mercier zugeschrieben worden[53]; nach Durchsicht des Werks, das auch eine Biographie der Autorin enthält, kann kein Zweifel mehr daran bestehen, daß es von einer Frau stammt. Der Untertitel weist darauf hin, daß die Autorin mit der der *Etrennes* identisch ist; diese Schrift ging im Nivôse II unter dem Namen der Citoyenne Desmoulins an den Unterrichtsausschuß des Konvents, im Pluviôse II bat sie um eine finanzielle Unterstützung für ihre literarisch-patriotischen Arbeiten[54]. Die Sammlungen enthalten zahlreiche Lieder und Gedichte zu diversen Anlässen und Gegenständen, darunter auch solche politischen Inhalts, den republikanischen Kalender, einige Schriften und Abhandlungen, wie die *Motion en faveur du sexe* - ein Plädoyer für die Emanzipation der Frau (siehe oben); in den *Délassements* ist zudem das schon erwähnte Theaterstück *L'Héroine républicaine* abgedruckt. Wir gehen davon aus, daß all diese Texte, die in den Jahren 1790-1794 verfaßt wurden, von der gleichen Autorin stammen. Biographischen Hinweisen läßt sich entnehmen, daß ihr Mann 1782 gestorben ist; um den Haushalt zu führen, hatte sie offenbar zunächst schriftstellerische Ambitionen zurückgestellt, und allen Anschein nach hat sie später als Witwe versucht, sich eine Existenz als Dichterin und Literatin aufzubauen; die *Etrennes* scheint die Citoyenne Desmoulins selbst vertrieben zu haben.

53 Vermutlich aufgrund einer Bleistiftnotiz im Exemplar der BN; im Katalog der BN wird das Werk unter dem Titel "Les délassements d'un philosophe" geführt.

54 PV CIP, 29. Nivôse und 21. Pluviôse II.

Ökonomische Unabhängigkeit postuliert sie in der *Motion en faveur du sexe* als Voraussetzung weiblicher Emanzipation[55].

Die ebenfalls verwitwete Citoyenne Ferrand veröffentlichte - wahrscheinlich 1793 - eine Sammung eigener Lieder und Gedichte, insgesamt 33 Stücke, die sich in chronologischer Anordnung auf die Geschichte der Revolution beziehen, vom Zug der Frauen nach Versailles im Oktober 1789 bis zur Inhaftierung des Königs 1792. Sie feierte zwar den Sturz der Monarchie, bittet aber in einer *Invocation à la clémence* um Gnade für Ludwig den XVI (Dok. 11)[56]. Die Jahre 1793/94 brachten eine große Zahl von Werken, in denen die Themen Verteidigung der Freiheit und der Republik, Krieg gegen die "Tyrannen", Krieg/Bürgerkrieg auf der einen Seite, die Prinzipien der republikanischen Moral und der republikanische Kult auf der anderen Seite im Mittelpunkt stehen. Die meisten dieser Werke waren für Feste und Zeremonien bestimmt und wurden auch auf Revolutionsfesten oder in der *Société populaire* vorgetragen.

Die Lehrerin Flagel ließ ihre Schüler im Frimaire II in der Sektion *Amis de la Patrie* von Paris eine von ihre verfaßte Hymne zu Ehren Marats "und anderer Heroen der Revolution" singen, eine Hymne, die die Jugend auf die heldenhaften Vorbilder und den Kampf für die Freiheit einschwört; die Sektion ließ 3000 Exemplare des Werks drucken (Dok. 16). Die Citoyenne Allain-Labertinière verfaßte Strophen für die "Vaterlandsverteidiger", in denen die Sansculotten zum Vernichtungsfeldzug gegen die "Tyrannen" aufgerufen werden (Dok. 12). Viele solcher Werke von Frauen standen im Zeichen der Devise "Die Freiheit oder der Tod", mit ihnen leisteten sie ihren Beitrag zur Entfachung des männlichen Patriotismus und Heroismus. Die Citoyenne Thilliol schrieb Strophen auf die Rückeroberung Toulons durch die republikanischen Truppen (Toulon war vorübergehend an die Engländer gefallen (Dok. 13), die Citoyenne Lesur ("Witwe des Vaterlandsverteidigers") eine Ode auf die Armee[57], und noch im Jahr VII verfaßte die Citoyenne Herouard einen Rachegesang anläßlich des Attentats auf die französischen Minister in Rastatt (Dok. 21).

Einige Werke thematisieren deutlicher die Dialektik von Krieg und Frieden: Hinter einem universalen Vernichtungskampf gegen Tyrannei, Unter-

---

55 Einen Text, eine "Souscription de bienfaisance présentée par une infortunée à la Convention Nationale" veröffentlichte die Citoyenne Desmoulins noch einmal gesondert unter ihrem Namen. Die Schrift "Motion en faveur du sexe" stammt nach einem Hinweis in den "Annales de l'Education du sexe" von 1790 (S. 35 ff.) von einer Madame Bastille; an anderer Stelle erscheint sie unter den Initialen D.B. - vielleicht trug sie den Doppelnamen Desmoulins-Bastille.

56 Veuve Ferrand, Le Triomphe de la Liberté et de l'Egalité ... Paris, o.J.

57 PV CIP, Bd. 3, S. 134.

drückung und Monarchie wartet die Verheißung des ewigen Friedens, der wahren Freiheit und des allgemeinen Glücks - dies ist beispielsweise die Botschaft der *Petition de la République française* der Citoyenne Monnet (Dok. 14). Die Citoyenne Corbin, Kreolin, trug im Jahr II eine Hymne in einem "Tempel der Vernunft" in Paris vor, in der sie der Freiheit und der Göttin Vernunft huldigte und zugleich Rache auf deren Feinde schwor (Dok. 15). Wie dieses sind die Werke des Jahres II zumeist Huldigungen an die *Montagne*, das heißt, den jakobinischen Konvent, so etwa die "patriotischen Strophen" der Citoyenne Paseault (Dok. 17), die in *Bassière l'Egalité* als Göttin der Vernunft auftrat; ihr Begleitschreiben macht deutlich, daß diese Frauen ihre Auftritte als ein "republikanisches Apostolat" begriffen. Oft trugen die Frauen ihre Werke selber in der *Société populaire* vor. In der *Société populaire* von Rouen beispielsweise waren solche Auftritte im Jahr II häufig; einige Frauen sangen bekannte Hymnen, andere betraten mit eigenen Kompositionen die Bühne, wie die Citoyenne Leblond, die im Nivôse II eine "Hymne des Sieges" vortrug[58], oder die Citoyenne Thiémé, die im Prairial und Ventôse II mit eigenen Werken auftrat[59]. Angélique Thiémé, Tochter eines Rouener Musikers, der Mitglied der *Société populaire* war, vertonte 1794 mit sechzehn Jahren mehrere patriotische Gesänge, die offenbar im Tempel des Höchsten Wesens von Rouen zur Aufführung kamen (Dok. 22); sie schrieb außerdem einen Tonsatz für die Marseillaise[60].

Eine ganze Reihe patriotischer Lieder verfaßte die Citoyenne Dubois, "Witwe eines Vaterlandsverteidigers": Lieder und Hymnen auf Marat und Lepeletier, ein Gesang zur Einnahme Charlerois durch die französische Truppen, Hymnen ans Höchste Wesen etc.[61]. Ihre "republikanischen Hymnen und Gebete" (Dok. 18a) wurden zum Dekadenfest des 10. Prairial II in der Sektion *Muséum* von Paris vorgetragen, ein patriotisches Lied zu Ehren Marats scheint auf einem Dekadenfest am 20. Germinal gesungen worden zu sein. Das Lied *Le Reveil républicain* ("Das republikanische Erwachen", Dok. 18b) entstand offensichtlich im Jahr III: Es reflektiert die politische Entwicklung nach dem Thermidor und gibt der Furcht vor einer Gegenrevolution sowie einer möglichen eigenen Inhaftierung Ausdruck. Die Citoyenne ruft zur republikanischen Einheit und zum Kampf gegen reiche Händler und Wucherer

58 Wahrscheinlich identisch mit ihrem Lied "Allons, braves Sansculottes" (Bibl. de l'Opéra Nr. 7791, nach C. Pierre).

59 Die Protokolle der Société populaire von Rouen verzeichnen am 7. Ventôse und 12. Prairial II den Vortrag von "Couplets patriotiques", wahrscheinlich handelt es sich hier um die Citoyenne Thiémé. Arch. dép. Seine inférieure L 5700/5701.

60 Citoyenne Thiémé, Hymne des Marseillois. (BN, Vm.^{7} 7103).

61 Zu Dubois, siehe C. Pierre, Les Hymnes et chansons de la Révolution française. Paris, 1901; AN, F^{17} 1354 doss. 1.

auf; sie fordert die Versorgung des Volkes mit Brot, Festsetzung der Brotpreise (das "Maximum" des Jahres II) und die Verwirklichung der Verfassung, "der demokratischen von 1793". Ihre *Union américaine* aus dem Jahr II ist ein Loblied auf die Jakobiner und die *Montagne*, die Citoyenne war eine Parteigängerin der Robespierristen. Ein anderes, anonym verfaßtes Werk einer Frau, die *Hymne Cherbourgeoise*, die ebenfalls nach dem Thermidor entstand, begrüßt dagegen den Sturz Robespierres, der ihr als Verräter der Freiheit gilt; sie gibt jedoch nicht der Hoffnung auf einen starken Staat des Besitzbürgertums Ausdruck, sondern ermahnt die Repräsentanten des Konvents, eine Politik für das Volk zu machen, sich nicht von ihm zu entfernen, sondern sich mit seinen Alltagssorgen auseinanderzusetzen (Dok. 19).

Zwei komplexe Werke für Revolutionsfeste stammen von der Citoyenne Cavaillon und der Citoyenne Verdier d'Uzès. Die Citoyenne Cavaillon verfaßte eine Art republikanischer Kantate für das Fest des Höchsten Wesens in Excidoeuil, ein kleiner Ort in der Dordogne: Hymnen, die nacheinander vom "Volk", einer Gruppe von Alten, jungen Kriegern, Müttern der "Vaterlandsverteidiger", jungen Mädchen und Kindern beiden Geschlechtes vorgetragen werden - der Kreis der ganzen republikanischen Gemeinschaft. Unter Anrufung des Höchsten Wesens wird die revolutionäre Eschatologie artikuliert: Kampf und Krieg zur Verteidigung der Freiheit werden Frieden und universelles Glück bringen. Am Ende werden symbolisch Vögel aus ihren Käfigen in die Freiheit entlassen (Dok. 9). Das Werk der Citoyenne Verdier d'Uzès, das sie gemeinsam mit dem Citoyen Dintrans verfaßt und im Floréal II an den Konvent gesandt hat, ist eine für großes Orchester und großen Chor bestimmte Revolutionskantate, jedoch fehlt die Instrumentierung. Es handelt sich um eine Folge von instrumentalen Stücken, Chorgesängen und Arien, insgesamt eine große Hymne auf die Freiheit, die Wiedergeburt, den Frieden und die Verheißung des Glücks auf Erden (Dok. 10).

Aus dem Direktorium sind uns nur wenige Werke bekannt. Neben dem schon erwähnten "Rachegesang" der Citoyenne Herouard gibt es zwei Hymnen der Citoyenne Pipelet (spätere Princesse de Salms) auf die Landwirtschaft und den Frieden, offenbar für die Feste bestimmt, die das Direktorium zu beiden Themen anordnete. Die Hymne an die Landwirtschaft (Dok. 20) ist von Martini (ein Komponist deutscher Herkunft), die des Friedens von Méhul, zwei der bekanntesten Komponisten der Revolution, vertont worden[62]. Der revolutionäre Gehalt ist hier, wie dies für die meisten Feste des Direktoriums gilt, nur noch schwach erkennbar. Die Citoyenne Pipelet, die auch selber komponierte, verfaßte im Jahre V ein *Epitre aux Femmes*, das zwar keinen Bezug zur Politik hat, aber einen Aufruf zur Emanzipation der Frauen dar-

62 Courrier des spectacles 13. Brumaire VI.

stellt (in der Richtung, wie sie von Théremin skizziert wurde, auf dessen Schrift Constance Pipelet eine Lobrede verfaßte (siehe oben). Zum Beispiel weist sie die Reduktion der Frau allein auf ein Dasein als Mutter zurück: "Sprechen wir alles aus. Grausame, vergeßt ihr, während ihr ruft: Frauen seid Mütter! Daß die Männer Väter sind; daß die Verpflichtungen, die Sorgen unter ihnen aufgeteilt sind. Daß der Sohn, der euch geboren wird, allen beiden gehört, und daß ihr nach seiner frühesten Kindheit es mehr schuldig seid, für sein Dasein zu sorgen als wir?"[63]

Dies ist eines der seltenen Beispiele aus der Zeit, in dem auch die "Vaterpflichten" eingeklagt werden. Darüber hinaus wendet sich Constance Pipelet gegen das Bild der "unwissenden Frau", sie fordert die Öffnung von Kunst und Wissenschaft für die Frauen.

Neben Hymnen und Liedern gibt es eine Reihe von Theaterstücken, die von Frauen verfaßt wurden. Die bekannteste Stückeschreiberin der Revolution war Olympe de Gouges. Sie wurde am 3.11.1793 hingerichtet; Anlaß war eine Plakataktion in Paris: Auf öffentlichen Anschlägen rief sie zu einer Volksabstimmung über die Wahl der Regierungsform auf, in der gesamten Republik sollten drei Wahlurnen für die republikanische, die föderative und die monarchische Regierung aufgestellt werden[64]. Die öffentliche Propagierung "antirepublikanischer" Regierungsformen war 1793 streng verboten und konnte mit der Todesstrafe geahndet werden. Schon im Juli 1792, also kurz vor dem Sturm auf die Tuilerien, der zum Ende der Monarchie führte, war Olympe de Gouges mit einer Petition an die Nationalversammlung herangetreten, in der sie vorschlug, daß alle Bürger und Bürgerinnen einen Eid auf die Verfassung und den König ablegen, der in den Gemeinden registriert werden sollte - sehr schnell würde man dann einen Überblick darüber haben, wer "Patriot" sei und wer nicht[65]. Ihr engagiertes Eintreten für die konstitutionelle Monarchie, für Ludwig XVI und die königliche Familie sowie zahlreiche weitere gegen die Jakobiner gerichtete Schriften und Pamphlete führten schließlich zum Todesurteil. Unter ihren Prozeßakten befindet sich ein angefangenes Theaterstück *La France sauvée ou le tiran détrôné* ("Das gerettete Frankreich, oder der entthronte Tyrann"), in dem sie offenbar noch kurz vor ihrem Tod versuchte, ihre politische Haltung zur Republik zu präzisieren. In dem Fragment wird das Scheitern der konstitutionellen Monarchie aus dem persönli-

63 Constance Pipelet, Epître aux femmes, An V.

64 Olympe de Gouges, Die drei Urnen oder Das Wohl des Vaterlandes von einem Reisenden der Lüfte. In: M. Dillier u.a., Hg., Olympe de Gouges. Schriften. Frankfurt, 1980, S. 113 ff.

65 AN, D XL - 14 doss. 60.

chen Versagen Ludwig des XVI. begründet; Olympe sollte wohl selber mit ihrem Aufruf zu den "Drei Urnen" als Retterin Frankreichs auftreten[66].

Große Erfolge waren ihre Bühnenwerke aus den Anfangsjahren der Revolution. Die Komödie *Le Couvent ou les voeux forcés* behandelt die Geschichte einer jungen Frau, die gegen ihren Willen ins Kloster kam und die Weihe erhalten soll; die Äbtissin versucht, ihr das Gelübde abzupressen, während ein aufgeklärter Priester ihr ins Gewissen redet und die "natürlichen Freiheitsrechte" für sie reklamiert; auch ihre leibliche Mutter - selbst Nonne - eilt ihr zu Hilfe. Die Liebesbeziehung mit einem Chevalier führt schließlich zu ihrer Freiheit. Eine ähnliche Thematik wird in *Le Prélat d'autrefois* abgehandelt, ein Stück, das erst nach ihrem Tod 1794 zur Aufführung kam: Auch hier siegen Liebe und Tugend über die "Laster der bigotten Priester".

Das Drama *Mirabeau aux Champs-Elysées* von 1791 hat unmittelbar politischen Inhalt und stellt eine Huldigung an den am 2.4.1791 verstorbenen Mirabeau dar, für den Olympe de Gouges die Ehren Pantheons forderte; nach seinem Tod hatte sie im Café Procope eine Trauerrede auf Mirabeau gehalten[67]. Im Stück treten die "vorbildlichen" Könige Ludwig XII, Henri IV, Ludwig XIV sowie Franklin und andere Größen der Geschichte auf; in der Gestalt Mirabeaus teilt sich die Seele Demosthenes' mit, in der Désilles' (ein Heros der Revolution) die des Curtius - Olympe de Gouges ordnet die Französische Revolution in eine übergreifende historische Kontinuität ein. Den größten Erfolg erntete sie in Bordeaux, der Stadt der Girondisten; das Stück entsprach der gemäßigten politischen Haltung eines liberalen Großbürgertums. Die Stadtverwaltung schrieb ihr: "Wie schön es ist, Madame, wie Sie seine Mußestunden dem Feiern der Helden der Republik zu widmen! In einem Drama den Charakter von Verteidigern der Freiheit zu schildern, das bedeutet, zärtliche Liebe zu ihr auf anziehendste und wahrhaftigste Art zu erwecken; das bedeutet, Rechte auf den Dank der wahren Freunde des Guten zu erwerben."[68]

In *L'Entrée de Dumourier à Bruxelles ou les Vivandiers*, im Januar 1793 uraufgeführt[69], wird das Thema der republikanischen Heroine aufgegriffen. Das Stück spielt in Belgien; dort versuchen Geistliche vergebens, den Sieg der Franzosen über die Österreicher zu verhindern. Der Marketender der Österreicher steht auf der Seite der Franzosen und arbeitet heimlich für sie; seine Tochter Charlotte verliebt sich in den Sohn eines deutschen Grafen und Generals, beide treten aus Begeisterung über die Französische Revolution in die französische Armee ein. Der Abteilung, zu der sie überlaufen, stehen die

66 AN, W 293 doss. 210.

67 O. Blanc, Olympe de Gouges. Paris, 1981, S. 108 f.

68 Zit. nach: Ebd.

69 Eine von Olympe de Gouges kritisierte Teilaufführung fand im November 1792 statt.

Schwestern Fernig vor. Kaum in der Armee, beteiligt sich Charlotte an einer Schlacht, in der sie zwei Österreicher tötet. Der General der französischen Armee, Dumouriez, erscheint und verkündet die humane Botschaft: Besser, man schafft es, die Feinde zu besiegen, ohne sie zu töten. Olympe de Gouges plädiert damit für eine "humane Kriegsführung". Ihr Stück enthält deutlich feministische Momente, nicht nur, indem sie die kämpfende Heroine auf die Bühne bringt; mehrfach wird die gesellschaftliche Emanzipation der Frau thematisiert, die die Revolution (vorübergehend) brachte: So wird etwa für die Liebesbeziehung und Heirat zwischen Charlotte und dem Grafen, die von dessen Vater abgelehnt wird, sowie für den Eintritt Charlottes in die Armee als entscheidend herausgestrichen, daß die Frauen in Frankreich seit den neuen Gesetzen mit sechzehn Jahren mündig sind, sich ihren Gatten selber zu wählen. In einer anderen Szene geht es um die Liebesbeziehung eines jungen Bauern (Lucas) und einer jungen Frau, die befürchtet, daß ihr Vater nicht in eine Heirat einwilligen wird, weil Lucas nicht reich genug wäre; Lucas erklärt ihr, daß in der französischen Republik die Väter nicht mehr darüber befinden. Beide erweisen sich als patriotische Anhänger der Republik. Lucas besingt das Ende der väterlichen Macht:

> "Ich habe das Buch des Weisen gelesen,
> Das uns in wenigen Worten über den
> Umfang der Rechte eines Vaters belehrt.
> Man muß es im rechten Augenblick kennenlernen.
> Folgt diesem nützlichen Rat.
> Man muß für seinen Nächsten leben,
> Das ist die Devise Frankreichs.
> Die gesamte menschliche Gattung aufklären
> Durch einen großen Bündnispakt,
> Den Menschen die geweihten Gesetze
> Der unfehlbaren Natur geben.
> Väter, das sind eure Rechte,
> Kinder, das sind eure Bande."

Neben Olympe de Gouges gab es eine ganze Reihe weiterer Frauen, die revolutionäre Theaterstücke schrieben, beziehungsweise solche, in denen Vorgänge der Revolution behandelt werden. Das Theater sollte nach einer allgemein geteilten Auffassung eine "Schule der republikanischen Moral" werden. In diesem Sinn schrieb die Citoyenne Guérin-Albert in ihrer Abhandlung zur Mädchenerziehung, die Mütter sollten ihre Töchter ins Theater führen, damit sie hier durch einen anschaulichen Unterricht Patriotismus und republikanische Moral lernen; zu diesem Zweck forderte sie eine "Regeneration" der Bühne: "Unsere Theaterstücke werden in Handlungen umgesetzte Morallektionen statt Liebesintrigen sein."[70] Sie schrieb selbst ein Drama *Sophie et Azolan, ou le Triomphe de la Raison*, das sie dem Konvent zusandte; es war aber nicht auffindbar[71].

Marie Monnet, eine bekannte Literatin und Autorin der schon erwähnten *Petition de la République française*, schrieb 1793 eine Komödie *Les Montagnards* (veröffentlicht im Jahr III), das in den spanischen Pyrenäen spielt. Die Bergbewohner erweisen sich als Anhänger der Republik und der *Montagne* des Konvents - der Titel des Werks spielt auf diese doppelte Bedeutung an. Der Corregidor des Ortes hat den Auftrag, von den Bewohnern den Eid auf den spanischen König zu erheben. Er selbst befindet sich in einem Zwiespalt, da er sowohl auf die Gesetze des Landes verpflichtet als auch Anhänger der Republik ist. Seine Tochter, eine glühende Patriotin, verliebt sich in einen Bauernjungen, der den Eid verweigert; ihr Vater ist schließlich von der Standfestigkeit und der patriotischen Liebe der beiden so beeindruckt, daß er in die Heirat einwilligt. Am Ende beschließen sie gemeinsam, ins "Gelobte Land", nach Frankreich auszuwandern, wo der Vater noch ein Landgut besitzt: "Machen wir uns auf, um als Familie in einer Republik zu leben, der natürlichsten aller Regierungen". Marie Monnet, zu jener Zeit bereits eine ältere Dame, sandte ihre Werke (neben diesem Theaterstück Romane, Erzählungen, etc.) 1795 an den Konvent mit der Bitte um Unterstützung, im Jahr VI erhielt sie eine staatliche Gratifikation von 600 Frs.; sie starb kurz darauf an den Folgen einer Operation[72].

Noch mehr als hier fallen Liebe und Patriotismus in dem oben erwähnten Theaterstück der Citoyenne Desmoulins *L'Héroine républicaine* zusammen: die wahren Gefühle und die Liebe zur republikanischen Freiheit und Gleichheit siegen hier über Geld und Egoismus. In diesem Stück wird eine ungebrochene "feministische Utopie" auf die Bühne gebracht. Anders verhält es sich in dem Drama *Barra ou la mère républicaine* der Citoyenne Villiers, das in Dijon uraufgeführt wurde[73]. Während in der *Héroine républicaine* die Widersprüche der Revolution selbst hinter dem Emanzipationsentwurf der Frau als dominierender Thematik verschwinden, treten sie hier in all ihrer Schärfe hervor. Das

70 Citoyenne Guerin-Albert, Avis aux mères républicaines, ou mes réflexions sur l'éducation des jeunes citoyennes. Paris, o.J., S. 20.

71 PV CIP, 19. Floréal und 9. Prairial II.

72 Zu ihren zahlreichen Eingaben und Petitionen um Unterstützung siehe AN, F^{17} 1212 doss. 3, F^{17} 1213, F^{17} 1215; PV CIP, Bd. 5/402 und 450; Bd. 6/431.

73 Nicole Villiers femme Mathieu sandte ihr Werk im Prairial II an den Unterrichtsausschuß des Konvents: AN, F^{17} 1010^{C} - 3267. Die Aufführung fand am 5. Germinal II in Dijon statt.

Stück behandelt den "Märtyrertod" des jungen Barra, der mit dreizehn Jahren beim militärischen Einsatz für die Republik in der Vendée fiel und danach zum patriotischen Helden und Vorbild der republikanischen Jugend wurde; der Konvent erließ am 28.12.1793 ein Gesetz, daß Graphiken nach einem von David anzufertigenden Gemälde Barras in allen Elementarschulen aufgehängt werden sollten.

Nicole Villiers gestaltet die Geschichte Barras zu einem aufwühlenden Drama zwischen Mutterliebe, Vaterlandsliebe und republikanischer Tugend. Barras Mutter, deren Mann bereits im Bürgerkrieg gefallen ist, wird als leidenschaftliche Republikanerin und Patriotin dargestellt, die Tugenden ihres Sohnes erscheinen als das Werk ihrer Erziehung; sie erfährt den bitteren Preis der entschlossenen Tugend, die sie predigt, am eigenen Leib, als sie nach dem Mann auch noch ihren ältesten Sohn verlieren muß: die wahre Tugend der republikanischen Mutter zeigt sich in der Fähigkeit, dieses Opfer auszuhalten, und zu akzeptieren, daß alle Kinder zuerst dem Ganzen gehören, danach erst der Mutter. Nicole Villiers gestaltet diesen Vorgang auf überaus expressive Weise, die den Zuschauer alle Gefühle der Mutter miterleben läßt. In diesem Werk ist die "terreur" unmittelbar präsent: Bürgerkrieg, Haß und Leidenschaft; nichts wird beschönigt, man erfährt, wie sich beide Seiten - Republikaner und Royalisten/Katholiken - wechselseitig in Haß vernichten. In der Sprache Barras und seiner Mutter werden die "Feinde der Freiheit" rigoros aus der Sphäre der Menschheit ausgegrenzt, die Mutter spendet Beifall, als der Sohn von den gnadenlosen Verfolgungen und seinen Beutejagden berichtet. Schon die kleineren Kinder werden in diesen Haß eingeführt. Alles vollzieht sich mit der Unerbittlichkeit eines Naturprozesses. *Barra ou la mère républicaine* gehört zu jener Gattung leidenschaftlicher, düsterer Stücke und komplexer Psychodramen, die die Zeit in großer Zahl hervorbrachte, in denen die Gefühle des Individuums sich einen freien, ungehemmten Ausdruck schaffen. Das Nebeneinander von Liebe und Haß, von patriotischer Begeisterung, utopischer Erwartung und Terror in einer Person, das unter anderem durch die Gegenüberstellung zweier Frauentypen (der "bürgerlichen" und der "patriotischen" Frau) dialektisch entfaltet wird, vermittelt einen Eindruck von den Widersprüchen und Schrecken der Zeit - eine Komplexität, die den Werken Olympe de Gouges etwa abgeht, aber auch der *Héroine républicaine* der Citoyenne Desmoulins - Werke einer noch ungebrochenen Utopie.

Ein Theaterstück Julie Candeilles von 1794 reflektiert die Zeit des jakobinischen Terrors, läßt aber kaum etwas von ihren Schrecken spüren. Es ist ein Moral-Rührstück: Ein Mann sitzt unschuldig im Gefängnis, man erfährt nicht warum; ein Kommissionär des Gefängnisses steckt sowohl ihm als auch seiner Frau, die mit ihren Kindern Not leidet, heimlich Geld zu, die gute Tat kommt aber am Ende ans Licht, und ihre Selbstlosigkeit wird gebührend gefeiert. Man erfährt, daß es eine Amnestie gab, mit der auch der Mann freikommt, ohne daß die Ereignisse des Thermidors und seiner Folgen beim Namen genannt würden: "Eine große Verschwörung ist aufgedeckt worden, die großen Schuldigen werden bestraft, die Freiheit atmet wieder auf, die Gefängnisse werden geöffnet, die Häftlinge werden vernommen, die Gerichtsverhandlungen werden eingeleitet ..." Wie in der offiziellen Geschichtsschreibung des Direktoriums erscheint der Thermidor lediglich als eine "legalistische Korrektur", die die republikanische Freiheit wiederherstellt, nicht als Ausdruck eines aufgebrochenen Gegensatzes zwischen unterschiedlichen sozialen Gruppen und Interessen. Die Citoyenne Candeille läßt keinen Zweifel an der republikanischen Gesinnung aller Akteure; aber unter einer allgemein formulierten Moral werden die sozialen und politischen Gegensätze und Widersprüche verdeckt. Am Schluß werden die allgemeinmenschlichen Tugenden der gegenseitigen Hilfe besungen, und der Freigelassene erklärt: "Ja, seien wir nur noch eine Familie; arbeiten wir gemeinsam daran, uns gegenseitig glücklich zu machen; und zeigen wir den Feinden, daß - ungeachtet der Tapferkeit und Unerschrockenheit, die wir täglich unter Beweis stellen - die Güte des einfachen Bauern, die mutige Freundschaft, die eheliche Treue und die uneigennützige Wohltätigkeit die Sitten unserer neuen Ordnung bilden, die wir anbeten, die Tugenden, die auf der Tagesordnung stehen."[74]

In den Dramen Olympe de Gouges' (*L'Entrée de Dumouriez*), Marie Monnets und der Citoyenne Desmoulins stehen selbstbewußte, handelnde Frauen im Mittelpunkt, die ihr Schicksal selbst in die Hand nehmen und die Revolution als eine Möglichkeit zur weiblichen Emanzipation begreifen; auch im Stück Nicole Villiers ist die Emanzipationsthematik gegenwärtig, wenn die Mutter Barras (die sich und ihre anderen Kinder von dem Ertrag aus dem Militärdienst und den "Beutezügen" Josephs durchbringt) erklärt, die Zeiten der Unterordnung der Frau unter den Ehemann seien vorbei. Bei Julie Candeille überlebt die Frau nur dank der Barmherzigkeit des Kommissionärs und einer Nachbarin; sie zeichnet schon mehr das Bild der "bürgerlichen" als das der "republikanischen" Frau. Julie Candeille war übrigens eine erfolgreiche Stückeschreiberin und eine der bekanntesten Schauspielerinnen der Zeit. Ihre Komödie *Catherine ou la belle fermière* erlebte hunderfünzig Aufführungen, sie spielte selbst mit und begleitete ihre eigenen Lieder am Cembalo. In der Kirche St. Gervais trat sie im Jahr II als "Göttin der Vernunft" auf[75].

74 Julie Candeille, Le commissionnaire, Comédie en deux actes et en prose. Paris, An III.

75 Ch. Terrin, Julie Candeille. In: Revue des deux mondes, Mai/Juni 1936; J. Renouvier, Histoire de l'art pendant la Révolution française. Paris, 1863, S. 405.

Erwähnen wir als weiteres Werk noch die Komödie *L'emigré* von Madame de Charrière[76]. Einige Hinweise auf Bühnenstücke von Frauen aus der Bibliographie Monglonds haben wir nicht verifizieren können[77].

3.2 Ästhetische Kultur

Die revolutionäre Ästhetik entwickelte sich vor allem im Kontext der Feste und Zeremonien. Wir wiesen schon darauf hin, daß Frauen beziehungsweise Frauengesellschaften in vielen Fällen eigene Feste organisierten; in Besançon etwa gestaltete der Frauenklub 1793 ein Trauerfest zu Ehren Lepeletiers, pflanzte Freiheitsbäume, und ein Mitglied trat später als Göttin der Freiheit beim Fest des Höchsten Wesens auf[78]. In Einzelfällen konnten Frauen auch bei der Gestaltung von Festen auf der nationalen Ebene mitwirken. So organisierte Olympe de Gouges beispielsweise den Zug der Frauen beim Fest zu Ehren Simonneaus, des Bürgermeisters von Etampes, der am 3.3.1792 umgebracht worden war, weil er die Festsetzung der Preise für Grundnahrungsmittel abgelehnt hatte. Simonneau war ein Vertreter des girondistischen Bürgertums, das diese Trauerfeier zum Anlaß einer Demonstration staatlicher Macht und Ordnung nahm. So begriff es auch Olympe de Gouges: das Fest sollte ein "Triumph des Gesetzes" werden. In ihrem Programm sind die Frauen, die den Festzug einleiten, so gekleidet, wie in den meisten Zeremonien der Revolution: in weißen Gewändern, geschmückt mit Gürteln und Bändern der Trikolore sowie Myrthen- und Lorbeerzweigen; den Zug der Departement- und Stadtverwaltung, dem der Sarg folgen sollte, führte eine weibliche Gestalt der Justitia an, der König schritt der Abteilung der Abgeordneten voran[79]. Wie hier stellten die Frauen auf vielen Festen kaum mehr als einen "Dekor" dar. So beschreibt etwa die Citoyenne Guerin-Albert in ihrer Erziehungsabhandlung die Aufgabe der Mädchen in den republikanischen Zeremonien: Durch ihre Gegenwart verschönern sie den Tempel, sie verstreuen Blumen über die Büsten der republikanischen Helden etc.[80] - wie die Citoyennes von Rouen, die der *Société populaire* im Prairial II eine Tafel der Menschenrechte und

---

76 Mme de Charrière, L'Emigré, Comédie en trois actes, 1793 (Neuauflage Neufchâtel 1906).

77 Monglond erwähnt eine Oper "Monsieur Pamphletin, ou la liberté de la presse (1794) von Citoyenne Mayeur und eine Oper "La Rose" von Citoyenne Mayeur und eine Oper "La Rose" von Citoyenne Baudin (1795). Ungewiß erscheint uns, ob - wie allgemein angenommen - die Theaterstücke, die unter dem Namen Citoyenne Villeneuve erschienen, tatsächlich von Cizos-Duplessis stammen.

78 H. Perrin, Le Club de Femmes de Besançon, in: Annales révolutionnaires, 1918, S. 509 ff.

79 Olympe de Gouges, Description de la fête du 3 juin. In: M. Wolters/C. Sutor, Hg., Olympe de Gouges. Politische Schriften in Auswahl. Hamburg, 1979.

80 Citoyenne Guerin-Albert, Avis aux mères ..., a.a.O., S. 21 f.

"Bürgerkronen" für die Büsten Marats und Lepeletiers übergaben[81]. Bei anderen Festen, insbesondere denen der Dechristianisierung, bildeten Frauen dagegen oft den Mittelpunkt.

In Anlehnung an Rousseau forderte Madame Brulart 1791 *fêtes civiques*, die die traditionelle Festkultur ablösen sollten und auf denen in moralpädagogischer Absicht vor allem lokale und nationale Spiele, Übungen und Wettbewerbe stattfinden. Zu diesem Zweck schlug sie vor, in jeder Stadt ein Freilufttheater anzulegen, "wie bei den Alten", groß genug, um die gesamte Bevölkerung zu fassen und den friedlichen Wettstreit der Talente zu entfalten: "während der Dauer der Spiele würde man in diesem Theater Oden rezitieren und Reden halten; man würde eigens für diese Spiele geschriebene patriotische Stücke aufführen; die Darsteller würden in einem Wettbewerb und aus den verschiedenen Schauspielertruppen ausgewählt werden. Diese Aufführungen sind geeignet, eine große Zahl von Ausländern anzuziehen, und bildeten zweifellos die schönsten staatsbürgerlichen Feste, die man je einrichten kann. ... Mit diesen so edlen und einer freien Nation so würdigen Festen ließe sich der nützlichste Wetteifer unter den Lyrikern und Stückeschreibern entfachen; und welchen Einfluß hätten sie nicht auf den Geist und die Sitten des Volkes!"[82]

Das Fest hatte auch den Aspekt einer Ersatzreligion: Hier wurden neue "Heilige" und neue "heilige Werte" proklamiert, Fahnen geweiht, Eide abgelegt etc. Oft brachten Frauen dem Vaterland selbstgefertigte Banner als Opfer und als Zeichen der Dankbarkeit auf dem Altar dar[83]. Madame Mouret rief 1790 zu einer *Conféderation des Dames* auf, nach dem Vorbild des Föderationsfestes vom 14.7.1790, bei dem die Abgeordneten der Nationalversammlung, Vertreter der Nationalgarde aus allen Teilen Frankreichs mit dem König eine Messe zelebrierten und den Eid auf die Verfassung ablegten. Alle Frauen sollten feierlich in der Kirche Notre Dame den Eid leisten, ihre Kinder im Geist des Patriotismus zu erziehen; in der Kathedrale sollte zur Erinnerung an dieses Versprechen eine Fahne aufgehängt werden. Die Frauen waren gehalten, in weißer Kleidung (Symbol ihrer reinen Tugend) und mit Haarbändern und Gürteln der Trikolore zu erscheinen. Der Frauenklub von Lyon gab sich 1791 ein *Règlement*, in dem neben Bildungs- und Wohltätigkeitsarbeiten zeremonielle Funktionen im Mittelpunkt stehen[84]. Als Festkleidung wurde eine Schärpe in den Farben der Trikolore mit einer Medaille vorgeschrieben, auf

---

81 Arch. dép. Seine inférieure, L 5701.

82 Mme de Brulart, Discours sur l'éducation du peuple. Paris, 1791. S. 35.

83 Zahlreiche Beispiele bei M. de Villiers, Histoire des Clubs de Femmes et des Légions d'Amazones. Paris, 1910.

84 Sie erklärten, ihre Absicht sei nicht, sich in die Politik einzumischen; die Aufnahme einer Frau in den Klub setzte noch die Genehmigung des Ehemannes voraus. Institution des Citoyennes de Lyon, dévouées à la patrie. Lyon, 1791.

der stand: "Gemeinschaft der dem Vaterland und dem Gesetz ergebenen Frauen"; bei öffentlichen Zeremonien sollte ein weißes Gewand, ein roter Gürtel und ein blauer Umhang getragen werden, bei großen Anlässen mit Goldsaum versehen. Wenn eine Schlacht verloren ging, sollten die Frauen mit ihrer Fahne und mit Trauerflor zur Kirche eilen, bei freudigen Anlässen hingegen mit Blumen bekränzt, Palmenzweige in der Hand und die Fahne mit Blumengirlanden geschmückt. Vor allem machten sie es sich zur Aufgabe, gefallene Patrioten zu ehren: Für sie sollten Trauerfeiern in der Hauptkirche zelebriert werden; die Namen der Gefallenen sollten in eine Liste eingetragen werden, die sie mit lauter Stimme in der Kirche verlesen und über dem Ehrenmal, das sie ihnen errichten werden, niederlegen. Jeden, der sich um das Vaterland verdient gemacht hat, wollten sie mit Bürgerkronen und Festreden ehren.

Die Frauen beginnen hier in jenes Kultamt der Vesta und der Heldenehrung einzutreten, das die Frauen von Marseille zwei Jahre später proklamieren (siehe oben). Dieses Kultamt weitet sich mit der Inthronisation der Göttinnen der Vernunft, der Freiheit, Tugend und Natur bald zu einem weit umfassenderen Apostolat aus, in dem das Bild der schönen und reinen (weiß gekleideten) Frau, die den Anbruch des neuen Zeitalters verkündet, der Verheißung einer sittlichen Wiedergeburt ihren ästhetischen Ausdruck gibt. Eine andere Erweiterung und Transformation fand in die Richtung einer Zelebration des weiblichen Heroismus statt: So gab es auch von Frauen entworfene, mitgestaltete oder selbst organisierte Feste, in denen die Frauen als militante Avantgarde im Kampf für die Freiheit auftraten (vgl. dazu das Beispiel Cany).

Auch für öffentliche Monumente gibt es einige Projekte von Frauen. Die Monumente erhielten ihre besondere Bedeutung als Substitution der Statuen und Bauten des alten Kults und als Stationen für die neuen Prozessionszüge, sie dienten der "Kommemoration" revolutionsgeschichtlicher Ereignisse, die während der Feste zelebriert wurde; sie blieben aber auch danach im öffentlichen Raum präsent. Eine herausragende Stätte solcher "Kommemoration" war das Pantheon, das die Gebeine der gefallenen Helden Frankreichs aufnehmen sollte. Madame Brulart schlug 1791 vor, Davids Gemälde des "Ballhausschwurs" (der die Revolution von 1789 mit einleitete) in Mosaik ausführen zu lassen und im Pantheon aufzuhängen, damit man diesen großen Tag für alle Zeiten im Gedächtnis der Nachwelt festhalten könne[85]. Ein Gegenentwurf zum Pantheon stellte das Projekt eines "Museums" zu Ehren der Helden und Märtyrer der Revolution dar, das die Citoyenne Gond Veuve Boulliand 1793 dem Konvent vorschlug: eine Anlage mit Büsten der Heroen, in der Mitte die

85 Mme Brulart, Discours sur le lexe et sur l'hospitalité, considérés sous heurs rapports avec les moeurs et l'éducation nationale. Paris, 1791, S. 19.

Statue der Freiheit, auf dem Place de la Révolution (heute Place Concorde). Statt in die kühle Pracht des abseits gelegenen Pantheons verbannt, wären die Heroen hier im städtischen Zentrum, für jedermann sichtbar präsent; ein "heiliger Platz" der Republik.

Die Bildhauerin Desfonds entwarf ein aufwendiges Revolutionsmonument auf den Trümmern der Bastille (vgl. dazu 3.3); Théroigne de Méricourt wollte auf dem gleichen Platz den "Tempel der Nationalversammlung" errichten lassen, an der Stelle, wo die Revolution des Volkes ihren Ausgang nahm; die Wahl des Ortes wäre eine immerwährende Verpflichtung der Abgeordneten auf die Souveränität des Volkes: "Eröffnet einen Wettbewerb für die Architekten, fällt die Zedern des Libanon, die Tannen des Berges Ida. Ach! Wenn sich jemals die Steine von selbst in Bewegung setzen sollten, dann nicht, um die Mauern von Theben zu errichten, sondern um den Tempel der Freiheit zu erbauen! ... Der wahre Tempel des Ewigen, der einzige, der seiner würdig ist, das ist der Tempel, in dem die Erklärung der Menschenrechte verkündet wurde."[86]

Die Monumente erfüllen die Funktion einer politischen und moralischen Erziehung; sie sollen die Werte und Prinzipien der neuen Ordnung vermitteln und der Nachwelt große Beispiele und Vorbilder überliefern. Madame Brulart wollte in allen Erziehungseinrichtungen - im Garten oder im Unterrichtsraum - Altäre oder kleine Säulen aus Stein aufstellen, "auf die die grundlegenden Gesetze und wichtigsten Artikel unserer Verfassung graviert sind"; auch in den Kirchen und an Landstraßen waren solche Steine vorgesehen - sprechende Monumente, die für alle Zeit ihre politische Lektion erteilen[87]. Speziell für die Frauen wollte Etta Palm d'Aelders eine *Statue à la femme de Phocion* errichten, "damit wir unaufhörlich das Modell der Weisheit, der Bescheidenheit, der Einfachheit, der moralischen und staatsbürgerlichen Tugenden vor Augen haben."[88]

Die Alltagskultur der Revolution war durch ein Ensemble dekorativer Elemente bestimmt, wie die Bänder und Kokarden der Trikolore, die auch Frauen als Zeichen ihrer *Citoyenneté* zu tragen hatten, Die Citoyenne Dordelin sandte dem Konvent im Dezember 1792 einen Erziehungsplan zu, in dem sie die Kokarde zum Mittel einer "politischen Sozialisation" der Heranwachsenden machte: Die 5- bis 10jährigen sollten eine weiße, die 10- bis 15jährigen eine rote, die 15- bis 20jährigen eine blaue Rosette tragen - so daß sich alle Altersstufen im Ergebnis (mit Erreichen des Staatsbürgerstatus) zur Trikolore

86 Zitiert nach M. de Villiers, Histoire ..., a.a.O., S. 74.

87 Zitiert nach Paule-Marie Duhet, Les Femmes et la Révolution 1789-1794. Paris, 1971, S. 182.

88 Etta Palm D'Aelders, Appel aux Françaises sur la régénération des moeurs, et nécessité de l'influence des femmes dans un gouvernement libre, S. 13 (BHVP).

ergänzen. Bei besonderen Leistungen könnten die Schüler mehrere Rosetten sammeln, bei nachlassenden Leistungen drohte zur Strafe eine schwarze Rosette; für die besten gäbe es, gewissermaßen im Vorgriff auf die Verleihung der vollen Staatsbürgerschaft, ein Band der Trikolore[89].

Die Citoyenne Vallée schlug der *Assemblée législative* 1792 eine großangelegte Produktion von "Freiheitsmedaillen" vor, die für jeden Citoyen und jede Citoyenne als Zeichen ihrer Staatsbürgerschaft gedacht wären. Sie erhoffte von der Nationalversammlung das Monopol auf die Herstellung dieser Medaillen; aus dem Gewinn wollte sie eine Art Entbindungsheim für mittellose schwangere Frauen finanzieren (Dok. 25). Die Citoyenne Cadet, eine bekannte Miniaturmalerin, plante im Jahr II eine Schule zur Herstellung von republikanischen Märtyrerbildern in Emaille, für die sie offenbar die Unterstützung des Konvents fand - Kleinkunst für einen republikanischen Wand- und Modeschmuck.

Wichtigstes republikanisches Emblem war die Freiheitsmütze, sie symbolisierte politische Autonomie und Souveränität (in der Antike war das Tragen der Freiheitsmütze ein Vorrecht der freien Bürger) und wurde bei der offiziellen Ausübung politischer Ämter und Funktionen getragen. Den Frauen wurde sie im Brumaire II verboten: Die Freiheitsmütze war ein Symbol politischer Männlichkeit, wenn Frauen sie trugen - wie die Frauen vom Klub der "revolutionären Republikanerinnen" - galt dies als "Amtsanmaßung", weil ihnen die Ausübung politischer Funktionen verwehrt blieb[90]. Auf den republikanischen Festen erscheinen aber auch die Frauen oft mit der roten Mütze: Außerhalb der institutionellen politischen Ebene, in der Sphäre und Ausübung des republikanischen Kultes symbolisierte die Freiheitsmütze die höhere Legitimationsgrundlage der Republik in der allgemeinmenschlichen *Citoyenneté*.

89 Citoyenne Dordelin, Idées sur l'éducation. AN, F^{17} 1004-320.

90 Siehe hierzu Susanne Petersen, Marktweiber und Amazonen. Frauen in der Französischen Revolution. Köln, 1987.

3.3 Revolutionäre Kunstwerke

Künstlerische Produktion

Bis zur Revolution hatten Frauen keinen Zugang zur Kunstakademie und konnten daher auch nicht in den Salons ausstellen, die der Akademie unterstanden. Da es immer wieder Frauen mit herausragenden Talenten gab, deren Werke für den Bedarf der höfischen Repräsentation und für eine wohlhabende bürgerliche Klientel bedeutsam waren, machte man im späten *Ancien Régime* einige Ausnahmen; 1783 wurde die Zahl der Frauen, die in die Akademie aufgenommen werden konnten, auf vier beschränkt. Diese Frauen hatten ein Recht auf Ausstellung, nicht jedoch auf Unterrichtstätigkeiten im Rahmen der Akademie: Die höheren Ränge in der Statushierarchie der Künstler blieben auch ihnen verwehrt. Madame Labille-Guiard, neben Elisabeth Vigée-Lebrun die bedeutendste Portraitmalerin des Hofes - beide gehörten am Ende des *Ancien Régime* zu jenen vier auserwählten Künstlerinnen - trat 1790 für mehr Rechte der Frauen ein; sie plädierte in der Akademie für die Aufhebung dieser Beschränkung und die Aufnahme der Frauen in die Klasse der *conseillers*, blieb damit aber erfolglos[91].

Während der Revolution wurden zunächst - 1791 - die Zulassungsbedingungen zum Salon liberalisiert, danach - 1793 - wurde die Akademie ganz abgeschafft. Für die Frauen bedeutete dies einen beträchtlichen Schritt zur Emanzipation: Hatten 1789 erst drei Frauen ihre Werke im Salon ausstellen können, so waren es 1793 bereits 30; der Anteil der Frauen unter den Künstlern, die im Salon ausstellten, stieg von 3,6% zu Beginn der Revolution auf 12,0% im Jahr IV (1796). Danach ging ihr Anteil vorübergehend wieder zurück, der ansteigende Trend setzte sich aber langfristig fort.

Anzahl der Frauen, die im Salon ausstellten, sowie ihr Anteil an der Gesamtzahl der ausstellenden Künstler:

	1789	1791	1793	1795	1796	1798	1801	1810
Anzahl	3	19	30	22	29	26	28	70
Prozent	3,6	7,4	8,1	8,9	12,0	10,0	14,6	17,9

91 Anne Marie Passez, Adélaide Labille-Guiard. Biographie et Catalogue raisonné de son oeuvre. Paris, 1973.

1791 bildete sich in Opposition zur Akademie eine unabhängige Künstlervereinigung, die *Commune des Arts*, an deren Stelle etwas später die *Société républicaine des arts* trat. Hier gab es keine hierarchisch institutionalisierte Rangordnung mehr. Der *Société républicaine* gehörten 1793 zahlreiche Frauen an; eine Liste in den Archives Nationales weist 21 Malerinnen, 2 Bildhauerinnen und 4 Kupferstecherinnen auf[92]. Nach dem Verbot der Frauenklubs im Brumaire II werden die Frauen im Nivôse II aus der *Société* ausgeschlossen. Ein Mitglied erkärte, in einer Republik müßten die Frauen den Tätigkeiten entsagen, die für die Männer bestimmt sind; auch hier der Rekurs auf die "Natur": "Sieht man denn bei den wilden Völkern, ... die sich am meisten der Natur annähern, Frauen das Werk der Männer tun?" Wenn Frauen zu viele Gelegenheiten bekommen, ihre Talente zu entwickeln und sich auszuzeichnen (wie etwa die Citoyenne Vigée-Lebrun) berge dies zudem die Gefahr, daß andere Frauen ihrem Vorbild nacheifern, "während sie sich nur damit beschäftigen sollten, Koppel und Mützen der Polizei zu besticken" - gewiß fürchtete man die Konkurrenz der Frauen. Die Debatte geht lange hin und her und endet offensichtlich mit einer abrupten Entscheidung gegen die Frauen[93]. Im Brumaire III wird der Ausschluß aber wieder rückgängig gemacht, für beide Geschlechter gelten die gleichen Aufnahmebedingungen[94]. Vier Monate später, im Pluviôse III, begann sich die *Société* jedoch selber aufzulösen; im Laufe des Jahres III wurden alle *Sociétés populaires* geschlossen.

Die Einstellung der Männer zur Partizipation der Frauen an der Organisation der Künstler und der Kunstpolitik war offenbar ambivalent. Die Revolution brachte einerseits Fortschritte für die Frauen, indem sie den Salon liberalisierte und zumindest vorübergehend eine Organisation schuf, in der es keine geschlechtsspezifischen Trennungen mehr gab. Andererseits blieb den Frauen der Zugang zur staatlich organisierten höheren künstlerischen Bildung und Ausbildung weiterhin verwehrt: Die 1795 beschlossenen und im Direktorium organisierten *Ecoles Centrales*, die höheren Schulen auf der Ebene der Departements, in denen Zeichenprofessuren eingerichtet wurden, konnten von Frauen nicht besucht werden, Frauen wurden nicht als Professorinnen akzeptiert; und unter den Mitgliedern des *Institut National des Sciences et des Arts* befanden sich schon gar keine Frauen. Mit dem *Institut National* wurde nach der Auflösung der *Société républicaine des arts* eine "modernisierte, bür-

92 Malerinnen: Baudot, Cazin, Capet, Coutaly, Duchateau, Doucet, Desmarquais, Dardel, Frossard, Guyard, Jolly, Lenoir, Landrayin, Sophie et Félicité Labory, Marin, Oyon, Parfait, Romany, Vandenburg, Veler, Pietre. Bildhauerinnen: Charpentier, Desfonds. Kupferstecherinnen: Charpentier, Cernel, Chaillou, Tardieu. AN, F^{17} 1326 doss. 11.

93 H. Lapauze, Procès-verbaux de la Commune générale des arts et de la société populaire et républiaine des arts. Paris, 1903, S. 161 und 183 f.

94 Ebd., S. 333.

gerliche" Version der Akademie institutionalisiert: Es war die Höchste Autorität der Gesellschaft in den Angelegenheiten der Wissenschaften und Künste, unterstand jetzt aber nicht mehr einem absoluten Monarchen. Mit ihm wurde die kulturelle Hegemonie der Männer wiederhergestellt. Wie auf der allgemeinen politischen Ebene gab es 1792/93 eine Partizipation der Frauen, die im Jahr II beendet wurde, das Direktorium tendierte dazu, diesen Ausschluß noch institutionell zu bekräftigen. Dieser Entwicklung steht die Liberalisierung des Salons gegenüber, die die Chancen der Frauen auf dem Kunstmarkt verbesserte: Zugang zur Marktgesellschaft, Ausschluß aus dem Staatswesen.

Ausbildungstätigkeiten konnten Frauen nur privat ausüben, für eine öffentliche Professur hielt man sie nicht geeignet. Von exemplarischer Bedeutung ist in diesem Zusammenhang der Fall der Citoyenne Quevanne, einer Künstlerin, die im Jahr IV die Kühnheit besaß, sich auf die Zeichenprofessur der *Ecole Centrale* von Chartres zu bewerben. Im *Conseil des Cinq-Cents* kam es darüber zu einer Debatte, in der das Problem grundlegend diskutiert wurde. Der Berichterstatter Chapelain sprach sich für die Annahme der Bewerbung aus, konnte sich damit aber nicht durchsetzen. Chapelains Ausführungen liegen freilich ganz auf der Linie der traditionellen Argumentation, daß Frauen prinzipiell nicht für die Wissenschaften geschaffen seien und auch zur künstlerischen Ausbildung nur in Ausnahmefällen zugelassen werden könnten. Die Talente der Citoyenne werden nicht bezweifelt: "in ihrem Genre kann man sie unter die größten Meister zählen"; die Frage ist jedoch: "Es geht darum, zu wissen, ob eine Frau unter unseren Sitten öffentlich in einer *Ecole Centrale* lehren kann." Die Natur hat Männern und Frauen eindeutig unterschiedliche Aufgaben zugewiesen, die Vermischung der Geschlechter führt zu einer Verwirrung im Prozeß der "natürlichen" Erziehung und Sozialisation: "Das Mädchen, das durch einen Mann erzogen wird, verliert die Anmut ihres Geschlechtes, ohne die des anderen zu erwerben. Sie bildet sich zu den männlichen Freiheiten und vernachlässigt die bescheidene Sittsamkeit, die doch ihre erste Eigenschaft ist. Dieses beiden Geschlechtern verabscheuungswürdige Mannweib ist nur ein moralischer Zwitter. Der junge Mann, der von einer Frau erzogen wird, wird nie die strenge Willenskraft des Republikaners entwickeln; er wird ein Weichling, geeignet, um in den Höfen der Könige zu kriechen und die Ketten der Sklaverei zu tragen." Die Angst vor der Koedukation, der wir noch begegnen werden, erweitert sich hier zur Angst der Männer, im Unterricht durch eine Frau die Männlichkeit zu verlieren. Die Angst vor der Frau, die den Platz des Mannes beansprucht, steigert sich schließlich zur Angst, in einen Strudel der Selbstzerstörung der Gattung hineingerissen zu werden: "es gäbe viel Geschwätz und wenig Genie", ereifert sich Chapelain:

"die Haushalte wären weniger gepflegt, die Bevölkerung ging zurück und die Gattung würde in einen Zustand der Entartung stürzen."

Ihr Nervensystem macht die Frau für die Wissenschaft ungeeignet; anders ist es in der Kunst: Frauen besitzen ein besonderes Talent zur Nachahmung - nicht zur schöpferischen Produktion - das in Teilbereichen der Kunst von Nutzen sein kann, vor allem haben sie einen Blick fürs Detail. Chapelain schlägt deshalb vor, ihnen einige Lehrstühle für den Zeichenunterricht einzuräumen. Freilich kämen dafür nur ältere Frauen in Frage, die das Alter der "Reproduktion" schon hinter sich haben, ihre Mutterpflichten schon absolivert haben[95].

Unsere Untersuchung zur Produktion revolutionärer Kunstwerke - Werke, die auf Politik, Geschichte und Kultur der Revolution Bezug nehmen - zeigt, daß sich diese Arbeiten im wesentlichen auf die Jahre 1793/94 beschränken, die Zeit also, in der einerseits die Frauen die größten Partizipations- und Ausdrucksmöglichkeiten im kulturellen Prozeß hatten, in der andererseits die Erwartungen einer demokratischen und egalitären Gesellschaft am stärksten ausgeprägt waren, Erwartungen, mit denen sich auch eine grundlegend veränderte gesellschaftlich-kulturelle Aufgabe der Künste verband.

Wir haben insgesamt 49 revolutionäre Kunstwerke von Frauen gefunden; schließt man Portraits von Abgeordneten und führenden Politikern der Nationalversammlung mit ein, erhalten wir 113 Werke von Künstlerinnen. Die Portraits fallen fast alle in die Anfangsjahre der Revolution; überwiegend handelt es sich um Gravuren, die im Rahmen der Arbeiten an mehreren Serien von Abgeordnetenportraits entstanden, die einige Kunsthändler herausbrachten. Eine große Zahl der Werke sind Kupferstiche, bei denen oft unklar ist, wieweit sie nach eigenen Entwürfen oder Vorlagen anderer Künstler angefertigt wurden. Es gab aber auch eine ganze Reihe von Frauen, die eigene Gemälde anfertigten. Rar sind Arbeiten aus anderen künstlerischen Bereichen, wir haben aber auch einige Hinweise auf Skulpturen und Projekte für Monumente gefunden.

Auffallend ist, daß sich diese Frauen keineswegs mit dem von den Jakobinern propagierten Bild der "republikanischen Mutter", aber auch nur am Rande mit dem der republikanischen Heroine beschäftigten; die meisten Werke behandeln keine "frauenspezifischen" Themen. Nach Typen und Genres geordnet dominieren Politiker-Portraits, "Märtyrerbilder" und revolutionäre Allegorien; seltener macht sich eine Frau an ein revolutionäres Historienbild. Auch die Märtyrerbilder, die 1793/94 entstanden, waren zumeist Portraits. Dieses Vorwiegen des Portraits verweist auf die "revolutionäre Politisierung" eines traditionellen Schwerpunkts künstlerischer Produktion von

95 Chapelain, Rapport sur la petition de la Citoyenne Quevanne. Conseil des Cinq-Cents, 5. Floréal IV. AN, AD VIII - 26.

Frauen. "Märtyrerbilder" spielten in der Kunst von Männern eine weit geringere Rolle; unter den zum Kunstwettbewerb des Jahres II[96] eingesandten Bildern etwa nahmen sie einen Anteil von rund 10% (= 13 Bilder) ein. Vielleicht ist dies als ein Indiz dafür zu werten, daß das Thema des für die Republik gefallenen Mannes oder Sohnes von besonderer Bedeutung für die Entwicklung der "weiblichen republikanischen Identität" war. Die Frauen propagierten in ihren Werken die patriotisch-republikanische Tugend und versinnbildlichten sie vor allem an vorbildhaften Gestalten von Männern (und Jugendlichen: Barra/Viala). Waren es zu Beginn der Revolution vor allem herausragende Politiker, insbesondere Mirabeau, die diese Vorbildfunktion erfüllten, so traten 1793 an ihre Stelle die für die Republik gefallenen oder ermordeten "Heroen" - die großen Männer verlieren ihren Charakter als "Vaterfiguren" und Repräsentanten der staatlichen Macht. Gleichzeitig treffen wir jetzt in einigen Bildern auf die Frau als "Göttin der Freiheit" oder auf die republikanische Heroine.

Unsere Zusammenstellung ist nur eine erste Bestandsaufnahme; sicher werden weitere Recherchen mehr Bilder von Frauen ausfindig machen. In vielen Fällen beschränkt sich unsere Kenntnis lediglich auf Hinweise, vorwiegend aus den Archiven, zahlreiche Werke sind unauffindbar oder dürften zerstört worden sein.

Revolutionäre Kunstwerke von Frauen:

Sujets	1789 bis 1792	1793 bis 1794	1795 bis 1799	Zusammen	Prozent
Märtyrer der Freiheit	-	21[a]	-	21	41,2
Allegorien	4	15	-	19	37,2
Historien	1 (+1)[b]	8	-	9	17,6
Rousseau-Darstellungen	-	2	-	2	3,9
Zusammen	*5 (+1)*	*46*	-	*51*	*100,0*
Politikerportraits	58	5	1	64	
Insgesamt	63	51	1	115	

a Darunter ein anonymes Marat-Bild sowie ein Marat-Bild, das die Citoyenne Boze dem Konvent widmete.

b Projekt Labille-Guiards.

96 Vom Comité de salut public ausgeschriebener Wettbewerb für republikanische Kunstwerke.

Künstlerinnen:

Malerinnen	12
Kupferstecherinnen	9
Malerin/Stecherin	3
Bildhauerinnen	4
Keine Angaben	3
Zusammen	31

Kleines Lexikon von Künstlerinnen der Revolution

Marguerite Bergny

Marguerite Bridenon femme Bergny übernahm 1782 den Kunsthandel ihres Mannes, der wenig später starb. Sie gab 1789/90 zusammen mit dem Kupferstecher Vérité eine Portrait-Kollektion von Abgeordneten der Nationalversammlung heraus[97]. Von ihr stammen vermutlich zwei Portraits - eines von J.J. Rousseau, "seiner tugendhaften Gattin gewidmet" (Abb. 1)[98], und eines von Lepeletier (Abb. 2)[99]; 1793 veröffentlichte sie drei revolutionäre Allegorien: *Le Triomphe de la Liberté* (Abb. 3), *Marat à l'Immortalité* (Abb. 4) und *Le Triomphe de la Montagne* (Abb. 5)[100], mit denen sie sich als Anhängerin der linken Jakobiner (der *Montagne*) vorstellt. Alle drei Allegorien weisen ein ähnliches Arrangement auf, sind aber kompositorisch uneinheitlich und von unterschiedlicher Qualität. Es scheint, als seien mehrere Bildelemente montiert und zu einem Ganzen zusammengefügt worden, die jeweils von verschiedenen Künstlern stammen könnten[101]; möglicherweise handelt es sich um Gemeinschaftswerke von Künstlern, die für die Citoyenne Bergny tätig waren, vielleicht stammt nur die Idee des kompositorischen Ensembles von ihr.

97 Coll. de Vinck 2084 ff.
98 Coll. de Vinck 6337.
99 Coll. de Vinck 5054.
100 Coll. de Vinck 6069; Coll. Hennin 12168, 11545, 11749.
101 Eine Darstellung "Hommage à Necker" von Civis, vertrieben durch die Citoyenne Bergny (Musée Carnavalet), weist z.B. Stilmerkmale auf, die in diesen Allegorien wiederkehren.

Die Marat-Allegorie ist eine Huldigung an den *Ami du Peuple*, der auf einer Wolke zur himmlischen Unsterblichkeit emporgetragen wird; zur Linken ist das Grab zu erkennen, das Marat im *Jardin des Cordeliers* errichtet wurde, zur Rechten das Pantheon, in dem den Heroen der Ruhm der Nachwelt erwartet. In *Le Triomphe de la Liberté* verkündet der Götterbote Merkur den Ruhm der Freiheit, die ihre Strahlen übers Universum ausbreitet, über ihrem Haupt mit der Freiheitsmütze schwebt der Siegerkranz. Zu ihrer Linken sitzt die Allegorie der Glückseligkeit: Die Freiheit bringt Glück und materiellen Reichtum über die Menschheit; ein Kind auf der Schatzkiste symbolisiert die Unschuld, das heißt die moralische Reinheit dieses Glücks. *Le Triomphe de la Montagne* zeigt die Allegorie der Vernunft, die den Schleier der Heuchelei beiseite reißt, der Tugend, der Unschuld und der Gerechtigkeit, weibliche Gestalten, vor denen der (männlich repräsentierte) "Verrat" zu Boden stürzt. Die Mitte des Bildes nimmt ein Medaillon ein, in dem Herkules mit der Keule - Symbol des bewaffenten Volkes - vor der aufgehenden Sonne das "Ungeheuer des Despotismus" niederwirft.

Drei Allegorien, die auf eine naive, aber anschauliche und für ein breites Publikum verständliche Weise zentrale Ideen und Sinngehalte der Revolution umsetzen, wie es sie in den Jahren 1793/94 in großer Zahl gab. Die "politisch-didaktische" Funktion der Bilder wird durch die Erläuterungen betont, denen die Citoyenne Bergny jeweils Verse von Person hinzugefügt hat. Person, Ingenieur und 1793/94 Inspektor der Schulen der Sektion Chalier, war Mitglied der *Société républicaine des arts*; er war als Autor zahlreicher republikanischer Hymnen und Gesänge und einer Sammlung von *Pensées instructives pour chaque jour de Décade* für die Elementarschulen bekannt.

Marie-Genevieve Bouliard

Marie-Geneviève Bouliard (1762-1825), eine der bekanntesten Malerinnen der Zeit, portraitierte 1796 Alexandre Lenoir, den Begründer des Musée des Monuments français, das der Konvent 1795 als das erste nationalgeschichtlich orientierte Museum eröffnete (Abb. 6).

Es gibt von ihr ein Portrait Talleyrands, jedoch undatiert[102]. Sie gewann 1795 den Prix d'encouragement für eine Darstellung der "Aspasia". Germain Greer schreibt dazu: "Dieser Preis stand für eine der kurzlebigsten Schwärmereien der Revolution, für freie Liebe und uneingeschränkte Weiblichkeit, für

102 Zu Marie-Geneviève Bouliard siehe: H. Jouin Mademoiselle Marie-Geneviève Bouliard, Peintre de Portraits (1772-1819). Paris 1891; Ann Sutherland Harris/Linda Nochlin, Women Artists 1550-1950. Los Angelos/New York 1976, S. 202 ff.

die vollkommene geistige und geschlechtliche Entwicklung des Individuums."[103]

Bounieu

In den *Archives Nationales* findet sich ein Hinweis auf ein *grand tableau allégorique de la Constitution* der *Citoyennes Bounieu, soeurs*, vermutlich 1793 an den Konvent geschickt[104]. Wahrscheinlich handelt es sich um die Töchter des Malers Bounieu, der während der Revolution die Abteilung *Estampes* der *Bibliothèque Nationale* leitete. Eine Tochter Bounieus, zugleich seine Schülerin, stellte 1798 im Salon aus.

Ursule Boze

Ursule Boze, Kupferstecherin, war die Frau des Malers Joseph Boze. In der Collection Hennin befindet sich eine von Coqueret gestochene Zeichnung Ursule Bozes, ein Portrait des Generals Hoche; das Musée Lambinet besitzt von ihr ein Portrait des Konventabgeordneten Augustin Robespierre, der Bruder Maximilien Robespierres (Abb. 7). Reichardt erwähnt in seinen "Briefen aus Paris" eine Portraitzeichnung Mirabeaus (1791), die von ihr stammen soll, bekannt ist nur das Mirabeau-Portrait ihres Mannes. Sie widmete dem Konvent "im Namen der Familie Boze" ein Marat-Bild[105] - vielleicht ein Hinweis darauf, daß es sich bei dem bekannten Marat-Gemälde Joseph Bozes um ein Gemeinschaftswerk handelt?

Angelique Briceau

Die Kupferstecherin Angélique Briceau war Tochter einer Malerin und eines Kupferstechers; sie heiratete während der Revolution den Maler und Stecher Allais, der ebenfalls mit einigen revolutionären Werken hervorgetreten ist. Sie scheint auch selbst einen Kunsthandel betrieben zu haben, da eines ihrer Bilder den Vermerk "se vend chez l'auteur" enthält; einige ihrer Bilder annoncierte sie im *Moniteur* und in der *Décade*. Angélique Briceau hat zu Beginn

103 Germain Greer, Das unterdrückte Talent. Die Rolle der Frauen in der bildenden Kunst. Berlin-Frankfurt/M.-Wien 1980, S. 297.

104 AN, D*I §2, Bd. 3, Nr. 304.

105 AN, D XXXVIII-5.

der Revolution an einer Kollektion von Portraits der Abgeordneten der Nationalversammung mitgearbeitet, die von Le Vachez herausgegeben wurde; neun Portraits dieser Sammlung sind von ihr graviert worden[106]. 1791 entstand ein Portrait Mirabeaus, ein kolorierter Stich nach Boze (Musée Carnavalet) (Abb. 8), 1793 schuf sie eine Reihe von Portraits republikanischer "Märtyrer": Marat - kolorierter Stich nach J. Boze (Musée Carnavalet) (Abb. 9), Lepeletier - Zeichnung, 1793 mit einer Widmung an den Konvent gesandt[107] (Stich, Abb. 10), Chalier (der während der Unruhen in der Stadt von den regierungsfeindlichen Rebellen hingerichtete Bürgermeister von Lyon) (Abb. 11), sowie zwei gleichfalls kolorierte Kupferstiche der beiden jugendlichen "Märtyrer der Freiheit" Barra und Viala[108] (Abb. 12 und 13). 1794 komplettierte sie ihre Sammlung republikanischer Heroen mit einem Brutus-Portrait (Abb. 14)[109]. Dies sind Arbeiten, die künstlerisches Geschick und Professionalität zeigen. Aus dem selben Jahr stammt schließlich die Illustrierung eines Blattes mit den "25 Geboten der Vernunft", eine Sammlung republikanischer Maximen, nach einer Zeichnung Grasset de Saint-Sauvers (Abb. 15)[110]. Wir finden hier die zentralen Symbole und Allegorien der "republikanischen Ästhetik": Freiheitsbaum, Pike, Fasces und Freiheitsmütze, Bänder der Trikolore. Die untere Bildhälfte zeigt eine Insel in einer Gebirgslandschaft, auf einem Berg sitzt die Göttin der Vernunft mit der Freiheitsmütze - ein Arrangement, wie es in den Festen der Vernunft umgesetzt wurde. - Nach Thieme und Becker wird Angélique Briceau darüber hinaus ein Portrait Charlotte Cordays, der Mörderin Marats, zugeschrieben.

Aglae Cadet

Aglaé, Veuve Cadet, geborene Joly, Miniatur- und Emaillemalerin, Schülerin von Weyler, verheiratet mit dem Arzt Cadet-Gassicourt, der während der Revolution patriotische Gesänge auf die *Montagne* veröffentlichte. 1787 war sie Hofmalerin der Königin geworden. 1791 stellte sie im Salon ein Emaillebildnis Neckers aus. Sie richtete - vermutlich im Floréal II - eine Petition an den Konvent, ihr Modelle der jugendlichen Märtyrer Barra und Viala zur Verfügung zu stellen, um danach Emaillebilder anzufertigen, außerdem bat sie um Kohlen, um ihre Arbeiten brennen zu können. Die Exekutivkommission des

106 Coll. de Vinck 2134 ff.

107 AN, D*I §2, Bd. 3, Nr. 295; C 249 doss. 399 nach A. Tuetey (das Dokument war nicht auffindbar).

108 BN, Cab. des estampes, Inv. Allais.

109 Ebd.; Moniteur 9. Floréal II.

110 Coll. Hennin 11728; La Décade 20. Fructidor II.

Unterrichtsausschusses schrieb daraufhin an das *Comité des Inspecteurs de la Salle* (das Komitee, das die Gebäude und Einrichtungen des Louvre und der Tuilerien verwaltete): "Die Citoyenne Witwe Cadet bietet der Republik eine Probe von Portraits jenes Genre von Heroen und Märtyrern der Freiheit an; sie wünscht, daß man ihr zwei Büsten der jungen Helden Barra und Viala anvertraut, um sie ihren ersten republikanischen Proben als Modell zugrundezulegen; wir schlagen euch vor, sie ihr anzuvertrauen, wenn dies keine besonderen Schwierigkeiten bereitet."[111] Das *Comité des Inspecteurs* folgt dieser Aufforderung. Weitere Schreiben gehen an den Ausschuß für Handel und an die Waffenkommission, die ihr das Brennmaterial bereitstellen soll.

Die Citoyenne Cadet hatte große Pläne, mit denen sie offensichtlich Resonanz beim Unterrichtsausschuß fand: Sie schlug vor, die Kunst der Emaillemalerei den *enfants de la patrie* beizubringen, also eine eigene Schule mit Kindern gefallener "Vaterlandsverteidigern" zu eröffnen, "um die Märtyrer der Freiheit auf Emaille zu malen und Schüler in der Malerei dieser Art auszubilden"[112]. - Aglaé Cadet war Mitglied der *Société républicaine des arts*.

Marie-Louise Cernel

Marie-Louise Suzanne Cernel war Kupferstecherin und Mitglied der *Société républicaine des arts*; sie heiratete während der Revolution den Maler und Konventabgeordneten Sergent. Sie arbeitete an der Kollektion Le Vachez von Abgeordneten-Portraits der Nationalversammlung mit; vierundzwanzig Portraits dieser Sammlung sind von ihr graviert worden[113].

Constance Charpentier

Bekannte Malerin, 1767-1849, Schülerin Davids, Gérards u.a.[114] Das Musée Carnavalet besitzt ein Portrait Dantons von ihr (Abb. 16).

111 AN, C 354 doss. 1843.

112 AN, D* XXXV^{c} - 8; F^{3915}.

113 Coll. de Vinck 2134 ff.

114 Ann Sutherland Harris/Linda Nochlin, Women Artists 1550-1950. Los Angeles/New York, 1976.

Julie Charpentier

Die Bildhauerin Julie Charpentier, in Blois geboren, 1843 in Paris gestorben, war die Tochter eines Kupferstechers und Schülerin Pajous. Sie schuf vor allem eine Reihe von Büsten, darunter eine Büste des Malers Vien. Im Katalog des Salons von 1793 wird ein *petit modèle allégorique, en terre cuite* von ihr aufgeführt mit dem Titel *Saint-Fargeau* - offenbar ein Entwurf für ein Monument zu Ehren Lepeletiers. Die Citoyenne Charpentier war Mitglied der *Société républicaine des arts*.

Marguerite Chatte

Das Musée Carnavalet besitzt einen bemerkenswerten Stich nach einer Zeichnung von Marguerite Chatté mit dem Titel *Calendrier des femmes libres* (Abb. 17). Leider wissen wir nichts über die Autorin, aber sie muß eine militante Republikanerin und Feministin gewesen sein: Ihre Zeichnung zeigt eine sitzende weibliche Gottheit im Siegerkranz, flankiert von zwei Soldaten der Nationalgarde, zu ihren Füßen das Dreieck der Gleichheit, das Buch der Verfassung und die Tafel der Menschenrechte, über ihr erstrahlt die Freiheitsmütze mit der Kokarde der Trikolore; eingerahmt wird die obere Bildhälfte von zwei Standarten mit den Devisen des Jahres II: "Einheit und Unteilbarkeit der Republik" - "Freiheit, Gleichheit, Brüderlichkeit oder der Tod", dazu eine Kanone und der gallische Hahn. Die untere Bildhälfte bringt die Bezeichnungen der Dekade des republikanischen Kalenders sowie die Festtage der *jours complémentaires* - die Tage, die keinem Monat angehören, sondern die 12 mal 30 Tage des Dekadensystems am Ende des Jahres ergänzen und mit republikanischen Festen begangen werden sollten. Zur Linken und Rechten sind zwei bewaffnete Frauen zu sehen: die "Sansculottin" mit dem Säbel und die "Amazone" mit der Lanze, in der Kostümierung, in der Théroigne de Méricourt während der Revolution aufgetreten war. Die Zeichnung propagiert zwei Frauenbilder: die Göttin der Freiheit und die Amazone oder Heroine. Überraschend ist das Datum 1795: Offenbar ist der Kalender für das Jahr III bestimmt, dürfte also aus einer Zeit stammen, in der die Frauenorganisationen bereits ausgelöst waren; die Devisen weisen andererseits darauf hin, daß das Bild noch aus dem Jahr II stammt, da nach dem Thermidor die Devise "oder der Tod" aus dem öffentlichen Raum verschwand.

Marie-Anne Croisier

Marie-Anne Croisier, 1765 geboren, Schülerin von Saint-Aubin, Kupferstecherin. Nach Allegorien auf die Regierung Necker (1788) fertigte sie Vignetten für Prudhomme, *Les crimes des reines de France* an; ein Stich *Le curé patriote* für den *Almanach du Père Gérard Collot d'Herbois* zeigt den aufgeklärten Geistlichen, der die Landbevölkerung in den staatsbürgerlichen Rechten und Pflichten unterrichtet (Abb. 18)[115]. Sie zeichnete und gravierte zwei Portraits der Abgeordneten Fauchet und Brissot (1793, Abb. 19)[116]. Renouvier schreibt ihr ein *Fête en l'honneur de l'Etre suprême* zu, eine Allegorie zum Fest des Höchsten Wesens von 1794 (Abb. 20)[117]; das Bild zeigt die Frauengestalten der Natur und der Freiheit unter dem Freiheitsbaum - die Allegorie des "natürlichen Kults" einer auf die Landwirtschaft gegründeten Republik[118].

Jeanne Dabos

Jeanne Dabos, geborene Bernard, lebte 1763-1842; ihr Vater war Künstler. Sie war Malerin und Schülerin von Madame Labille-Guiard, verheiratet mit dem Maler Laurent Dabos. Zwei Portraits der Abgeordneten aus der Kollektion Bergny/Vérité sind nach Zeichnungen von ihr gestochen worden[119]. 1792 fertigte sie ein Portrait Mirabeaus an, 1793 ein Gemälde *Marat votant la mort de Louis XVI* (Marat, der im Konvent für den Tod Ludwig XVI. stimmt, Musee Lambinet) (Abb. 21).

Sie sandte im Jahre II einen Entwurf für ein allegorisches revolutionäres Gemälde zum Wettbewerb, den der Wohlfahrtsausschuß im Floréal II ausgeschrieben hatte; im Register der zum Wettbewerb eingegangenen Werke findet sich der Hinweis auf ein *tableau représentant le triomphe de la montagne.* Ein Zweites Werk von ihr für den Wettbewerb behandelt ein Thema des republikanischen Heroismus, wahrscheinlich aus der Sammlung "Heroischer Taten" Léonard Bourdons, mit dem schrecklichen Titel: "ein Kanonier steckt einen Arm, den eine Kanonenkugel ihm abgerissen hat, in seine Kanone, um ihn auf die Feinde abzuschießen"[120].

---

115 BN, Cab. des estampes AA. 1.

116 Coll. Hennin 11663 und 11672.

117 J. Renouvier, Histoire de l'art pendant la Révolution française. Paris, 1963, S. 427.

118 Coll. de Vinck 6313.

119 Coll. de. Vinck 2109 und 2121.

120 AN, D* XXXV^{c} - 1, Nr. 1362 und 1363.

Kupferstecherin, gravierte eine "Liberté nach Boizot[121]; Stich einer Allegorie *Français, si j'étais perdue, vous me retrouviés au coeur de votre roi, 25.4.1789* (Musée Carnavalet).

Antoinette Desfonds

Antoinette Desfonds war Bildhauerin und Malerin, verheiratet mit dem Bildhauer Gensoul (ein Schüler Regnaults); Mitglied der *Société républicaine des arts*. Sie stellte zwei Werke im Salon von 1793 aus: einen Entwurf für eine Triumphsäule auf den Ruinen der Bastille und eine Tonplastik *M. Lepeletier sur son lit de mort*, Lepeletier auf seinem Totenbett, seine letzten Worte schreibend; ein Lepeletier-Modell, das sich im Musée Carnavalet befindet, haben wir ihr zugeschrieben (Abb. 22). Sie malte 1793 ein Bild über den Sturm auf die Tuilerien: *Siège des Tuileries par les braves Sansculottes* (Abb. 23)[122]. Von ihr dürfte außerdem ein Entwurf für einen *Colosse du peuple français, renversant le fédéralisme* stammen, der zum Wettbewerb des Jahres II eingesandt wurde; eines jener Monumente, mit dem im Jahr II der republikanischen Einheit und dem Kampf gegen den "Föderalismus", Synonym für Spaltung und Abwendung von der Zentralregierung des montagnardischen Konvents Ausdruck gegeben werden sollte[123].

Im Katalog des Salons von 1793 findet sich folgende Erläuterung zu ihrem Projekt für ein Monument auf den Ruinen der Bastille: "Ein Rutenbündel, Symbol der Einheit, trägt die 'Freiheit', auf die sich 'Frankreich' stützt. Um sie herum sind die Bildnisse der Großen Männer angebracht, die die 'Zeit' hier befestigt. Das 'Renommee' verkündet ihre Taten, die 'Geschichte' schreibt sie nieder. Einer der kleinen Ecktürme der Bastille bildet das Fundament und dient als Wachturm.

Die erste Statuengruppe stellt den Despotismus dar, der beim Anblick der Menschenrechte, verkörpert durch das Gesetz, zu Boden stürzt. Die zweite stellt die Philosophie dar, die den Fanatismus demaskiert; die dritte die Barmherzigkeit, die einen Gefangenen befreit. Gipsentwurf von 5 Fuß Höhe und 2 Fuß Durchmesser."

---

121 Coll. de Vinck 6059.

122 J. Renouvier, Histoire de l'art ..., a.a.O., S. 14; Coll. Histoire de France.

123 AN, D* XXXV^{c} - 2, Nr. 1987.

Fanny Ferrey

Fanny Ferrey war Malerin und Schülerin ihres Schwiegervaters Thonnesse. Sie stellte im Salon des Jahres V ein Gemälde *L'affreuse nouvelle* aus: eine Frau erhält die Nachricht von der Hinricht ihres Mannes durch das Revolutionstribunal, also ein Werk, das sich kritisch mit der Zeit der "terreur" auseinandersetzt. Zum Wettbewerb für republikanische Kunstwerke des Jahres II sandte sie einen Entwurf für ein Gemälde der *Héroine de St. Milhier* ein. Das Thema behandelt die Heldentat einer Frau, die mit ihren Kindern allein ist; als die brigands, konterrevolutionäre Banden, in ihr Haus einzudringen versuchen, droht sie damit, ein Pulverfaß mit einem Pistolenschuß zur Explosion zu bringen - die Devise *La Liberté ou la mort* wird hier am Beispiel des Einsatzes einer Frau illustriert. Wir vermuten, daß eine anonyme Zeichnung der Heroine von St. Milhier von der Citoyenne Ferrey stammt oder nach ihrem Entwurf ausgeführt wurde (Abb. 24)[124].

Gault de Saint-Germain

Portraitmalerin; im Salon von 1793 Ausstellung eines Portraits des Abgeordneten Lameth.

Marguerite Gerard

Marguerite Gérard, 1761 in Grasse geboren, 1837 in Paris gestorben, war eine der bekanntesten Malerinnen ihrer Zeit; sie war die Schwägerin Fragonards und lebte als dessen Schülerin in seinem Haushalt. Marguerite Gérard schuf zahlreiche Genrebilder und einige Portraits, darunter eines des Architekten Ledoux; mit Vorliebe malte sie Szenen eines gehobenen bürgerlichen Familienlebens, mit denen sie sich unter anderem auch zur Protagonistin der bürgerlichen Frauen- und Mutterrolle machte[125]. Ihr wird ein Portrait des Politikers Carnot zugeschrieben.

124 Nach einer Auswertung der Daten im Register des Comité des Inspecteurs de la salle (AN., D* XXXV^{c}) und der veröffentlichten Liste der Werke des Wettbewerbs in der Coll. Destailleurs (BN, Cab. des estampes). Eine revolutionäre Allegorie ihres Lehrers Thonesse im Musée de la Révolution français (Vizille) weist stilistische Entsprechungen auf. Siehe Katalog Droits de l'homme et conquête des libertés. Vizille, 1986. Abb. S. 34.

125 Siehe Harris/Nochlin, Women Artists ..., a.a.O.

Marguerite Gérard beteiligte sich ebenso wie Fanny Ferrey mit einer Darstellung der Heroine von St. Milhier am Wettbewerb des Jahres II; Titel des Bildes: "Eine Citoyenne, von den Briganten überfallen, droht ein Pulverfaß in die Luft zu sprengen, um ihrer Wut zu entgehen." Für diesen Entwurf erhielt sie einen Anerkennungspreis durch die Jury, übrigens das einzige von allen mit Preisen ausgezeichneten Werken, das von einer Frau stammte[126]. Über den Verbleib des Bildes ist nichts bekannt. Ein anonymer Druck aus dem Musée Carnavalet weist Stilmerkmale auf, die uns vermuten lassen, daß er nach dem Entwurf Marguerite Gérards angefertigt wurde (Abb. 25).

Ein Bild des republikanischen Heroismus paßt auf den ersten Blick nicht so recht in die künstlerische Biographie Marguerite Gérards; aber das Haus Fragonard war der Revolution durchaus aufgeschlossen gewesen: Fragonard selber wurde durch Vermittlung Davids Konservator am 1793 eröffneten *Musée des Arts* des Louvre, und es gibt von ihm ein Gemälde, das seinen Sohn mit der Freiheitsmütze zeigt; Fragonards Sohn beteiligte sich mit einer ganzen Reihe revolutionärer Allegorien am Wettbewerb des Jahres II.

Gond-Boulliand

Wahrscheinlich keine professionelle Künstlerin. Wir besitzen keine biographischen Daten über sie. Ihr Projekt für ein "Museum zu Ehren gefallener Helden der Revolution" haben wir oben erwähnt.

Elisabeth G. Herhan

Elisabeth G. Herhan war Kupferstecherin; sie gravierte eine Zeichnung *L'Amour et la Raison* von Bartholozzy[127] und fertigte 6 Portraits von Generälen der republikanischen Armee in den Jahren 1798/99 an.

126 AN, D* XXXV^c - 1, Nr. 1347; Notice des ouvrages ..., (Coll. Destailleurs: BN, Cab. des estampes) Nr. 67; Rapport Portiez, Paris, An III.

127 Coll. Hennin 12010.

Adelaide Labille-Guiard war neben Vigée-Lebrun die bedeutendste Portraitmalerin des späten *Ancien Régime*. Sie war Schülerin Vincents, mit dem sie nach ihrer Scheidung 1793 zusammenlebte und später die Ehe einging. 1788 hatte sie einen offiziellen Auftrag für ein Historiengemälde erhalten - die Erteilung eines solchen Auftrags an eine Frau war zu der Zeit noch ein seltener Ausnahmefall. Thema des Werks war die *Réception d'un chevalier de Saint-Lazare par Monsieur, Grand Maître de l'ordre*; der Orden wurde 1791 aufgelöst, und ihr Gemälde, an dem sie zweieinhalb Jahre gearbeitet hatte, wurde nach einer Anordnung vom 11.8.1793 als "antirepublikanisch" verbrannt. Ein Entwurf befindet sich heute im Museum der Ehrenlegion. 1791 erhielt sie von der Nationalversammlung einen erneuten Auftrag zu einem Historiengemälde: eine Darstellung Ludwig des XVI., "in dem Augenblick, ind em er gerade die Verfassung angenommen hat und sie dem königlichen Prinzen zeigt". Das Bild war für den Sitzungssaal der gesetzgebenden Versammlung bestimmt, kam aber wegen der rasch wechselnden politischen Umstände nicht mehr zur Ausführung[128].

1791 stellte sie vierzehn Portraits von Abgeordneten der Nationalversammlung im Salon aus, darunter Portraits von Robespierre (Abb. 26), Talleyrand und Lameth. Talleyrand hält auf ihrem Gemälde ein Papier in der Hand mit der Inschrift "Freiheit der Kulte und nationale Erziehung" - eine Anspielung auf den ersten großen Erziehungsplan, der in der Konstituante nach einer Vorlage Talleyrands diskutiert wurde. Labille-Guiard malte unter anderem Portraits der Madame Brulart de Genlis (1790) und des Grafen Saint-Simon (Jahr IV), dem Begründer der früh-sozialistischen Schule des Saint-Simonismus[129].

Labille-Guiard war eine der wenigen Frauen, die vor der Revolution in die Akademie aufgenommen worden waren; dies und die offiziellen Aufträge, die sie erhielt, zeigen die hohe Wertschätzung, die sie als Künstlerin genoß. Sie unterhielt eine eigene private Kunstschule für Frauen - 1783 hatte sie neun Schülerinnen, eine ihrer Schülerinnen war Madame Dabos. Eine Wohnung im Louvre wurde ihr im *Ancien Régime* noch wegen ihres Geschlechtes verwehrt, vom Konvent aber 1795 zugesprochen. Zur Entschädigung für den Verlust, der mit der Zerstörung ihres 1788 in Auftrag gegebenen Historiengemäldes verbunden war, erhielt sie 1795 zudem eine Gratifikation von 2000 L. Aus einem Rapport Ginguenés vom Floréal II, in dem die Unterstützung empfohlen wird, erfahren wir über weitere Auflagen, die ihr im Zuge des "revolutionären

128 A.M., Passez, Labille-Guiard ..., a.a.O.
129 Ebd.

Vandalismus" gemacht worden sind: "Danach wurde dieser unglücklichen Künstlerin befohlen, alle Gesichter auf den Portraits von Adligen zu beseitigen, insbesondere der Tanten des ehemaligen Königs, seiner Schwester und vieler Mitglieder der Konstituante, die sie gemalt hatte."[130]

Labille-Guiard sandte zu Beginn der Revolution ein Memoire an die Nationalversammlung, in dem sie offenbar Einrichtungen für die kunstgewerbliche Ausbildung von Frauen in den Departements vorschlug[131]; das Memoire, von Talleyrand in seinem Unterrichtsprojekt erwähnt, haben wir nicht auffinden können. 1793 war Labille-Guiard Mitglied der *Société républicaine des arts*.

Eleonore Lefebvre

Stellte ein *Portrait d'un électeur de 1792* im Salon von 1793 aus. Vielleicht identisch mit Eléonore Lingée femme Lefevre: Kupferstecherin, verheiratet mit dem Stecher Lingée, gravierte *La Liberté* nach Boizot[132].

Montaland

Kupferstecherin; gravierte *Moi libre aussi* und Portraits von Chalier und Marat nach Desrais[133].

Notte oder Note

Kupferstecherin, Schwester des Malers Notté; gravierte vier Portraits für die Sammlung von Abgeordneten-Portraits Le Vachez[134].

---

130 AN, D XXXVIII - 4, doss. LIX.

131 J. Lebreton, Nécrologie, Notice sur Mme. Vincent, née Labille, peintre. Extrait du 2e volume des Nouvelles des Arts, Nr. 18.

132 Coll. de Vinck 6059.

133 Coll. de Vinck 6035, 5408, 5266.

134 Coll. de Vinck 2219, 2226, 2250, 2352.

Pedavany

Die Citoyenne Pédavany fertigte im Jahr II eine Wachs-Büste des "Märtyrers der Freiheit" Chalier für die Stadt Lyon an, die offensichtlich während eines Festes im Nivôse oder Pluviôse II eingeweiht wurde. Die Büste entstand vermutlich nach einem Modell des Bildhauers Chinard[135].

Pezard

Kupferstecherin; gravierte *Le Triomphe de la Raison et de la Vérité* nach Périn[136].

Renee Pilastre

Renée Pilastre war Malerin, fertigte in Zusammenarbeit mit Van Spaendonck eine Kopie des Portraits La Revellière-Lépeaux' nach dem Original Gérards an (Musée Carnavalet, Abb. 27). La Revellière-Lépeaux war einer der Direktoren des *Fructidors* und einer der bedeutendsten Protagonisten des "theophilanthropischen Kults", eine "Vernunftreligion", die in mancher Hinsicht den Kult des Höchsten Wesens fortsetzte.

Prevost

Das Musée Carnavalet besitzt eine revolutionäre Allegorie auf die konstitutionelle Verfassung von Madame Prévost: Das Volk huldigt Louis XVI als Erneuerer der bürgerlichen Freiheit (Abb. 28). Über Mme Prévost - zweifellos eine Kupferstecherin - wissen wir nichts; in den einschlägigen Künstler-Lexika taucht sie nicht auf[137].

135 Arch. munic. Lyon, I*1*. 154, Brief Melliers vom 14. Nivôse II; siehe auch de Louche, Figures Lyonnaises, Lyon, 1932, S. 52.

136 Coll. Hennin 12176.

137 Eine weitere Allegorie von ihr - *La France libre* - befindet sich im Musée de l'Histoire vivante in Montreuil, Inv. 8124307.

Kupferstecherin; gravierte *La Fraternité* nach Boizot und *Le traité des nègres* nach Morland (Abb. 29). Entwarf eine Medaille zum 9./10. Thermidor, zur Erinnerung an den Sturz Robespierres (Abb. 30)[138]. Sie scheint einen eigenen Kunsthandel unterhalten zu haben: Ihren Stich *Traité des nègres*, der die Sklavenbefreiung zum Thema hat, annoncierte sie im *Moniteur* vom 22. Ventôse II, aus einer weiteren Anzeige vom 3. Nivôse II geht hervor, daß sie Kupferstiche der Portraits von Marat und Lepeletier, "gezeichnet von einem bekannten Künstler" vertrieb, vermutlich von ihr selbst graviert.

Elisabeth Sintzenich

Elisabeth Sintzenich, Malerin und Stecherin, ist die einzige uns bekannte nicht-französische Künstlerin, die sich mit dem Thema der Revolution befaßte. Sie stammte aus einer Mannheimer Kupferstecher-Familie und lebte zur Zeit der Revolution mit ihrem Vater in Berlin. 1795 - mit siebzehn Jahren - schuf sie ein Historiengemälde über den Tod Marats, das von ihrem Vater geschabt und gedruckt worden ist (Abb. 31)[139]. Das Bild knüpft - wie viele Werke zum Tod Marats - an die Tradition der Pietà-Darstellung an; es zeigt Marat mit der tödlichen Wunde in der Badewanne, in der er wegen eines Hautleidens mehrere Stunden des Tages verbrachte und seine Artikel schrieb. Neben ihm steht Charlotte Corday, den Dolch in der Hand. Die Szene ist in einen Versammlungssaal verlegt, ein aufgehaltener Vorhang symbolisiert den Raum als Bühne des politischen Geschehens. Es handelt sich zweifellos um ein "Pro-Marat-Bild": Charlotte Corday erscheint als eine entschlossene Furie, Marat als ermordeter Heros, dem die entsetzten Abgeordneten zu Hilfe eilen, um ihn zu stützen; auf ihren Gesichtern spiegelt sich Entsetzen und Fassungslosigkeit über die Tat.

138 Coll. Hennin 12096; Coll. de Vinck 6030, 6060.
139 Coll. de Vinck 5301.

Marie Tussaud

Marie Grosholtz, spätere Mme Tussaud, die 1835 in London das bekannte Wachsfigurenkabinett gründete, fertigte 1791 anläßlich des Festes der Überführung Voltaires ins Pantheon eine Wachsfigur Voltaires mit einem Genius der Unsterblichkeit an; 1793 schuf sie eine Wachsfigur des ermordeten Marat, die Jacques-Louis David als Vorlage für sein Marat-Gemälde diente[140].

Nanine Vallain

Nanine Vallain (Madame Pietre) war Genremalerin und Schülerin Davids und Suvés; während der napoleonischen Ära schuf sie eine Reihe antiker und religiöser Historienbilder. Sie war Mitglied der *Société répulicaine des arts* und arbeitete 1790 als Zeichenlehrerin an dem von Arbeltier geleiteten *Lycée des femmes*, einer privaten Einrichtung höherer Mädchen- und Frauenbildung[141]. Bekannt ist ihr Gemälde *La Liberté*, 1793/94 für den Jakobinerklub in Paris gemalt, das einzige revolutionäre Bild von einer Frau, das bei Harris und Nochlin erwähnt wird. "Dieses Gemälde, das nach der Schließung des Jakobinerklubs am 9. Thermidor II beschlagnahmt wurde, stellt eine allegorische Gestalt der Freiheit dar, in eine blaue Tunika und einen dunkelgelben Rock über einer rotbesetzten weißen Leibwäsche gekleidet, in der linken Hand eine rote phrygische Mütze auf einer Pike haltend, in der rechten die Erklärung der Menschenrechte. Auf dem Boden liegen eine symbolische Krone und Ketten sowie Fasces als Embleme der Macht zu ihren Füßen. Die kommemorative Funktion des Gemäldes wird durch eine Urne auf der linken Seite verdeutlicht, auf der "Unseren Brüdern, die für sie ihr Leben ließen ..." steht, ebenso wie durch ein pyramidales Ehrenmal, das hinter der sitzenden Gestalt sichtbar wird[142]. Das Gemälde befindet sich heute in restauriertem Zustand im *Musée de la Révolution française* in Vizille (Umschlagabbildung).

140 Jörg Traeger, Der Tod des Marat. München, 1986, S. 167 ff.
141 Siehe Arbeltier, Lycée des femmes. Paris, 1790.
142 A.S. Harris/L. Nochlin, Women artists ..., a.a.O., S. 47.

4.

Mädchenerziehung und Pädagogik

4.1 Zur Situation des Mädchenunterrichts während der Französischen Revolution

Die Französische Revolution brachte erstmals in der Geschichte die gesetzliche Verankerung des gleichen Rechts auf Bildung und Erziehung für Jungen und Mädchen. Das Unterrichtsgesetz des Frimaire II sah eine allgemeine Schulpflicht und kostenlosen Unterricht für alle Kinder im Elementarbereich vor; es enthielt keine unterschiedlichen Regelungen für Jungen und Mädchen. Nur in einem Punkt gab es noch eine geschlechtsspezifische Diskriminierung: Lehrerinnen sollten eine geringere Bezahlung erhalten als Lehrer - fünfzehn l. pro Schüler(in) gegenüber zwanzig l. für die Lehrer. Das Gesetz des Brumaire III, von dem es abgelöst wurde, erhielt diese Prinzipien zwar aufrecht, jedoch wurde jetzt die Möglichkeit der Koedukation, von der zahlreiche Lehrer in den Landschulen Gebrauch gemacht hatten, unterbunden: die Jungen durften nur von einem Lehrer, die Mädchen nur von einer Lehrerin unterrichtet werden; die Unterrichtsinhalte waren aber für beide gleich.

Gegen Ende des Konvents versuchte Daunou, der maßgeblich für den Text der Verfassung des Jahres III verantwortlich zeichnete - die Verfassung brachte die Wiedereinführung des Besitzwahlrechts - den Elementarunterricht für die Mädchen wieder abzuschaffen: "Die Erziehung der Mädchen ist der häuslichen Sorge der Eltern und privaten Unterrichtseinrichtungen vorbehalten".[143] Nach Intervention Lakanals, Autor des Gesetzestextes vom Brumaire III, verwarf der Unterrichtsausschuß des Konvents Daunous Vorschlag. Das Unterrichtsgesetz des Jahres IV, bis zum Ende des Direktoriums in Kraft, erhielt das Recht auf öffentliche Elementarschulbildung für die Mädchen aufrecht. Man fand allerdings einen Kompromiß, indem man sich auf unterschiedliche Unterrichtsinhalte einigte. Speziell für die Mädchen wurde festgelegt: "Die Mädchen lernen Lesen, Schreiben, Rechnen und die Grundlagen der republikanischen Moral; sie werden in bestimmten nützlichen und verbreiteten manuellen Arbeiten unterrichtet" - das heißt Vorbereitung auf spezifisch weibliche Tätigkeiten. Lakanals Begründung schien die Abgeordneten zu überzeugen: "Es sind die Frauen, die unsere Kindheit formen und unsere erste Erziehung prägen, von der fast immer unser Schicksal abhängt ... Wollt ihr

143 PV CIP, Bd. 6, S. 337 und 794.

dem Vaterland tugendhafte Citoyens geben? Dann gebt den Frauen eine gute Erziehung. Wenn ihr sie der häuslichen Pflege allein überlaßt, verdammt ihr sie in den meisten Fällen zu völliger moralischer Bedeutungslosigkeit ... Könnt ihr darauf hoffen, daß alle Familienmütter ihre Töchter lehren, was man ihnen selbst niemals beibrachte?"[144]

Im Jahr III freilich war die Schulpflicht schon wieder abgeschafft worden, private Schulen, die nicht an die gesetzlichen Unterrichtsbestimmungen gebunden waren, konnten sich wieder ausbreiten, und seit dem Jahr IV mußte auch für die öffentliche, "republikanische" Schule Schulgeld gezahlt werden, was viele Eltern davon abhielt, ihre Kinder, schon gar ihre Töchter, zur Schule zu schicken. Das größere Problem war jedoch der Mangel an Lehrerinnen; er ließ die Unterrichtsgesetze der Revolution in zahllosen Regionen, insbesondere auf dem Land, zur Makulatur werden. Es war sehr viel schwerer, Lehrerinnen zu finden als Lehrer, und besonders rar waren qualifizierte Lehrerinnen, die auch noch imstande waren, die "republikanische Moral" zu unterrichten. Dies hängt damit zusammen, daß die meisten Lehrerinnen zu Beginn der Revolution religiösen Ordensgesellschaften angehörten, die nun aufgelöst wurden; nur wenige von ihnen waren bereit, den Eid auf die Verfassung zu leisten, vielen wurde das *certificat de civisme* verweigert, ohne das niemand in den Jahren II und III eine Schule eröffnen konnte. Geeignete Nachfolgerinnen waren oft nur schwer zu finden. Generell klagen die Unterrichtsjurys, die seit dem Jahr III für die Prüfung der Lehrer(innen) zuständig waren, über mangelnde Qualifikation, geradezu desolat aber war es bei den weiblichen Kanditaten. Von vierzehn Kandidatinnen, schreibt zum Beispiel die Unterrichtsjury des Distrikts Dijon, erfüllte keine die vom Gesetz vorgeschriebenen Anforderungen; fünf konnten weder schreiben noch rechnen, drei nicht einmal lesen[145]. Etwas, wenn auch nicht wesentlich günstiger sah es bei den Lehrern aus; viele waren zuvor als *maître d'école* tätig gewesen, während es nur vergleichsweise wenig *maîtresses d'école* gegeben hatte, die sich nun um ein öffentliches Lehramt bewerben konnten. Die Rekrutierungsbasis für die republikanische Lehrerschaft war schmal, und die meisten religiös oder klerikal gebundenen Lehrer(innen) weigerten sich, einen weltlichen Unterricht zu erteilen, auf den traditionellen Katechismus zu verzichten und ihre Schüler(innen) statt zur Messe zu den Dekadenzeremonien und republikanischen Feste zu führen.

Am Beispiel Rouens läßt sich zeigen, daß die republikanischen Lehrerinnen der Jahre II und III in höherem Maß aus "berufsfremden" Gruppen kamen und schlechter für die Unterrichtstätigkeit qualifiziert waren als Lehrer.

144 Ebd., S. 873.
145 Arch. dép. Côte-d'Or, L 1779.

Unter den Lehrern/Lehrerinnen, deren Qualifikation als gut oder sehr gut eingestuft wurde, befanden sich 40,7% Frauen; unter denen, die als mäßig befähigt oder ungeeignet betrachtet wurden, lag der Anteil der Frauen dagegen bei 63,2% (akzeptiert wurden gleichwohl alle Kandidaten und Kanditatinnen). Überdurchschnittlich viele Lehrerinnen dieser Jahre waren zuvor als Arbeiterinnen beschäftigt gewesen (Wäscherinnen, Tätigkeit in der Textilverarbeitung etc.) - 41,4% aller Lehrerinnen. Daß die Revolution in geringerem Maß auf Lehrerinnen des *Ancien Régime* zurückgreifen konnte, wird schließlich daran deutlich, daß die republikanischen Lehrerinnen im Durchschnitt fünf Jahre jünger waren als die Lehrer, und in Rouen waren vor allem die Frauen, die aus "berufsfremden" Bereichen kamen, besonders jung (ihr durchschnittliches Alter lag bei achtundzwanzig Jahren)[146].

Zwar gelang es in den größeren Städten, die Probleme weitgehend zu lösen: Das Verhältnis von Lehrern zu Lehrerinnen war hier zumeist ausgeglichen, in den größten Städten - Paris, Lyon, Marseille - unterrichteten zeitweise sogar mehr Lehrerinnen als Lehrer an den öffentlichen Elementarschulen. Anders sah es auf dem Land aus, wo die allgemeine schulische Versorgung ohnehin weit schlechter war. Hier lag der Anteil der Lehrerinnen oft nur bei zehn bis fünfzehn Prozent. Vermutlich wurde auf dem Land der Unterricht für Mädchen als weniger wichtig erachtet als in den Städten.

Auf der Basis eigener Untersuchungen, denen Daten aus insgesamt neunundvierzig Distrikten zugrundeliegen, können wir ein hypothetisches Bild über die quantitative Versorgung mit Schulen und den Anteil der Lehrerinnen zeichnen. Geht man von den Richtwerten der Bildungsplanung der Jahre II und III aus - danach sollte im statistischen Mittel zunächst ein Lehrer/eine Lehrerin auf fünfhundert, später auf siebenhundertfünfzig Einwohner kommen -, dann zeigt sich, daß das schulische Angebot für Mädchen (das heißt die Zahl der Lehrerinnen) weit hinter den Zielvorstellungen zurückblieb; demgegenüber war die Situation für Jungen vergleichsweise günstig:

Realisierungsquote bei	500 E. pro L.	750 E. pro L.
Lehrer	57,3%	86,0%
Lehrerinnen	23,6%	35,4%

n = 2434 Lehrer(innen)

Der Anteil der Lehrerinnen an der Lehrerschaft insgesamt lag bei 29,2%, die Relation von weiblichen zu männlichen Lehrern betrug 1 : 2,47. Ein Ver-

146 Datengrundlage: Arch. munic. Rouen, Serie R.

gleich mit Zahlen zum geschlechtsspezifischen Alphabetisierungsgrad am Vorabend beziehungsweise zu Beginn der Revolution (1786-1790) legt den Schluß nahe, daß sich die ohnehin schon benachteiligte Bildungssituation für Mädchen während der Revolution noch verschlechtert hat: Zu dieser Zeit lag der Alphabetisierungsgrad für Frauen bei 26,8%, für Männer bei 47,5%[147], das entspricht einer Relation von 1 : 1,77.

Die Verhältnisse scheinen sich während des Direktoriums nicht verbessert zu haben, einige Zahlen weisen eher auf das Gegenteil hin. In Rouen beispielsweise ging der Anteil der Lehrerinnen an der öffentlichen Lehrerschaft von 54,9% im Jahr II auf 40,9% im Jahr V zurück, in Châlons-sur-Marne, um ein anderes Beispiel zu nennen, von 57,1% im Jahr III auf 25%. Dieser Rückgang hängt mit einer Selektion nach Qualifikationsmerkmalen zusammen: Im Direktorium wurden Eignungsprüfungen institutionalisiert, bei denen Lehrer zumeist besser abschnitten als Lehrerinnen. Während im Jahr II noch nahezu jeder akezptiert wurde, der nur das *certificat de civisme* vorweisen konnte, legte man nun strengere Maßstäbe an; mit der Aufgabe der Schulpflicht fühlten sich die staatlichen Verwaltungen auch nicht mehr gehalten, für ein quantitativ ausreichendes Angebot an Schulen zu sorgen.

In der Tat hatten Frauen sehr viel geringere Chancen als Männer, während des Direktoriums als öffentliche Lehrer(in) akzeptiert zu werden; weit stärker waren sie dagegen unter der Lehrerschaft privater Schulen vertreten, obwohl auch hier die Männer zumeist dominierten:

Anteil der Frauen an der Lehrerschaft[148]

Departement Marne (Jahr VI)

Öffentliche Schulen	*6,3%*
Private Schulen	*27,8%*
Schulen insgesamt	*20,4%*

Stadt Amiens (Jahr VI)

Öffentliche Schulen	*32,0%*
Private Schulen	*48,6%*
Schulen insgesamt	*41,7%*

147 Ministère de l'Instruction publique, Statistique rétrospective. Etat récapitulatif ... Paris, o.J. (Zusammenfassung der Untersuchungen Maggiolos).

148 Datengrundlage: Arch. dép. Marne, 1 L 1244; Arch. dép. Somme, L 922.

Aufschlußreich ist, daß im Departement Marne über die Hälfte der Lehrerinnen privater Schulen ehemalige *soeurs* waren, die sich vermutlich um eine Tätigkeit an einer öffentlichen Schule gar nicht erst bewarben oder nicht akzeptiert worden wären, deren Unterricht aber jetzt, nachdem es keine Pflicht zum Besuch der öffentlichen Schule mehr gab, vom Staat als privater Unterricht toleriert wurde.

Im Jahr VI unternahm das Direktorium Versuche zu einer stärkeren Kontrolle der privaten Schule - alle Lehrer(innen) mußten jetzt republikanische Texte verwenden und den neuen Kalender befolgen, das heißt am Sonntag unterrichten, während am Dekadi frei war, damit die Schüler an den Dekadenzeremonien teilnehmen konnten. Es scheint, daß es vor allem Schulen von Lehrerinnen waren, die nach staatlichen Visiten als "antirepublikanisch" geschlossen wurden. Im Departement Gers zum Beispiel wurden im Jahr VI fünfundzwanzig Schulen aus politischen Gründen geschlossen, davon zwanzig Schulen, die von Lehrerinnen betrieben worden waren[149]. Erst nach der Revolution können die religiösen Gesellschaften wieder ungehindert ihren Unterricht organisieren.

Unsere Daten aus dem Direktorium weisen darauf hin, daß Mädchen in vergleichsweise höherem Maße als Jungen private Schulen besuchten und es für sie sehr viel weniger öffentliche Schulen gab. Dies ist unter einem sozialgeschichtlichen Aspekt bedeutsam: Nicht nur boten die öffentlichen Schulen oft einen anspruchsvolleren Unterricht, hier waren auch die Kinder der Armen vom Schulgeld ausgenommen. Die Konzentration der Mädchen auf private Schulen bei insgesamt deutlich niedrigerem schulischen Angebot legt den Schluß nahe, daß sich im unterschiedlichen Schulbesuch von Jungen und Mädchen eine soziale Selektion ausdrückt: Mädchen aus armen Familien hatten geringere Chancen auf eine schulische Bildung (Aber auch in den privaten Schulen waren Mädchen unterrepräsentiert).

Wir können den Unterschied im Schulbesuch von Jungen und Mädchen am Beispiel Amiens verdeutlichen. Der Anteil der Lehrerinnen lag hier im Jahr VI bei 41,7%; da Lehrerinnen in der Regel die Mädchen, Lehrer die Jungen unterrichteten, weist dies bereits auf einen geringeren Schulbesuch der Mädchen hin. Tatsächlich gingen noch erheblich weniger Mädchen zur Schule als sich aus dieser Zahl vermuten läßt, weil die Lehrerinnen deutlich niedrigere Klassenfrequenzen hatten (die Lehrer hatten im Durchschnitt 41 Schüler, die Lehrerinnen aber nur knapp 27 Schülerinnen).

Interessant ist eine weitere Differenz: Jungen blieben im Durchschnitt zwei Jahre länger in der Schule als Mädchen, das Durchschnittsalter der männlichen Schüler lag bei 11 Jahren, das der weiblichen Schüler bei 9 Jahren. Dies

149 Arch. dép. Gers, L 392.

konvergiert wiederum mit der unterschiedlichen Qualifikation der Lehrer(innen): In den Anfangsklassen wurde zumeist nur Lesen unterrichtet, danach auch Anfangsgründe des Rechnens und Schreibens, erst die älteren Schüler erhielten einen regulären Schreib- und Rechenunterricht und unter Umständen auch noch Unterweisung in anderen Fächern. Die Fähigkeiten der Lehrerinnen beschränkten sich oft auf den Leseunterricht. Trotzdem war die Schulzeit der Mädchen insgesamt nicht kürzer als die der Jungen: Die Mädchen wurden früher zur Schule geschickt, oft kamen sie schon mit vier oder fünf Jahren in eine *garderie*, wo sie von Frauen betreut wurden. Mädchen durchliefen also ein anderes "Curriculum" als Jungen[150].

In der Regel wurden Jungen und Mädchen voneinander getrennt von Lehrern und Lehrerinnen unterrichtet. In den Jahren II und III, als man noch intensivere Anstrengungen unternahm, auch den Mädchen einen schulischen Unterricht anzubieten, machten viele Lehrer von der Möglichkeit der Koedukation Gebrauch, wenn sich in einer Landgemeinde etwa nicht genügend Kandidaten für das Lehramt fanden. Diese Praxis, die das Unterrichtsgesetz des Jahres III untersagte, stieß jedoch häufig schon auf den Widerstand der Eltern: "unsere jungen Mädchen vermischt mit älteren Jungen auf weite Wege zu schicken ... dies widerstrebt der Moral in den Ortschaften", resümiert die Unterrichtsjury von Dijon die Klagen der Eltern. Und wäre es nicht besser, schließt er gleich die Überlegung an, aus ökonomischen und praktischen Gründen überhaupt auf den Elementarschulunterricht für Mädchen zu verzichten? Im Haus sind sie besser aufgehoben als auf langen Schulwegen und in der moralisch bedenklichen Nähe der Jungengruppen: "die Schule der Mädchen, das ist das Vaterhaus, und ihre Wissenschaft sollen der Haushalt und die Sitten sein." Mädchen waren offenbar gefährdet. In der Stadt Dijon löst man das Problem durch eine strikte Trennung: "Die Erhaltung der Sitten erfordert unbedingt, daß die für die Mädchen bestimmten Schulen vollständig von denen der Jungen isoliert sind und daß es keinerlei Verbindung zwischen ihnen gibt; jede soll ihren eigenen Eingang haben, um so weit wie möglich die Unannehmlichkeiten ihres Zusammentreffens auszuschließen; Beginn und Ende des Unterrichts sollen für beide Geschlechter verschieden sein."[151]

Der Schulbesuch von Mädchen, den das Unterrichtsgesetz des Jahres II allgemein verbindlich machte, war offensichtlich noch alles andere als eine Selbstverständlichkeit. Er traf auf Vorurteile einer Tradition, in der Lese- und Schreibfähigkeit von Frauen als unwichtig galten.

---

150 Arch. dép. Somme, L 922.
151 Arch. dép. Côte-d'Or, L 1087.

4.2 Republikanische Lehrerinnen und politische Mädchenbildung

Die Unterrichtspolitik der Revolution zielte nicht nur auf eine allgemeine Alphabetisierung sondern auch auf politische Bildung ab; hier lag ein weiterer Grund für die schlechtere schulische Versorgung der Mädchen, weil politisch informierte und engagierte Lehrerinnen selten waren und eine politisch ausgerichtete Alphabetisierung von Mädchen in besonderem Maß auf traditionelle Vorurteile stieß. Auch unter den Bedingungen der Revolution hatten republikanisch engagierte Lehrerinnen oft einen schweren Stand gegenüber den Eltern oder auch der Gemeindeverwaltung. Die Frauen, die die Nachfolge der Ordensschwestern antraten, mußten manchmal einigen Mut für ihre Arbeit aufbringen. In Versailles beispielsweise kam es zu einem Konflikt, nachdem die Stadtverwaltung die Substitution der Augustinerinnen angeordnet hatte. Die neuen Lehrerinnen machen sich sogleich daran, in der nationalisierten Kirche des *Collège*, die ihnen als Unterrichtsgebäude zugewiesen worden war, die Mädchen in den Grundlagen der Verfassung zu unterrichten. Aber das *Collège* ist noch in Funktion und sein Leiter weist sie hinaus. Es kommt zu Auseinandersetzungen zwischen den Mädchen und den *Collège*-Schülern; die Studenten belästigen die Frauen und die Mädchen, werfen schließlich mit Steinen nach ihnen, so daß sie gezwungen sind, in die Kirche zurückzufliehen, um dort Schutz zu suchen. "Als wir den Schülern des *Collèges* vorhalten wollten", beklagen sich die Lehrerinnen bei der Stadtverwaltung, "daß ihr Verhalten ungehörig war, ergriff der Sieur Husan, Schulleiter, das Wort für sie, indem er sagte: Antwortet nicht, das sind Frauen, die reden! Der Ton und die Gesten des genannten Herren waren bedrohlich ..." Die Frauen wenden sich an die Verwaltung, damit diese die Professoren zur Ordnung ruft, sie soll ihnen, wie sie selbstbewußt formulieren, "die Prinzipien in Erinnerung rufen, die bei einem freien Volk die öffentliche Erziehung bestimmen"[152].

Im Germinal III wendet sich die Lehrerin Elizabeth Desaint an den Konvent, weil ihr der Gemeindevorstand die Bezahlung verweigert. Citoyenne Desaint ist in der Gemeinde Ay, Distrikt Epernay tätig. Dort ist sie 1793 an die Stelle von zwei eidverweigernden Ordensschwestern getreten, in deren Gebäude sie unterrichtet. Ihr Unterricht war der einer vorbildlichen Republikanerin: "Ich hatte stets glaubwürdige Beweise meines Bürgersinns gegeben, und alle Werke, die ich zusammengestellt hatte und von meinen Schülern in der *Société populaire* vortragen ließ, hatten stets großen Beifall erhalten ...". Im Jahr III wird ein neuer *officier municipal* eingesetzt, der sie aus ihrem Amt vertreiben und die Ordensschwestern zurückholen möchte. Citoyenne Desaint muß zahlreiche Bittgänge wegen ihrer Bezahlung zu ihm unternehmen, erntet

152 Arch. dép. Seine-et-Oise, 2 LT (Versailles) 152.

aber nur Fußtritte und Beschimpfungen: "Die Art und Weise, wie ich verhöhnt, lächerlich gemacht und von oben bis unten mit Steinen und Schmutz beworfen, mit Füßen getreten und, mit einem Wort, schlimmer als eine Verbrecherin behandelt worden bin ..."

Sie läßt sich aber nicht einschüchtern, weil sie das Recht auf ihrer Seite weiß; sie wendet sich an das *Comité de surveillance* und wird schließlich an den Friedensrichter verwiesen. Bei ihm kommt es zu einem Wortgefecht mit dem *officier municipal*, das sie mit wahrhaft republikanischem Selbstbewußtsein bestreitet: "Der Richter: 'Citoyenne, worum bitten sie nun?' - Die Citoyenne: 'Citoyen Richter, ich bitte darum, dem Gesetz folgend beurteilt zu werden.' - Der Citoyen: 'Bittest du um meine Absetzung?' - Die Citoyenne: 'Ich bitte nicht darum, aber wenn sie es verdient haben, soll man sie absetzen.'- Der Richter: 'Citoyenne, worum bitten sie also?'- Die Citoyenne: '... der Citoyen hat mich beleidigt, wird er sich bei mir entschuldigen?' - Der Citoyen: 'Ich soll mich bei dir entschuldigen? Glaub mir, obwohl du so niederträchtig und wirklich widerwärtig bist, werde ich dich doch eher umarmen als dich um Entschuldigung bitten.' - Die Citoyenne: 'Glaubt mir, davon stelle ich Sie frei, nie in meinem Leben ließe ich mich von so einem großen Dummkopf umarmen.' - Der Citoyen: 'Beruhige dich.' - Die Citoyenne: 'Gestern standen Sie noch über mir, Ihren Befehlen hätte ich gehorchen müssen. Aber hier sind wir gleich. Nur der Richter steht über uns.' - Der Citoyen: 'Ich duze dich und du duzt mich nicht. Mißachtest du mich?'- Die Citoyenne: 'Um dir die Wahrheit zu sagen, ich schätze dich nicht besonders, aber es gibt zwei Gründe, die mich daran hindern. Der erste ist der, daß ich daran nicht gewöhnt bin, der zweite, rechtmäßigere, ist der, daß ich sehr wohl weiß, daß man nur einen wahren Patrioten duzt ..."[153].

In den Jahren 1792/93 wurden in den meisten Städten die Ordensschwestern zunächst provisorisch - da ein Gesetz über eine umfassende Reorganisation des Unterrichtswesens erst im Dezember 1793 (Frimaire II) zustande kommt - durch weltliche Lehrerinnen abgelöst. Zu einem weiteren großen Umbruch in der Zusammensetzung der Lehrerschaft kommt es im Jahr II; bei dieser Umwälzung des Unterrichtspersonals spielten politische Einstellungen eine entscheidende Rolle. Von Toulouse besitzen wir ein Dokument, das über die politische Einstufung der Lehrer(innen) Aufschluß gibt[154]. Von 68 Lehrern/Lehrerinnen, die vor dem Germinal II, dem Datum des Inkrafttretens des neuen Gesetzes, in Toulouse tätig sind, sind 45 Frauen. Sie stellen den größten Anteil unter den *modérés*, *aristocrates* oder *fanatiques*; von ihnen wird niemand nach dem Germinal als öffentliche Lehrerin akzeptiert, und

153 AN, F^{17} 1006 - 1116.

154 Arch. dép. Haute Garonne, L 2541.

selbst während des Direktoriums kehren nur fünf von ihnen in den Unterricht zurück.

	Lehrer	Lehrerinnen	Zusammen
patriotes	15	15	30
modérés, aristocrates, fanatiques	8	30	38
Zusammen	23	45	68

Trotzdem gelang es, die Schulen für Mädchen bis zum Jahr III zu 83% mit Lehrerinnen zu besetzen. Im folgenden Jahr sind allerdings nur noch die Hälfte der Mädchenschulen in Funktion, und von den Lehrerinnen des Jahres III sind nur noch ein Drittel tätig: Umbruch und Fluktuation vor allem der weiblichen Lehrerschaft müssen teilweise erheblich gewesen sein und dürften kaum einen produktiven Unterrricht für die Mädchen zugelassen haben.

Gleichwohl gab es einen Kern republikanisch engagierter Lehrerinnen, von denen viele sich auch langfristig halten konnten. Oft waren dies Frauen, die mit ihren Männern gemeinsam eine republikanische Schule für Mädchen und Jungen unterhielten. Dies war offenbar eine günstige Konstellation, um unter den seit dem Jahr III ständig schlechter werdenden materiellen Existenzbedingungen eines republikanischen Lehrers durchhalten zu können. In Rouen etwa waren mehrere Lehrerinnen mit politisch aktiven Lehrern verheiratet, wie die Citoyenne Le Normand, deren Ehemann zeitweise Sekretär und Präsident der *Société populaire* war; eine ihrer Schülerinnen erhielt noch im Jahr VI eine Auszeichnung auf einem republikanischen Fest. Oder die Citoyenne Lapôtre: mit ihrem Mann, der im Jahr II Mitglied der *Société populaire* war, unterrichtete sie noch das ganze Direktorium hindurch; im Jahr VI wurde sie von der Departementverwaltung wegen ihres vorbildlichen republikanischen Unterrichts gewürdigt. Ähnliches gilt für die Lehrerehepaare Langlois und Massue.

In den Schulen der republikanisch engagierten Lehrerinnen fand insbesondere in den Jahren 1793/94 eine politische Mädchenbildung statt, die sich nicht wesentlich vom Unterricht der Jungen unterschieden haben dürfte: Lese- und Schreibunterricht anhand republikanischer Texte, Auswendiglernen von Menschenrechtserklärung und Verfassung, Lernen patriotisch-republikanischer Hymmen etc. Die Mädchen wurden auf diese Weise in den kulturrevolutionären Prozeß der Zeit hineingezogen. Die Verwendung der Unterrichtstexte konnte Gegenstand von Prozessen werden, über die uns einige Polizeiakten informieren. Im Januar 1794 fand beispielsweise ein Prozeß gegen eine Lehrerin statt, die aufgrund einer Denunziation angeklagt worden war, in ihrer Schule nach Prinzipien des *Ancien Régime* unterrichtet zu haben; zum Beweis des Gegenteils führte sie ein Kind ihrer Schule vor, "das höchstens vier Jahre alt sein konnte" und vor dem Gericht die Menschenrechtserklärung auswendig rezitieren konnte. Die Lehrerin wurde daraufhin freigesprochen[155]. In einem Prozeß gegen die *ex-soeur* Rambour wird der Vorwurf erhoben, sie haben ihren Schülerinnen "anti-revolutionäre" Texte im Schreibunterricht zu kopieren gegeben. Es stellt sich heraus, daß dies nur für ein Mädchen zutraf, das den Text von seiner Großmutter erhalten hatte. Nach einer Ermahnung durch die Kommissare der Sektion vernichtet sie den Text und gibt dem Mädchen die Menschenrechte zum Abschreiben. Bei einer Visite in der Wohnung der Lehrerin finden die Kommissare keine antirepublikanischen Texte, aber "obszöne" Literatur, die beschlagnahmt wird[156].

Ein Brief der *Citoyenne républiquaine femme Roget* vom Ende 1793 an den Konvent gibt Aufschluß über den Unterricht einer engagierten Lehrerin, der sehr anspruchsvoll gewesen sein muß; sie zählt die Texte auf, die sie im Unterricht verwendet: "Die Werke von Jean-Jacques Rousseau, Die Ketten der Sklaverei von Marat, die Werke von Boileau, die verschiedenen Werke des Abbé Bellegarde, die Zeitungen ..., die Verfassung und die Menschenrechtserklärung". Weiter schreibt sie: "Ich habe in Paris antiquarisch 50 Gravuren von Königen und Königinnen gefunden, ich hatte auch den Verräter Lafayette und Bailly. Ich habe alles zusammengetan, um ein Freudenfeuer zu machen, meine Schüler haben gerufen 'Es lebe die Republik'. Täglich lasse ich sie französische und republikanische Hymnen singen mit dem Refrain 'Es lebe die Republik'. Ich bitte inständig um republikanischc Bücher für meine Schüler, die vor Verlangen brennen, sich in den natürlichen und republikanischen Gesetzen zu bilden."[157]

Die Citoyenne Roget ist *maîtresse d'école et de pension*; sie will ihre Schule aber in Zukunft *Ecole républicaine* nennen. Seit sie sich republikanischer Texte bedient, sind ihr, wie sie schreibt, zwölf Kinder ausgeblieben, "Opfer des Fanatismus", deshalb fordert sie ein "strenges Gesetz gegen die fanatisierten Schulen ... Gebt acht, Gesetzgeber, diese Schulen sind nur dazu da, die guten

155 Susanne Petersen, Marktweiber und Amazonen. Frauen in der Französischen Revolution. Köln, 1987, S. 60.

156 AN, F^7 4778, doss. 87; vgl. a. D.G. Levy/H.B. Applewhite/M.D. Johnson, Women in Revolutionary Paris. 1789-1795. Urbana/Chicago/London, 1979.

157 AN, F^{17} 1008^B - 1405. Die Citoyenne gibt im Brumaire III wegen zu schlechter Bezahlung den Unterricht in der öffentlichen Schule auf, um eine private Schule zu eröffnen.

Sitten zu korrumpieren und den Keim unserer geweihten Verfassung in den zarten und für die ersten Eindrücke so empfänglichen Herzen zu ersticken, und sie schaden den guten republikanischen Schulen."

Die Höhepunkte politisch-republikanischer Erziehung und Bildung in der Schule waren öffentliche Auftritte und Partizipationen an politischen Versammlungen. Durchaus üblich war der Besuch republikanischer Lehrerinnen mit ihren Schülerinnen in der lokalen *Société populaire*. Oft traten Lehrerinnen selber mit republikanischen Gesängen in der *Société populaire* auf, wie beispielsweise die Citoyenne Langlois, die der *Société populaire* von Rouen am 19. Prairial II eine *Hymne à l'Eternel* vortrug, die sie zum Fest des Höchsten Wesens am folgenden Tag singen sollte; am 15. Messidor trat sie erneut mit einer Hymne und einem weiteren *chanson patriotique* auf[158]. Die Citoyenne Canivet schickte im Ventôse II ihren 10jährigen Sohn in die *Société populaire* von Rouen, um sie zu bitten, "in wahrhaft republikanischen Worten, einen Platz in ihrer Mitte für die jungen Republikaner zu bestimmen, damit sie sich dort das heilige Feuer der Freiheit ganz zu eigen machen."[159] Die Schülerinnen der Citoyenne Le Mire erscheinen im Germinal II vor der *Société*, um dort ein Päckchen Verbandsstoff, in gemeinsamer Arbeit für die *défenseurs de la patrie* hergestellt, abzuliefern.

Diese Beispiele bezeichnen zentrale Partizipationsmöglichkeiten von Lehrerinnen und Schülern an der "republikanischen Öffentlichkeit". Die wichtigste und verbreitetste war sicherlich die Präsentation von Schülerinnen, die vor der *Société populaire*, der Gemeindeversammlung oder auf öffentlichen Festen patriotische Lieder vortrugen, die Menschenrechtserklärung, die Verfassung oder republikanische Moraltexte rezitierten. In Orléans beispielsweise erscheint am 13. Frimaire III die Lehrerin Paris, dreiundzwanzig Jahre alt, mit ihren Schülerinnen vor dem *Conseil général* der Stadt, um sie "die erhabene Ansprache des Konvents an das französische Volk" vortragen zu lassen: "Als Vertreter des erstaunten Rats hat der Präsident jene liebenswürdigen Kinder ihrer Intelligenz wegen beglückwünscht, und als er seine Begeisterung und den Wunsch, ihrer jungen Lehrerin die patriotischen Gefühle, die ihn in dem Moment bewegten, zu bezeugen, nicht länger zurückhalten konnte, gab er ihr derart feurig und lebhaft den 'Bruderkuß', daß seine Tat wiederholt mit dem Beifall und Bravo der ganzen Versammlung und der Sansculotten auf den Tribünen begleitet wurde."[160]

---

158 Arch. dép. Seine inférieure, L. 5701.

159 Ebd., L 5700.

160 D. Lottin, Recherches historiques sur la Ville d'Orléans, 1er partie, Bd. 3, Orléans, 1838, S. 225.

Viele republikanische Lehrerinnen kamen mit Huldigungen solcher Art, um mit ihren Schülerinnen den politischen Versammlungen beizuwohnen. Als im Floréal II ein Mädchen in der *Société populaire* der Sektion Lepelletier von Paris die Menschenrechte vorträgt, beschließt die Gesellschaft spontan, an jedem Septidi (jeder 7. Tag der Dekade) solche Rezitationen anzuhören. Am nächsten Septidi trägt ein Mädchen aus der Verfassung vor und wird dafür vom Präsidenten mit dem "Bruderkuß" belohnt; zusammen mit ihrer Lehrerin wird sie mit einer *mention civique* im Sitzungsprotokoll bedacht[161]. Schon im Nivôse II war in der gleichen Gesellschaft ein Mädchen mit dem Vortrag der Menschenrechtserklärung und der "Gebote der Freiheit" aufgetreten; zum Dank durfte es an der Sitzung teilnehmen, erhielt ein Band der Trikolore und ein Exemplar der Verfassung als Geschenk.

Diese Beispiele, die sich beliebig vermehren lassen, zeigen, daß es in den Schulen der republikanisch engagierten Lehrerinnen einen politischen Unterricht für Mädchen gab. Die rezitierten Texte, die vorgetragenen Hymnen, manchmal auch patriotische Reden, wurden zuvor im Unterricht auswendig gelernt, und sicher wird auch über ihren Inhalt in der Schule gesprochen worden sein. Das Gesetz des Frimaire II ließ den Lehrern und Lehrerinnen weitgehende Freiheit bei der Unterrichtsgestaltung; vorgeschrieben war nur, daß die Menschenrechtserklärung, die Verfassung und die Sammlung der *traits héroiques* der Revolutionsgeschichte unterrichtet wurden; anhand dieser Texte, das war die Intention des Konvents, sollte Lesen und Schreiben gelernt werden. Mit Sicherheit gab es eine große Gruppe republikanischer Lehrerinnen, die diese Intention in den Mädchenklassen umsetzten; darüber hinaus gab es besonders engagierte Lehrerinnen, die den Mädchen auch einen praktisch-anschaulichen Begriff von Politik vermitteln wollten, indem sie sie zur *Société populaire* führten.

Eine andere Form republikanischer Praxis in den Mädchenschulen war die Umwandlung spezifisch weiblicher Tätigkeiten wie Textilarbeiten, die traditionell in einigen Schulen unterrichtet und betrieben wurden, in einen patriotischen Dienst: die Anfertigung von Kleidungsstücken und Verbandszeug für die Armee bildete einen wichtigen Beitrag der Frauen und der Mädchenschulen zur "Verteidigung der Republik". Wie die Citoyenne Le Mire in Rouen übergaben auch andere Lehrerinnen, meistens durch eine Schülerin, den politischen Versammlungen entsprechende Arbeiten. Sicher war auch die Fahne der Trikolore, die eine Gruppe von Mädchen im Frimaire II der *Société populaire* von Auch darbrachte, von ihnen selbst angefertigt. In Bordeaux rief der *Représentant du Peuple Isabeau*[162] die Frauen dazu auf, eine "Einrich-

161 BN, Ms.n.a. fr. 2662.
162 Arch. dép. Gers, L 693.

tung" zu gründen, "um notwendige Sachen für die Vaterlandsverteidiger herzustellen. Regelmäßig wäre eine von ihnen damit beauftragt, dort das Herz und den Geist dieser Versammlung mit der Lektüre von Gesetzen und anderen guten, für den öffentlichen Unterricht unerläßlichen Werken zu nähren"[163].

Dies war eine Praxis, die von vielen Frauenklubs während der Revolution wahrgenommen wurde. Zweifellos wurden Arbeiten für die *défenseurs de la patrie* auch in der Schule der Citoyenne Payen angefertigt, die in Bordeaux den Besuch der *Société populaire* durch alle Lehrerinnen forderte und in ihrer Schule auch Nähen unterrichtete[164]. "Mögen unsere jungen und schwachen Hände sich doch eifrig darum bemühen, ihre unbesiegbaren und unermüdlichen Arme mit Waffen zu versorgen", ruft die zwölfjährige Josephine Jontanier in der Sektion Unité aus, als sie mit ihrer Schwester am 20. Prairial erscheint, um Verbandsstoff für die *héros de la Liberté* darzubringen. Ihre Rede, mehrfach von lebhaftem Beifall unterbrochen, wird in einer Auflage von 1000 Exemplaren gedruckt und an den Wohlfahrtsausschuß, den Unterrichtsausschuß, den Jakobinerklub und die anderen Sektionen von Paris geschickt[165].

Ein Beispiel für einen entwickelten republikanischen Mädchenunterricht bietet die Schule der Citoyenne Arnauld in Blois, der Frau des Lehrers Arnauld, der mit einigen pädagogischen Publikationen bekannt geworden war. Sie scheint während der Revolution eine Art Emanzipation durchgemacht zu haben: 1790 heißt es im *Prospectus* ihres *Maison d'éducation pour les jeunes demoiselles* noch: *"sous la direction de M. et Mme Arnauld"*, drei Jahre später fungiert sie als alleinige Direktorin ihres Privatinstituts für Mädchenerziehung. Aus einem Brief, den sie im März 1793 an den Konvent adressiert, geht hervor, daß an ihrer Schule, die offenbar von sechzig Mädchen besucht wurde, Strümpfe für die *défenseurs de la patrie* hergestellt wurden. In der Schule wird das *Bulletin* des Konvents gelesen, das heißt die Mädchen beschäftigen sich mit den laufenden Gesetzen und politischen Ereignissen; nicht nur das, sie üben sich auch in selbstorganisierter, praktischer Demokratie. "Citoyens Gesetzgeber", schreibt die Citoyenne Arnauld, "nachdem sie das Dekret des Nationalkonvents erhalten haben, haben die Schüler, die mir anvertraut sind, beschlossen:

1. dem Konvent zu danken,
2. die Einrichtung eines Unterrichtskomitees, damit beauftragt, Betrachtungen über die Arbeiten des Konvents vorzubereiten;

163 Arch. dép. Gironde, 12 L 23.
164 Ebd., 3 L 343.
165 Joséphine Fontanier, Discours à l'assemblée générale de la Section de l'Unité, 30. Prairial II.

3. die aktive Folge einer Korrespondenz mit allen Schulen junger Citoyennes.

Citoyens, ich schätze mich glücklich, eine so schöne Gelegenheit zu haben, dem Konvent all meine Ergebenheit und meinen Wunsch, an der Erneuerung der Hälfte des menschlichen Geschlechtes mitzuwirken, darzubieten."[166]

Ähnlich wie die Citoyenne Arnauld bildete das Ehepaar Flagel in seiner Schule eine *Société de jeunes Français*, die eigene Versammlungen abhielt und an denen auch die Mädchen partizipiert haben dürften. Die *Société* widmete im Frimaire II der Sektion Arcis von Paris eine *Hymne en l'honneur de Marat et autres héros de la Révolution*, die die Lehrerin mit ihnen einstudiert hatte (Dok. 16)[167].

Wir haben einige Anhaltspunkte dafür, daß "Mädchengesellschaften", die hier im Rahmen einer republikanischen Schule entstanden, von republikanischen Frauenklubs gefördert wurden. So organisierten zum Beispiel die Jakobinerinnen von Dijon eine *Société des Jeunes Amies de la Constitution*, ähnlich der Klub der Jakobinerinnen von Besançon[168]. Die Frauenklubs hatten maßgeblichen Anteil an der Organisation politisch-republikanischer Mädchenbildung. Paradigmatisch ist die Praxis der Jakobinerinnen von Besançon, die im Januar 1793 einen Plan für eine demokratische Mädchenerziehung an den Konvent sandten (siehe unten). Sie riefen die Lehrerinnen der Stadt und der umliegenden Gemeinden dazu auf, die Menschenrechte zu unterrichten. Um die Verbreitung eines politischen Mädchenunterrichts zu fördern, wurden Preise ausgesetzt: Die besten Schülerinnen sollten dem Klub präsentiert werden, für die besten Darbietungen gab es eine "Bürgerkrone" und eine "kleine Freiheitsmütze" sowie das Vorrecht, den Sitzungen des Frauenklubs beizuwohnen. Darüber hinaus wurden die Lehrerinnen aufgerufen, sich mit ihren Schülerinnen am Nachmittag zur *Société des Amies de la Constitution* zu begeben, um hier gemeinsam an der Herstellung von Verbandsstoff für die Vaterlandsverteidiger zu arbeiten[169].

Daß der republikanische Mädchenunterricht auch in kleine Landgemeinden eindringen konnte, zeigt schließlich das Beispiel der Elementarschule des Lehrerehepaares Zeis in Vif bei Grenoble. Sie sandten dem Konvent noch zu Beginn des Jahres 1795 das Programm eines von ihnen organisierten Schulfestes zu, bei dem Jungen und Mädchen nacheinander die Artikel der Men-

166 AN, D XXXVIII - 1, doss. 15.

167 Section Amis de la Patrie, Discours par une députation des jeunes élèves français ..., 5. Frimaire II.

168 Siehe Henriette Perrin, Le club de femmes de Besançon. In: Annales révolutionnaires 9/10, 1917/1918; Geneviève Langeron, Le club des femmes de Dijon pendant la Révolution. In: La Révolution en Côte-d'Or, 1929.

169 H. Perrin, Le club ..., a.a.O., S. 517, 1918.

schenrechtserklärung vor der versammelten Dorfgemeinde rezitierten. Die Lehrerin hielt, bevor die Mädchen an der Reihe waren, eine Rede *Sur la nécessité de l'éducation des filles*, die älteste Schülerin folgte mit einem Diskurs über die "Wohltaten und Vorzüge der Freiheit"[170].

4.3 Konzeptionen zur Mädchenerziehung

Schulischer Unterricht und Erziehung waren in kultureller Hinsicht die wichtigsten Tätigkeitsfelder für Frauen; es überrascht daher nicht, wenn sich zu diesen Themen auch die meisten Schriften und Abhandlungen von Frauen finden. Allgemein wurde die Forderung nach öffentlicher öffentlicher Mädchenerziehung geteilt, die schon zu Beginn der Revolution erhoben wird. Eine "klassische" Begründung der öffentlichen Mädchenerziehung gibt Madame Mouret in ihren *Annales de l'èducation du Sexe* von 1790. In jedem Distrikt, so fordert sie in einer *Adresse à l'Assemblée Nationale*, soll es eine *maîtresse d'école* geben, die unter Aufsicht der städtischen Verwaltung unterrichtet. Eine sehr allgemein gefaßte Moralerziehung steht für sie im Mittelpunkt: "Ich denke, es wäre vorteilhaft für die Sitten, wenn die Jugend sich frühzeitig daran gewöhnte, das Alter und die Schicklichkeit zu achten." Eine strenge öffentliche Kontrolle des Verhaltens der (männlichen und weiblichen) Jugend möchte sie zu diesem Zweck institutionalisieren: Um die Arbeit der Polizei zu erleichtern, sollten alle Jugendlichen ein mit einer Nummer versehenes Kennzeichen ihres Distrikts tragen, und sie sollten verpflichtet sein, Erwachsenen auf der Straße jederzeit Auskunft über Herkunft und Absichten zu geben (Dok. 30).

Den Frauen kommte eine besondere Aufgabe für die sittliche Erziehung in der Gesellschaft zu; auf ihren Schultern ruhen letztlich Zusammenhalt und Glück der ganzen Nation: "Es wäre vergeblich, die Männer in den Tugenden und Wissenschaften durch das Mittel der besten Erziehung zu bilden; wenn ihre Gattinnen ihnen nicht zur Seite stehen, wird die Erziehung der Kinder immer aus folgenden Gründen versagen:

1. Die Männer, von den Pflichten ihres Berufs in Anspruch genommen, können durchaus nicht immer die Handlungen ihrer Kinder anleiten, eine doch sehr wichtige Sache, sie können ihre Erziehung nicht aus der Nähe verfolgen.

2. Dagegen sind die Frauen, die die Sorge für ihre Familien häuslich macht, fast immer mit ihren Kindern zusammen und in Reichweite, um auf ihr Benehmen zu achten.

---

170 AN, F^{17} 1010^{D} - 9478.

3. Der Schöpfer der Natur hat sie eigens dafür bestimmt, die ersten Grundlagen der Erziehung zu legen, und so wie der Erfolg aller Dinge von den Anfängen abhängt, ist es notwendig, daß das weibliche Geschlecht eine gute Erziehung erhält, um sie an die Jugend weitergeben zu können.

4. Das weibliche Geschlecht gibt den Ton in der Hauptstadt an und folglich in einem Teil der Nation; wenn seine Sitten verdorben sind, wenn es nicht über die notwendigen Kenntnisse verfügt, um gut seine Pflichten zu erfüllen, welchen Gefahren ist das Vaterland dann nicht ausgesetzt?"[171]

Durch die Natur und die gesellschaftliche Arbeitsteilung sind die Frauen in erster Linie für das Glück der Kinder und Ehemänner verantwortlich. Madame Mouret begreift dies nicht als eine Beschränkung; eine Beschränkung ist es, wenn die Gesellschaft ihnen nicht die Mittel gibt, dieser Aufgabe gerecht zu werden: Hier liegt der Ausgangspunkt ihrer Gesellschaftskritik. Der sittliche Verfall, der das *Ancien Régime* charakterisiert, ging einher mit der Unterdrückung der Frau durch die Männer, die zuallererst eine Unterdrückung ihrer weiblichen Aufgaben und Pflichten war: "Ihre Tyrannei hat bis jetzt das weibliche Geschlecht, das in die Finsternis des Aberglaubens und die Gefahren des Luxus und Müßiggangs gefallen ist, zurückgehalten ..." Die Revolution wurde unvermeidlich, nachdem die Frauen ihre Aufgabe der sittlichen Erziehung immer weniger erfüllen konnten; darauf folgt: "Dennoch war diese Revolution nötig ..., damit wir den Mann an sich selbst erinnern und ihn spüren lassen, daß sein Niedergang von der Verderbnis des weiblichen Geschlechts kam, und daß der Urheber dieses Verderbnisses selbst ein anderes Verhalten haben und dem weiblichen Geschlecht das Beispiel aller Tugenden geben müßte."[172]

Die Frauen spielen also in der Revolution keine untergeordnete Rolle; Madame Mouret schreibt ihnen vielmehr eine Macht von entscheidender Bedeutung zu: Ohne tugendhafte Frauen und Mütter wird es kein tugendhaftes Volk, keine tugendhafte Nation geben. In ihrer "Darlegung der unzuträglichsten Mißstände für das Glück einer Nation" erklärt sie: "Wenn aber in einem Staat, in dem das weibliche Geschlecht der Nation den Ton angibt, dieses Geschlecht durch die Vernachlässigung seiner Erziehung und durch einen vorherrschenden Geschmack für den Luxus und die Leichtfertigkeit verdorben ist, sind es alle Citoyens ..." (Dok. 30). Das Mittel, den Frauen die Tugend zurückzugeben, ist ihre öffentlich organisierte Erziehung - ein wahrer Zauberschlüssel: "Wenn man die Erziehung grundlegend verbessert, wenn man dem weiblichen Geschlecht die gibt, die ihm zukommt, wird die Nation in zehn Jahren verändert und erneuert sein und dieses Glück wird sich ausbreiten

171 Annales de l'Education du Sexe. Paris, 1790, S. 9 f.

172 Ebd., S. 12.

..."[173] Die Vorstellung einer außerordentlichen weiblichen Macht, auch in einem politischen Sinn, spricht aus diesen Formulierungen.

Im Prinzip unterscheidet sich die pädagogische Bestimmung weiblicher Aufgaben in der Gesellschaft durch Madame Mouret kaum von der, die sich bei den meisten pädagogischen Theoretikern der Revolution finden, die sich zum Thema der Mädchenerziehung und Mädchenbildung geäußert haben. Eine entscheidende Differenz zu vielen männlichen Autoren liegt jedoch darin, daß Madame Mouret schon zu Beginn der Revolution Mädchenerziehung und weibliche Pädagogik als eine öffentliche Aufgabe mit weitreichenden politischen Implikationen definiert; das Mädchen kann nicht dem Elternhaus allein überlassen bleiben - eine Auffassung, die zu dieser Zeit noch alles andere als selbstverständlich war: "Das Vaterhaus ist für die Erziehung der Frauen von höherem Wert", schrieb Talleyrand 1791[174]. Dem tritt Madame Mouret entschieden entgegen. Wohl ist das Haus die Sphäre der Frau, doch ist sie nicht darauf beschränkt: Sie soll auch an der höheren akademischen Bildung und den Wissenschaften teilhaben. Wichtiger aber ist der Gesichtspunkt, daß nur eine umfassend gebildete Frau ihre pädagogischen Aufgaben im Haus und in der Gesellschaft wahrnehmen kann; Bildung aber wurde ihr bislang vorenthalten.

Die Tugend ist nicht einfach von der Natur schon gegeben, sie erfordert auch Arbeit und Reflexion, die Fähigkeit zu rationalem Denken - dies war ein besonders Anliegen der Madame Mouret, sie verfaßte selbst eine "Logik zur Anleitung rationalen Denkens" für Frauen. Die Frauen brauchen Wissen und Kenntnisse auch über das öffentliche Leben, damit sie dieses, primär vermittelt über die Erziehung der Kinder und der Ehegatten, in ein sittliches Gemeinwesen verwandeln können. Ein anderer wichtiger Aspekt ihres Erziehungskonzepts ist die physische Erziehung.

Madame Mouret, die mütterlicherseits von dem Fabel-Dichter La Fontaine abstammte, plante 1790 die Gründung eines Erziehungsinstituts für Mädchen, in dem sie arme Waisenkinder gefallener *défenseurs* aufnehmen und zusammen mit Töchtern des Bürgertums unterrichten wollte, die ein Schulgeld für die Pension zahlen sollten - ein Beitrag zur Überwindung der sozialen Schranken. Nicht nur Lesen, Schreiben, Rechnen und Religion, sondern auch Musik, Zeichnen, Geschichte, Geographie, Ökonomie, Logik und Rethorik wollte sie hier unterrichten. Sie bat die Stadtverwaltung und die Nationalversammlung, ihr zu diesem Zweck ein nationalisiertes religiöses Gebäude zu überlassen,

173 Ebd., S. 53.

174 Talleyrand, Rapport sur l'instruction publique ... Paris, 1791, S. 116 ff.; siehe auch D. Julia, Les trois couleurs du tableau noir. La Révolution. Paris, 1981, S. 310 ff.

scheint damit aber keinen Erfolg gehabt zu haben[175]. Neben ihrer "Logik für Frauen" verfaßte sie einen *Catéchisme du Citoyen suivant la nouvelle Constitution.* Ihre wichtigste Publikation war das Journal *Annales de l'éducation du sexe*, in dem sie neben ihren eigenen Abhandlungen pädagogische, patriotische und literarische Werke anderer Frauen veröffentlichte und über Aktivitäten im Bereich der Mädchenerziehung und Frauenbildung informierte. Evelyne Sullerot bezeichnete es als die erste Frauenzeitschrift mit einer spezifisch "bürgerlichen" Orientierung. Es erschien offenbar nur 1790, die Ausgabe der *Bibliothèque Nationale* enthält 8 Nummern. Aus ihrem Journal erfahren wir, daß sie gemeinsam mit dem Physiker, Lehrer und Erziehungstheoretiker Le Roux, das von diesem gegründete *Musée des Dames* leitete, eine gehobene Einrichtung moralisch-patriotischer, wissenschaftlicher und musischer Bildung für Frauen. Die erste Sitzung des *Musée* im Mai 1790 begann mit der Vorlesung "Der Ruf der Natur und der Ruf des Vaterlandes", in der die Erfüllung der natürlichen und patriotischen "Mutterpflichten" propagiert wurde, sie endete mit einem *concert des amateurs.* Nur patriotische, moralische und heroische Musik sollte im *Musée* zur Aufführung kommen, daneben waren naturwissenschaftliche Demonstrationen und Kurse vorgesehen.

Das *Musée des Dames* war ein Vorläufer der Frauenbildung, die bald in den Frauenklubs und "Frauenabteilungen" der Jakobinerklubs entwickelt und praktiziert wurde. In diesen Organisationen, die den Charakter von frühen Frauenbildungsvereinen hatten[176], stand die politische Bildung im Vordergrund. Als ein Beispiel wollen wir die *Société des Amies des vrais Amis de la Constitution* von Ruffec erwähnen. Sie beschloß im Herbst 1791, Diskurse über die wichtigsten Artikel der Verfassung von den Mitgliedern ausarbeiten zu lassen, die nacheinander vorgetragen wurden. Um die Vorträge lebendiger zu gestalten, sollten sie nach Möglichkeit frei gehalten werden und nicht länger als fünfzehn bis dreißig Minuten dauern. Die Frauen traten hier in einen politischen Selbstbildungsprozeß ein. Darüber hinaus sollten Vorträge über die "Pflichten und Tugenden unseres Geschlechtes" und historische Ereignisse gehalten werden. "Auf diese Weise, meine Damen, werden unsere Sitzungen wahrhaft interessant; sie werden ganz gewiß ein Unterrichtskurs für jede von euch werden ..."[177]

Die Konzeption der Madame Mouret - Elementarunterricht und höhere Mädchenbildung (unter Einschluß wissenschaftlicher und praktischer Bildung)

---

175 AN, D IV-49, doss. 1401; IV-3, doss. 22; siehe auch Evelyne Sullerot, Histoire de la presse féminine en France, des origines à 1848, S. 52 f.

176 M.L. Kennedy, The Jacobin Clubs in the French Revolution. The First Years. Princeton, 1982, S. 88 ff.

177 Registre de la Société des Amies des vrais amis de la Constitution à Ruffec (Charente) 1791-1792. In: La Révolution française 46/1904.

für die bürgerliche Frau - war paradigmatisch für eine große Zahl von Erziehungsplänen von Frauen während der Revolution. Sie war insbesondere typisch für die Anfangsjahre der Revolution, in denen sich der bildungspolitische und pädagogische Diskurs noch an der Aufklärung orientierte und Ideen zu einer politischen und egalitären Pädagogik erst in Ansätzen existierten. Ein anderes Beispiel dieses Paradigmas einer "bürgerlichen" Bildung, das noch deutlich Elemente vorrevolutionärer Konzeptionen der Mädchenbildung enthielt (musische und literarische Bildung, Rhetorik, Religionsunterricht), liefern die Schriften der Madame Brulart, die mehrere moralpädagogische und bildungspolitische Abhandlungen während der Revolution veröffentlichte. In einem Diskurs von 1790 entwirft sie das Konzept einer gehobenen Mädchenbildung in Internaten; strenge Trennung von den Jungen und Isolierung von der Gesellschaft waren grundlegende Prinzipien dieses Programms, das in der Tradition einer aufgeklärt-elitären Internatserziehung für Mädchen stand; als Vorbild nennt Madame Brulart das Internat der Madame Amiard von Saint Cyr, das sie selbst besucht hatte.

Die Erziehung soll sich an der künftigen Rolle und Bestimmung der Frau in der Gesellschaft orientieren; absurd wäre es, Jungen und Mädchen die gleiche Erziehung zu geben. Die natürliche Bestimmung der Frau in der Gesellschaft ist ihre Rolle als Ehegattin und Mutter: "Eine Frau bedarf der Stütze; sie kann nur durch die friedfertigen und häuslichen Tugenden und einen makellosen Ruf Ansehen erlangen: folglich sind die Sanftmut, die Bescheidenheit, die Umsicht, die Eigenschaften, die sie auszeichnen sollen. Sie sollte keine herausragende Rolle in öffentlichen Angelegenheiten spielen, damit lieferte sie sich der Intrige aus; man muß es sich daher zur Aufgabe machen, in ihre jede persönliche Ambition auszulöschen; aber es ist zu wünschen, daß sie eines edlen Strebens für ihren Gatten und ihre Kinder fähig sei."[178] Die Erziehung soll somit auf Kindererziehung und Haushaltsführung vorbereiten; aber für den Fall der Not - wie auch Madame Mouret hervorhebt - und wenn eine Frau Witwe wird, bedarf sie auch einiger Kenntnisse über Politik und Ökonomie, um notfalls ihre Angelegenheiten selber regeln (etwa das Geschäft des Mannes weiterleiten) zu können: erst als Witwe wird die Frau wirkliche Citoyenne.

Die Unterrichtsinhalte entsprechen weitgehend denen der Madame Mouret; Madame Brulart betont gleichfalls die Bedeutung der Gymnastik für die Gesundheitserziehung - die Mädchen sollen zudem an eine spartanische Lebensweise gewöhnt werden und auf harten Betten schlafen - und sie fordert einen praktischen Unterricht in Tätigkeiten, die zur weiblichen Hauswirtschaft gehören (Nähen, Sticken, Ernährungswissenschaften). Wie bei Madame Mou-

178 Mme de Brulart, Discours sur la suppression des convents des religieuses et sur l'éducation publique des femmes. 1790, S. 26.

ret spielt der musische Unterricht eine wichtige Rolle - dies entspricht noch dem konventionellen Bild der Frau in den gehobenen sozialen Schichten, die für einen ästhetischen Rahmen der sozialen Kommunikation und Konversation zuständig ist. In einem Plan aus dem Jahr X entwickelt Madame Brulart diese Konzeption weiter: Sie betont hier noch einmal die Bedeutung des hauswirtschaftlichen Unterrichts, der in den meisten Einrichtungen der höheren Mädchenbildung vernachlässigt werde. Auch Kenntnisse lebender Fremdsprachen seien von nicht zu unterschätzendem Wert, insbesondere für Frauen, die später einen Kaufmann heiraten. Die Mädchen sollen im Internat durch praktische Arbeit zu ihrem eigenen Unterhalt beitragen, also etwa Wäsche und Kleidung selber herstellen; die älteren Mädchen sollen die jüngeren betreuen[179].

Die gleichen Auffassungen formuliert sie in ihrem Diskurs von 1791, in dem ein weitreichendes bildungspolitisches Programm entworfen wird. Lesen, Schreiben, Rechnen, Religion, Blumenzeichnen (nützlich für Stickereiarbeiten), Nähen, Waschen, pharmazeutisches und Heilkundewissen sind die wichtigsten Unterrichtsinhalte in den *écoles gratuites* für Frauen, die sie hier fordert. Diese Schulen sollen auch Klassen für 4- bis 5jährige Mädchen einschließen, die von den Älteren unter Aufsicht der Lehrerinnen betreut werden, ein Monitorensystem also: "Auf diese Weise werden zärtliche Mütter, gute Krankenwärterinnen und ausgezeichnete Gouvernanten für Kinder gebildet."[180] Daneben soll es auch für Mädchen höhere Bildungseinrichtungen geben, wo zu hauswirtschaftlichem Unterricht auch Fächer wie Geschichte, Geographie und Mythologie hinzukommen. Aus den Absolventen dieser Schulen sollen die künftigen Lehrerinnen der öffentlichen *écoles gratuites* sowie Privatlehrerinnen hervorgehen.

Praktischer Unterricht und Konversationsbildung für die Töchter des Bürgertums, nutzenbezogene Ausbildung, unter anderem insbesondere für Tätigkeiten im Dienste des Bürgertums für die Töchter der Armen, dazu eine allgemeine Erziehung zu Tugend und Sittlichkeit - dies waren die wesentlichen Prinzipien des Programms der Madame Brulart. Innerhalb des vorgegebenen Rahmens einer Vorbereitung auf die Frauenrolle in der bürgerlichen Gesellschaft wies dieses Konzept doch progressive Momente auf, die historisch erst sehr viel später umgesetzt wurden: allgemeiner, praktischer und kostenloser Elementarunterricht für Mädchen und Institutionalisierung einer Ausbildung von Lehrerinnen. Bis zur Revolution hatte es weder für Lehrerinnen noch für Lehrer eine öffentliche Ausbildung gegeben; die Kirche hatte einige *séminaires* unterhalten, doch die meisten Lehrer erwarben ihre Unterrichtsfähigkeit

179 Mme Genlis (= Brulart), Projet d'une école rurale pour l'éducation des filles, An X.
180 Mme de Brulart, Discours sur l'éducation du peuple. Paris, 1791, S. 29.

lediglich als Helfer von *maîtres d'écoles* oder verfügten über gar keine Vorkenntnisse in ihrem Beruf. Die erste Form einer institutionalisierten öffentlichen Lehrerausbildung wurde mit der *Ecole Normale* im Jahr III geschaffen - sie bestand freilich nur drei Monate -, Frauen war sie jedoch nicht zugänglich (wie alle höheren Schulen des republikanischen Staates).

Eine Ausbildung von Lehrerinnen schlug auch die Citoyenne Valincourt in einer Petition an den Konvent im Jahr II vor (Dok. 34). Sie bat um Unterstützung für eine Modellschule, in der sie Lesen, Schreiben, Orthographie und Grammatik unterrichten wollte. Ihr Ziel war die Alphabetisierung der Mädchen (daß sie den Rechenunterricht nicht mit einbezog, entsprach sicher einer praktischen Orientierung an den gegebenen Möglichkeiten). Ein solcher Modellversuch sollte die methodische Grundlage für eine energisch vorangetriebene Ausdehnung des Elementarunterrichts für Mädchen schaffen. Sie wollte mit Lehrerinnen und Pädagogen der ganzen Republik eine intensive Korrespondenz aufbauen, um die Unterrichtsmethoden weiter zu entwickeln und zu verbreiten.

Madame Valincourt hatte bereits vor der Revolution eine Abhandlung zur Mädchenerziehung veröffentlicht. Während sie im Jahr II über eine wirksame Verallgemeinerung der Alphabetisierung und des Elementarunterrichts nachdenkt, war dies noch ein elitäres Konzept, adressiert an wohlhabende Familien, die ihre Töchter zu Hause erziehen. Sie vertrat damals aber schon ähnliche Auffassungen zur Methodik des Unterrichts: Lesen, Schreiben, Orthographie (Schreiben und Rechtschreibung waren noch nicht dasselbe) und Grammatik als die grundlegenden Unterrichtsinhalte sollten *gleichzeitig* vermittelt werden. Dies war eine im späten *Ancien Régime* und vor allem in der Revolution verbreitete Reformvorstellung. In der Regel wurden diese Gegenstände nacheinander unterrichtet; ihre Verknüpfung zielte darauf ab, den Lernprozeß durch größere Anschaulichkeit und Eigenaktivität der Kinder zu erleichtern und interessanter zu gestalten (wenn etwa die Buchstaben des Alphabets gleichzeitig gelesen und geschrieben wurden). Madame Valincourt plädierte für einen Unterricht, der sich stärker am natürlichen Entwicklungs- und Lernprozeß der Kinder orientiert und der das kindliche Bedürfnis nach Spiel und Unterhaltung berücksichtigt: "Ebenso könnte ich ihnen durch eine Spiel, das ich erfunden habe und das für die Kinder leicht zu verstehen und unterhaltsam ist, gleichzeitig die Geschichte, die Chronologie und die Geographie beibringen." In der natürlichen Entwicklung des Lernens gibt es im übrigen, wie sie hervorhebt, keinen Unterschied zwischen den Geschlechtern: "Die Seele, der Geist und das Herz haben kein Geschlecht."[181] Sie begründet damit u.a. die Forderung nach Zulassung der Frauen zu literarischen Gesellschaften. In der Revolution, insbesondere nach dem Unterrichtsgesetz des Jahres II, das die Freiheit des Unterrichts postulierte und die Schulen damit für Reformversuche öffnete, sah sie den Augenblick gekommen, ihre Prinzipien auf einer breiten Basis in die Wirklichkeit umzusetzen.

Gleicher Unterricht für Jungen und Mädchen und allgemeine Verbreitung des Elementarunterrichts wird in den Jahren 1793/94 zu einer zentralen Forderung in den Erziehungs- und Unterrichtsplänen der Frauen. Beispielhaft für den neuen Ton, den die bildungspolitischen Forderungen jetzt annehmen, ist der Plan für eine Erziehung der Mädchen, den die Jakobinerinnen von Besançon in Januar 1793 an den Konvent schicken. In jedem Kanton soll es öffentliche Elementar- und Sekundarschulen geben; in den Elementarschulen soll neben Lesen und Schreiben ein politischer Unterricht stattfinden, das Lesen soll anhand von Texten der republikanischen Moral gelernt werden, die auf "Gefühle der Menschlichkeit und der Wohltätigkeit" vorbereiten. Die Internate, Bildungsstätten für wohlhabende Schichten, die sich das teure Schuldgeld leisten können, möchten die Jakobinerinnen abschaffen; stattdessen soll der Elementarschulbesuch für alle obligatorisch sein - die Kinder der Armen und Reichen müssen also die Schulbank miteinander teilen. Abgeschafft werden sollen auch die speziellen Erziehungshäuser für Waisenkinder, die nun ebenfalls die öffentliche Elementarschule besuchen. Grundprinzip ist die *egalité*: "Schluß mit diesen barbarischen Vorurteilen, die einen Unterschied zwischen dem einen und dem anderen Kind machen, vor der Natur und der Vernunft sind alle gleich."

Zwar gibt es auch für die Jakobinerinnen von Besançon noch unterschiedliche Rollen der Geschlechter in der Gesellschaft; so soll in den Sekundarschulen ein Unterricht in spezifisch weiblichen Tätigkeiten für die Mädchen stattfinden (Hauswirtschaft, Nähen, Sticken etc.), doch sind Frauen gleichermaßen politische Subjekte wie Männer: Hinzu kommt auch für Mädchen ein Unterricht in Geographie, Geschichte der Republiken und der Revolution. Dies war ein deutlich politischeres Curriculum als in den Konzeptionen der Madame Brulart oder Mouret. Im Zeichen der "Freiheit und Gleichheit" steht auch die Forderung nach einer demokratischen Organisation der Schule: Die Lehrerinnen sollten von "Primarversammlungen" der Frauen mit Zweidrittel-Mehrheit gewählt werden, also weder von Männern noch von einer staatlichen Bildungsverwaltung eingesetzt werden. Damit gingen die Frauen noch über

181 Mme Levacher de Valincourt, Plan d'une éducation pratique, entière, pour une demoiselle, et purement élémentaire pour un jeune homme, dans ce qui concerne les hautes sciences. O.J., S. 16 und 13.

den Bildungsplan Condorcets hinaus, der bekanntlich für die politische Gleichheit der Frauen eintrat; Condorcet unterwarf die Schulen einer wissenschaftlichen Verwaltung und sah nur geringe demokratische Mitwirkungsrechte der Eltern vor - offenbar traute er ihnen nicht genügend Kompetenz zu. Der Vorschlag der Jakobinerinnen, den man gewiß als "feministisch" bezeichnen kann, taucht in keinem offiziellen oder von Männern verfaßten Bildungsplan der Revolution auf. Die demokratische Wahl der Lehrer(innen) gehörte übrigens auch schon zum bildungspolitischen Programm der Madame Mouret; sie forderte 1790 die freie Wahl nach vorangegangenen öffentlichen Wettbewerben: "Kurz, man müßte bei der Wahl der Lehrer und Lehrerinnen ähnlich verfahren wie die Nation bei der Wahl der Wahlmänner und Deputierten der Versammlung der Generalstände verfuhr."[182] Die größten Mitwirkungsrechte räumte das Unterrichtsgesetz des Frimaire II den Eltern ein: eine Erklärung darüber, zu wem sie ihre Kinder in die Schule schicken wollten, bildete die Grundlage für die Entscheidung über die Ernennung und öffentliche Bezahlung eines Lehrers oder einer Lehrerin; diese Erklärung konnte auch durch die Mutter erfolgen.

In einer Reihe von Erziehungsplänen wird die Forderung nach praktischer, arbeitsbezogener Mädchenerziehung mit dem Projekt der *égalité* neu verknüpft: Die Erziehung soll die Fähigkeit, sich durch eigene Arbeit zu erhalten, verbessern und damit sowohl allgemein die soziale Gleichheit als auch speziell die weibliche Unabhängigkeit fördern. Dies gilt beispielsweise für das Konzept der Citoyenne Acrin, die Berufsschulen für Frauen vorschlug: Je sechs Schulen für Stickerei, Näherei und Wäscherei sollten in Paris gegründet werden und u.a. die Truppen mit Textilien versorgen. In ihrem Memoire beklagt sie die schlechten beruflichen Chancen der Frauen in der Gesellschaft; Allgemeinbildung für Mädchen, wie sie bisher diskutiert und gefordert wurde, sei wichtig, genüge aber nicht. Auch hier treffen wir auf feministische Ideen: Die Allgemeinbildung nützt den Frauen nichts, solange ihnen nur die häusliche Arbeit und Erziehung bleibt. Die Citoyenne Acrin wirft vorsichtig die Frage auf, ob man nicht umgekehrt Männer von bestimmten beruflichen Positionen ausschließen könne wie dies bei Frauen üblich sei, um deren beruflichen Chancen zu verbessern. Ihr Vorschlag ist die Institutionalisierung einer beruflichen Mädchenausbildung auf öffentliche Kosten in den drei genannten Bereichen (Dok. 36).

Sie scheint mit ihrer Petition keinen Erfolg gehabt zu haben, denn im Jahr VIII wendet sie sich erneut mit ihrem Projekt ans Innenministerium. Der Ton ist jetzt "gemäßigter", sie postuliert nicht mehr einen Anspruch auf

182 Citoyenne Mouret, Exposition des abus les plus nuisibles au bonheur d'une nation ... 1790. AN, C 99, doss. 142.

Berufsbildung und Berufsarbeit von Frauen, sondern bietet ihr Konzept jetzt unter sozialpolitischen und -pädagogischen Gesichtspunkten an: Mädchen aus den unteren sozialen Schichten sollen zur Arbeit befähigt und vor sittlicher Verwahrlosung geschützt werden. Aus den Mädchen der Armen gelte es "nützliche Arbeiterinnen und Familienmütter" zu machen, "die durch ihr Beispiel und ihr Verhalten ihren Kindern die Grundsätze der Ehre und der Tugend vermitteln können". Unter dem Titel einer *manufacture nationale* sollen hier 1800 Mädchen eine Existenzmöglichkeit, eine Ausbildung und eine Allgemeinbildung erhalten. Diese großangelegte Institution soll sich durch staatliche Aufträge selbst tragen[183].

Ähnliche Zielsetzungen einer Arbeitsschule für Mädchen liegen einer ganzen Reihe von Initiativen zugrunde, mit denen Frauen während der Revolution an den Staat herantraten. So beispielsweise der Plan einer *manufacture de dentelles et d'écoles d'instruction* - eine Einrichtung zur Ausbildung in der Spitzenherstellung - der Madame Desmazières-Houbron, der es gleichfalls um eine sittliche Erziehung der Mädchen geht, oder der Plan eines *Hospice d'éducation* der Veuve Amiard, in dem mittellose Mädchen außer Lesen, Schreiben und Rechnen alles lernen sollten, was zu einem "bürgerlichen Haushalt" gehört - offenbar eine Art Hauswirtschaftsschule für bürgerliches Dienstpersonal[184]. Dies waren "philanthrophische" Projekte zur Verbesserung der Lage der Armen. Insbesondere für Frauen, denen die Mittel fehlten, sich um eine häusliche Betreuung und Erziehung der Kinder zu kümmern, die die Not zu außerhäuslicher Berufsarbeit zwang, war es wichtig, ihre Kinder zu einer Lehrerin schicken zu können. Die große Zahl von *garderies*, die wir etwa in Amiens fanden, weist auf die soziale Bedeutung dieser Entlastungsfunktion der "Vorschule" hin. Ursprünglich waren es vor allem kirchliche Organisationen, die sich dieser Kinder annahmen; ihre Aufgaben wurden dann zunehmend von privaten "Wohlfahrtsvereinen", Frauenklubs und unabhängigen Lehrerinnen übernommen. Ein Dokument aus dem Jahr II, die Petition einer *Société philanthropique et patriotique de bienfaisance et des bonnes moeurs* veranschaulicht eine solche Initiative. In der Petition wird darum gebeten, einen Raum für den Unterricht von Mädchen zur Verfügung zu stellen, deren Mütter arm seien und einer Arbeit nachgehen müßten. Die geplante Schule sollte nicht nur Aufbewahrungsfunktion haben, sondern eine Berufsausbildung einschließen, die die Mädchen in die Lage versetzen würde, später selber für ihren Lebensunterhalt sorgen zu können[185].

183 AN, F^{15} 138, Nr. 92-95.

184 Desmazières-Houbron: AN, F^{15} 247; vgl. Jeanne Bouvier, Les femmes pendant la Révolution. Paris, 1931, S. 123 ff. - Amiard: Plan d'un hospice d'éducation. O.J.,; siehe auch AN, F^{15} 1861.

185 PV CIP, Bd. 4, S. 498 ff.

Auch die Citoyenne Trevisani, die kein bildungspolitisches Programm entwirft, sondern ein Konzept allgemeiner Mädchenerziehung, hebt die Bedeutung einer berufspraktischen Bildung hervor, die über die Aufgaben einer Hausfrau hinausgeht. Ihr Idealbild ist zwar die bürgerliche Ehefrau, die sich Haus und Kind widmet, aber wie Madame Brulart stellt sie die Frage: "Wer könnte sagen, daß er stets gegen einen Unglücksfall gefeit wäre?"[186] Berufsausbildung als Prävention für den Fall der Not, etwa um eine ökonomisch unabhängige Existenz als Witwe führen, die Geschäfte des verstorbenen Mannes weiter leiten zu können, ist das wichtigste Nadelöhr, durch das die Idee der beruflichen Emanzipation in die Konzeptionen bürgerlicher Pädagogik von Frauen Eingang findet. Von unmittelbar existentieller Bedeutung war eine schulisch organisierte berufspraktische Erziehung für die Kinder der Armen, insbesondere in den Städten, wo die Möglichkeiten häuslicher Mitarbeit der Kinder beschränkt waren.

Ein "republikanisch-patriotisches" Programm für eine *école gratuite* zur Arbeitserziehung von Mädchen legte die Citoyenne Hardou Ende Oktober 1793 vor; sie bezeichnet sich selbst als Mitglied des Jakobinerklubs von Paris. Die Mädchen sollen zu Arbeiten - in all diesen Fällen handelt es sich stets vor allem um Arbeiten im Textilbereich - angeleitet werden, von denen sie später leben können, die älteren Mädchen sollen bereits zum Unterhalt der Einrichtung beisteuern. Citoyenne Hardou ruft die "patriotischen" Bürger auf, ihr entsprechende Aufträge zu geben, die in ihrer Schule bearbeitet werden können. Sie verknüpft das Programm der Arbeitserziehung mit einem Konzept moralischer und politischer Erziehung: Die Hälfte der Gewinne werden an die Kinder verteilt, deren Väter im Kampf für die Republik ihr Leben lassen mußten; in der Schule wird neben Lesen, Schreiben und Rechnen auch ein Unterricht in Revolutionsgeschichte und politischer Bildung erteilt (Dok. 37). Dies ist ein Erziehungsprogramm für Mädchen, die ökonomisch unabhängige und politisch "mündige" Bürgerinnen werden sollen.

Die Idee einer beruflichen Emanzipation von Frauen - ökonomische Unabhängigkeit als ein positiv ausformuliertes Ziel, nicht bloß als Ausdruck der Anerkennung von Ausnahmefällen der Not - taucht im Diskurs über die Mädchenerziehung erst am Rande auf. "Emanzipation" ist primär ein moralisches Projekt: Befreiung von der Kultur des *Ancien Régime*, von Unfreiheit und Unwahrhaftigkeit. Im Mittelpunkt der Konzeptionen der Jahre 1793/94 steht die Erziehung zur republikanischen Moral, deren Bedeutung im Hinblick auf die Definition der gesellschaftlichen Rolle der Frau vielschichtig ist. Sie bedeutet, etwas vereinfacht, einerseits die Anerkennung der natürlichen (naturrechtlich begründeten) Freiheit und Gleichheit der Individuen, die auch die

186 Citoyenne Trevisani, De l'éducation des filles. O.J. (1793): AN, F^{17} 1006-1016.

Frau einschließt. Andererseits Anerkennung natürlicher Unterschiede zwischen den Geschlechtern, die eine funktionale Arbeitsteilung begründen, aber keine geschlechtsspezifischen Herrschaftsverhältnisse: Zuständigkeit der Frau für Haus und Kind, des Mannes für gesellschaftliche Arbeit und Politik. Für das Verständnis der "republikanischen Moral" ist der - uns heute widersprüchlich erscheinende - Gesamtzusammenhang dieser beiden Seiten wichtig, der in der bürgerlichen Gesellschaft des 19. Jahrhunderts wieder verloren geht.

Die Utopie der Revolution war die Wiederherstellung einer ursprünglichen, "natürlichen" Gesellschaft, die moralische Wiedergeburt; ihren Ausgangspunkt bildete die Erziehung der Kleinkinder durch die Mütter, insbesondere das Stillen des eigenen Kindes. Im *Ancien Régime* war der größere Teil der Kinder zu Ammen weggegeben worden, seit Rousseau galt dies als ein Verbrechen an den Kindern, als Ausdruck einer Gefühlskälte, die eine Entfremdung der Gesellschaft von der Natur signalisierte. Die primäre Erziehung in der Interaktion von Mutter und Kind galt als ein Schlüssel zur moralischen Erneuerung der Gesellschaft; sie bedeutete einmal eine "Aufwertung" des Kindes, das als ein Geschöpf mit eigenen natürlichen Bedürfnissen anerkannt wird - in dieser Anerkennung schlägt sich die Übertragung der naturrechtlichen Freiheit des Individuums auf das Kind nieder; sie bedeutet zum anderen - im Selbstverständnis der Revolution - die Wiederherstellung einer natürlichen Bestimmung der Frau zur Mutter, und auch dies wurde als ein Inhalt weiblicher Emanzipation begriffen.

In den Schriften der Frauen wird die Entfernung der Frau von ihrer natürlichen Bestimmung im *Ancien Régime* als Verkehrung und Entfremdung gedeutet, während ein Aspekt weiblicher Freiheit im Wiederfinden der natürlichen Bestimmung gesehen wird. "Luxus", "Frivolität", "Koketterie" charakterisierten die Frauenrolle in der vorrevolutionären Kultur, Ausdrücke, die eine "maskierte Kommunikation", die Unwahrhaftigkeit der Beziehungen zwischen den Geschlechtern und die künstliche, nur durch die Unterordnung unter den Mann definierte Existenz der Frau bezeichnen. Der Rekonstitution einer "wahren" Existenz besteht in der Wiederherstellung der "natürlichen" Würde des Individuums, in der nicht mehr die Kontingenz sozialer Hierarchien, kultureller und personaler Abhängigkeitsbeziehungen, sondern die (geschlechtsspezifisch differenzierte) Natur das Leben bestimmt. Allein ihrem Gesetz unterworfen, werden Mann und Frau gleichermaßen zu freien Bürgern. Und da die Natur der Frau die frühkindliche Erziehung zugewiesen hat, kommt ihr eine besondere Aufgabe bei der Wiederherstellung des "natürlichen Gemeinwesens", der wahren Republik zu. "Wir befinden uns nicht mehr in jenen verweichlichten und frivolen Zeitaltern, in denen man vom schönen Geschlecht nur viel Koketterie und die Kunst zu gefallen erwartete", schreibt die Citoyenne Lemaignan. "Heute braucht man Citoyennes, wenn man Citoyens haben will, und mit Sicherheit sind die Grundsätze, aus denen sie bis heute geschöpft haben, nicht geeignet, ihnen die dazu erforderlichen Kenntnisse zu vermitteln" (Dok. 22). In diesem Sinn sind die politische und die pädagogische Revolution, Erneuerung von Moral und moralischer Praxis der Frau miteinander verbunden.

Hieraus begründet sich der Anspruch auf öffentliche Bildung für die Mädchen, um sie zu tugendhaften Müttern zu machen. Diese Bildung schließt Kenntnisse der Kindererziehung ebenso ein wie solche der Verfassung, der Gesetze und des politischen Systems sowie ganz generell der republikanischen Moral, weil nur dann die Frau ihrer Aufgabe gerecht werden kann, ihre Kinder zur *Citoyenneté* zu erziehen. Bezogen auf die Jungen wird eine Erziehung postuliert, die in jedem Kind den künftigen Souverän der republikanischen Freiheit und Gleichheit erkennt, das autonome (männliche) politische Subjekt wird also schon durch die Mutter mit geschaffen, auf diese Aufgabe gilt es schon die Mädchen vorzubereiten.

Mutter- und Staatsbürgerrolle sind verschiedenen Geschlechtern zugewiesen, aber durch die Erziehung miteinander verknüpft, durch diese Verknüpfung partizipiert die Frau an der Staatsbürgerrolle selbst dann, wenn sie von der aktiven Ausübung politischer Rechte ausgeschlossen ist, wie dies in der Revolution der Fall war. Die Festschreibung der Frauenrolle auf die Aufgabe der häuslichen Erziehung verband sich mit einem Konzept weiblicher Emanzipation, das durchaus einen politischen Aspekt aufwies, wie beschränkt dies uns heute auch immer erscheinen mag.

Ziel der mütterlichen Erziehung ist die Vorbereitung der Tochter auf die künftige Rolle als "republikanische Mutter", des Sohns auf den künftigen Status eines aktiven politischen Subjekts; dies definierte die *Citoyenneté* beider Geschlechter. Ein Beispiel für ein solche Konzept republikanischer Erziehung finden wir in einer Abhandlung der Citoyenne Guérin-Albert. Sie schreibt sowohl für die öffentliche wie die private Erziehung, die nicht auf die frühe Kindheit beschränkt bleibt, geht also offensichtlich noch nicht vom Prinzip einer obligatorischen, allgemeinen öffentlichen Erziehung aus. Ihre Vorstellungen sind, wie dies für viele Konzeptionen von Frauen gilt, stark an Rousseau orientiert: In den ersten Jahren steht die körperliche Erziehung im Mittelpunkt, Gesundheitserziehung, Verzicht auf moralische Belehrungen, die das Kind noch nicht verstehen kann; die natürliche Entwicklung bildet den Leitfaden des Erziehungsverhaltens. Körperliche Erziehung war eine der zentralen Forderungen von Frauen in der Revolution, Rousseaus Prinzip der "natürlichen Erziehung" wird auch für die Mädchen in Anspruch genommen. Dies schlägt sich beispielsweise in Entwürfen einer Kleidung für Mädchen nieder;

ungehinderte Bewegungsfreiheit fordert die Citoyenne Clemenceau für alle Kinder: "all ihre Kleider müssen weit und bequem sein, damit sie auf keine Weise behindert werden und laufen, springen, klettern, kurz: sich stets frei bewegen können, die Mädchen ebenso wie die Jungen" (Dok. 35). Einen Ausdruck fanden die Ideen der "natürlichen Kleidung" in der Frauenmode des gehobenen Bürgertums: leichte griechische Gewänder wurden dem Korsett des *Ancien Régime* vorgezogen[187].

Doch zurück zur Konzeption der Citoyenne Guérin-Albert. Mit zwölf Jahren soll ein politisch-moralischer und patriotischer Unterricht auch für die Mädchen beginnen: Sie sollen die Gesetze des Landes kennenlernen, die Mutter soll ihnen Werke über Politik und die Geschichte der freien Völker vorlesen. Mit vierzehn Jahren sollen Unterweisungen in Haus- und Landwirtschaft erfolgen, ein praktisch-nützlicher Unterricht, im Gegensatz zu der traditionellen "Konversationserziehung" der höheren Töchterbildung: "ich wollte meinem Vaterland keine Puppe schenken, sondern ein Mädchen, die Gattin und Mutter eines Republikaners."[188] Die Mädchen sollen an der "republikanischen Kultur" teilnehmen: Die Citoyenne Guérin-Albert denkt an den Besuch patriotischer Theateraufführungen und an die aktive Partizipation an *fêtes civiques*. Romanlektüre hält sie dagegen für verwerflich, weil den Texten zumeist die richtige moralische Ausrichtung fehle. Ähnlich lehnt die Citoyenne Trevisani schlechte Romane ab und empfiehlt stattdessen Moralbücher und historische Darstellungen, in denen die Mädchen Vorbilder des richtigen Verhaltens finden - die moralische Didaktisierung der Alltagskultur war ein durchgängiges Anliegen der Revolutionspädagogik.

Für die öffentliche Erziehung entwirft die Citoyenne Guérin-Albert ein Internatskonzept, in dem die Mädchen nach den Prinzipien der Gleichheit aufwachsen. Unterrichtsinhalte sind auch hier auf der zweiten Stufe neben Arithmetik, Sprachen und Geographie die politischen Gesetze, Moral und Geschichte. Die Kinder dürfen niemals geschlagen werden - eine allgemeine Forderung während der Revolution, die die gesellschaftliche "Wertsteigerung" des Kindes anzeigt. Als Strafe empfiehlt sie etwa den Ausschluß von der Teilnahme an einem *fête civique*[189]. Der dritte Teil der Abhandlung ist der Erziehung auf dem Land gewidmet. Hier wird der republikanische Unterricht im häuslichen Familienkreis organisiert: An den Winterabenden liest der Vater Artikel aus der Verfassung und der Menschenrechtserklärung und andere po-

187 In der Société républicaine des arts forderte die Citoyenne Broissard eine neue, "natürliche" Frauenkleidung. J. Renouvier, Histoire de l'art pendant la Révolution française. Paris, 1863, S. 467.

188 Citoyenne Guerin-Albert, Avis aux mères républicaines, ou mes réflexions sur l'éducation des jeunes citoyennes. O.J. (Jahr II), S. 20.

189 Ebda., S. 35.

litische Texte vor, ab acht Jahren sind die Kinder dabei; sie lernen bei diesen abendlichen Zusammenkünften die Menschenrechte und die in eine Katechismus-Form gebrachten Prinzipien der republikanischen Moral auswendig, "die sie ihr ganzes Leben begleiten" werden. An den arbeitsfreien Tagen begibt sich die Familie ins Gemeindehaus, wo vor der Freiheitsstatue Gesetze, tagespolitische Ereignisse, patriotische Taten etc. verlesen werden, Morallektionen beenden die Sitzungen.

Dies ist ein typisches Modell eines idealisierten republikanischen Familienlebens auf dem Land, einer Idylle des republikanischen Patriarchats, in der Frieden und Eintracht regieren, und in der der *chef de famille* den Kindern - Jungen wie Mädchen - Lektionen in den politischen und moralischen Prinzipien der Freiheit und Gleichheit erteilt, während die Mutter ihren häuslichen Arbeiten nachgeht und die Kleinsten versorgt. Und während die Männer bei den Dorffesten von politischen und patriotischen Taten berichten, sind die Mädchen damit beschäftigt, das republikanische Gemeinwesen zu verschönern: Sie schmücken die Büste der Freiheit mit Blumen. Beim *Fête de la Rose* werden sechs Mädchen nach einer strengen Prüfung durch ein Tribunal aus Alten benannt, die Blumen auf die Gräber großer Patrioten legen und an den Festzügen teilnehmen dürfen: ein "Glückstag" für die Mütter.

Dieses Erziehungskonzept gleicht in vielem dem der Citoyenne Trevisani, doch kennzeichnet deren Schriften eine größere "Nüchternheit". Auch bei ihr ist der Einfluß Rousseaus erkennbar, ihr Idealbild ist eine Art demokratisch-republikanischer Gesellschaft von Bauern und Handwerkern, die zwar auf dem privaten Eigentum beruht, aber keine großen Eigentumsunterschiede kennt. Wie die Citoyenne Guérin-Albert postuliert sie eine wissenschaftliche und politische Bildung für Mädchen; sie betont dies stärker unter dem Aspekt der Gleichheit der Geschlechter im öffentlichen Leben der Republik. In dieser Hinsicht radikalisiert sie, obwohl der natürliche Platz der Frau auch für sie im Haus ist, den weiblichen Emanzipationsanspruch: "Die Gesetze verpflichten die Frauen ebenso wie die Männer. Es hieße, die Hälfte des menschlichen Geschlechtes entmündigen, wollte man den Frauen das Recht vorenthalten, gegen die Tyrannei der Gesetze, die nur zu ihrer Unterdrückung führen und die Nicht-Ausführung jener, die ihnen Vorteile sichern, Einspruch erheben zu können." Sie zitiert das Beispiel antiker Heroinen oder der Frauen des alten Germaniens, die am politischen Leben und am Krieg teilnahmen: "Warum also macht man diejenigen, die sich in ihren Fähigkeiten versuchen, lächerlich, statt sie zu ermutigen? Warum sollten die Frauen nicht die Ehren und den Lohn teilen, die der Preis nützlicher Taten für die Republik sind?"[190] Dem Vorteil einer vergänglichen und zerbrechlichen Schönheit stellt sie das Bild

190 Citoyenne Trevisani, De l'éducation ..., a.a.O.

der Frau als "Gefährtin" des Mannes entgegen, die das Privileg des patriotischen Heroismus mit ihm teilt.

Erziehung zum Heroismus war ein wesentliches Moment der republikanischen Moralpädagogik: ohne Kampf, ohne die Bereitschaft, das partikulare Interesse hinter das allgemeine zurückzustellen (der Begriff der "Tugend"), dies lehrte die revolutionäre Erfahrung, würde es keine Freiheit und keine Sicherheit der Republik geben. Von der Erziehung zum Heroismus führt eine Linie zu einem spezifisch weiblichen Heroismus. Er hat zwei Aspekte: die Teilnahme der Frau selbst am Krieg, an den kulturellen und politischen Auseinandersetzungen - das Bild der Heroine und Amazone; die Rücknahme mütterlicher Gefühle für einen höheren Patriotismus - das Bild der patriotischen Mutter, die Männer und Söhne anspornt, für die Freiheit zu kämpfen und notfalls auch das Leben zu lassen. Beide Bilder verweisen auf ein Kernproblem der republikanischen Identität: den Konflikt zwischen Mutterliebe und Patriotismus, wie er im Barra-Drama der Citoyenne Villiers seinen entwickeltsten Ausdruck fand. Die republikanische Tugend fordert zwei Aufopferungsleistungen von der Frau: In selbstloser Liebe soll sie sich dem Kind widmen, um ihm die Keime des Guten einzugeben (beginnend mit den "guten Stoffen" der Natur, die sie ihm durch ihre Brust reicht), aus denen der neue Mensch des idealen Gemeinwesens erwachsen soll; aber solange sich dieses Gemeinwesen nur im Kampf gegen "Tyrannei und Despotismus" behaupten kann, muß die Mutter ihre eigene Liebe zum Kind unter die zum republikanischen Ganzen stellen und im Grenzfall, wenn es für die Freiheit notwendig ist, ihr Kind auch opfern.

Diese Opferbereitschaft der Frau unterscheidet sich von der selbstlosen Liebe der Frau in der bürgerlichen Gesellschaft des 19. Jahrhunderts, die keine demokratische Gesellschaft war. Familie, Gesellschaft und Staat bilden in der Revolution noch keine voneinander getrennten Sphären, sondern durchdringen sich wechselseitig, vermittelt durch die Utopie demokratischer Freiheit[191].

Dieser Zusammenhang bricht bereits im Direktorium auseinander: Der Einsatz fürs Vaterland bedeutet jetzt den Einsatz für die Republik des Besitzbürgertums und damit nicht mehr für ein "wahres Allgemeines". Dem korrespondiert ein Verschwinden der politischen Bildung und der republikanischen Moral aus der Erziehung; der Inhalt des Patriotismus legitimiert sich nicht mehr aus einer verallgemeinerbaren politischen Moral, sondern aus einem abstrakten übergeordneten Staatsinteresse, bedarf also auch kaum noch einer ra-

191 In dieser Hinsicht sind, wie wir meinen, Elisabeth Badinters Ausführungen zur Geschichte der Mutterliebe historisch zu differenzieren: dies., Die Mutterliebe. Geschichte eines Gefühls vom 17. Jahrhundert bis heute. München, 1981.

tionalen Vermittlung durch Bildungsprozesse. Die Utopie der Revolution war die tendenzielle Aufhebung des Staates in einer Gesellschaft autonomer, sich selbst verwaltender Individuen, die im allgemeinen Interesse ihr eigenes erkannten; im Direktorium beginnt der Staat dagegen mit der Wiedereinführung des Besitzwahlrechtes eine Institution zur Sicherung des Herrschaftsanspruchs partikularer Gruppen zu werden.

Dieser Wandel schlägt sich auch im Rollenbild der Frau und in der Konzeption der Mädchenerziehung nieder. Die Aufgabe der Frau wird nicht mehr so sehr darin gesehen, der Republik "freie Citoyens" zu schenken, als darin, ihren Pflichten im Haus nachzukommen. Der Grundsatz wird jetzt die Unterordnung der Frau, sie hört auf, auch als Mutter ein "politisches Subjekt" zu sein. Paradigmatisch für diesen Wandel ist die Erziehungskonzeption der Madame Legroing-la-Maisonneuve: Die gesellschaftliche Aufgabe der Frau reduziert sich darauf, "daß sie liebenswert ist und nützlich in ihrem Haushalt." Daraus ergibt sich alles weitere für die Mädchenerziehung: Vorbereitung auf Hausarbeit und Hauswirtschaft; politische und wissenschaftliche Bildung sind dafür unnötig. Der Platz der Frau ist das Haus: "der Ort, den die Gesellschaft und vielleicht die Natur ihr zugewiesen hat."[192] Damit erübrigt sich auch ein öffentlicher Unterricht für Mädchen: Alles, was das Haus erfordert, können sie am besten bei der eigenen Mutter lernen.

Wie wir sahen, unternahm das Direktorium keine Anstrengungen mehr, für ein größeres schulisches Angebot für Mädchen zu sorgen. Ein Brief von Frauen aus dem Departement Haute Garonne an die Departementverwaltung aus dem Jahr IV dokumentiert das Insistieren von Frauen auf einer öffentlichen und politischen Mädchenbildung zu einem Zeitpunkt, in dem noch nicht alles entschieden zu sein schien, die republikanische Schule aber bereits im Rückzug begriffen war. Solange bis die Regierung Mittel für die Elementarschulen bereitstelle (was nicht mehr erfolgte), möge das Departement provisorisch Schritte unternehmen und Schulen für Mädchen einrichten: "Die Schulen sollten rasch eröffnet werden, damit die Mädchen, dieser kostbare Teil, dessen Entwicklung einem freien Staat um so teurer sein muß, nicht länger in der Unwissenheit über ihre Rechte und Pflichten verkümmern, sondern von früh auf unterrichtet werden, und damit es keine Unterschiede mehr in der Erziehung gibt; damit das Vermögen, das stets mit der Einfalt sein Spiel treibt, nicht mehr der schlichten Tugend gebieten kann, und damit die als Republikanerinnen erzogenen Französinnen ihren Zöglingen männliche Gefühle eingeben: Niemand soll den Franzosen noch jenen verweichlichten Ausdruck vorwerfen können, den man bei wahren Republikanern nicht antreffen darf,

192 Antoinette Legroing-La-Maisonneuve, Essai sur le genre d'Instruction qui paraît le plus analogue à la destination des Femmes. Paris, An VII.

und der durch die gute Erziehung der Mütter verändert wird, wenn man Sorge dafür trägt, daß sie zu einer festen Stütze der Republik werden." Die Frauen klagen über die Ausbreitung der Privatschulen, in denen wieder traditioneller Unterricht gehalten wird; ihnen geht es um die Institutionalisierung republikanischer Schulen: "Unterstützt durch patriotische Lehrerinnen hätten wir die Genugtuung, daß unsere Kinder die brennende Liebe zur Freiheit und Gleichheit und die Kenntnisse erwerben, die den Französinnen einen herausragenden Rang in der Welt geben werden, weil sie Helden zur Welt bringen."[193]

Zusammenfassend läßt sich festhalten, daß von nahezu allen Frauen, die während der Revolution mit pädagogischen und bildungspolitischen Schriften an die Öffentlichkeit oder die Nationalversammlung herantreten, eine öffentliche Mädchenbildung gefordert wird, daß diese Bildung sich in erster Linie auf die zukünftige Aufgabe der Frau als Mutter und "Hausfrau" orientieren, aber eine allgemeine moralische und politische Bildung einschließen soll; Konzeptionen zur beruflichen Bildung von Frauen gibt es nur in Ansätzen und vorwiegend unter sozialpädagogischem Aspekt. Trotz geschlechtsspezifischer Arbeitsteilung, die der Frau die Sphäre des "republikanischen Hauses" zuweist, wird sie als ein politisches Subjekt, als "Citoyenne" begriffen, deren staatsbürgerliche Bildung die Voraussetzung dafür ist, daß sie ihre Kinder zu Republikanern erzieht. Die Mutterrolle der Frau wird nicht in Frage gestellt, sondern propagiert; aber über die häusliche Erziehung wirkt sie auf die Gesellschaft ein, und wenn dies eine Gesellschaft freier Individuen sein soll, bedarf es einer Bildung auch der Frauen zur Freiheit: "die Frauen haben einen direkten Einfluß auf das Volk; und um freie Menschen heranzubilden, muß man die Freiheit kennen", erklärt Etta Palm d'Aelders im Namen der *Société des Amies de la Vérité*[194]. Erst im Direktorium beginnt sich dieser Zusammenhang von "spezifisch weiblicher" Erziehung und politischer Bildung aufzulösen.

4.4 Moralbücher und Texte für den republikanischen Untericht

Daß sich vergleichsweise viele Frauen am bildungspolitischen und pädagogischen Diskurs der Zeit beteiligten, ist bereits ein Zeichen für ein gewachsenes politisches Selbstverständnis; es schlägt sich auch darin nieder, daß eine Reihe von Frauen Texte für den Unterricht in den republikanischen Schulen verfassen. Diese Werke entstanden fast alle in den Jahren 1793/94, die meisten im Zusammenhang mit dem Elementarschulwettbewerb, den der Konvent im

193 Arch. dép. Haute Garonne, L 2543.

194 Etta Palm d'Aelders, Appel aux françaises sur la régénération des moeurs et nécessité de l'influence des femmes dans un gouvernement libre. Paris, o.J., S. 42.

Jahr II ausschrieb. Die Frauen, die ihre Schriften zu diesem Wettbewerb einsandten, verbanden damit die Erwartung öffentlicher Anerkennung, die preisgekrönten Werke sollten offiziell als Schulbücher empfohlen und gedruckt werden. Wir haben sieben Texte gefunden, die vermutlich alle zum Wettbewerb des Konvents eingingen, davon in zwei Fällen nur einen Hinweis[195], aber nicht die Schrift selbst. In zwei weiteren Fällen fand sich ein Hinweis darauf, daß Frauen an republikanischen Elementarbüchern arbeiteten, wir wissen aber nicht, ob es zur Realisierung kam[196].

Bis auf eine Ausnahme handelt es sich um Texte zur republikanischen Moral; eine Schrift befaßt sich mit der frühkindlichen Erziehung, ist also vor allem an Mütter gerichtet. Diese Schrift haben wir nicht auffinden können. Für die Bewertung der Elementarbücher für die primäre Erziehung war Daubenton, Professor am *Muséum d'histoire naturelle* zuständig; unter seinen nachgelassenen Papieren findet sich zu dieser Arbeit die Notiz: "Eine Abhandlung mit dem erforderlichen Umfang, aber ohne Weitschweifigkeit. Einfacher, klarer Stil, die Inhalte sind in methodischer Ordnung dargestellt. Belohnung des zweiten Grades."[197]

Die Schrift erhält nach dem abschließenden Bericht der Elementarbuchjury einen Anerkennungspreis von 1500 L. - übrigens die einzige von 43 Auszeichnungen, die an einen weiblichen Autor ging[198]. In einem Bericht Baraillons an den Unterrichtsausschuß wird besonders hervorgehoben: "Der Beifall der Jury über den Artikel des *Memoires Nr. 75*, der sich auf das Stillen bezieht, wird geteilt. Man bewundert an der Citoyenne, die ihr Autor ist, die Aufmerksamkeit, die Untersuchung des Anus der Neugeborenen zu empfehlen, um sich zu vergewissern, daß er perforiert ist. Diese Aufmerksamkeit ist den anderen Teilnehmern des Wettbewerbs entgangen, obwohl Gelehrte unter ihnen sind."[199] Vielleicht handelt es sich bei der Autorin um die Citoyenne Hervelin, die am 4. Sansculottide II den Konvent um Autorisierung und Unterstützung eines Heims für Säuglinge bat, denen sie "Kuh- oder Ziegenmilch vom Euter geben möchte"[200].

Eine Auszeichnung nicht durch die Elementarbuchjury, sondern durch die *Commission d'instruction publique* erhielt das Buch der Citoyenne Bossère

195 Citoyenne Valincourt, La maman républicaine: AN, F^{17} 1454 doss.9; Anonyme, Instruction sur la conservation des enfants et sur leur éducation physique depuis la naissance: Muséum d'histoire naturelle, Ms. 315.

196 Citoyennes Gérardin und La Briche: PV CIP, 22. Fructidor II und 12. Vendémiare III.

197 Muséum d'histoire naturelle, Ms. 315.

198 Gesetz vom 11. Germinal IV, Annexe: AN, F^{17} 1331^{B} doss. 13.

199 PV CIP, Bd. 6, S. 634 (17. Fructidor III). Die Schrift ging vermutlich am 27. Prairial II zum Elementarbuchwettbewerb.

200 AN, F^{3916}.

Triomphe de la saine philosophie ou La vraie politique des femmes: Die Kommission ließ nach einem Beschluß vom Brumaire III je ein Exemplar an alle Departementverwaltungen schicken. Dies war aber weniger ein Elementarbuch als ein literarisches Werk für ein gehobenes weibliches Publikum, an dem wir weder einen politischen Inhalt noch eine didaktische Orientierung ausmachen konnten; es ist in Form eines Briefwechsels zwischen zwei Frauen ("Eléonore et Cornélie") geschrieben, die sich wechselseitig alles mitteilen, was sie erleben und denken und was ihre guten Seelen empfinden, aber ohne jeden Bezug zur Revolution. In der Auszeichnung dieses Buchs kündigt sich die Abkehr von der politischen Mädchenbildung zugunsten einer sanften Moral und einer eher konventionellen literarischen Bildung besser situierter junger Damen an.

Die anderen Texte sind interessant, weil sie Aufschluß über die Theorien von Frauen zur republikanischen Moral, zu Politik und Gesellschaft geben. Das Manuskript der Citoyenne Cavaillon enthält Dialoge zwischen Mutter und Kindern, die in einer sehr schlichten, kindgemäßen Sprache abgefaßt und daher für den Elementarunterricht gut geeignet waren (Dok. 42). Inhaltlich verbindet sie eine allgemeine religiöse Lehre, wie sie das Denken vieler Sansculotten kennzeichnete (s.o.) mit einem republikanischen Konzept politischer und moralischer Bildung. Auf die Frage "Was ist die Republik?" folgt die Antwort: "Die Republik, meine Kinder, ist eine Regierung, die auf der Gleichheit basiert. In ihr verschwinden alle persönlichen Interessen hinter dem gemeinsamen Interesse am Vaterland; sie belebt die Individuen, aus denen sie sich zusammensetzt, zu den heroischsten Taten, sie läßt sie alle Bindungen und alle Gefahren überwinden, die Könige verachten und dem Tod ins Auge sehen; sie erkennt als Lehrmeister nur die heiligen Gesetze der Natur an und die Ewigkeit, aus der sie hervorgehen." Die Republik ist in der Natur begründet, die das Werk des Höchsten Wesens ist, republikanische Tugend bedeutet Aufopferungsbereitschaft für das allgemeine Wohl, für Freiheit und Gleichheit aller; Denken, Handeln und Interaktion der Individuen sind nicht mehr durch personale Abhängigkeitsbeziehungen, soziale Privilegien und priesterliche Vermittlung bestimmt, sondern unterliegen einzig den Gesetzen der Natur und des Souveräns als Ausdruck des allgemeinen Willens.

Die Citoyenne Cavaillon propagiert eine frühe patriotische Erziehung; so ist davon die Rede, daß der Sohn von seinem Großvater eine "schöne Uniform", einen Säbel und ein "wundervolles Gewehr" zum Geschenk bekommen hat, dazu ist ihm ein "schönes Schwert mit einer schönen Trikoloreschlinge" versprochen worden, "falls ich den republikanischen Kalender, meine Menschenrechtserklärung und meine Verfassung auswendig kann". Der größere Teil der Dialoge befaßt sich jedoch mit sehr allgemeinen Tugenden wie Mäßigung, Gerechtigkeit, Zügelung der Leidenschaften - lange Ausführungen über die Gefahren der *gourmandise* folgen, die den Kindern als das schlimmste aller Laster vorgestellt wird. Dies entspricht dem spartanischen Aspekt der republikanischen Moral, der in vielen Schriften dieser Art zu finden ist: die *gourmandise* ist gleichsam das epidemische Einfallstor des sittlichen Verfalls, durch das die aristokratische Kultur des Luxus und der Verachtung der Arbeit auch auf das einfache Volk übergreift. Ungehorsam, Verbrechen und Tod sind die Folge. Trotzdem vermittelt die Citoyenne keine sehr strenge Moralerziehung: Ihre Dialoge sollen, schreibt sie, die Kinder durch *amusement* zur Tugend führen.

Auch die Citoyenne H. - vielleicht handelt es sich um die Citoyenne Hardou, der wir schon begegnet sind - gibt der republikanischen Moral einen allgemeinen religiösen Rahmen, auch sie propagiert Tugend, Arbeit und Patriotismus. Der Text ist begrifflich elaborierter und anspruchsvoller. Die Autorin vertritt eine "klassische" bürgerliche Gesellschaftskonzeption: Gleichheit vor dem Gesetz, aber keine *soziale* Gleichheit, Arbeit als Medium ökonomischer und sozialer Unabhängigkeit und Entwicklung, Freiheit als Naturrecht, das nur durch ein *allgemeines* politisches Gesetz eingeschränkt werden kann, Kritik des Luxus als eine Ursache der Verarmung der Massen. Sie formuliert ein sozialpolitisches Programm, das auf Autonomie und Beseitigung der Armut abzielt: Abschaffung des parasitären Luxus, Einrichtung von Arbeitshäusern, Institutionalisierung eines öffentlichen Unterrichts, damit jeder seine Rechte und Pflichten kennen und einen gesellschaftlich nützlichen Beruf erlernen kann. Das Ideal ist eine Gesellschaft freier Individuen, die sich durch ihre eigene Arbeit erhalten und daher von niemandem abhängig sind; brüderliche Solidarität schuldet die Gesellschaft jenen, die zur Arbeit noch nicht oder nicht mehr imstande sind - die Autorin plädiert für ein System sozialer Unterstützung, eine Forderung, die im späten 18. Jahrhundert noch alles andere als selbstverständlich war: "Um die Greise und die Kinder muß sich die brüderliche Gemeinschaft kümmern. Auch wird man Heime für diejenigen schaffen, um die sich ihre Kinder nicht kümmern können; man wird in diesen Häusern lernen, tugendhaft zu sein; man umsorgt das Alter, während man den Lehren seiner Erfahrung zuhört." (Dok. 40)

Arbeit als Medium der Selbsterhaltung und damit der Voraussetzung auch von Freiheit ist ebenso ein zentrales Thema in den *Elements d'instruction républicaines* der Citoyenne Desmarest (Dok. 41). Jeder soll arbeiten, und dies ohne Unterlaß - die Tage der Ruhe sind dazu bestimmt, die Tugenden zu zelebrieren, aber nicht die Untätigkeit zu feiern. Zu Recht, schreibt sie, habe Lykurg im alten Sparta die Faulheit mit dem Tode bestraft. In den Formulierungen wird die strenge Tugendmoral der jakobinischen Terreur sichtbar: Wer das Partikularinteresse über das Gesetz stellt, verdiene die Todesstrafe, denn: "Die Gesetze sind für das allgemeine Interesse gemacht und jedes partikulare Interesse muß ihm untergeordnet sein." Dies ist die "klassische" Konfusion der rousseauschen Begriffe von *volonté de tous* und *volonté générale*, wie sie die Staatstheorien Robespierres oder Saint-Justs kennzeichnen: Der "Anschlag" auf das Gesetz gilt als Anschlag auf den Staatsvertrag und das gesellschaftliche Ganze schlechthin und muß daher mit dem Ausschluß aus der bürgerlich-republikanischen Gesellschaft geahndet werden.

Die Schrift ist antiklerikal und postuliert eine rationale, nur auf die Vernunft gegründete Religion, in dieser Hinsicht geht sie über Robespierres "religiöses Gefühl", das das Handeln "instinkthaft" leite, hinaus. Die Vernunft gibt dem Handeln einen festen, sicheren Maßstab, sie ist ein Absolutum, das ein rationaler Schöpfergott, Inbegriff des "Guten", den Menschen durch die Natur mitteilte. Daher bedarf es keiner Vermittlung durch Priester und religiöse Zeremonien mehr; das Zeremoniell einer spezifisch republikanischen Religion, wie sie das Gesetz über den "Kult des Höchsten Wesens" vorsah, wird von der Autorin offensichtlich abgelehnt: "Das Universum ist der wahre Tempel dieses Wesens aller Wesen, die reinen Herzens sind seine Altäre, und unsere guten Taten sind der einzige Weihrauch, der ihm angenehm sein könnte." Um unser Verhalten zu regeln, genüge es vollkommen, Vernunft und Einsichtsfähigkeit zu entwickeln: "Ja, wenn man sie bildet, wird sie eine zuverlässige Richtschnur, die niemals den vom rechten Weg abbringt, der sie in Treu und Glauben befragt."

Die Citoyenne Desmarest war vermutlich die Frau des Citoyen Desmarest, der in der *Société populaire* von Corbeil am 10. Frimaire II einen Abriß der Lebensgeschichte Marats vortrug; die Rede ist in eine von den *Elements d'instruction* leicht abweichende zweite Fassung als Anhang aufgenommen worden. Die Citoyenne muß in der *Société populaire* von Corbeil ein hohes Ansehen genossen haben, da ihr Moralkatechismus auf Beschluß und auf Kosten der *Société* veröffentlicht und an den Konvent geschickt wurde.

Solche Texte fanden auch in den Schulen Verwendung. Manche Lehrer und Lehrerinnen stellten sich eigene Texte für einen republikanischen Unterricht zusammen; so wird die Citoyenne Lambert, Lehrerin in der *Sektion Thermes* von Paris (ihr Vater war der Lehrer des Philosophen Helvétius, ihre *Maximes républicaines*, die sie zum Wettbewerb einsandte, sicher selbst als Unterrichtsgrundlage verwendet haben. Die Maximen sind an Mädchen adressiert, unterscheiden sich aber nicht von anderen Zusammenstellungen dieser Art: Die Citoyenne Lambert machte offensichtlich keinen geschlechtsspezifischen Unterschied bei der Formulierung der Grundprinzipien dieser Moral (Dok. 43). In den Archiven des Departement Indre fanden wir einen Hinweis, daß ein Lehrerehepaar in der Gemeinde Meunets als Unterrichtstext u.a. ein *Entretien d'une mère républicaine avec son fils* benutzte[201].

Aus dem Direktorium - die Produktion republikanischer Elementarbücher ging schon seit dem Jahr III allgemein drastisch zurück - ist uns kein Text von einer Frau bekannt, mit Ausnahme des *Manuel de l'Adolescence*, der möglicherweise von der Citoyenne Fournier stammte. Witwe des Buchhändlers und Verlegers Fournier, wahrscheinlich aber eher die posthume Ausgabe einer Arbeit ihres Mannes war. Das Werk ging im Frimaire VII an den *Conseil d'Instruction publique* des Direktoriums, um auf seine Eignung als Schulbuch hin geprüft zu werden[202]. Fournier hatte mehrere Schriften zum Elementarbuchwettbewerb des Jahres II eingesandt; er muß im Jahr V oder zu Beginn des Jahres VI gestorben sein, da danach die Witwe Fournier als Herausgeberin und Verlegerin auftritt. Das *Manuel de l'adolescence*, im Jahr VII erschienen, ist ein umfangreiches Buch mit Dialogen über alle Wissensgebiete: Moral, Politik, Naturgeschichte, Geographie, Geschichte, Mythologie, Französische Revolution und Verfassung, adressiert an die Kinder beider Geschlechter; es ist deskriptiv und sachlich, ohne eine eigene Theorie. Im gleichen Jahr gab sie eine gekürzte Fassung unter dem Titel *Le moraliste de la jeunesse, ou les ornements de la mémoire* heraus. Dies sind Schriften, die sich an ein gebildetes bürgerlich-republikanisches Publikum wenden; aufschlußreich ist ein Stich von Compagnie, der dem *Manuel* vorangestellt ist: Er zeigt einen Vater (oder Hauslehrer) mit zwei Kindern in einem Bibliothekszimmer. Die öffentliche Schule scheint der Citoyenne nicht der ideale Ort gewesen zu sein, an dem ihr Buch zum Einsatz kommen sollte. Gleichwohl verlegte die Witwe Fournier eine große Zahl von Büchern für die republikanische Schule. Das Departement Seine-et-Oise beschloß im Ventôse VI, 900 Exemplare eines Anschlags zu drucken, der eine Liste von Werken enthielt, die sie vertrieb und die für die Schulen empfohlen werden sollten, darunter ein *Alphabet National* und ein *Catéchisme de la Constitution française*[203].

201 Arch. dép. Indre, L 984. - Wahrscheinlich war dies aber nicht das Werk einer Frau, sondern das "Livre indispensable aux enfants de la liberté" von Dusausoir.

202 AN, F^{17} 1338.

203 Arch. dép. Seine-et-Oise, 1 LT 683.

DOKUMENTE

I.
Die neue kulturelle und moralische Ordnung

1.

Gesuch der Frauen an die Nationalversammlung
(o. J.)

Anonym

Die Nationalversammlung, die den größten und verbreitetsten aller Mißstände abstellen und die Fehler einer sechstausend Jahre währenden Ungerechtigkeit wiedergutmachen will, hat beschlossen und verfügt folgendes:

1. Alle Privilegien des männlichen Geschlechts sind in ganz Frankreich vollständig und unwiderruflich aufgehoben.

2. Das weibliche Geschlecht wird für immer die gleiche Freiheit, die gleichen Vorteile, die gleichen Rechte und die gleichen Ehren genießen wie das männliche Geschlecht.

3. Das männliche Geschlecht wird nicht länger, selbst in der Grammatik nicht, als das edelste Geschlecht angesehen, in Anbetracht dessen, daß alle Geschlechter und alle Lebewesen gleichermaßen edel sein sollen und edel sind.

4. In die Urkunden, Verträge, Obligationen etc. wird nicht mehr jene für das schöne Geschlecht gebräuchliche aber so beleidigende Klausel aufgenommen: *Daß die Frau von ihrem Gatten dazu befugt ist, sie zu präsentieren*, denn in einer ehelichen Gemeinschaft soll der eine wie der andere über die gleiche Macht und die gleiche Autorität verfügen.

5. Die [Knie-] Hose [culotte] wird nicht mehr das alleinige Vorrecht des männlichen Geschlechts sein, beide Geschlechter werden das Recht haben, sie zu tragen.

6. Wenn ein Soldat durch Feigheit die französische Ehre kompromittiert, wird man nicht mehr, wie es oft vorgekommen ist, ihn herabsetzen, in-

dem man ihn zwingt, Frauenkleider anzuziehen; da beide Geschlechter vor den Augen der Menschheit gleichermaßen würdig sind, wird man sich von nun an damit zufriedengeben, ihn zu bestrafen, indem man ihn zum *neutralen Geschlecht* erklärt.

7. Alle Personen weiblichen Geschlechts können unterschiedslos zu den Versammlungen des Distrikts und des Departements zugelassen, in städtische Ämter erhoben und selbst Abgeordnete der Nationalversammlung werden, sofern sie über die von den Wahlgesetzen geforderten Fähigkeiten verfügen. Sie werden dort beratendes und beschließendes Stimmrecht haben; dieses Recht kann ihnen ebenso wenig verweigert werden wie das Recht, das sie bereits besitzen, über die Nationalversammlung selbst zu urteilen ... Sie werden indes die größste Sorgfalt darauf verwenden, dort nacheinander zu reden, damit man mühelos die schönen Dinge, die aus ihren Mündern kommen, auskosten kann.

8. Sie können auch in hohe Staatsämter ernannt werden ... Es gibt kein geeigneteres Mittel, um die Öffentlichkeit mit den Justizbehörden auszusöhnen, als die Schönheit dort ihren Einzug halten zu lassen und die Grazien präsidieren zu sehen.

9. Das gleiche gilt für alle militärischen Anstellungen, Auszeichnungen und Würden ... Der Franzose wird dann wahrhaftig unbesiegbar sein, wenn sein Mut durch den doppelten Beweggrund des Ruhms und der Liebe belebt wird. Selbst die Ernennung zum Marschall von Frankreich nehmen wir nicht aus, und der Gerechtigkeit halber ordnen wir gleichfalls an, daß dieses so nützliche Instrument (der Marschallstab) abwechselnd in die Hände der Männer und der Frauen gelangen kann.

10. Auch zögern wir nicht, dem weiblichen Geschlecht, das seit langem und mit vollem Recht *das fromme Geschlecht* genannt wird, den Zugang zum Allerheiligsten zu öffnen. Aber da die Frömmigkeit der Gläubigen beachtlich nachgelassen hat, verspricht und verpflichtet sich das genannte Geschlecht, wenn es die Kanzel der Wahrheit besteigt, die Größe seines Eifers zu zügeln und die Aufmerksamkeit seiner Zuhörer nicht zu lange in Anspruch zu nehmen.

(BHVP, 8° 12807 Nr. 20).

2.

Antrag zugunsten des weiblichen Geschlechts (1789)

Muss das Glück der Frauen allein von den Männern abhängen? Welche Möglichkeiten hätten sie, dieses Glück in ihren eigenen Fähigkeiten zu finden?

Madame Bastille (Citoyenne Desmoulins)

Es ist die erste und heiligste Pflicht eines Mannes, eine Gefährtin glücklich zu machen, die die Natur als Ergänzung für ihn bestimmt hat. Sicher gibt es tugendhafte und empfindsame Geschöpfe, die Gefallen daran finden, diese Pflicht zu erfüllen, um den süßen Dank zu verdienen, den sie ihnen verspricht; dennoch ist es eine traurige Wahrheit, daß, bezogen auf die ganze menschliche Gattung, die größte Summe der Leiden der Frau aufgebürdet ist.

Wieviele Männer gibt es, die unempfindlich sind für die moralischen Gesetze der Natur, barbarisch einem Geschlecht gegenüber stehen, das sie nur noch als wertloses Objekt betrachten, das aufs Geratewohl genommen wird und nur auf der Welt zu sein scheint, um einen rauschhaften Augenblick zu befriedigen! Die so gedemütigte Frau wird allmählich schwächer, ihre moralischen Fähigkeiten verlieren ihre Kraft; die unerschöpflichen Quellen ihrer Empfindsamkeit bleiben ohne Wirkung auf das Herz des Mannes, sie schluchzt, während sie vorgibt, glücklich zu sein: Ach! Diese Männer glauben, einen Genuß gehabt zu haben!

Von allen Leidenschaften, die dazu dienen, den Mann glücklich zu machen, beherrscht, wenn er sie zu lenken weiß, nur der Ehrgeiz sein Herz; er liebt nur das Gold, lebt nur, um es zu erwerben und meistens, um davon schlechten Gebrauch zu machen. Dies ist die Quelle des Unglücks eines Geschlechtes, dem anzugehören ich die Ehre habe.

Citoyens, die ihr damit beschäftigt seid, eine kluge Verfassung und klarere Gesetze zu schaffen, hört ihr meine Worte? Sie sind von der Vernunft und besonders durch die Erfahrung geleitet.

Die Vorsehung hat, als sie die Frauen schuf, dem Mann nur eine Gefährtin gegeben, um mit ihm zusammen zu arbeiten, seine Mühen zu lindern und Vergnügen für ihn bereit zu halten; diese Idee der Gefährtin und der gemeinschaftlichen Arbeit schließt diejenige einer vollkommenen Gleichheit ein; warum erhalten dann dieselben Frauen, geboren, um Blumen in das private Leben des Mannes zu streuen, als Dank von ihm nur Ketten, Qualen und Ungerechtigkeiten?

Citoyens, bedenkt das beklagenswerte Los einer großen Zahl jener Familienmütter, deren Gatten die Mitgift verschleudert haben, und die ihnen nichts außer Schulden und Kinder hinterlassen haben; werdet ihr diese Unglücklichen wie eine parasitäre Pflanze ansehen? Schuldet die Gesellschaft ihnen nichts? Werdet ihr sie der Erniedrigung und der Demut überlassen, die die Armut nach sich zieht? Wenn einige unter ihnen einige Mittel durch die beharrlichste Arbeit finden, so gibt es eine Unzahl anderer, denen die Erziehung, das Vorurteil oder die Natur alle Möglichkeiten verwehrt, selbst für den Lebensunterhalt ihrer Familie zu sorgen. In dieser Klasse gibt es an das Unglück Ausgelieferte, die durch ihre Intelligenz und ihren Geist in den Zustand versetzt werden könnten, nur von sich selbst abhängig zu sein, wenn sie ausreichende Mittel für sich hätten. Da sie sich im Unglück jenen vornehmen Charakter bewahrt haben, der alles Tun veredelt, leiden sie in der Regel, ohne sich zu beklagen, sie wenden ihren Verlust zum Guten, und sie gestatten dem habgierigen und unempfindlichen Überfluß nicht mehr, sie zu demütigen.

Diese Klasse von Frauen ist überaus fähig, Citoyens, eine Unzahl von Plätzen einzunehmen, die bis jetzt von Männern besetzt sind. Wäre es nicht möglich und gerecht, diese Verfahren abzuschaffen und den Frauen die Beschäftigungen zu geben, die sie ausfüllen können?

Citoyens, ich gebe euch hier nur einen kurzen Überblick, ganz überzeugt davon, daß die Sorge um unser Glück euch ernsthaft beschäftigen wird, und daß sie euch eine Quelle der süßesten Genüsse werden wird.

Es würde euch auszeichnen, Citoyens, Schiedsrichter über das Glück dieser unglücklichen Opfer zu sein. Jeder von euch hat eine Mutter gehabt und hat vielleicht das Glück, sie noch zu besitzen; die meisten haben eine Ehefrau. Steigt hinab zum Grund eurer Herzen, dort werdet ihr jene Liebe finden, jene Anerkennung, die sie um den Preis von Gefahren und Einsamkeit erworben haben, um euch menschenwürdig zu erziehen.

Unter den Gegenständen, denen eure Aufmerksamkeit gilt und die Bestandteil jener Verfassung sind, die euch beschäftigt, gibt es einen ganz wesentlichen Punkt, dem ihr euch nicht früh genug zuwenden könnt: die Erziehung der Jugend, jenes glückliche Erbe, das nichts in der Welt anzutasten vermag, einziger Schutz gegen die Schicksalsschläge, einziges und achtbares Mittel, das für die Nachteile des Vermögens entschädigt. Bestünde hier nicht die Möglichkeit, daß ihr euch auf eine euch angemessene Weise für jene

Klasse der Unglücklichen einsetzt, indem ihr für die Menschheit nützliche Einrichtungen schafft, deren Leitung sie zugleich innehätten?

Das Gefühl für die Leiden meines ganzen Geschlechtes berührt mich bis auf den Grund meines Herzens; ich werde nicht von den meinen sprechen, sie sind derartig heftig, daß sie geeignet sind, meinen Mut zu schwächen. Seit 20 Jahren werde ich vom Unglück heimgesucht, getäuscht von der Natur, im Stich gelassen von der Freundschaft, lebe ich so, daß meine schönsten Tage in schrecklichster Unruhe verrinnen. Die Stunden vervielfachten meine Sorgen; ich kann von all dem sprechen, denn ich habe alles erlebt, Ungerechtigkeit, Armut, Demütigung. Die glückliche Gabe der Philosophie und diese Reinheit des Gewissens entschädigten mich und ließen mich das Leben ertragen, das für mich immer eine Bürde war und gewesen wäre, wenn die Natur, die sich in meiner empfindsamen Seele bemerkbar macht, mir nicht noch die Augenblicke teuer vergolten hätte, die ich ihr widmen muß.

Oh, Citoyens, ich erbitte jene Menschlichkeit, die unablässig eure Handlungen auszeichnen soll; ich erbitte sie für mich, für jenes Geschlecht, das in der Armut und in Tränen verkümmert. Wenn diese Frauen, von der ganzen Natur verlassen, den Anspruch erheben könnten, euch mit der Sorge um ihr Glück beschäftigt zu sehen, indem ihr sie ihren Fähigkeiten entsprechend einsetzt, werden sie sie auch zu erwerben wissen; ihr Charakter und ihre Seele werden neuen Auftrieb erhalten, die Sitten werden gewinnen und euer Ruhm wird gesichert sein.

Wieviel Gutes könntet ihr tun, Citoyens! Wieviele könntet ihr glücklich machen! Was mich betrifft, frühzeitig im Studium der Literatur gebildet, so wäre mir daran gelegen, mich noch nützlicher zu erweisen und meine bescheidenen Fähigkeiten dadurch zu erheben. Da es meinem Geschlecht noch kaum gestattet ist, seinen Geist zu entwickeln, würde ich in der Pflicht die Entschuldigung für einen übernatürlichen Geschmack und den Beweggrund für einen beständigen Eifer finden; damit würde ich denen gegenüber, die mich unterrichteten, die Schuld begleichen, damit würde ich über mich selbst hinauswachsen. Ach! Wie dankbar wäre ich, wenn ich durch eure Sorgfalt allein über mein Schicksal selbst entscheiden und der Ernährer meiner unglücklichen Familie werden könnte.

Oh, beeilt euch, mich anzuhören, mich zu bedauern und mir zu helfen, dieses beharrliche Schicksal durch eine regelmäßige Arbeit zu bekämpfen, die stets den auszeichnet, der sich ihr widmet und der sich dadurch eine Einnahmequelle schafft.

(BHVP; siehe auch: [-Citoyenne Desmoulins],
Etrennes poétiques et morales, par une Citoyenne ...,
Paris, An II)

3.

PETITION AN DEN NATIONALKONVENT
(Jahr II)

Citoyenne Trevisani

Ich, Citoyenne aus Floing, Distrikt Sedan, Kanton Givonne, Departement Ardennes, habe die Unbefangenheit, dem Konvent mehrere Dinge zu unterbreiten, die die Menschheit angehen und seine wohltätige Aufmerksamkeit erfordern, sich mit Regelungen zu befassen, die den Unglücklichen und den guten Sitten dienen sollen.

In Brabant gibt es ein Gesetz, das ausdrücklich alle Hausdurchsuchungen sowie die Vollstreckung von Strafen, die zuviel Aufsehen erregen, im Haus einer schwangeren Frau verbietet, es schreibt vor, sie sechs Wochen lang zu schonen. In Frankreich wird man sich gewiß nicht in einer so nachahmenswerten Großzügigkeit und Fürsorge übertreffen lassen wollen.

Die Menschlichkeit fordert gleichfalls, daß die bevölkerungsreichsten Dörfer mit einem Arzt und einem Geburtshelfer für jeden Kanton versorgt werden. Denn die schwierigen Entbindungen dürfen nicht den Hebammen überlassen werden; diese sollen rechtzeitig zu natürlichen Niederkünften geholt werden, bei denen abzusehen ist, daß sie nicht mit Komplikationen verbunden sind.

Es sollten durch ein Reglement Vorsichtsmaßnahmen getroffen werden, daß man nicht mehr von Ort zu Ort, von Dorf zu Dorf jene so unerquicklich anzusehenden Ungeheuer und jene abstoßenden Tiere herumstreunen läßt; dies hat für die jungen Frauen Unannehmlichkeiten zur Folge gehabt, die schon längst durch heilsame Verstöße hätten beseitigt werden können.

Trotz der einstigen Erlasse bestehen noch Friedhöfe innerhalb vieler Ortschaften, obwohl erwiesen ist, daß sie sowohl den Keim zu jenen Epidemien, die allen Heilmitteln widerstehen als auch zu jener schrecklichen Sterblichkeit in sich bergen, von denen unter anderem Floing oft heimgesucht wird; trotzdem ist der Friedhof dort bei der Gemeindekirche geblieben, die dadurch ein sehr ungesunder Ort ist.

Das Gesetz überträgt jetzt die Abfassung der Tauf-, Geburts- und Sterbeakte den öffentlichen Beamten, von denen man annimmt, daß sie lesen und schreiben können; aber - ohne damit etwas schlechtes sagen zu wollen - Floing hat, obwohl ziemlich gut bevölkert, kaum zehn Individuen, die mehr als ihren Namen schreiben können. Daher ist es augenscheinlich, daß man die Interessen der Familien in die Hände von Personen legt, die in diesen Angelegenheiten wenig erfahren sind, die die Auswirkungen auf die Umgangsformen nicht erkennen und von ihnen abweichen ohne es selbst wahrzunehmen; die Unwissenheit und die Unbekümmertheit machen sich bereits bei diesen Tätigkeiten bemerkbar. Derjenige, der damit beauftragt ist, tut sich keinen Zwang an; oft verschiebt er den Zeitpunkt, an dem die Urkunden aufgesetzt werden sollen, um sie ganz nach seinem Belieben festzusetzen; er verlangt die Unterschriften unten auf einem weißen Blatt, das er, man weiß nicht wann, ausfüllen wird. Auf diese Weise befindet sich ein für die Gesellschaft wertvolles Archiv im Zustand der Vernachlässigung. Sollte es nicht eine bessere Regelung für das Land geben, um einen solchen Gegenstand, der Handeln, Intelligenz und eine besondere Aufsicht verlangt, nicht mehr dem Zufall zu überlassen? Was meine lieben Mitbürger, sehr ehrenwerte Leute und ausgezeichnete Patrioten, auch dazu sagen mögen, ich trete für ihre eigene Sache ein, wenn ich feststelle, daß es ihnen an den nötigen Talenten fehlt, um ihre Interessen und die der anderen zu ihrem Besten wahrzunehmen. Sie sollten darauf indes antworten: Um diese Mißstände abzustellen und dem Mangel an Kenntnissen und Fähigkeiten entgegenzutreten, die man nicht selten auf dem Land antrifft, müßten Kommissare ernannt werden, die alle drei Monate in die Ortschaften kommen, um dort die Berichte über die Ausführung der Gesetze und alles, was das allgemeine Wohl betrifft, entgegenzunehmen.

Kein Mißstand darf, um der Reform zu entgehen, in der Entschuldigung, diese oder jene Gebräuche würden die öffentliche Ruhe und Ordnung nicht stören, eine Gnade oder eine Zuflucht finden. Als Grund, diese Bräuche zu verbieten, muß es genügen, daß sie nicht der Ordnung der guten Sitten entsprechen und daß sie sie verderben können. In Floing, und vielleicht auch anderswo, hat sich eine Art von Schikane eingebürgert, die darin besteht, von den Neuverheirateten Geld zu fordern, um es im Wirtshaus auszugeben. Wenn Auswärtige Mädchen aus dem Ort heiraten, werden sie willkürlich gezwungen, für ihr Willkommen zu bezahlen. Wenn sie sich dem nicht bereitwillig unterwerfen, werden sie mißhandelt; schon oft kam es dabei zu Blutvergießen. Wenn Witwen oder Witwer sich wiederverheiraten und verweigern, was man von ihnen verlangt, gibt es keine Beleidigung, die man ihnen nicht zufügt; mehrere Nächte nacheinander werden die Bürger durch einen Heidenlärm gestört, den man Charivari nennt, durch freche Reden, die diesen besonderen Umständen vorbehalten sind, und dadurch, daß man sich das Recht herausnimmt, so heftig gegen Fenster und Türen zu schlagen, daß sie zu zerbrechen drohen, was schon oft vorgekommen ist.

Weiterhin bieten die öffentlichen Märkte willkommene Anlässe zur Faulheit und Schlemmerei. Es ist wahrlich empörend mit anzusehen, wie Frauen und Mädchen die Schenken füllen, sich schon darauf freuen, dorthin zu eilen, um hier wenigstens die Anspruchslosigkeit zur Schau zu stellen; selbst wenn es für die Schamhaftigkeit keine Gefahr gibt, nehmen sie unmerklich hier die Gewohnheit der Maßlosigkeit an und werden mit den Anfängen des Lasters vertraut.

Die militärischen Erlasse verhindern den Diebstahl zum Teil, indem sie untersagen, irgendetwas zu kaufen, was zur Ausrüstung der Soldaten gehört.

Wäre es nicht gleichermaßen interessant, dem Hausdiebstahl vorzubeugen, indem man ebenso verbieten würde, Sachen von Hausangestellten zu kaufen, die sich nicht durch ein Zertifikat der Personen, bei denen sie gedient haben, ausweisen und eine Erlaubnis zum Verkauf bestimmter Gegenstände von denen vorlegen können, bei denen sie gegenwärtig dienen? Die Goldschmiede, ehrenhafte Leute, weisen uns darauf hin, daß diese Vorsichtsmaßnahme wohl möglich ist; denn sie kaufen kein Stück Tafelsilber, bei dem sie nicht auf Informationen dringen, durch die sehr wertvolle Entdeckungen für die öffentliche Sicherheit gemacht werden konnten, indem sie das Geheimnis des veruntreuten Gutes enthüllten.

Um die Frauen in ihren Fähigkeiten zu bestärken und ihnen eine Anstellung zu verschaffen, kann man ihnen alle Einrichtungen der Barmherzigkeit und Wohltätigkeit anvertrauen. Sie sind auf die Ordnung und Wirtschaftlichkeit vorbereitet, die Reinlichkeit soll ihr Element sein, die Sanftmut ihr Charakter; sie würden die leidende Menschheit trösten. Soll man den Unterschied zwischen den Häusern der Barmherzigkeit, die von Frauen und denen, die von Männern geführt werden, beurteilen? Seht, ob die *soeurs grises* unter anderem nicht von der größten Nützlichkeit und der größten Sanftmut für die Behandlung der Kranken sind.

*

Projekt einer Nationalbank nach dem Vorbild der zu Venedig

Dies wäre ein Mittel, dem Drang, hinter den Risiken der ausländischen Banken hinterherzulaufen, ein Ende zu machen. Die Leute, die ihre ganze Jugend hindurch gearbeitet haben, könnten hier die Früchte ihrer Arbeiten anlegen, um sie unbesorgt im Alter zu genießen. Die etwas wohlhabenderen Familienväter könnten mißlichen Ereignissen vorbeugen, die mit einem Schlag selbst das glanzvollste Vermögen nehmen können, andere könnten ihre kleinen Ersparnisse gegen die Unehrlichkeit und die Schikane schützen.

Und so kann man eine Bank dieser Art zuverlässig verwirklichen: Es ist der ausdrückliche Wunsch aller Eltern, ihren Kindern schon bei der Geburt einen künftigen Wohlstand zu sichern; angenommen, sie würden pro Kopf 500 Livres anlegen und zehn Jahre lang die Zinsen nicht antasten, so könnte anschließend eine Leibrente von 500 Livres ausgezahlt werden. Aufgrund von Berechnungen konnte nachgewiesen werden, daß nach Ablauf von zehn Jahren ein Drittel der Kinder und jungen Leute stirbt; dieses Drittel braucht trotz des guten Willens der Eltern nichts mehr, die väterliche Schuld ist abgegolten. Der Gewinn fällt an die Nation, die damit stetig ihre Bank finanziert. Somit ist gesichert, daß sie niemals in Finanznot käme, wozu der Umstand beitrüge, daß die Beträge erst nach Ablauf von 10 Jahren ausbezahlt werden müssen.

Damit beispielsweise diese Einrichtung nicht dazu führt, das Nichtstun zu begünstigen oder zu einem gewissen Luxus einzuladen, den man unbedingt beseitigen muß, soll es nicht gestattet sein, pro Kopf mehr als 6000 Livres anzulegen; und damit man nicht mit zu vielen Kleinigkeiten zu tun hat, die stets einen Verlust von Zeit bedeuten oder die nicht das wert sind, was sie an Arbeit kosten, soll man nicht weniger als die Summe von 500 Livres anlegen.

Dieses Projekt kann man sicher zur vollen Zufriedenheit derjenigen weiterentwickeln, die auf die in ihm liegenden Vorzüge vertrauen; es ist nur natürlich, daß man seine Lebensgrundlagen nicht aufs Spiel setzen will. Das, was ich gerade vorgetragen habe, vermittelt nur einen knappen Eindruck einer Darstellung, die ich vor 25 Jahren von einer Person erhalten habe, die für jedes ihrer Kinder von seinem ersten Lebensjahr an 1200 Livres anlegte; der Gatte und seine Frau hatten für jedes über 1500 Livres verfügbar.

(AN, F^{17} 1006 - 1016)

4.

Rede, gehalten in der Gesellschaft der Sansculotten von Excidoeuil am 1. Floreal
(Jahr II)

Citoyenne Cavaillon

"Citoyennes,

von meinen Brüdern dazu bestimmt, einen von unseren Rednern auf dieser Bühne zu vertreten, falls irgendein neuer Zwischenfall uns des Glücks, ihn zu hören, entheben sollte, habe ich, statt meinen Geist belanglosen Dingen hinzugeben, versucht, diesen Moment, den das Wohlwollen meiner Mitbürger mir zugestand, dem Unterricht zu widmen. Ich wäre glücklich, wenn ich, im Kampf gegen alte Vorurteile, Kinder des Hochmuts, der Lüge, der Unwissenheit, einen Lichtstrahl in einige empfindsame Seelen lenken und ein wenig den Schleier lüften könnte, mit dem Irrtum und Lüge sich bedeckt haben, um ihre schwachen und arglosen Herzen zu täuschen.

Meine Schwestern, vielleicht sind sie nicht bis zu euch gelangt, die Berichte der Schrecken und Verbrechen, die diese Erde heimgesucht haben, seitdem jene niederträchtigen und unzuverlässigen Männer, die Leichtfertigkeit der Völker mißbrauchend, den Kult dazu benutzt haben, um sich die Sterblichen untertan zu machen und um sich auf Kosten der Ängste zu bereichern, mit denen sie sie umgaben.

Um sie besser zu täuschen, begannen sie, ihrem Gott ihre Leidenschaften und Laster zu geben. Waren sie unkeusch, so schufen sie eine Gottheit, der sie die abstoßendsten Ausschweifungen zuschrieben, um sich ihnen nach dem Vorbild ihres Idols hingeben zu können, ohne auf Mißbilligung zu stoßen.

Waren sie blutrünstig, schufen sie Scheusale wie Baal, erster Götze, den der Aberglaube bei den Hebräern errichtet hat, wo die Priester dieses grausamen Gottes ihre Leiber einschnitten, um die leichtgläubigen und abergläubigen Menschen dazu zu verleiten, menschliches Blut über die Altäre dieser zerstörerischen Gottheit fließen zu lassen. Oder solche, wie man sie in Karthago anbetete, deren stets glühende Altäre immer von neuen Opfern bedeckt waren. Dort waren die Mütter verpflichtet, ihre Kinder mitten auf brennende Scheiterhaufen zu legen. Und die abscheulichen Diener dieser Gottheit ließen diejenigen wehklagen, deren Herz bei diesem so grausigen Schauspiel zerriß, ließen die Tränen vergießen über den Tod ihrer unglücklichen Kinder; sie wurden gezwungen mit anzusehen, wie sie von den Flammen verzehrt wurden.

Waren sie anmaßend, schufen sie einen Kult, in dem eine nach Reichtümern unersättliche Gottheit den Sterblichen ihre Schwächen nur verzeihen konnte, wenn sie ihre Altäre mit Fluten von Gold überschütteten, an denen sie sich bereicherten. Das waren folglich diejenigen, die uns das Bild des Gottes, den wir anbeten, ausgemalt haben.

Waren sie rachsüchtig, bewaffneten sie ihren Gott mit vernichtenden Bannstrahlen und ließen ihn Worte ausstoßen, die nur die schreckliche Macht zum Ausdruck brachten, die beklagenswerten Menschen zu quälen und zu vernichten.

Da öffneten sie in ihren wuterfüllten Seelen glühende Abgründe, in denen scheußliche Wesen, bewaffnet mit brennenden Fackeln, sich der Seelen bemächtigten (man weiß nur zu gut wie), von denen sie uns gesagt hatten, daß sie nach dem Abbild Gottes geschaffen seien, und stießen sie für einige flüchtige Fehler in den Abgrund und in eine Ewigkeit von Verzweiflung und Leid.

So haben sie uns eine Hölle ausgemalt, die niemals woanders als in ihren barbarischen Herzen existiert hat, da etwas so Schreckliches nicht das Werk eines Gottes sein könnte; es sei denn, es wäre ein Dämon, der sie inspiriert, und der dem, der sie schuf und den Ungeheuern, die ihn verkündeten, nur dazu diente, Qualen zu bereiten.

Von hier nahm alle Scharlatanerie, die uns so lange getäuscht hat, ihren Ausgang. Für Geld konnte man sich diesem schrecklichen Ort entziehen; und indem man Klöster gründete, in die wenig tugendhafte Menschen, viele Egoisten, viele Faule und viele korrumpierte Existenzen - eher durch die strengen Befehle der Eltern als aus eigenem Antrieb - gingen, um sich einzuschließen; sie gaben sich oft zum größten Ärger der Öffentlichkeit unterschiedlichen Leidenschaften hin, die das Kloster nicht hatte vereiteln können; dort verschlangen sie den Lebensunterhalt der arbeitsamen Menschen, und im Schoße der Faulheit und des Überflusses glaubten sie jenes Paradies zu verdienen, das sie den anderen nur bei der größten Enthaltsamkeit und den grausamsten Entbehrungen zugestanden.

Man konnte sich den Höllenqualen entziehen, indem man den Priestern viel Gold gab, um Messen lesen zu lassen; indem man Schätze an das Idol von Rom schickte; hier befand sich das geweihte Wasserbecken, wo sich die Gewissen wie das Gold im Schmelztiegel von allen ihren Makeln reinigten, und man hätte über der Eingangstür des Vatikans zu Recht diesen Vers aus einer unserer Komödien anbringen können: "Hier kommt man nicht herein, ohne den Türklopfer zu schmieren".

Von hier nahmen die Alimente des Fanatismus und des Aberglaubens ihren Ausgangspunkt. Mit Rosenkränzen, Evangelien, Reliquien und Wundern, die sie unterschiedlichen Heiligen zuschrieben, schufen sie jene Kulte, jene Feste, auf denen man stets einen Diener mit einem Teller in der Hand sah, um euch anzuzeigen, daß die Bezahlung auf das Werk des Geistlichen und die Gunst des Heiligen, für den sie uns das Fest begehen ließen, folgen muß.

Hier war es ein Arm des heiligen Simon, der sich dank der Habgier der Geistlichen derart vervielfachte, daß man bis zu zwölf Arme des gleichen Heiligen die Opfergaben der Leichtgläubigen an zwölf Orten gleichzeitig entgegen nehmen sah.

Da war es ein Auge der heiligen Clara, ein in der Tat wunderbares Auge, dessen man sich an dreißig verschiedenen Orten bediente, um die Gebrechen der Leichtgläubigkeit zu heilen. Die Anbeter dieser himmlischen Medizin gaben sich damit zufrieden, ihr Auge an dem eines Heiligen gerieben zu haben, und es erforderte um so mehr Gunstbeweise, je mehr sie in den Opferstock gegeben hatten, um für ihre Heilung zu zahlen.

Aus diesen Täuschungen sind all die schrecklichen und zerstörerischen Szenen hervorgegangen, die die Erde zugrunde richteten, indem sie ihre barbarischen Urheber dort heimisch machten. Da sind es die spanischen Mönche, die, den Dolch in der einen, das Kruzifix in der anderen Hand, in der neuen Welt Millionen von Eingeborenen die Kehle durchschnitten, weil sie vom ersten Wort an nicht an ihre Moral glauben wollten. Hier ist es ein Abbé von Citeaux, der den Krieg gegen die Albigenser schürte, unter dem Vorwand, sie seien Ketzer; die Barbaren, Agenten dieses Schurken, schlitzten den Müttern der unglücklichen Einwohner von Albi die Bäuche auf, während man in den Kirchen ihre Väter, ihre Frauen und ihre Kinder verbrannte. Irgendein empfindsames Wesen soll einen Augenblick vor der Schlacht, ohne Zweifel berührt von der furchtbaren Schlächterei, die sich in diesem schönen Landstrich zutrug, diesen Henkerpriester gesagt haben, daß sich unter den Protestanten eine Menge von Katholiken befänden, und daß es unmöglich sei, sie in diesem Gewühl zu unterscheiden. 'Töten, immer töten', antwortete dieses Scheusal mit Beffchen, 'Gott wird sie schon auszusuchen wissen': und einhunderttausend Menschen wurden massakriert, um die Wut eines fanatischen Priesters zu stillen. Man sagt, daß in diesem grausamen Krieg, der das Languedoc verwüstete, ein vorgeblich heiliger Dominique, den zu verehren die Priester uns veranlaßten, feierlich die Opfer verbrennen ließ, die dem Schwert der Sieger entgingen.

Meine Schwestern, ich schildere euch alle Kriege, die von den geistlichen Dienern des Wesens, das nur die Eintracht und den Frieden verkündet, ersonnen worden sind. Nein! Genug Schrecken haben schon eure Ohren beschmutzt und eure empfindsamen Herzen befleckt, und ohne in den Annalen der Geschichte zu wühlen, liefert uns der furchtbare Krieg der Vendée leider nur zu viele Beispiele ihrer Schurkereien und ihrer Grausamkeit.

Sie sind es, meine Schwestern, die diesen verheerenden und blutigen Krieg angezettelt haben, indem sie die leichtgläubige Landbevölkerung davon überzeugten, daß sie unverwundbar seien und daß das tödliche Blei ihnen nichts anhaben könne, wenn sie sich nur mit Heiligenbildern, Rosenkränzen und Reliquien schmückten. Diese unglücklichen Fanatiker warfen sich wie wilde Tiere auf ihre Brüder, während Priester wie Geier, die sich nur von Aas ernähren, sie durch ihr Beispiel aufwiegelten, weder Alter, noch Geschlecht, noch Tugend zu achten. Ach! Sie haben zu spät die traurigen Reste der Eigentümer einer der schönsten Gegenden Frankreichs erkannt, die heute nur noch ein ausgedehnter Friedhof ist, auf dem die Ruinen und die übereinander gestapelten Leichen ihnen den Betrug und die Wildheit der Ungeheuer bezeugen, die sie zu einem Mut aufstachelten, den sie besser benutzt hätten, um sich gegen die Barbaren zu wenden, die sie zum Mord anstifteten, als gegen ihre Brüder, die kamen, um sie zu erleuchten, sie aufzurütteln und sie zu verteidigen.

War dies der Weg, den die Götter den Priestern, die vorgaben, ihnen zu dienen, vorgezeichnet haben? Wenn ich diesen Jesus Christus betrachte, von dem die Geistlichen sagten, daß er die Armut innig geliebt hat, indem er die Liebe zum Nächsten, die sanfte Duldsamkeit und die heilige Gleichheit predigte, indem er sich mit der Samariterin unterhielt, die einer von den Menschen in Hochmut über ihren eigenen Glauben abgelehnten Sekte angehörte, indem er ihr mit Güte seine göttliche Moral erklärte, indem er ihr sagte, daß er von den Sterblichen nur einen geistigen Kult wünsche und daß seine wichtigsten Kirchen nicht aus Stein gebaute Tempel seien, sondern die Seelen derjenigen, die ihn lieben und die ihm dienen. Wenn ich ihn mit so viel Güte zu der Ehebrecherin sprechen sehe, ohne sie zu veranlassen, sich für ihren Fehler mit Geld freizukaufen, ohne ihr die ewigen Flammen anzudrohen; wie er zu ihr mit der Schlichtheit der Tugend sprach: Frau, lebe in Frieden und sündige nicht mehr! Dann lehnt sich meine Seele gegen diese Ungläubigen auf, gegen den unwürdigen Agenten eines verbrecherischen Handelns, und sie verzichtet für immer auf den Kult, dem er sie unterwirft.

Nach der reinen und erhabenden Moral des Gesetzgebers der Natur legen ich auf dem Altar des Vaterlandes ein Silberkreuz und einen Rosenkranz nieder, die lange Zeit Gegenstände meiner Verehrung waren, damit sie nach der Reinigung durch ein erneuerndes Feuer dem Wohl der Republik dienen können.

Befreit von diesem trügerischen Blendwerk empfinde ich das Gefühl, das mich belebt. Ich werde dadurch nicht weniger gute Ehefrau, gute Mutter und gute Citoyenne sein; was meine Religion angeht, so ist sie zu tief in meinem Herzen, um vergehen zu können. Ich lege hier mein Glaubensbekenntnis ab; mein Herz sagt mir, daß es einen Gott gibt, die gesamte Natur bezeugt mir seine Existenz. Aber es liegt mir fern, ihn mir auszumalen wie jene Tiger, die ihn ihnen ähnlich darstellten, immer mit zerstörerischen Bannstrahlen bewaffnet, das Recht ausnutzend, das er hatte, um über die Sterblichen die unerbittlichste Rache auszuüben. Ich habe ihn mir immer ausgemalt als großen Wohltäter und erhaben, sich erfreuend an dem süßen Vergnügen, vergeben zu können, ein Glück, das ohne Zweifel sein schönstes Attribut ist.

So habe ich ihn mir also immer vorgestellt, so werde ich ihn immer anbeten. Der Tempel, der ihm angemessen ist, muß grenzenlos wie das Universum sein. Dort, in der gesamten Natur erweise ich ihm meine Verehrung.

Was Jesus betrifft, von dem man sagt, daß er sein Sohn sei, ob er Gott oder nur ein einfacher Sterblicher sei, so wird er immer Gegenstand meiner Verehrung und meines Kultes sein, wie alle wohltätigen Geschöpfe, die, wie er, Trostsprender und Wohltäter der Menschheit sind. Aber der Kult, den ich ihm erweisen werden, wird nicht mehr der sein, dessen Unwahrhaftigkeit durch seine Geistlichen zu Tage getreten ist. Ich glaube, daß ich mich als eine seiner eifrigsten Anbeterinnen erweisen werde, indem ich der heiligen Moral folge, indem ich meine Brüder liebe, indem ich mit all meinen Kräften die Unglücklichen unterstütze, indem ich den Reichtum verachte und ihm die Tugend vorziehe, indem ich die Gesetze meines Vaterlandes innig liebe, indem ich seiner Größe und seinem Wohlergehen meine Ruhe und mein Leben weihe.

Ich werde nicht mehr in prunkvollen Tempeln, in denen die Habgier der Geistlichen um ein Wesen, das Freund der Armut war, den Luxus und die Pracht entfaltete, die die Paläste der Tyrannei kennzeichnen, meine Seele preisgeben, um ihm seine Ehren zu erweisen, sondern auf einem Altar, ähnlichen denen, die die Abrahams und Isaaks in den Wüsten oder auf kleinen Grashügeln errichten ließen, jene Patriarchen, die dort dem Gott des Universums ihre Bitten, ihre Werke, ihre Ernten darboten und ihm durch Jubelgesänge ihre Dankbarkeit erwiesen.

Dort werde ich die Reize der Einfachheit und der Gleichheit besingend, dem Ewigen dafür meinen Dank erweisen, daß er den Händen unserer grausamen Unterdrücker jene doppelte Freiheit entrissen hat, die er gleich den Sternen, die er im Weltenraum verstreute, nur für das Glück und die Ordnung des Universums schuf. Und indem ich nie dieses Gut, das von ihm herrührt, mißbrauchen werde, werde ich seinen grausamen Verleumdern zeigen, daß die Freiheit nach dem Dasein das schönste Geschenk ist, das Gott den Sterblichen gemacht hat.

Oh, meine Schwestern, mögen diese einfachen Überlegungen die Wolken auflösen, mit denen der Aberglaube versucht, eure zaghaften Erkenntnisse zu umgeben. Glaubt nicht, daß unsere Gesetzgeber in unseren Herzen die Idee der Existenz eines Gottes auslöschen wollen. Wenn diese Idee die Pein des Bösen ist, so sei sie der Trost des anständigen Menschen, besonders dann, wenn er mit dem Unglück ringt.

Sie hält die Tugend eines Hiob im tiefsten Elend, die eines Sokrates beim Nahen des Todes, die eines Beauvais in den Verließen des schändlichen Toulon aufrecht. Unsere Gesetzgeber wollen nur nicht den Schwindel der Priester, und nur ihn allein wollen sie vernichten.

Oh, meine Schwestern, tun wir das Gute, zeigen wir es durch die Sorgfalt, mit der wir unsere Kinder großziehen wollen, durch die Belehrungen und besonders durch die Beispiele, die wir ihnen geben werden, durch die reinen und ehrenhaften Sitten, daß wir würdig sind, die schönste Republik des Universums zu bewohnen und zu ihrer Größe und ihrem Ruhm beizutragen. Und wenn, nachdem wir unsere Aufgabe mit Würde erfüllt haben, der Tod mit seiner vernichtenden Sense kommt, um unseren Lebensfaden durchzutrennen, zittern wir nicht bei seinem Nahen, denn wir sind der Güte Gottes, der uns schuf, gewiß. Ohne die vergeblichen Absolutionen eines Priesters können wir vor sein höchstes Gericht treten und aus seinen wohltätigen Händen den Lohn empfangen, den er für die schlichten und tugendhaften Seelen bestimmt."

(AN, F^{17} 11648)

5.

CITOYENNE CAVAILLON

Erlauben Sie, Citoyen Präsident, einer Frau, Ihnen einige Bemerkungen bezüglich der neuen Benennung der Monate mitzuteilen? Ich muß gestehen, ich habe es als demütigend empfunden, daß man die französische Sprache verschmäht hat und auf die Griechen und Römer zurückgegriffen hat, um ihre Namen zu wählen.

Mir scheint, daß unsere Sprache, den Umständen, unter denen wir uns jetzt befinden, angepaßt, eine Fülle von Ausdrücken bietet, die geeigneter wären und die in jedem Augenblick teure und heilige Erinnerungen an unsere neue Existenz wachrufen.

Hier ist die Liste der Namen, die mir meine Vorstellungskraft, die ebenso republikanisch ist wie mein Herz, eingegeben hat. Ich möchte, daß der Monat, der die schuldhaften Vorhaben der Föderalisten aufgedeckt hat, das Jahr einleitet und "Der Wachsame" genannt wird, um unsere Dankbarkeit gegenüber den Rettern Frankreichs zu bekunden; daß man den zweiten "Montagnard" nennt und die zehn anderen, die diesen beiden folgen, "Revolution, Republik, Verfassung, Gesetz, Gleichheit, Freiheit, Eigentum, Mutig, Siegreich, Rächer" und daß der Name des letzteren am Ende des Krieges in "Friede" umgewandelt wird. Dieser Katalog, der ganz an die glückliche Epochen unserer Regeneration angepaßt ist, scheint mir unserer würdiger zu sein. Sie sind geeignet, die Seele zu erheben, und sie sind dem Ohr unendlich gefälliger als "Pluvios, Nivos, Ventos", kindische Ausdrücke, die unserem Geist nur die traurigen Bilder der Hinfälligkeiten der Natur vor Augen führen.

Citoyenne Cavaillon

Excidoeuil, 2. November 1793

(AN, F^{17} 1006-1145)

6.

Citoyenne Paseault
(26. Frimaire II)

Ich bin keine von Euch, ich bin noch zu jung, um im Schreiben geübt zu sein. Ich bin stets der Religion meines Vaters und meiner Mutter gefolgt, aber heute, wo die Vernunft triumphiert, wo die Priester selbst ihre Irrtümer eingestehen, werden keine Epistel [Messen] mehr verlesen. Da es keine Einsegner des Kultes mehr gibt, möchte ich Euch bitten, daß es an jedem Ort, vor allem auf dem Land, einen Lehrer gibt, an einem bestimmten Platz in jeder Gemeinde, wo sich wie früher das Volk zur Messe an allen Tagen der Dekade versammelt, um sich an Instruktionen über die Menschenrechte zu erfreuen, und zwar in der Weise, in der man Gott anbeten muß. Denn, Citoyens, Ihr wißt sicher, daß es viele Individuen gibt, die nicht wissen, wie man seine Kinder unterrichtet, und die in Ermangelung von Kenntnissen wie Tiere leben, die nicht wissen, warum und wozu sie auf der Welt sind. Ich hoffe daher, daß Ihr der ganzen Republik einen Weg zeigt, den Unwissenden die Anerkennung eines Höchsten Wesens beizubringen und die Gesetze und Rechte zu verstehen.

Wir haben das letzte Fest der Dekade begangen; die Bürger hatten mich gewählt, um die Tugend zu verkörpern, ich verdanke daher der *Montagne* die Verpflichtung zu einer so ehrenvollen Aufgabe, und ich wünschte, ich hätte genug Beredsamkeit, um Euch zu beweisen, wie sehr es mir geschmeichelt hat, einen Platz innezuhaben, der gewiß für einen älteren Menschen als mich bestimmt war, der folglich besser imstande wäre, die Herzen der Zuschauer für die heilige Liebe zur Freiheit zu begeistern. Indes habe ich mein Bestes getan, um die Aufgabe auszufüllen, die man mir anvertraut hatte.

Ich schließe, indem ich Euch zu Euren Arbeiten beglückwünsche und Euch bitte, bis zum Frieden auf Eurem Posten zu bleiben.

Ich bin mit Brüderlichkeit
Eure Mitbürgerin
Marie Agathe Paseault

(AN, F^{17} 1008^{C} - 1589)

II.
REVOLUTIONSFESTE

7.

Plan für ein Bündnis der französischen Frauen
(1790)

Madame Mouret

Mittel zur prompten und beständigen Genesung der Moral, gedacht als Unterstützung der erhabenen Arbeiten der Nationalversammlung

Vorgeschlagen von Madame Mouret, Autorin der *Annales de l'Education du Sexe*, Direktorin des *Musée des Dames et des Demoiselles*, Autorin des Katechismus des Citoyen für die Erziehung der Jugend, im Einklang mit der neuen Verfassung.

Alles Werke, die diese Nachfahrin von de la Fontaine die Ehre hatte, von der erhabenen Versammlung angenommen zu sehen.

Erfüllt von jener Maxime, die besagt, daß, wenn die Männer die Gesetze machen, die Frauen für die Sitten zuständig sind, besonders in einem Staat, in dem das weibliche Geschlecht viel Einfluß hat, schlägt Madame Mouret ein Mittel vor, um der Jugend unverzüglich ihren Geschmack, ihre Liebe zu den guten Sitten und ihre Achtung für die Dekrete der Nationalversammlung zu vermitteln.

Da die erste Erziehung der Kinder Sache der Frauen ist, und da der Erfolg der Unterrichtung von ihrer Sorgfalt abhängt, hielte sie es für wünschenswert, daß sich alle Frauen aus Paris (wenigstens eine gewisse Anzahl als Abordnung) mit ihr auf dem Marsfeld versammeln mögen - einige Tage nach der Konföderation der Männer - um hier feierlich zu schwören, daß sie alle ihre Kinder beiderlei Geschlechts in den guten Sitten, den Gefühlen des Patriotismus und in der der Nation, dem Gesetz und dem König geschuldeten respektvollen Zuneigung aufziehen werden.

Obgleich die Autorin dieses Vorschlags die Wirtschaftlichkeit im Auge hatte, sieht sie doch voraus, daß Ausgaben nötig sein werden, eine Abgabe, die von den verbündeten Frauen bei einem Notar zu hinterlegen wäre.

Die Spende beliefe sich lediglich auf einen Sous und 4 Sols. Diese bescheidene Summe würde verwendet für die Unkosten dieses Festes, das dem Ruhm des Vaterlandes und den französischen Frauen gewidmet ist.

1. Für die Zelebration einer großen Messe in der Kathedrale. Zum Abschluß wird eine Fahne in den drei Farben der Nation geweiht werden. Sie trägt die Inschrift:

Verbündete Frauen, die den staatsbürgerlichen Eid
und das feierliche Versprechen abgelegt haben,
ihre Kinder in der Treue zur Nation,
zum Gesetz und zum König zu erziehen.

Alle Frauen der Provinzen könnten an diesem Bündnis durch eine Abordnung sowie durch eine beauftragte Stellvertreterin in Paris teilhaben.

2. Die Spenden werden dazu dienen, die Musikbegleitung und die Herstellung der Fahne, die in der Kirche Notre Dame verbleibt, zu finanzieren.

3. Von dem übrigen Geld wird eine Summe zur Verfügung gestellt für Gefangene. [...]

N.B.: Einheitliche Kleidung der Frauen wäre zu wünschen; weißes Kleid, so bescheiden wie möglich. Indes wird niemandem vorgeschrieben, sich in seiner Freiheit einzuschränken, noch werden den Frauen Kosten verursacht.

Was die drei Nationalfarben betrifft, so sind sie unerläßlich für die Haarbänder und den Gürtel.

Man wird überdies den Subskriptionsbetrag zahlen, die Kosten der vier für die Anlage der Register bestimmten Kommissare und das Honorar des Notars, der damit betraut ist, den Subskriptionsbetrag in Empfang zu nehmen.

Ist die Festzeremonie beendet, werden die Register in den Archiven der Nationalversammlung von der Autorin im Namen aller verbündeten Frauen hinterlegt, einige von ihnen werden durch Abordnung der Distrikte als Zeuginnen dieser Niederlegung bestimmt.

(Aus: Dies., Annales de l'Education du Sexe)

8.

Fest der Citoyennes von Cany

Heute, am 9. Germinal des zweiten republikanischen Jahres, um 9 Uhr morgens beim Schreiber der Gemeinde von Cany, der Gemeinderat in Permanenz und öffentlicher Sitzung, anwesend die Citoyens ...

Der Gemeinderat beglückwünscht den so gut artikulierten Patriotismus der Citoyennes dieser Gemeinde, die sich nicht damit begnügten, die ersten beim Wetteifer um die Gewinnung der Salpetererde zu sein, sondern darüber hinaus eifrig bestrebt waren, die Trikolore zu bringen und auf den Dächern der Werkstatt aufzuziehen; in Anbetracht dessen, daß das wahrhaft staatsbürgerliche Fest, das sie gerade veranstaltet haben, würdig ist, noch der entferntesten Nachwelt überliefert zu werden, beschließt der *Agent National* [der Bevollmächtige des Staates] ..., daß es schriftlich niedergelegt wird in den Archiven dieser Gemeinde als heiliges Monument des Patriotismus, in dem die Kinder eines Tages lesen können, was ihre Mütter für die Aufrechterhaltung der Freiheit und die Vernichtung der Tyrannen getan haben. Möge ihr Beispiel dazu dienen, sie unter den gleichen Fahnen zu versammeln, wenn Kinder geboren werden, die wagemutig genug sind, sie zu verlassen. Eine Kopie davon wird an den Nationalkonvent gesandt und eine andere an die Volksgesellschaft von Cany, die gebeten wird, dies in ihrem Register zu vermerken.

Am dritten Tridi [23.] des Germinal haben sich die Citoyenns aller Stände, aller Altersstufen um ein 1 Uhr nachmittags im Sitzungssaal der Volksgesellschaft von Cany versammelt, wo sie von den Mitgliedern mit der regesten Anteilnahme und dem lebhaftesten Beifall empfangen worden sind. Sodann erhoben sich die Mitglieder von ihren Plätzen und boten sie den Citoyennes an.

Die Citoyenne Le Borgue, die präsidierte, sagte:

> "Citoyens,
>
> Wir kommen in eure Mitte, um unsere Einladung zu wiederholen, die republikanische Fahne über der Werkstatt zu errichten, in der jenes alles durchdringende Material gefördert wird, das die Horden und die Liga der verbündeten Tiger in Verwirrung stürzen soll.
> Dieser Tag wird der schönste sein, den wir je anbrechen sahen. Er verspricht uns den Sieg (den wir mit Recht erhoffen dürfen); unsere Väter, unsere Gatten und unsere Brüder, alle sind bewaffnet, um unsere Freiheit zu verteidigen, aber auch wir wollen mit all unseren Kräften dazu beitragen, die Freiheit unseres geliebten Vaterlandes auf immer zu si-

chern, und heute wollen wir das Feuer entzünden, das uns den Blitzstrahl der Rache gnädig stimmen wird, der die Tyrannen und ihre nichtswürdigen Vasallen vernichten soll.

Citoyens, wir warten auf den Augenblick, in dem ihr uns das Zeichen zum Aufbruch gebt. Geht, und unsere Herzen, entzündet von dem Wunsch, euch zu folgen, werden euch zeigen, daß die Republikanerinnen sowohl eure Vergnügen als auch eure Sorgen zu teilen wissen.

Schwören wir, meine Gefährten, welches auch das Los sei, das das Schicksal uns bereitet, lieber den Tod zu erleiden, als uns unter die despotische Gewalt zurückzubegeben; möge unser Eid in alle republikanische Herzen gelangen, und möge die heilige *Montagne* unseren tausendfach widerhallenden Ruf vernehmen: 'Es lebe die eine, unteilbare und unvergängliche Republik!'"

Dann hat sich der umfangreiche Festzug hinausbegeben. Die Citoyens Administratoren, der Gemeinderat, die Richter, die Mitglieder des Überwachungskomitees und alle Amtsträger haben sich unter die Menge begeben, eine kriegerische Musik eröffnete den Zug, eine immense Gruppe von Kindern, an ihrer Spitze ihr Banner, auf dem geschrieben stand: *Hoffnung des Vaterlandes*, ging der zahlreichen Familie voraus. Die Fahne wurde von einer jungen Citoyenne getragen, an deren Seiten zwei 80jährige Familienmütter schritten, die während des ganzen Marsches die Bänder der Trikolore hielten. Wiederholt erklangen patriotische Gesänge, staatsbürgerliche Hymnen wurden auf das Idol der Franzosen, die Freiheit, gesungen. Als der Festzug an dem vorbestimmten Ort ankam, sprach die Citoyenne Le Borgue, Gattin eines Mitglieds des Rats der Distriktverwaltung:

"Citoyens,

Die Republikanerinnen aus Cany, die ihr immer an euren staatsbürgerlichen Festen habt teilnehmen lassen, haben mit Eifer die erste Gelegenheit ergriffen, um euch zu zeigen, daß sie eure Achtung und eure Zuneigung verdienen; zu einer eurer Sitzungen habt ihr uns eingeladen, uns mit euch zusammenzutun, um das Erdinnere zu durchsuchen und daraus die Bestandteile des Blitzes zu gewinnen, der die Throne aufzehren und für immer die französische Republik sichern soll. Ihr wißt, Citoyens, daß eure Einladung die Wirkung gehabt hat, die ihr erwarten konntet. Kaum haten wir davon Kenntnis, sind wir geeilt, um unsere Arbeiten zu übernehmen, und wie eines eurer Mitglieder bemerkte, haben die gleichen Hände, die am Tag zuvor Blumengirlanden banden und Kränze für die

Märtyrer der Freiheit flochten, sich beeilt, die Hacke und den Spaten zu nehmen, um die Salpetererde umzugraben; aber das hat unseren Herzen nicht mehr genügt, wir wollten diese furchterregende Werkstatt mit der Trikolore schmücken. Es ist unser Wunsch, daß sie in den Lüften flattert und den Reisenden anzeigt, daß in dieser Gemeinde der Patriotismus die Aristokratie besiegt hat. Möge sie in den Augenblicken der Not allen Freunden der Freiheit als Sammelpunkt dienen, möge sie Furcht erregen in der Seele aller Feinde der Revolution und süße Empfindungen im Herzen der Republikaner hervorrufen. Möge sie die Strahlen der Sonne der Philosophie in die Ferne reflektieren, die Augen aller Völker öffnen, alle Vorurteile vernichten, und möge sie schließlich die Freiheit der Welt ankünden!

Citoyens, dies sind die Wünsche, die unsere Herzen bestimmen und die ich euch im Namen all meiner Gefährtinnen darlege.

Ihr werdet uns immer auf dem Pfad der Revolution finden, würdige Nacheiferer unserer Mitbürger, werden wir immer ihren Spuren folgen, wir werden selbst im Patriotismus und der Hingabe an die Freiheit mit ihnen wetteifern; ja, Citoyens, wir sind bereit, unserer gemeinsamen Mutter die teuersten Opfer zu bringen. Könnte es denn welche geben, die zu teuer für Republikanerinnen sind, wenn es um die Stärkung der Republik, die sie fordert, geht?

Brecht auf, Citoyens, und wir sind an eurer Seite; nachdem wir in diesen Werkstätten den rächenden Blitzstrahl hergestellt haben, werden wir ihn, wenn es sein muß, über die Vasallen der Tyrannen schleudern. Und fürchtet nicht, daß die Schwäche unseres Geschlechts uns aufhalten könnte; die Begeisterung für die Freiheit wird uns alle Hindernisse überwinden lassen, und wir werden unseren Feinden beweisen, daß freie Frauen stärker sind als versklavte Männer.

Junge Krieger, wenn euer Mut uns des Vergnügens beraubt, selbst für die Freiheit zu kämpfen, so haben wir wenigstens die Genugtuung, zu eurer Bewaffnung beigetragen zu haben. Brecht auf, eure Mütter, eure Schwestern, eure Freundinnen werden euren älteren Brüdern helfen, Salpeter herzustellen, während ihr die zu Staub verwandelt, die uns unterwerfen wollen.

Citoyennes, meine Gefährtinnen, vereinigen wir unsere Stimmen und unsere Herzen, und bevor wir dieses Banner errichten, erheben wir unsere Stimmen für die Blüte unseres geliebten Vaterlandes und lassen wir diesen Raum von den Rufen 'Es lebe die Republik' erklingen, möge der Blitz, den wir herstellen, allen Tyrannen und allen Sklaven ein Ende machen."

Anschließend sprach die Gattin des *Agent National* der Gemeinde.

"Citoyens,

Wir sind alle Mitglieder der gleichen Familie, das Vaterland ist unsere gemeinsame Mutter, wir verdanken ihm also alles, auch unsere Sorge und unsere Zärtlichkeit. Gleich nachdem uns das Dekret vom 14. Frimaire für die Salpeterherstellung bekannt geworden ist, sind wir der heiligsten Pflicht gegenüber der Republik nachgekommen, die berechtigte Schuld unserer Dankbarkeit, ihre mörderischen Hände mütterlich mit dem Blitz zu bewaffnen, der bestimmt ist, die Könige, natürliche Unterdrücker der Menschheit, zu vernichten. Wir haben keineswegs fremden Söldnerarmen die ehrenhafte Arbeit anvertraut, die salpeterhaltigen Rohstoffe zusammenzutragen, Rohstoffe, unendlich kostbarer für Republikanerinnen, die die Freiheit zu verteidigen und ihre Herrschaft zu verewigen haben, als der Schmuck, das Geschmeide und all der lächerliche Tand der törichten Eitelkeit; wir selbst bewaffnet mit Hacken und Schaufeln sind in die Stollen hinabgestiegen und haben dort das letzte Gericht der Könige gefunden und verkündet.
Dank sei euch vergolten, unsere Mitbürger, daß ihr uns an diesem patriotischen Werk habt mitarbeiten lassen, nie verspürten wir köstlichere Mühen, zu glücklich, daß jede von uns dazu beitragen konnte, einen Feind der Republik zu vernichten; stellt uns weitere Aufgaben, erlegt uns weitere Arbeiten auf, bittet uns im Namen des Vaterlandes um weitere Opfer, sie werden uns willkommen sein, und an diesen Beweisen allein werden wir erkennen, ob ihr uns der Freiheit würdig findet. Das ist der einzige Lohn, den wir erstreben; ja, wir sind der Freiheit würdig, und es ist keine unter uns, die nicht, die natürliche Anmut ihres Geschlechtes vergessend, zu einer heiligen Furie werden, und nicht mit ihren eigenen Händen das königliche und blutrünstige Herz der Pitts und Coburgs zerfetzen würde. Erzittert, Schurken! Jede Französin ist eine Spartanerin, sie weiß alles für die Freiheit zu opfern und kann sich nicht mit der Sklaverei abfinden, die Anzahl und die Grausamkeit eurer Verbrechen sind unseres Mitleids unwürdig. Die Freiheit ist unsere Leidenschaft, sie erfüllt unsere Seelen; das Blut unserer Gatten, unserer Brüder schreit nach Rache, diese Schreie dringen in unsere Herzen, und sie werden gerächt. Mögen unsere Kinder unseren Haß erben; mögen sie ebensoviele Brutus und Mucius werden. Die Erde wird für immer gereinigt sein von den gekrönten Briganten, ja, alle Könige werden vergehen; die Republik allein ist unvergänglich. Es lebe die Republik!"

Diese beiden Reden, mit Verve gehalten, wurden aufmerksam angehört und es wurde begeistert Beifall gespendet.

Die Citoyenne Lalouette, damit beauftragt, dem Beauftragten des Salpeterwerks die Fahne zu übergeben, sprach:

"Citoyen,

Republikanerinnen vertrauen dir diese Fahne an, nimm nicht hin, daß sie beleidigt wird! Und wenn eine die Freiheit tötende Horde versuchte, schändend Hand an sie zu legen, verständige uns, und bald wird sie die Strafe erhalten, die sie verdient. Unsere Devise ist, wie du siehst: *Mord den Tyrannen*. Eile dich also, den Bannstrahl zu schmieden, der uns von ihnen befreien soll. Zu lange haben sie zu unserem Unglück gelebt, ihr Thron wird umgestürzt werden, weil wir alle das schwören."

Der Citoyen Lavenu, Beauftragter der Werkstatt, sprach:

"Citoyennes,

Dieser Tag, an dem wir dieses Fest begehen, wird künftig für uns und unsere Kinder ein Tag sein, der uns an den Patriotismus, der euch erfüllt, erinnern wird, und an den Eifer, mit dem ihr euch daran gemacht habt, dieses furchtbare Dach, das noch den letzten der Despoten vernichten soll, mit der Trikolore zu schmücken.
Dieses Banner, Frucht eurer Sorge und eurer Großmut, ist ein kostbares Monument, das die Erinnerung an unseren Patriotismus jedesmal, wenn ihr Glanz in unsere Augen fällt, festhalten wird. Unser Geist wird sich mit Wohlgefallen auf die Hände richten, die sie dargebracht haben; und die Inschrift, mit der ihr sie versehen habt, wird uns daran erinnern, daß es die erste Pflicht eines Republikaners ist, die Tyrannen zu bekämpfen.
Bald wird der Hauptbestandteil des Blitzstrahls, der Salpeter, den wir in dieser Werkstatt gewinnen, von einem Pol zum anderen das Erwachen der Nationen und den Untergang ihrer Unterdrücker verkünden. Denn alle Menschen, aus dem Nichts kommend, tragen in ihren Herzen das Gefühl der Freiheit und der Liebe zur Unabhängigkeit.
Ein moralischer Salpeter muß früher oder später zum Ausdruck kommen, die Explosion wird um so schrecklicher sein, je länger sie unterdrückt wurde.
Diese glückliche Revolution erwartend, die der Welt die Freiheit bringen wird, arbeiten wir ohne Unterlaß an der Stärkung der Republik. Salpeter,

Salpeter! Das soll der Ruf aller Franzosen sein, das ist der eure, Citoyennes; es ist der des Beauftragten, den eure Beamten an die Spitze dieser Werkstatt gestellt haben.
Citoyennes, zählt auf meinen beständigen Eifer, auf meine unermüdliche Aktivität, und darauf, daß ich nichts anderes in meinem Herzen habe, um euer Vertrauen und das meiner Concitoyens zu verdienen.
Ich nehme diese Fahne aus euren Händen entgegen. Bald wird sie am Ziel eurer Wünsche in den Lüften wehen und das Dach dieser Einrichtung beherrschen. Die glühende Lava, die sich aus diesem brennenden Vulkan ergießen wird, wird die Nationalfarben anerkennen und nur die Fahne der Tyrannei verschlingen.
Republikanerinnen, nehmt eurerseits meine Eide entgegen. Ich schwöre euch, ich schwöre mit jener geliebten Begeisterung für unsere heilige Freiheit; ich schwöre bei den Blitzen, die wir gerade schmieden, bis zu meinem letzten Seufzer dieses kostbare Depot, das ihr meiner Sorge anvertraut, zu verteidigen und für dieses Banner meinen Körper zum Bollwerk gegen die Tollkühnheit zu machen, die es wagen sollte, die Farben zu entweihen. Es lebe die eine und unteilbare und unvergängliche Republik!"

Dann erhoben alle Citoyens spontan die Hände zum Himmel, und ihn zum Zeugen ihres Eids machend, sangen sie diesen erhabenen Refrain: *Lieber den Tod als die Sklaverei. Das ist die Devise der Franzosen!*

Die Trikolore wurde unter den tausendfach widerhallenden Rufen: "Es lebe die Republik!" über den Dächern der Werkstatt gehißt, eine Salve der Artillerie wurde abgefeuert, um den Tyrannen ihre letzten Stunden anzukündigen; kaum war sie verhallt, als die Gattin des Citoyen Igér, Abgeordneter im Nationalkonvent, sprach:

"Citoyens,

wenn ein Volk geschworen hat, die Tyrannen zu vernichten, bedarf es nur des Willens, und die Tyrannen verschwinden. Unsere Gesetzgeber haben die Herstellung von Salpeter angeordnet und in allen Winkeln der Republik haben sich die Citoyens massenhaft aufgemacht, um an der Gewinnung dieses kostbaren Salzes mitzuarbeiten, das bestimmt ist, den Blitz zu schaffen, der die gekrönten Tyrannen vernichten soll. Wir haben uns auch dieser edlen Aufgabe verpflichtet, und wir sind stolz, eure großherzigen Anstrengungen zu teilen, aber unsere Mühen sind Vergnügen, unsere Arbeiten Erholung. Denn wie ihr, unsere Citoyens, sind wir geboren,

sind wir geschaffen für die Freiheit, sie ist uns naturgegeben, und die Opfer, die wir bringen, werden immer unerheblich sein, wenn es gilt, ihr Reich zu sichern. Selbst der Verlust unserer Kinder wird eine Freude für unsere Herzen sein; wir, die wir jede einzelne nichts als das Vaterland kennen, es abgöttisch lieben, werden beweisen, daß wir trotz der Schwäche unseres Geschlechtes für die völlige Zerstörung der Könige mit gleicher Wendigkeit die Keule des Herkules zu schwingen wissen, wie wir die Nadel und die Klöppel führen können. Möge sie sich der Lust, achtbare Mutter zu sein, würdig erweisen, weiterlebend in ihrem Gatten, in ihren älteren Söhnen, wird sie noch ihre Opfer für das Vaterland durch die Zahl ihrer anderen Kinder bringen, bereit, ihr Blut für die Wahrung der Rechte und das Wohl der Republik zu vergießen.
Und du Georges, und die Charles, die man Könige nennt, zeige, daß die Hölle in ihrer Wut auf die Erde speit über das Unglück der menschlichen Gattung. Betrachte, richte den Blick (wenn du den Mut dazu hast) auf diese Trikolore, die über den Dächern dieses Ätna weht, lies hier dein Todesurteil. Es ist in blutigen Lettern geschrieben, ja, bei den Manen unserer ermordeten Brüder, bei der nationalen Würde, die in unseren erhabenen Repräsentanten verletzt wurde, schwören wir, daran schreckliche Rache zu nehmen, unseren Kindern den Abscheu gegen den Despotismus, die Liebe zur Freiheit einzugeben, in ihre Herzen die unsterbliche Menschenrechtserklärung einzuprägen; wir schwören, sie zu Franzosen zu machen."

Diese Rede ist mit dem lebhaftesten Beifall aufgenommen worden.

Die Citoyenne Lenormand hielt gleichfalls eine Rede, die starken Anklang fand.

Dann wurde gesungen, getanzt, getrunken ... Der General Morliere, Kommandant der 15. Division, sein Beigeordneter, der Kriegskommissar, eine Abordnung des 9. Husarenregiments und des Bataillons aus Beauvais, stationiert in dieser Gemeinde, haben alle die öffentliche Freude geteilt, alle Teilnehmer bildeten ein einziges Volk von Brüdern. Die Freundschaft, die Eintracht, der Haß auf die Könige allein haben dem Fest zur Ehre gereicht.

Die Citoyennes selbst haben die furchterregenden Öfen angeheizt, die die Throne der Despoten in Schutt und Asche legen sollen.

Die ganze große Familie hat sich am Abend zum Versammlungsort der Volksgesellschaft begeben, wo dieser ruhmreiche Tag seine Vollendung erfuhr durch die Verteilung von 2696 Livres 10 Sols, die vom wohltätigen Nationalkonvent für Väter und Mütter von Vaterlandsverteidigern ausgehändigt worden waren. Unter den tausendfach widerhallenden Rufen *Es lebe die Republik,*

Es lebe die Montagne! kehrte anschließend jeder nach Hause zurück, erfüllt von jener süßen Freude eines Republikaners, seine Zeit für den Fortbestand seiner Rechte, für die Einigkeit und Unteilbarkeit der Republik genutzt zu haben.

(AN, DXXXVIII - 3)

9.

Hymne, bestimmt für ein heiliges nationales Fest
(Jahr II)

Citoyenne Verdier d'Uzès und Citoyen Dintrans

OUVERTÜRE

Rezitativ für hohen Bass

Eine finstere Wolke hatte Frankreich zugedeckt!
Seine bestürzten Völker unterdrückten mit Schweigen das Gefühl der Schande über ihre Ketten;
unglückliche Opfer eines schwer auf ihnen lastenden Jochs langten sie am Boden des Abgrunds an, der sich unter ihren Schritten aufgetan hatte.

Air für Oboen etc.

Du, dessen ewige Gerechtigkeit uns für die Gleichheit geschaffen hat, allmächtiger Gott, aus einer finsteren Nacht vertriebst du die Dunkelheit.
Du sprachst; und aus dem Nichts schritten wir zum Ruhm empor; und aus einem langen Schlaf erlöst, ist der Augenblick unseres Erwachens der des Siegers.

Chor

Oh Triumph! Oh welches Schauspiel! Oh Tag, der die Rechte wiederherstellt, die der Himmer gewährt!
Die Freiheit ersteht wieder auf! Vor ihr zerspringt die Kette, die uns erniedrigt hatte.
Und das gewaltige Bauwerk des öffentlichen Glücks erhebt sich und verschönert sich unter ihren schützenden Händen.

Duo für hohen Baß und Alt-Stimme

Großer Gott, der du uns aus Schrecken und Schiffbruch errettetest, wache über unsere Gesetzgeber!
Schütze diese Sterblichen, deren edler Mut unserem Unglück ein Ende machen wird!
Ihre unbezwingbare Ausdauer hat das Unwetter abgewendet.
Ihrer lustvollen Anstrengung stellt sich seine Wut vergeblich entgegen.
Sie werden unser Elend beenden, sie werden unsere Tränen trocknen.

RONDO

Alt-Stimme

Welch ein gewaltiger Sonnenaufgang erleuchtet uns mit seinen Strahlen!
Wie viele schönen Tage werden für uns anbrechen!
Wie viele Wohltaten werden unsere Wünsche erfüllen!

Chor

Welch ein gewaltiger ...

Alt-Stimme

Der Krieg ist in Ketten gelegt!
Das Glück blüht wieder auf!
Über unseren heimkehrenden Schritten lächelt der liebenswürdige Friede.

Chor

Welch ein gewaltiger ...

Alt und Sopran

Das süße Vertrauen, die Ruhe, der Überfluß haben ihren Wohnsitz unter uns aufgeschlagen!
Und ihre Gegenwart löscht noch die letzten Spuren unseres vergangenen Unglücks aus.

Chor

Welch ein gewaltiger ...

Große Arie für einen Sopran

Flammende Liebe zum Vaterland, komm, gib all unseren Herzen diese edle und mächtige Tatkraft ein!
Flammende Liebe zum Vaterland, entfache diese Glut in uns.
Aus einem unter tyrannischen Gesetzen stöhnenden Volk wurden wir durch dich ein Volk von Helden.
Durch dich wurden unsere Arbeiten beseelt;
belebe unsere heiligen Lieder.

Chor

Möge unser Gesang die Lüfte erfüllen!
Möge der Himmel unsere Stimmen erhören!
Tragen wir unsere Begeisterung und unsere Gesänge empor bis zum Schöpfer der Welt.
Frankreich ist frei und vom Glück begünstigt!
Ein Frankreich, gefeit gegen Rückschläge, wird seine erhabene Bestimmung so lange wie das Universum dauern sehen.

Ende

(AN, D I § 2 - 1, doss. 3)

10.

Hymnen an den Allmächtigen gesungen von den Sansculotten von Excidoeuil am 20. Prairial, erstes Fest des Höchsten Wesens

Citoyenne Cavaillon

DIE MASSE DES VOLKES

Melodie: Marseillaise

Oh! du, dessen größte Erhabenheit
das Universum regiert und es entstehen ließ,
vernimm die Wünsche und die schüchternen Gesänge
eines Volkes, das dich liebt ... *(Wdh.)*
Das sich unter deine höchsten Gesetze stellt,
reiche ihm deine mächtigen Hände,
um jene mörderischen Könige zu schlagen,
die ihm neue Ketten bereithalten wollen;
aber mit deiner Hilfe werden ihre Bemühungen vergeblich sein.
Großer Gott *(Wdh.)*, habe die Güte, über seine glanzvolle Bestimmung zu wachen.

Wenn unsere Väter Könige wollten,
weil sie ihre Macht verkannten;
fehlte es ihnen an Vertrauen
in deine Weisheit und deine Gesetze. *(Wdh.)*
Ach! mit Jahrhunderten der Sklaverei
strafte die Gerechtigkeit ihre Söhne;
mach, daß bei unseren vereinten Stimmen
sie dich unter grünem Laubwerk anbeten,
daß sie wie wir die Szepter und ihre Ketten zerbrechen.
Und mögest du allein
zum Herren des Universums ausgerufen werden.
Mögen all jene lasterhaften Könige der Erde,
die Ursachen unseres Unglücks,
wieder zu dem Staub zerfallen,
aus dem dein Arm sie holte, Rächer.
Großer Gott, stoße all ihre widerwärtigen

Minister in den Abgrund,
wirf sie durcheinander,
bis keine Spur der Erinnerung an sie zurückbleibt.
Laß das Licht des Himmels in unserem freudestrahlenden Herzen
nur noch
Tugenden, Freude und Glück sehen.

DIE ALTEN
VERWÜNSCHUNG DER ATHEISTEN

Melodie: Marseillaise

Großer Gott, der du deine väterliche Hand
schützend über unser Leben legst,
der du uns in der unendlichen Weisheit
seinen Lauf verlängern wolltest,
gütiger allmächtiger Gott, strafe
jene widerwärtigen Sterblichen,
die uns des Himmels, der Unsterblichkeit,
der Hoffnung berauben wollten,
die über unserem Grab das Nichts anriefen,
um uns deiner mächtigen Arme zu entreißen.

Trotz ihrer Anstrengungen und Verbrechen
wurden all ihre Vorhaben zunichte gemacht.
Unsere Kinder werden diese geächteten Wesen
in den Abgründen verschwinden lassen,
Sieger über die Könige, den Atheismus
und den widerwärtigen Föderalismus.
Großer Gott, dank deiner hochherzigen Sorge
werden sie selbst den Fanatismus besiegen.
Gib, daß unsere schwachen Arme sie an unsere Herzen drücken,
wenn unser Leben verlöscht;
in unseren Kindern erkennen wir unsere Rächer.

DIE JUNGEN KRIEGER
Melodie: Marseillaise

Zärtliche Schöpfer unseres Lebens, zählt
auf unsere Herzen, unsere Arme;
dem Vaterland folgend führen unsere Väter
uns in die Schlachten hinein,
eurer und seiner würdig
werden wir ihm all unsere Schwüre halten.
Alle Tyrannen müssen besiegt werden,
oder wir müssen mit ihm untergehen.
Ja, wir haben es geschworen, wir werden es ausführen, trotz
der Könige, der Pitt, ihres Goldes, ihres Verrats.

Schon hat der Gott des Lichtes,
der unser Schicksal
von Collot bis Robespierre lenkt,
die schändlichen Mörder geschlagen.
Getäuscht vom Föderalismus,
vom Hunger am rächenden Busen (?),
mußte Pitt mit Schrecken sehen, daß sie es wagten,
dem Atheismus zu trotzen.
Pitt wäre nur zu glücklich, daß Nichts vorzufinden,
damit die Schurken
ihrer gerechten Strafe entgingen.

DIE MÜTTER DER VATERLANDSVERTEIDIGER
Melodie: O! toi qui n'eut jamais dû naître

Oh mächtiger und gnädiger Gott,
empfange an diesem feierlichen Tage
die Gaben und Opfer,
die dir die mütterliche Liebe darbringt;
dem Vaterland
mehr als dem Leben
schenken wir unsere Kinder.
Wache ohne Unterlaß
über ihre Jugend
und führe sie zum Triumph.

Aber wenn du sie in deinen erhabenen Beschlüssen
dem Sterben weihst,
dann erfülle sie mit den heiligen Maximen
der Bara und Viala,
wie auch ihre Mütter.
In unserem Elend
werden wir bald unsere Tränen trocknen,
wenn das Vaterland
ihr Leben besingt
und ihre Gräber mit Blumen bedeckt.

DIE JUNGEN MÄDCHEN AN DIE FREIHEIT

Melodie: Veillons au salut de l'empire

Oh du, die du das Dasein
im Augenblick der Geburt des Menschen empfingst,
die du uns die Güte
des heiligen Wesens beweist, das uns vereint,
Freiheit!
Werde wieder unsere Gebieterin.
Möge die Welt an diesem Tag, durch dieses Feuer belebt,
sich des Gottes, der sie geschaffen hat,
würdig erweisen, indem sie ihre Ketten zerbricht.

Vergib, oh so geliebte Tochter,
wenn wir so lange durch schreckliche Rückschläge
das Joch und die Ketten
der Tyrannei getragen haben,
nie wieder
wird uns der Gott, der uns das Land gab,
unter dem Eisen der Tyrannen stöhnen lassen;
denn in unserem Vaterland
muß man tugendhaft sein oder untergehen.

DIE KINDER AN DIE FREIHEIT

Melodie: Veillons au salut de l'empire, im Chor gesungen

Die Mädchen:

Die Kinder, teure Schutzherrin,
die du alle ihre Spiele leitest,
kommen in dein blühendes Heim
um dir Gabe zu bringen,
so einfach wie sie selbst:
Vögel,
Schmetterlinge und frische Blumen.

Jungen:

Aber wenn sie groß sind
und wenn von den Tyrannen noch etwa bleibt,
werden sie mit ihren verbrecherischen Überresten
die Monumente schmücken.

Den Vögeln, die in einem Käfig aus Eisen waren, schenkt die Göttin die Freiheit. Diese beiden Lieder begleiten die Zeremonie:

FREUDENGESANG

Für unser Los sind diese Vögel das Symbol.
Wie wir schmachteten sie in Ketten.
Wir sind frei, sie sind es auch,
hört, wie sie es in die Lüfte tragen.
Die Freiheit bringt das höchste Glück.
Gott hat sie geschaffen, allein der Mensch legte die Ketten.

Lassen wir all diese Kettenschmiede
in den Untiefen der Meere verschwinden,
und möge die Erde durch unsere souveränen Hände
für immer frei sein wie die Lüfte.
Die Freiheit.

(AN, F^{17} 11648)

III. ODEN, HYMNEN UND LIEDER

11.

Citoyenne Veuve Ferrand

Der Zug nach Versailles und die Ankunft des Königs in Paris

Melodie: Tiens voilà ma pipe

Bewaffnen wir uns mit Piken!
Irgendwann sagte man sich:
Man macht sich lustig über uns,
Marschieren wir zum Hof,
Um diesem verrufenen Haus
Einen Schlag zu versetzen -
Oder es wird die Kokarde tragen.

Angesichts der Waffen,
Des Lärms der Kanone,
Geriet alles in Aufregung.
Und besonders Onkelchen
Sagt zu seiner zärtlichen Hälfte:
Es ist mein Rat,
Uns schnell nach Paris zu begeben.

In dieser verkehrten Welt
Regierte die Angst.
Dieses zahlreiche Gefolge
Schnürte ihnen das Herz ein.
Angesichts ihrer Schwäche
Sagt man: Um dies
Durch zärtliche Liebe zu ändern,
Wird man euch beherbergen.

So bringt man
Dieses stolze Paar
In der Hauptstadt unter,
die auch Gefahren birgt;
Aber die Wachsamkeit
Hat die Anschläge vereitelt.
Die Götter sind eifrig darauf bedacht,
Frankreich zu retten.

Die Zerstörung der Königsstatuen

Melodie: Vive le vin, vive l'amour

In den Taten, in den Kämpfen
ist der Citoyen niemals müde,
Wenn es um die Republik geht.
Und selbst seine Vergnügen
Unterbricht er stets ohne Widerspruch.
Seine inniggeliebtesten Wünsche opfert er
Zum Wohl der öffentlichen Sache.

Ihr triumphiert, liebe Citoyens,
Indem ihr mit euren eigenen Händen
Das Werk der Schmeichelei zerstört,
Das Götzenbild der Tyrannei umwerft;
Indem ihr diese Bronzen zerschmettert,
Macht ihr sie nützlicher für das Vaterland.

Es lebe auf ewig die Freiheit,
Sie hat die Gleichheit hervorgebracht,
Indem sie die Ketten der Sklaverei zerbrach.
Franzosen, euer Mut
Dient allen Menschen als Beispiel.
Schon in den entferntesten Ländern
strebt man danach, euch zu huldigen.

Die Zerstörung der Klöster

Melodie: Ah! le bel oiseau, maman

Wieviele Papas und Mamas
Waren ohne Nachkommen
Und hatten keine anderen Kinder
Als die vergeblichen Klagen.
Wieviele Brüder und Schwestern
Waren bloß Heuchler.
Sie lernten nicht mehr die Annehmlichkeiten kennen,
Die uns die Natur gegeben hat.
All diese Papas und Mamas
Werden dank dieses glücklichen Abenteuers
Durch angenehme Gefühle
Bezaubernde Bande knüpfen.

Hat man der Obrigkeit
Die unschuldigen Opfer weggenommen,
Schon hat sich ihr Herz erwärmt für
Die Liebe zur Freiheit.
Um von nun an die Stätten zu vergessen,
Die das Verbrechen errichtete,
Möge man auf ewig
All diese unheilvollen Abgründe zerstören.
Ohne Furcht vor der Obrigkeit
Haben die unschuldigen Opfer schon
Die Liebe zur Freiheit
Besungen.

Ihr habt für immer
Das Weite gesucht, junge Nönnchen!
Möget ihr die für alle Verliebten
So kostbare Zeit zu nutzen verstehen.
Weder die Macht der Vorsteherinnen
Noch die aller Kutten [jaquettes]
Wird über eure Herzen
Das Recht der Eroberung haben.
Kommt und pflückt auf unseren Wiesen
Der Liebe all die Blümchen.
Windet die entzückendsten Bänder,
Um eure Liebhaber zu fesseln.

(Aus: Veuve Ferrand, Le Triomphe de la Liberté et de l'Egalité. Almanach républicaine. Chansons nouvelles et analogues aux années 1789, 1790, 1791, 1792. Paris, o.J.)

12.

Den Verteidigern des Vaterlandes, Im Namen der Frauen
(o. J.)

Strophen der Citoyenne Allain, femme Labertinière
Melodie: Marseillaise

Citoyens, unser Schicksal
hängt von eurer Tapferkeit ab,
schwört alle, an diesem Tag,
aufs Feld der Ehre zu eilen: *(Wdh.)*
dort wartet der Ruhm, der euch ruft,
reiht euch hinter die Standarten,
schärft mit Lust eure Pfeile,
werft endlich die Rebellen zu Boden.
Schwört auf die Freiheit, unter der Herrschaft der Gesetze,
Schwört: Wir schwören, die Könige bis auf den letzten zu vernichten.

Zu Füßen eines Altars aus Laub
werdet ihr euer Gelübde ablegen,
folgt der Stimme der Natur,
die euch befiehlt, die Götter zu ehren:
möge ein klarer Himmel das glückliche Vorzeichen
des Heils sein, das ihr vorbereitet;
kämpft für die Freiheit,
möget ihr in höheren Regionen schweben.
Gelobt die Brüderlichkeit, unter der Herrschaft der Gesetze,
Schwört: Wir schwören etc.

Unsere Hände werden die Krone formen,
die eure ruhmreiche Stirn schmücken wird,
niemals läßt die Schönheit
einen freien und tapferen Soldaten im Stich: *(Wdh.)*
kehrt zu euren Freundinnen zurück,
um die Süße des Friedens zu genießen.
Sie werden euch für immer das Glück
unseres Vaterlandes danken.

Geloben wir den tapferen Verteidigern die Treue,
sie allein können Anspruch erheben, unsere Herzen zu gewinnen.

Taub für die Stimme der Natur
werden die vereinten Tyrannen
die Beleidigungen mit ihrem Tod bezahlen,
die sie den Göttern *(Wdh.)*
so lange zugefügt haben.
Als der Allmächtige den Menschen schuf,
formte er ihn für die Freiheit,
wenn er nicht die Gleichheit gewollt hätte,
hätte er uns nicht die gleiche Gestalt gegeben.
Gelobt die Gleichheit, unter der Herrschaft der Gesetze,
Schwört: Wir schwören, die Könige bis zum letzten zu besiegen.

(BN)

13.

Strophen über die Einnahme von Toulon
(3. Nivôse II)

Citoyenne Thiliol, aus Clermont

Melodie: On l'a planté dans cette enceinte

Teure Freiheit, deine Morgenröte
Hat die Tyrannen erbleichen lassen.
Es gibt kein Herz, das dich nicht anbetet, *(Wdh.)*
Deine Herrschaft versetzt die Bösen in Schrecken. *(Wdh.)*

Toulon ist eingenommen; möge seine Niederlage,
Krieger, an eure hehren Taten erinnern,
Die durch dieses Fest eingraviert werden sollen *(Wdh.)*
In das Herz eines jeden Franzosen. *(Wdh.)*

Allen Despoten sei der Krieg erklärt:
Niemals Frieden zwischen ihnen und uns;
Verschwören sie sich, damit wir untergehen, *(Wdh.)*
Sollen sie unseren Zorn fürchten. *(Wdh.)*

Mögen sie unsere Tapferkeit fürchten,
So sind sie durch unsere Erfolge gerichtet;
Man sieht stets im Gleichschritt *(Wdh.)*
Den Sieg und die guten Franzosen. *(Wdh.)*

Unser Geschlecht, das liebenswerte genannt,
Wird euch, tapfere Krieger, beweisen,
Daß es durch eine beständige Liebe *(Wdh.)*
Die Myrthen mit dem Lorbeer zu vereinen weiß. *(Wdh.)*

(BHVP)

14.

Petition der französischen Republik
(o.J.)

Citoyenne Monnet

1.

Erweist euch als Bewahrer
unserer geliebten Freiheit,
oh ihr, Hoffnung des Vaterlands,
Volksvertreter und Gesetzgeber!
Vereinigt unter der gleichen Ägide
möge euch ein gleicher Bürgersinn leiten,
rettet Frankreich und die Franzosen:
eilt euch, vertreibt das Unwetter,
in euren Händen ruht das Pfand
der Eintracht und des Friedens.

2.

Heiliges Gesetzbuch der Natur,
Meisterwerk des menschlichen Geistes,
göttliche Fackel! deine reine Flamme
brennt im Herzen des Republikaners.
Unsere Herzen sind der Tempel der Gesetze,
geben wir der Welt das Beispiel
tugendhafter Republikaner;
verdienen wir uns unsere verheißungsvolle Bestimmung.
Bewahrt für immer, oh meine Brüder,
den Geist und die Seele eines Brutus.

3.

Erschallt, Trompeten des Krieges!
Weht, Standarten der Trikolore!
Freunde, zieht die Wagen

der Kanonen über die Grenzen.
Dort erwartet euch der Ruhm
und der Friede, Frucht des Sieges:
Schon lernt der Engländer die Furcht kennen,
schon ist der Spanier bestürzt,
und der in Ketten gelegte Adler der Germanen
kommt, um den Wagen des Siegers zu schmücken.

4.

Franzosen, gebt unseren bestürzten Feinden
und der Welt, die euch zusieht,
ein großes Beispiel;
entwaffnet sie und verzeiht ihnen.
Ach! kehrt zurück, um unsere Tränen zu trocknen,
wann werden wir aus dem Eisen der Waffen
den Pflug des Bauern hervorgehen sehen?
Wann werden wir unsere Republik
die Ölzweige des Friedens tragen sehen,
Urbild des Ruhms und des Glücks?

5.

Gott des Friedens, Gott des Krieges,
Schöpfer aller menschlichen Wesen,
gebiete Schweigen dem Donner,
der den Sterblichen die Waffen gibt.
Willst du dein Werk zerstören?
Mache ihrer Wut bald ein Ende,
lege in ihre erregten Herzen
das Mitleid, das Vergessen der Kränkungen,
das Erschrecken vor dem Blut und der Rache,
und die Liebe der Menschlichkeit.

(AN, F^{17} 1010^{E} doss. 1)

15.

Rede der Citoyenne Lucidor F. Corbin, Kreolin, Republikanerin, von ihr selbst im Tempel der Vernunft gehalten, Jahr II der Freiheit

Französisches Volk, der große Tag ist gekommen, der Talisman der Feudalität ist endlich zerbrochen, die Freiheit, die Gleichheit herrschen über unsere Hemisphäre, all unsere Leiden sind beendet, das kostbare von unseren Gesetzgebern erlassene Dekret setzt uns gleich mit allen anderen Menschen, wir sind vereint durch die Bänder der Brüderlichkeit, unsere Ketten sind gesprengt; niemals nehmen wir sie wieder zurück. Ja, wir schwören es vor unserer Göttin der Freiheit, daß wir niemals anderen Prinzipien folgen werden als denen des Marat, der einem Scheusal des Despotismus zum Opfer fiel. Oh Marat! Daß du diesen Tag nicht erlebst! Dein Herz und deine Augen würden vor Freude glänzen.

Aber im Leben wie im Tod, geliebter Mann, sei versichert, daß unsere Herzen ebenso viele Altäre sind, die wir deinen Tugenden bewahren werden. Du warst es, der uns durch seine Schriften die heilige Liebe zur Freiheit eingab, dafür werden wir dir täglich ewigen Dank schulden.

Und du, Ogé, freier Farbiger, unser Bruder und Freund, der jenes Dekret des 15. Mai überbrachte und der als erstes Opfer von der Aristokratie auf unseren Inseln ermordet wurde, nimm die bescheidenen Verehrungen unsers Danks entgegen.

Franzosen, welch schöner Tag für uns, dieses Symbol der Vereinigung der drei Völker zu entfalten, zwischen denen die unverschämte Aristokratie eine Trennungslinie gezogen hatte. Aber sie ist inzwischen wie die Ketten, die wir mit Füßen treten, zerstört, und wir schwören noch einmal, die Freiheit und die Gleichheit zu verteidigen und der einen und unteilbaren Republik zu folgen.

*

HYMNE DER FARBIGEN CITOYENS

Melodie: Marseillaise

Göttin des Vaterlands, Vernunft und heilige Freiheit,
Unsterbliche Schwestern des Genius,
Gefährtinnen der Freiheit,
Leiht uns eure erhabenen Töne,
Würdig der Stützen unseres Rechts,
Der Wiederhersteller unserer Gesetze,
Der über die Tyrannen erhabenen Opfer.
Freiheit, Freiheit,
Vernunft und Wahrheit,
Geruht, geruht
Den Wünschen der Brüderlichkeit
gnädig zu sein.

Freies Volk, komm in diesen Tempel,
Wirf Blumen über diese Helden,
Möge dein Auge deine Freunde und Wohltäter
Gerührt betrachten ... *(Wdh.)*
Über das Ende ihres Daseins
Walte keine unnötige Trauer.
Wenn man stirbt für seine Tugend,
Lebt man weiter durch die Anerkennung.
Freiheit, Freiheit,
Vernunft und Wahrheit,
Eilt herbei, eilt herbei,
Führt sie zur Unsterblichkeit.

Von den beschämenden Ketten der Sklaverei
Haben sie ihr Land befreit.
Der Despotismus in seiner Wut
Mordete sie über seinen Trümmern. *(Wdh.)*
Aber indem sie ihr Leben hingaben,
Ruhig inmitten der Qualen,
Haben sie in diesen Momenten nur gelitten
an dem Unglück ihres Vaterlands.
Schreckliche Wahrheit,
Vernunft und Freiheit,
Rächet, rächet
Die Menschenrecht und die Gleichheit.

(BN)

16.

Hymne zu Ehren Marats und anderer Helden der Revolution

Citoyenne Flagel

Melodie: Elle m'aimait si tendrement

Du junges Alter, das uns zurückhält,
Ach, ach! wie schade ist es
für die Herzen von Republikanern,
weder durch seine Taten noch sein Gut und sein Leben
seinem Vaterland dienen zu können.
Sind das nicht grausame Qualen,
die die jungen Kinder erleiden,
die darauf brennen, ihr Leben wie Pie,
David, Lepeletier, Marat aushauchen zu können.
Es lebe ein solches Hinscheiden!

Als stolze und freie Republikaner
wachsen wir für diesen Ruhm auf;
und die girondistischen Partisanen
werden über unseren Sieg erröten.
Schwören wir, daß in der Blüte unseres Lebens,
wenn unsere Kraft sich entwickelt hat
und unüberwindlich geworden ist,
unser Mut unsere Brüder
David, Lepeletier und Marat rächen wird.
Es lebe ein solches Hinscheiden!

Gestehen wir, liebe Freunde,
so zu sterben, heißt ewig leben.
Pflanzen wir in unsere Herzen, den Gesetzen,
die jedem die Freiheit geben, unterworfen,
die unsterblichen David, Marat und Pie.
Wir werden den Styx überwinden
und damit den Preis
der Sansculotten des Vaterlandes erringen,
der Freunde Davids und Marats.
Es leben ähnliche Soldaten.

(Aus: Section Amis de la Patrie, Discours par une députation des jeunes élèves français ..., Frimaire II, BN)

17.

Citoyenne Paseault

Melodie: A toi qui n'eut jamais dû naître

Von den Höhen des
heiligen Berges,
sehr erhabener Vertreter des Volkes,
habe die Güte, in meiner Seele
einen glühenden Patriotismus
für meinen Wahlspruch brennen zu sehen:
Die Republik
regiert stets in meinem Herzen,
teures Vaterland,
ja, für mein Leben
werde ich den tapferen Verteidiger lieben. *(Wdh.)*

Ja, mein Herz ist keinesfalls taktisch,
es wurde für immer republikanisch
von dem Moment an, in dem die Tyrannei
von unserem Busen vertrieben wurde.
Oh, freies Volk,
du verdankst dein Leben
unseren würdigen Repräsentanten.
Heilige Montagne,
Harre aus ohne Furcht
bis zum Ende unserer Wirren.

geschrieben
von republikanischer Hand,
A. Paseault

(Frimaire II; AN, F^{17} 1008^{C} - 1589)

18.

An den Nationalkonvent

Citoyenne Dubois

Gesetzgeber,

Habet die Güte, die Glückwünsche und Danksagungen von der Mutter eines Vaterlandsverteidigers für Euer kostbares Dekret entgegenzunehmen, das verkündet, daß das französische Volk das Höchste Wesen und die Unsterblichkeit der Seele anerkennt. Ja, Citoyens, in diesem Augenblick der Genugtuung wollte ich meine unbedeutenden Fähigkeiten nutzen, um republikanische Gebete in Form von Hymnen zu komponieren, um der Gottheit unsere Verehrung zu erweisen. Gesetzgeber, ihr werdet hierin nicht die Kunst der großen gewählten Worte finden, denn ich kenne nur die Sprache der Natur, die die der Sansculotten ist; das heißt so, wie mein Herz sie mir eingibt und nicht mehr.

Gesetzgeber, da nun einmal die Gesetze mir nicht erlauben, hinzueilen und unseren Brüdern dabei zu helfen, mit dem Schwert die Bösewichte, die unserer Freiheit entgegentreten, niederzuschlagen, nicht etwa, weil es mir an Mut fehlte; aber wenigstens entwirft meine Feder, geführt von den Gefühlen meines Herzens patriotische Lieder, um unsere Feinde vor Wut erbleichen zu lassen und um meine Brüder und Schwestern zu unterrichten. Ich wäre zu glücklich, Gesetzgeber, wenn Ihr sie gleichwohl als nützlich für mein Vaterland im Innern entgegennehmen möget, während mein Sohn es nach außen verteidigt, und ohne Unterlaß möchte ich ausrufen: Es lebe die französische Republik und die Montagne.

Femme Dubois
Sektion Muséum ...

*

Citoyens Präsidenten,

Ich bitte Euch im Namen der guten republikanischen Sitten, das folgende im Konvent vortragen zu lassen. Möget Ihr derjenigen, die dieses schreibt, mit Brüderlichkeit verbunden sein.

FEMME DUBOIS
an diesem Quintidi des Prairial,
Jahr II der einen und unvergänglichen
französischen Republik

REPUBLIKANISCHE HYMNEN UND GEBETE, GERICHTET AN DIE GOTTHEIT

Von der Citoyenne Dubois,
Mutter eines Vaterlandsverteidigers,
gesungen in der Sektion Muséum am 10. Prairial.

Melodie: Nous ne reconnaissons

Citoyens, erkennen wir zu allen Zeiten
ein höheres Wesen an,
aber nicht all die Heiligen,
die die falschen Priester ernannt haben.
Wir sind die Kinder dieses ehrwürdigen Gottes,
unsere Mutter ist die Freiheit,
mit der Geburt erwarben wir diesen Titel.
Wir müssen uns bemühen, ihn einzulösen
und nur noch den allzeit als Gott anzuerkennen,
der über alle Elemente herrscht.

Oh süße Freiheit, wir grüßen dich,
du allein bist die Mutter des ganzen Vaterlandes.
Und wir wissen dich zu achten.
Nimm von deinen Kindern diesen wohltuenden Schwur,
immer vereint zu sein und brüderlich zu leben
und nur noch den allzeit als Gott anzuerkennen ...
etc.

Ich glaube an einen einzigen Gott, Vater aller Menschen,
an die heiligen Rechte, die die Menschenrechte genannt werden,
aus denen das französische Volk stets Nutzen ziehen wird.
Von der Montagne sind sie uns gegeben.
Die Gesetze haben in den Händen jener Verbrecher gelitten,
die alle für ihre Schandtaten mit dem Leben bezahlen mußten.
Aber wir erkennen nur noch den allzeit als Gott an ... etc.

Herr des Universums, ich gestehe dir,
genauso leichtgläubig wie meine Brüder gewesen zu sein
und auf die Dummheiten
all jener verrückten Priester gehört zu haben.
Durch ihre Heuchelei beschwerten sie uns mit Ketten.
Aber der Irrtum ist beendet, wir singen atemlos,
wir erkennen nur noch den allzeit als Gott an ...
etc.

Liebe Brüder, erflehen wir mit aller Macht,
daß sein aufmerksames Auge über Frankreich wacht,
und schwören wir alle im Namen der Brüderlichkeit,
niemals die Gesetze zu verletzten.
Geben wir unseren Kindern ein Beispiel,
mögen sie uns mit Eifer als Republikaner folgen,
und mögen sie nur noch den allzeit als Got anerkennen,
der über alle Elemente herrscht.

(AN, F^{17} 1354 doss. 1)

HYMNES ET PRIÈRES
RÉPUBLICAINES.
Adressé à la Divinité
Par la Citoyenne Dubois
Mere de Déffenseurs de la Patrie.
Chanté à la Section du Muséum
Air Nous ne reconnaissons,
Ci-toy-ens en tous tems re-con-
nais sont un Etre, mais non pas tout les
Saints nommée par ces faux pretres nous
sommes les En: fans de ce Dieu révé-re, notre
me-re est la Li ber-te, notre me-re est la Li
ber-té, c'est donc en naissant que nous prenons
ce ti-tre il faut nous ap pli quer a le metre
en pra-ti--que et ne connoitre plus pour
a paris chez Coulubrier, Cloitre du Muséum, ci devant St. Germ. l'auxerrois.

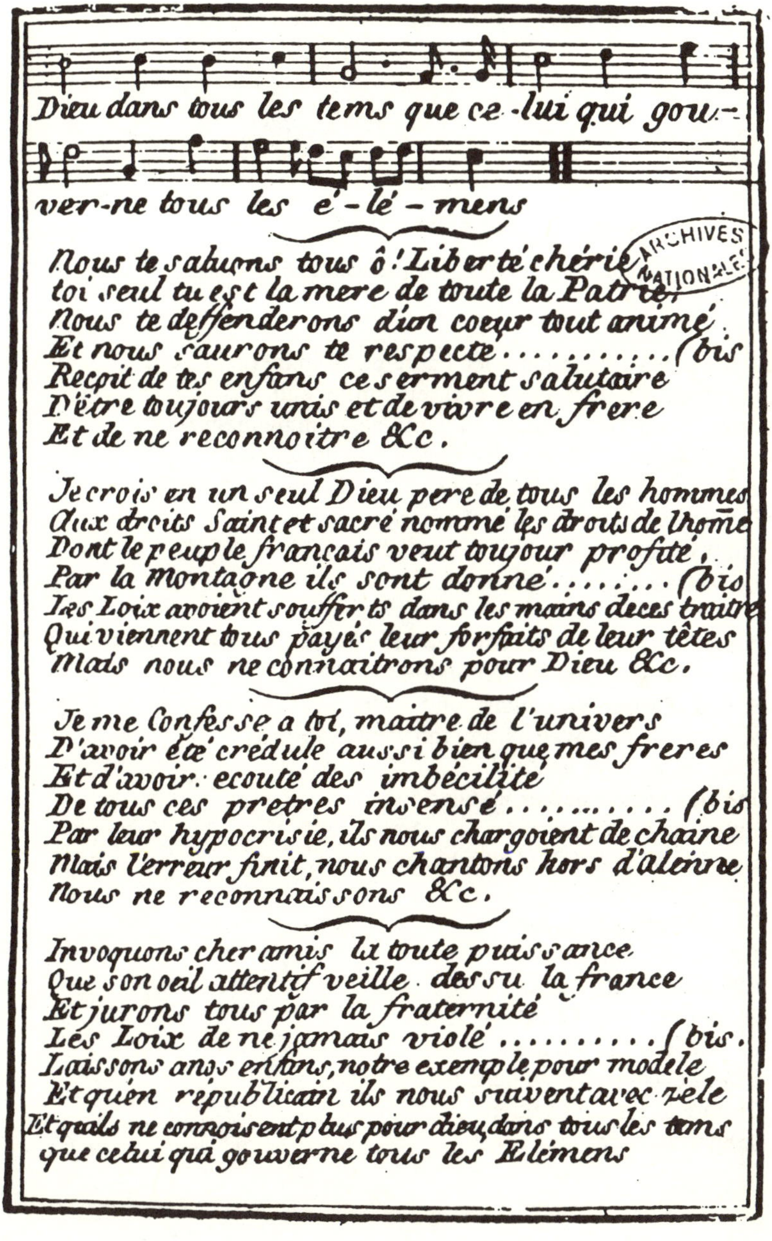

Dieu dans tous les tems que ce-lui qui gou-
ver-ne tous les é-lé-mens

Nous te saluons tous ô! Liberté chérie
toi seul tu est la mere de toute la Patrie,
Nous te deffenderons d'un coeur tout animé
Et nous saurons te respecte.......... (bis
Recoit de tes enfans ce serment salutaire
D'être toujours unis et de vivre en frere
Et de ne reconnoitre &c.

Je crois en un seul Dieu pere de tous les hommes
Aux droits Saint et sacré nommé les droits de l'home
Dont le peuple francais veut toujour profité,
Par la Montagne ils sont donné....... (bis
Les Loix avoient souffer ts dans les mains de ces traitre
Qui viennent tous payés leur forfaits de leur têtes
Mais nous ne connaitrons pour Dieu &c.

Je me Confesse a toi, maitre de l'univers
D'avoir été crédule aussi bien que mes freres
Et d'avoir ecouté des imbécilite
De tous ces pretres insensé........... (bis
Par leur hypocrisie, ils nous chargoient de chaine
Mais l'erreur finit, nous chantons hors d'aleine
Nous ne reconnaissons &c.

Invoquons cher amis la toute puissance
Que son oeil attentif veille dessu la france
Et jurons tous par la fraternité
Les Loix de ne jamais violé .... (bis.
Laissons a nos enfans, notre exemple pour modele
Et qu'en républicain ils nous suivent avec zele
Et qu'ils ne connoisent plus pour dieu dans tous les tems
que celui qui gouverne tous les Elémens
ARCHIVES NATIONALES

DAS REPUBLIKANISCHE ERWACHEN
(o.J.)

Citoyenne Dubois

Von einer Demokratin

Melodie: De la marche républicaine

Welch einen Traum hatte ich heute nacht in meinem Bett;
Ich sah die Freiheit, den Gefahren entfliehend.
Welch einen Traum hatte ich heute nacht in meinem Bett;
Ich sah unsere Freunde, den Gefahren entfliehend.
Sogleich habe ich mich bemüht,
Sie wachzurütteln aus ihrer Lethargie,
Damit wir uns massenhaft aufmachen,
Die Verfassung[1] zu fordern.

Mutiger Pariser, du schläfst, und der Hunger,
Gibt er dir nicht die Waffen in die Hand?
Mutiger Pariser, du schläfst, und der Hunger
Weist dir deinen Weg. Nimm ihn wieder auf!
Erwache, denn es ist Zeit!
Und sieh vor dir den drohenden Feind.
Außen sind es Chouans;
Aber Innen ist die Zahl weit höher.

1789 und am 10. August
wart ihr alle zur Stelle,
1789 und am 10. August
beugten sich alle Feinde vor euch.
Ihr wart nur zu geduldig,
Erhebt euch wieder zu dem, was ihr wart,
Kämpfend für die Freiheit
Ist euch stets der Sieg gewiß.

1 Die demokratische von 1793.

Du siehst die hohen Preise für alle Lebensmittel;
Ach! Dein Mut müßte dich nun verlassen;
Du siehst die hohen Preise für alle Lebensmittel,
Die für uns von größter Notwendigkeit sind;
Geh, fordere ohne zu zögern
Die Rechte des Volkes, die man sich widerrechtlich
angeeignet hat.
Nein, es darf nicht mehr aufgeschoben werden,
Die Zeit drängt, geh, weiche nicht.

Welche Schlangen sieht man morgens auf dem Weg,
Sie stehen an nach Fleisch oder nach Brot;
Welche Schlangen sieht man morgens auf dem Weg;
Man muß sich umbringen für sein täglich Brot.
Noch ist es uns vermindert,
Abgezählte Scheiben für jede Mahlzeit.
Das ist das Werk der boshaften Menschen,
Man muß sie zwingen, im Nichts zu versinken.

Ihr seid jetzt an der Reihe, all ihr reichgewordenen Händler,
Die ihr seit langem ganz Paris ausgehungert habt;
Ihr seid jetzt an der Reihe, all ihr reich gewordenen Händler,
Eure Geschäfte, die gut gefüllten, zu öffnen.
Ihr habt gut genug verdient,
Schwört jeder Habgier ab,
Sonst wird die Ausführung der Gesetze
Euch sehr wohl zur Vernunft bringen.

Gegen diesen Schwarm von jungen Citoyens
Muß man mit großem Schwung angehen, um die Sturmglocke zu läuten;
Gegen diesen Schwarm von jungen Citoyens
Richten wir unsere Kräfte mit allen Mitteln;
Sie sollen sich unseren Bataillonen anschließen,
Die für unsere Nation kämpfen.
Und wenn sie nicht mitmarschieren wollen,
Sollen sie festgenommen und in Sicherheit gebracht werden.

Tapfere Citoyens aus den Departements,
Die ihr all unsere Handlungen beobachtet;
Tapfere Citoyens aus den Departements,

Helft uns nun mit euren stärksten Kräften,
Beobachtet die Aufwiegler,
All die Intriganten, diese Wucherer,
Und wir werden mit diesen Mitteln
Den Überfluß in unseren Schoß zurückholen.

Auf daß die Befehlshaber und Herrscher
Kein Mittel mehr haben mögen, unerbittlich zu handeln;
Auf das die Befehlshaber und Herrscher
Den Lohn für all ihre Anstrengungen erhalten.
Und du, großer Konvent,
Gestalte das Glück der Nation,
Du hast es vor dem Volk geschworen,
Nein, du darfst deinen Eid nicht brechen.

Wenn wegen dieser Lieder, die ich hier diktiert habe,
Die Boshaftigkeit mich angreifen wird;
Wenn wegen dieser Lieder, die ich hier diktiert habe,
Man eines Tages kommt, um mich zu verhaften,
Werde ich zur Antwort geben,
Daß ich für mein Vaterland gearbeitet habe.
Wenn das Volk unterdrückt ist,
Muß es die Verfassung[2] einfordern.

(BN)

---

2 Die demokratische von 1793.

19.

Hymne Cherbourgeoise (25. Thermidor, Jahr II der einen und unteilbaren Republik)

Anonym

Citoyen Präsident,

Eine Republikanerin muß umfassend gebildet sein in bezug auf die Dichtung und Prosa. Also schickt mich nicht ungelesen weiter an den Unterrichtsausschuß. Ich beantrage meine Drucklegung, weil ich arm bin, aber ich habe die Absicht, nützlich zu sein. Ich nenne mich Cherbourger Hymne (zu singen auf die Melodie der Marseillaise).

1.

Laßt uns die erhabenen Tugenden
unseres französischen Areopags besingen.
Er hat die Ketten der Sklaverei
und ihre abscheulichen Symbole zerbrochen. *(Wdh.)*
Sind ihre Anführer und Komplizen
bestraft für ihre schmutzigen Verbrechen,
so werden die Verräter von nun an die gleichen Qualen leiden müssen.
Schwören wir, Republikaner,
daß diese neuen Quälgeister zu allen Zeiten
der Abschaum der Menschheit sein werden.

2.

Habt ihr auch die Urheber
dieser ruchlosen Verschwörungen beseitigt,
so können sich aus ihren nutzlosen Kasten
doch neue Verschwörer bilden.
Aus ihrem allzu fruchtbaren Samen
sind jene scheußlichen Mißgeburten hervorgegangen,
die die Augen zu nichts anderem

als zum Unheil der Welt geöffnet haben.
Schwören wir, Republikaner ...

3.

Als der abscheuliche Robespierre
samt seiner kriecherischen Handlanger
die schrecklichste aller Verschwörungen
gegen das gesamte Frankreich anzettelte,
benetzte der wehmütige Citoyen
seine Ketten mit Tränen,
seine Stimme rief vergebens
gegen dieses niederträchtige Geschöpf
die Republik an.
Aber das Blatt hat sich gewendet;
sein verächtliches Verschwinden
zeigt dem Franzosen,
daß sein Tyrann endlich vernichtet ist.

4.

Auf dem Antlitz seiner Anhänger
sehe ich den Terror eingeprägt;
und in ihren blutrünstigen Seelen
haben sie ihre Wut unterdrückt
Sie beginnen sich uns gnädig zu zeigen! ...
Sie reichen den Unglücklichen,
nachdem sie sie vernichtet haben,
hilfreich die Hände! ...
Erhebt euch, Senatoren,
schlagt die Betrüger,
seid, ja seid die strengen Rächer all unserer Leiden.

5.

Wir kosteten die Anfänge
des Freiheitsbaumes,
und wir genossen die Freuden
der bescheidenen Gleichheit,

als plötzlich das hochmütige Haupt
des fürchterlichen Triumvirats
unser Glück erschütterte
und den Sturm über uns blies;
stundab vor die Tür gesetzt,
beweinen wir unser Los.
Die hochmütigen Peiniger haben es uns bewiesen:
die Sklaverei oder der Tod!

6.

Oh ihr, die ihr die Waage haltet,
unsere Väter, unsere Gesetzgeber,
das Unglück Frankreichs lernt ihr nur kennen,
wenn ihr es durchquert.
Besucht uns in unseren Hütten,
in unseren Verließen, in unseren Schlupfwinkeln ...
Und erlaubt das Schafott
nur für neue Robespierres;
werden sie zu zahlreich,
so werden wir unglücklich,
und alle eure Erlasse und eure Mühen werden fruchtlos.

ENDE

"Hymne Cherbourgeoise"
französische Citoyenne

(AN, D XXXVIII - 5)

20.

Hymne an die Landwirtschaft
(1796/Jahr IV)

Citoyenne Pipelet

Quelle des Lebens, Kunst der Landwirtschaft,
dich feiern die Franzosen in diesem Moment.
Zurückgegeben an die Einheit und die Natur,
erhebt sich endlich ihre Stimme,
damit sie deine Wohltaten besinge.

Die Hände, in die Frankreich sein Los gelegt hat,
werden den Verlauf einer mühsam gezogenen
Ackerfurche bestimmen.
Schon tut sich der Boden auf
und die erstaunte Erde
fühlt sich an Rom erinnert
und seine besten Tage.

Oh Wunder! Oh, kraft eines edlen Beispiels
lacht der Bauer zum ersten Mal.
Die Natur wird sein Altar und sein Tempel,
und sein Auge liest allerorten
seine Rechte und Pflichten.

Auf, ihr einfachen Helden,
die die Natur an Kindes statt annahm!
Mögen eure kraftvollen Arme euer Brachland bestellen!
Bekränzt eure Stirn mit Blumen und Grün!
Bald werdet ihr sie
mit Palmen des Friedens schmücken!

Und du, Göttin, die du über unsere Feste wachst,
erhabene Freiheit, vollende dein Werk!
Wirf noch einen gütigen Blick über unsere Felder,
wenn du deinen Ruhm
über unseren Häuptern schweben läßt.

(Aus: C. Pierre, Musique des fêtes et cérémonies de la Révolution française, Paris 1899)

21.

Den Manen der französischen Minister, ermordet in Rastatt, Trauergesang
(Jahr VII)

Citoyenne Herouard

Melodie: Romanze von Othello

Französisches Volk, betrachte diese Zweige,
Mit einem Trauerflor verhüllen sie ihren Schmuck.
Sieh die Dolche unter ihrem so klaren Schatten,
Diese schwarzen Zypressen, diese Trauerfackeln.
Wir weinen, Franzosen, aber wir rächen unsere Schmach.

Oh Tag des Grauens! Das Blut fließt in Strömen,
Es welkt das Grün des Olivenbaums.
Himmel, erschauere! Erde, zittere und bebe!
Unter seinen Blättern hebt man die Gräber aus.
Wir weinen, Franzosen, aber wir rächen unseren Schmerz.

Geweihter Baum, Symbol des Friedens,
Deine reichen Früchte, Hoffnung der Natur,
Ein grausamer König, ein schändlicher Meineid
Hat sie in das Blut der Franzosen getaucht.
Wir weinen, Franzosen, aber wir rächen unsere Schmach.

Der entwürdigte Adler befiehlt den Mördern,
Wie dieses schreckliche Abenteuer zu begehen sei!
Das Verbrechen eilt, und seine gemeine und sichere Hand
Durchstößt die Brust unserer Botschafter.
Wir weinen, Franzosen, aber wir rächen unsere Schmach.
Klagende Manen, hört unsere Stimmen;
Das französische Volk kommt, um über eurer Grabstätte
Seine furchterregende Waffe zu weihen:
Geliebte Manen, nehmt unseren Eid entgegen.
Wir weinen, Franzosen, aber wir rächen unsere Schmach.

Ja, wir schwören bei diesen heiligen Hüllen,
den Makel des Olivenbaums zu tilgen;
Rache, eile herbei, der Franzose fleht dich an;
Leite unsere Schüsse in das Herz der Tyrannen.
Wir weinen, Franzosen, aber wir rächen unsere Schmach.

Oh Nationen! Eilt herbei unter unsere Banner:
Flieht den befleckten Bund der Mörder,
Und man wird bei dem zukünftigen Geschlecht sagen:
Die Menschheit vereint ihre Helden.
Wir weinen, Franzosen, aber wir rächen unsere Schmach.

(AN, AF III 273)

22.

Patriotische Lieder
(Jahr II)

Citoyenne Thiémé

ROMANCES

ET AIRS PATRIOTIQUES

Avec Accompagnement de Forte-Piano

Composés Par la

Citoyenne Thiémé

TERMINÉ

Par l'Air de la Montagne avec sept Variations
servant d'Accompagnement au chant des Couplets

Prix 4^{lt}. 5^{s}.

À PARIS

Chez J.H. Naderman *Luthier rue d'Argenteuil Bute des Moulins à Apollon*
Chez le Cit. Mercier M.^{d} de Musique Rue des Prouvaires N.° 573
à Rouen *Rue de la Fondation N.° 2.*
Et dans les Grandes Villes de la République
Chez tous les M.^{ds} de Musique

Air Patriotiques.

Chante a Rouen, au Temple a l'Eternel
a grande Symphonie et a grand Chœur.

2e Couplet
(Aux Esclaves gémissants
Ô vous à qui le despotisme
Inspira toujours de l'horreur
Vous qui portés au fond du cœur
Le germe du patriotisme (bis)
Levez vous et brisez vos fers
Animez d'une sainte rage

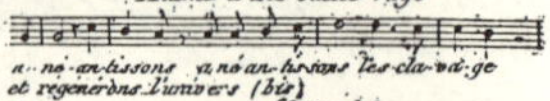

3e Couplet.
(Au Peuple Français.)
Vainement le plus vil des êtres,
L'hypocrite modérateur.
S'oppose a ta juste fureur
Soyons sans pitié pour les traitres (bis)
Celui qui veut tout pardonner
Des vertus n'a que l'apparence
Il ne tiendra a la Clémence
Que pour te faire assasiner (bis)

4e Couplet.
(Aux Ennemis du Peuple Français
Tyrans, dont la folle insolence
Menace de nous rendre aux fers
Intrigants dont l'esprit pervers
Près de nous conspire en silence (bis)
Vous allez être aneantis
Nous avons forgé le tonnerre
Qui va bientôt purger la terre
Des monstre de tous les partis. (bis)

8

Chant Funêbre, d'une Mère.

Sur le Tombeau de son Fils, Mort pour la Liberté.

2e Couplet. Mineur

3e Couplet. (au Majeur.)
Mais tu reviens des ombres du trepas
Consoler mon âme attendrie: (bis.)
{Ton sang me dit: mère, ne pleure pas
{Ton fils mourant pour la patrie (bis)

4e Couplet. (au Mineur.)
A ma douleur pardonne au mon pays
Elle ne te fait pas injure; (bis)
{Laisse couler quelques pleurs sur un fils
{Mon cœur les doit a la nature (bis)

5e Couplet. (au Majeur.)
Que ma patrie épuise encore ses flanc.

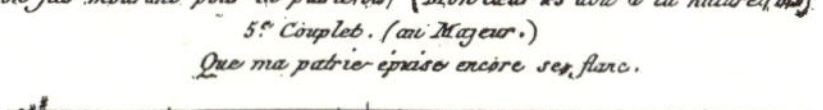

{La Liberté va me payer mon sang (bis)
{Et consolera ma misere

Air Patriotiques avec Variations.
Servant d'Accompagnement au Chant des Couplets aux Montagnards.

Andante.

14
3e Var.
Qui de ce bienfaisant ruisseau peut arêter le cours ra-pi
de qui peut cor-rom-pre ou tarir son eau si ce n'est ce marais fé-ti
de il le change en bourbier fa-tal pour l'habitant de la cam-pa
gne son onde é-toit comme un cris-tal sortan' de la mon-ta
gne sortant de la mon-ta-gne.
16
tes pieds vous le se- fer-mer du haut de la mon
ta-gne du haut de la mon-ta-gne
5e Var.
La ver-tu nous pla-ce tres haut le vice
a baisse il hu-mi-li-e on
ram-pe quand on est un sot on s'é-
leve a-vec du gé-ni-e au par-nas
se un au-teur gra-vit s'il veut la gloi-re pour com
pa-gne le dieu du goût et de l'es-
prit sie-ge sur la mon-ta-gne sie-
ge sur la mon-ta-gne
15
4e Var.
Dans u-ne plaine on craint sou-vent la pluie
ou la grêle ou l'o-ra-ge dans la plai-
ne re-gne le vent et crê-ve toujour les nu-a-
ge ce ton-ne-re qui fait trem-
bler quand l'eclair brillant l'ac-com-pa-gne sous

18
Adagio
6e Var:
Grand pedale
Quand dieu fit en tendre sa voix a l'hé-
breux re-belle et vo-la - ge quand l'é ter-
nelle don-na des loix qui devoient le ren-
dre plus sa - ge pour pro - non
19
cer de tets ar-rets il ne c'est pas mis en cam-
pa - gne mais il a dic - té ces dé-
crets du haut de la monta gne du
haut de la mon-la gne

20
Andante
7e Var:
Tous les traî - tres se-ront pu-nis leurs re-
mords nous ven-ge d'a-van - - ce tout les des-
po - tes ré - u-nis res-pec - te - ront bien-
tot la fran - - ce marchons pour les é-
21
cra - ser tous de pas le nord jus qu'a les-pa
gne répu - bli cains rassem - blons nous au
tour de la monta - - gne au-tour de
la monta - gne

IV. Theaterstücke

Schablone für eine patriotische Keramik aus Lyon (aus: Champfleury, Histoire des faiences patriotiques sous la Révolution. Paris 1866)

23.

Die republikanische Heroine[3] Komödie in Prosa, durchsetzt mit kurzen Arien

Citoyenne Desmoulins

Schauspieler:

Ein General *der Armee*
Mondor, *Dichter*
Valcour, *junger Offizier, Geliebter der Heroine*
Die Heroine, *Zélime*
Ferval, *Freund von Valcour*
Oronte, *Vater von Valcour*
Argante, *Frau von Oronte*
Rose, *junge Bäuerin*
Colas, *junger Bauer*
Einige Dorfbewohner
Frontin, *Diener des Dichters*

Die Szene spielt auf dem Land.

Auf der Bühne ist eine Art Platz und eine Landschaft dargestellt. Seitlich sieht man das Arbeitszimmer von Mondor, in den vier Ecken sind die Büsten von Marat, Lepeletier, Voltaire, J.J. Rousseau aufgestellt, auf Inschriften liest man die Worte: Einheit, Unteilbarkeit, Freiheit, Gleichheit, Brüderlichkeit oder der Tod; ferner die Trikolore.

3 Dieses Stück basiert auf einer wahren Begebenheit, und die Heroine, von der die Rede ist, ist für ihre Dienste und ihre Tapferkeit vom Nationalkonvent ausgezeichnet worden.

DIE REPUBLIKANISCHE HEROINE

ERSTE SZENE

MONDOR, FRONTIN

MONDOR: Wie spät ist es?

FRONTIN: Noch nicht acht Uhr.

MONDOR: Zeit, daß ich frühstücke, ich arbeite seit fünf Stunden, und ich spüre ein starkes Verlangen.

FRONTIN: Immer schreiben? Ich glaube, Sie werden noch verrückt mit ihren Versen, ihren Komödien, ihren Romanzen ... In Wirklichkeit betrübt es mich, euch ohne Unterlaß die Qual, Autor zu sein, eurer Erholung vorziehen zu sehen. Und im übrigen, welchen Vorteil glaubt Ihr in einer Zeit, in der das einzige Vergnügen unserer Mitbürger darin besteht, die Feinde zu schlagen, aus euren literarischen Arbeiten zu ziehen?

MONDOR: Danke für deine Ratschläge. Hole mir etwas zu Essen, das ist das Wichtigste. *(Frontin geht)*

(Mondor fährt fort:) Ihm ist das Vergnügen, dem Ausdruck zu geben, was man fühlt, fremd, diese glückliche Leichtigkeit, dieses kostbare Geschenk der Natur.

(Er singt:)

Lied (in Noten gesetzt)

Die Kokette, die treulose
erliegt den Wirkungen dieser bezaubernden Gabe;
die Schönheit, die grausamste,
läßt sich blenden von den Liedern:
Am Tisch reimt man beim Wein;
jede Strophe, zwanglos gedichtet,
läßt uns ein neues Fläschchen öffnen;
auf dem Marsfeld, andere Wunderwelt:

Trotz des Lärms der heftigen Kanone
bezaubert jede Strophe das Ohr;
der Soldat wiederholt das Lied,
während die Leibgarde wacht.

Zweite Szene

Mondor, Frontin

(Frontin bringt Brot und eine Flasche Wein)

Frontin: Eine Reihe von jungen Leuten möchte Euch gerne sprechen.

Mondor: Wahrscheinlich um mich zu bitten, ihnen einige Lieder zu Ehren des tapferen Generals zu schreiben, der in diesem Kanton befiehlt; ich bin sofort bereit, ihnen zu dienen, doch erst habe ich einen Moment Erholung nötig. Mit welchem Vergnügen werde ich diesen edlen und mutigen Vaterlandsverteidiger besingen! Wie angenehm ist es, den Anordnungen eines solchen Befehlshabers zu gehorchen!

Frontin: Man redet mit allgemeiner Begeisterung davon; aber eine andere Angelegenheit zieht die Aufmerksamkeit mehr auf sich, es handelt sich um den jungen Offizier, der neulich hier erschienen ist; er verdreht allen jungen Mädchen den Kopf. Was mich betrifft, der ich immer nur die Ehre hatte, ein wahrer Hasenfuß zu sein, so überkommt mich bei seinem Anblick ein Mut, der mich zum ersten Soldaten der Welt machen könnte.

(Er singt:)

Lied (Melodie: Carmagnole)

Ja, ich fühle es, die Freiheit *(Wdh.)*
und diese liebenswerte Gleichheit, *(Wdh.)*
sie müssen auf ewig regieren
im Herzen eines Franzosen.
Laßt uns alle für den Ruhm leben;
möge uns die Kanone

auf dem Feld des Sieges
in Gleichklang bringen.

MONDOR: Mut! Frontin, du singst wunderbar, aus dir kann etwas werden; ich zweifle nicht daran, dich eines Tages als Dichter und Soldat zu sehen.

FRONTIN: Keineswegs; alle Menschen haben Mut, der Ruhm ihres Landes kann ihn allen eingeben: welch ein Unterschied zwischen einem Dichter und einem Soldaten!

MONDOR: Sieh da! In der Tat geistvolle Worte! Sprich, fahre fort!

FRONTIN: Erregt euch nicht über meine Kühnheit: das, was ich sagen möchte ist, während der eine kämpfend zum Invaliden wird, gelangt der andere schreibend ins Hospital.

MONDOR: Ich verzeihe dir zugunsten der Wahrheit. Hole jene Kinder. Ich bin bereit, sie zu hören.

FRONTIN: Sofort; aber da kommen sie schon.

(Sie erscheinen, die einen mit der Nationaluniform, die anderen mit Freiheitsmützen.)

DRITTE SZENE

MONDOR, EINIGE DORFBEWOHNER, ROSE, COLAS, FRONTIN

MONDOR: Kinder, was treibt euch zu mir?

ROSE: Die Liebe!

COLAS: Die Dankbarkeit!

DIE ANDEREN *im Chor*: Ja, die Dankbarkeit!

MONDOR: Nun denn! Viele Gefühlsabstufungen! Aber legt eure Gründe dar!

Rose: Sie wissen, daß mein Vater aus der Armee kommt, daß er einen Arm verloren hat; der General hat ihn heilen lassen und ihm alle Sorgen angedeihen lassen, aber er treibt seine Großzügigkeit auf die Spitze, denn ich erhalte eine Aussteuer und heirate einen Artilleristen.

Mondor: Ich beglückwünsche Sie dazu.

Colas: Das ist noch nicht alles. Sehen Sie all unsere Nachbarn? Sie kommen wie wir um Ihre Hilfe zu erflehen, um ihm die gebührende Ehre zu erweisen. Ohne ihn wären wir verloren, unsere Frauen, unsere Mütter, unser Eigentum, alles hat man respektiert. Und wie könnten wir ihm unsere Dankbarkeit erweisen?

Rose: Welches Glück für Sie, Citoyen, inspiriert zu sein und den anderen Anregungen geben zu können!

(Sie singt:)

Lied (Melodie: de la Croisée)

Es fehlt uns an Ausdruckskraft,
um ihm unseren Eifer zu beweisen.
Nutzen Sie die Gelegenheit!
Kann es eine schönere geben?
Lassen Sie ihren Geist erstrahlen,
begeistern Sie jeden von uns.
Wenn es uns auch ein wenig an Erfahrung mangelt,
so besitzen wir doch eine Seele. *(Wdh.)*
Bedarf es, um unseren Wohltäter zu feiern,
so viel an Zurückhaltung?
Wir verdanken ihm unser Glück;
unsere Bemühungen sind darauf gerichtet,
ihm zu gefallen,
ihn zu sehen, ihn zu lieben, ihn zu schätzen.
Dies ist unser höchstes Gut!
Es ist leicht zu bestimmen;
geben Sie ihm den rechten Ausdruck!

MONDOR: Meine Freunde, da genügt ein Wort, das jeder versteht, ihr werdet zufrieden sein, verlaßt euch auf meine Hilfe! *(Sie gehen) (Zu Frontin:)* Ich komme gleich wieder, bleib während meiner Abwesenheit hier.
(Er geht)

VIERTE SZENE

FRONTIN *(allein)*: Dieser Mann geht mir auf die Nerven mit seiner Manie! Wenn das so weiter geht, werden wir nicht weit kommen. Ach! grausamer Apollo, du bist ein großer Meister, dagegen sind deine Schüler große Verrückte. Tag und Nacht muß er schreiben; wenn ihm eine Idee kommt, während er seine Suppe ißt, schnell ruft er nach mir: 'Frontin! mein Stift, Papier!' Ich täte gut daran, zu rufen: 'Essen Sie! Die Mahlzeit wird kalt!' Ich verliere meinen Morgen und habe nichts davon! Nachmittags, wenn er spazierengeht, tun Stift und Schreibtafel das ihre, und ich sehe ihn so sehr erhitzt von der Sache, die ihn bewegt, ankommen, daß er, statt mir auf das, was ich ihm in ziemlich schlechter Prosa sage, zu antworten, Reime von sich gibt, von denen ich nichts verstehe. Und so verbleiben wir, ohne uns zu verstehen. Gott! da ist er! Welch belebter Ausdruck!

FÜNFTE SZENE

MONDOR, FRONTIN

MONDOR: Ist niemand gekommen?

FRONTIN: Niemand.

MONDOR: Hast du gut nachgedacht, hast du dich gut mit mir beschäftigt?

FRONTIN: Wer könnte sich dem entziehen, Sie sind ein so bedeutender Mann!

MONDOR: Gib zu, daß du meine große Güte recht ausnutzt, und daß es deiner eine große Portion Nachsicht bedarf. Geh, und sag dem jungen Offizier, der mich kürzlich sehen wollte, daß ich ihn hier erwarte!

FRONTIN *(zur Seite, im Fortgehen)*: Das ist schon wieder für irgendwelche Gedichte! Ach! armer Handel, du wirst große Mühe haben, uns zu bereichern!

SECHSTE SZENE

MONDOR *(allein)*: Mir scheint, er ist verliebt, die Liebe hat wenig Mittel, sich zu verbergen, diese üble Krankheit hat doppeltes Pech, sie kann sich weder verstecken noch heilen!

(Er singt:)

Lied: Avec les jeux dans le village

Ach, dieses Geschlecht verfügt über Reize,
derer wir uns vergeblich erwehren,
Freunde, streckt die Waffen!
Sein Sieg ist gewiß!
Seinen Reizen und seiner Schönheit
schulden wir alle eine treffende Huldigung:
Wenn es uns vor seinen Wagen spannt,
Freiheit ade, ade! *(Wdh.)*

Hören wir ihn an, gestehen wir ihm Nachsicht zu, und wenn nötig einige Hilfe.

SIEBTE SZENE

VALCOUR, MONDOR

VALCOUR: Ach! mein Teurer! ich bin verliebt, verrückt, verzweifelt, ich will dich nicht bitten, mir dabei zu helfen, meinen Wahnsinn zu bekämpfen, sondern darum, ihm einen guten Ausdruck zu geben. Sei überzeugt, daß all das, was die Liebe bei einer empfindsamen Seele ausrichten kann, nichts ist im Vergleich zu dem, was ich empfinde.

MONDOR: Wir sind geboren, um zu lieben und um schwach zu sein, aber im Herzen eines Franzosen steht der Ruhm über allen Leidenschaften.

VALCOUR: Der Ruhm! Sie känken mich! Das was mein Herz entflammt, macht mir meine Pflichten tausendmal teurer, und um sie besser zu erfüllen, will ich mich für immer binden. Hilf mir, durch Anmut, durch dein Wissen und dein Genie.

MONDOR: Aber was willst du? Wer kann besser das Gefühl ausdrücken als der, der es empfindet? Was soll ich dir sagen? Von seiner Liebe kann man mühelos reden, aber es ist recht fad, andere von ihr reden zu lassen.

(Er singt:)

Lied: De Flora

Die Augen beschreiben die Gefühle,
der Geist diktiert, das Herz inspiriert;
um das auszudrücken was du fühlst,
kann man in den deinen lesen.

VALCOUR: Deine liebenswürdige Beredsamkeit wäre wohl fähig, mich zu überzeugen; aber lerne erst meinen ganzen Kummer kennen: Meine Eltern wollen mich an das reichste Mädchen des Kantons verheiraten, und das Ziel meiner Wünsche hat nichts zu teilen als seine Ehre, seinen Ruhm und seine Schönheit. Ihre unermeßlichen Schätze sind nichts in den Augen der Begierde, die rechnet, sie sind alles für mein Herz, und ich will keine anderen. Bis heute habe ich Stillschweigen bewahrt, sie weiß nichts von der Macht, die sie über mein Herz hat, das keine anderen Sehnsüchte kennt, keine anderen Wünsche hat als die, alle Augenblicke meines Lebens zwischen ihr und meinem Vaterland zu teilen.

MONDOR: Die Neugier quält ein zum Wissen geborenes Wesen! Die Einzelheiten deiner Schilderung haben eine so bezaubernde Färbung, daß ich dich bedrängen muß, mich an der Freude teilhaben zu lassen, sie zu bewundern. Sag es mir, sag es mir, mein teurer Valcour, nenn mir die, die dein Herz entflammt; das ist der Preis zu dem ich bereit bin, dein Anwalt zu sein, dein Beistand: oh, eile dich, mich zu unterrichten!

VALCOUR: Du sollst alles wissen! Zélime ist ihr Name, seit ihrer frühesten Jugend hat sie ihre Familie verlassen, um zu reisen; ihr Motiv war die Idee, sich zu bilden; das Streben, Kenntnisse zu erwerben und der Ruhm ließen sie alles in Angriff nehmen. Der Krieg brach aus, sie war die erste, die um Teilnahme bat, man gab ihren inständigen Bitten und ihrem Mut nach. Stolz, unsere Feinde zu besiegen, kämpfte sie heldenhaft; jung frisch und hübsch, wieviel Herzen könnte sie entflammen! Ich konnte mich nicht dagegen wehren, mich in sie zu verlieben, sie zärtlich zu lieben und sie zu achten. Sie hat sich allen Wagnissen und Gefahren ausgesetzt; stets war sie die erste beim Angriff, mit ihrem Mut vermochte sie all unsere Brüder auszustechen. So vereinigen sich in diesem begünstigten Geschöpf die Reize eines liebenswerten Geschlechts und der Wert eines Kriegers. Das ist sie also, sie, für die die Wertschätzung sich nicht von den Gefühlen trennen läßt, die sie erregt. Du siehst, wie ich auf das Feuer deines Genies angewiesen bin, um ihr meine Liebe, meine Achtung und meine Bewunderung zu beschreiben.

(Er singt:)

Lied (Melodie: Marseillaise)

Ja, der Ruhm meines Vaterlandes
ist mir ebenso teuer wie deine Liebe;
mein Leben will ich weihen, sie abwechselnd zu preisen; *(Wdh.)*
der Sieg im Kampf ruft mich,
auch die Liebe ist so gütig, mir hold zu sein:
Ich kenne nur ein Vergnügen,
das des Gatten und des zuverlässigen Soldaten!
    Göttliche Freiheit,
    Liebenswürdige Gleichheit,
    von euren Wohltaten
    erhoffe ich den ruhmreichen Erfolg!

MONDOR: Oh, wunderbar! Wer so innig zu fühlen imstande ist, bedarf keinerlei Hilfe! Die Beredsamkeit ist ein falscher, unnötiger Schein. Das Gefühl ist von natürlicher Ausdruckskraft, eine Sprache kann man sich aneignen, ein Herz dagegen nicht; und regt das Herz uns an, bedarf es dann der Hilfe der Kunst! Nur Mut, mein Freund, gib nicht auf, zeige, daß Mars und Armor immer ihre Helden hatten, zähle auf meinen Eifer, sofern ich dir dienen kann. Ich werde mich jetzt dem Arrangement eines kleinen Festes zuwen-

den, um deinen berühmten General zu feiern, ich verlasse dich, um sobald als möglich zurückzukehren.
(Er geht)

Achte Szene

Valcour *(allein)*: Wie glücklich wäre ich, könnte ich ein Wesen finden, das so edelmütig wäre, sich bei meinem Vater in dieser Angelegenheit für mich einzusetzen. Welch ein Augenblick! In acht Tagen müssen wir von hier fort; welche Freude wäre es für mein Herz, die an meiner Seite zu haben, der mein Interesse gilt. Mit welcher Begeisterung könnte ich unsere Feinde schlagen!

(Er singt:)

Lied (Melodie bekannt):

Stets läßt uns die Schönheit dem Sieg entgegeneilen,
bis in den Himmel wird ihr Triumph getragen,
und ohne die Hoffnung, der Schönheit zu gefallen
Kennte man nicht den ganzen Preis des Ruhms.
Charmantes Geschlecht, bezauberndes Geschlecht,
den Stolz und den Mut regt ihr an,
die Talente und die Künste sind euer Werk.
Ihr triumphiert über alle Herzen,
ihr seid es, die uns mit einem Hauch entflammen,
ihr seid es, die uns beseelen,
der Natur verdanken wir das Leben,
euch verdanken wir die Liebe!
Stets läßt uns die Schönheit ... etc.

(Am Ende des Liedes tritt Zélime ein)

NEUNTE SZENE

ZELIME, VALCOUR

ZELIME: Ihr wirkt so heiter.

VALCOUR *(abgewandt)*: Das ist der rechte Augenblick, um mich ihr zu offenbaren!

ZELIME: Sie sprechen mit sich selbst; zweifellos störe ich, unter Kameraden muß man sich nicht im Wege stehen.

VALCOUR: Sie, mir im Wege stehen? Oh, Zélime, Gedanken lesen können Sie nicht!

(Er singt:)

Lied: Ah! que je suis frais et dispos.

An den Augen läßt sich die Freude ablesen,
sie sind der Spiegel unserer Seele,
ihr Glanz zeigt den Grad unserer Erregung,
die Liebe weiß sie nicht zu verbergen.
Hören Sie hier ihre Sprache,
wenn man sie so gut anzuregen weiß,
dann fragt man nicht weiter.

ZELIME: Sie sind verliebt? Wahrhaftig, darüber hätte ich mich nicht getäuscht. Woran denken Sie?

VALCOUR: Gewohnt an die Verehrungen, die man Ihnen entgegenbringt, darf es mich nicht erstaunen, daß Sie die meinen zurückweisen, das stimmt mich noch betrübter.

ZELIME: Sie tun mir unrecht.

(Sie singt:)

Lied:

Nein, um des wahren Glücks gewiß zu sein,
bedarf es nicht der Liebe;
mein Herz will ich allein an der Vernunft,
die ich vorziehe, berauschen. *(Wdh.)*
Sollte ich mich je zu einer Ehe verpflichten
könnte mich der, der mich heiraten möchte,
nur durch Achtung an sich binden. *(Wdh.)*

Ist erst die Trauung vollzogen,
sind erst zwei Ehegatten aus zwei Geliebten geworden,
macht sich die Liebe auf der Stelle davon!
Adieu, ihr zärtlichen Gefühle! *(Wdh.)*
Betroffen von einer ähnlich angenehmen Wärme
prüft man sich, doch vergebens,
denn das Vergnügen des folgenden Tages
hat mit dem des Vorabends nichts gemein. *(Wdh.)*

VALCOUR *(sich zu ihren Füßen niederwerfend)*: Oh Zélime! Schwören Sie diesen Worten ab! Sehen Sie zu Ihren Füßen den zärtlichsten Liebhaber, den aufrichtigsten Freund und den Gatten, der Ihrer am würdigsten ist! Betrachten Sie meinen Antrag nicht als bloße Schwärmerei! Sie fürchten die Macht der Liebe und ihre Unbekümmertheit, Sie hätten recht, wenn diese Liebe nur die Folge einer Leidenschaft wäre, die schon mit dem Aufflammen wieder verlöscht, weil sie lediglich auf das Feuer der Phantasie gegründet ist. Aber wenn sie auf dem Fundament der Achtung und des Vertrauens ruht, dann kann diese Liebe nur enden, wenn auch alles andere dahin geschwunden ist. Urteilen Sie selbst über ihre Dauer, da ich nun einmal in Sie ebenso verliebt bin wie Sie liebenswert sind.

(Er singt:)

Lied: Que ne suis-je la fougère!

Wenn man die Schönen betrachtet,
erblickt man keine so schön wie Sie,
Sie stellen alle in den Schatten,

selbst die, die wir alle einander streitig machen.
Man möchte sagen, daß die Liebe
auf ihren Flügeln vom Himmel
immer neuen Liebreiz herbeiholen wird,
den sie in Euren Augen zum glänzen bringt.

ZELIME: Valcour, Euer Interesse an mir rührt mich; eine Verehrung, wie sie auch immer sei, schmeichelt stets dem, dem sie gilt. Aber warum unnütz ein Feuer schüren? Ich werde nicht die Ihre sein können, die Dürftigkeit meines Vermögens ist ein unüberwindbares Hindernis in den Augen Ihrer Eltern. Seit ich die meinen verlassen habe, habe ich nach Möglichkeiten gesucht, ihre Hilfe nicht in Anspruch zu nehmen, mein begrenztes Streben hat mir genügt: die Republik war so gütig, mich für meine geringen Dienste zu belohnen, meine Selbstachtung macht mich reich; aber diese Vorzüge sind allein für mich von Wert.

VALCOUR: Sie reichen uns beiden, ich kümmere mich um alles, und ich werde Erfolg haben. Die Liebe verfügt über stärkere Waffen, um sich durchzusetzen, wenn all das was sie erregt, sie veranlaßt, mit Erfolg zu kämpfen. *(Er lauscht)* Jemand nähert sich. Ziehen Sie sich zurück, meine liebe Zélime, man wird mich leicht durchschauen, und ich achte Sie zu sehr, um nicht zu fürchten, Ihnen zu schaden.

ZEHNTE SZENE

FERVAL, MONDOR

FERVAL: Ich komme, um dich zu beglückwünschen. Man sagt, mein Lieber, daß du in eine charmante Frau verliebt bist; und in meiner Eigenschaft als Freund und Kamerad hoffe ich, daß du mir sagst, wer der Gegenstand einer so schönen Begeisterung ist.

VALCOUR: Das ist mein Geheimnis! Und trotz der Freundschaft, die uns verbindet, flehe ich dich an, mich nicht zu einem Geständnis zu drängen.

FERVAL: Wer seine Freunde liebt, hat keine Bedenken gegen sie, erst recht nicht, wenn sie dazu bestimmt sind, unsere Freuden und Leiden zu teilen.

Valcour: Deine Zuneigung rührt mich, gern würde ich dir die meine zeigen, aber ich bitte dich noch einmal, erwarte keine Bevorzugung.
Höre:

(Er singt:)

Lied: Pouvez-vous bien douter encore

Liebende, möge eine wechselseitige Begeisterung
den einen dem anderen kostbar machen;
wollt ihr, daß sie ewig währt?
So wahrt stets euer Geheimnis.
Es genügt nicht, liebenswert,
geliebt und verliebt zu sein:
Fehlt das Geheimnis,
so fehlt auch der Liebschaft die Dauer. *(Wdh.)*

In einem verliebten und zärtlichen Herzen
wird auch ein herrlich loderndes Feuer,
ist es nicht gut verborgen,
in Kürze verglühen und erlöschen.
Ist es erst zur Schau gestellt,
bereitet es uns weniger Vergnügen,
aber im Geheimen verborgen
währt die Liebe ewig.

Ferval: Deine Ansicht teile ich schon, doch habe ich den Fehler, maßlos neugierig zu sein. Im übrigen bin ich so überzeugt von deinem guten Geschmack, daß du mich ganz neidisch machst ...

Valcour: Es erfordert reichlich Großherzigkeit, mir dieses Opfer zu bringen.

Ferval: Wüßte ich dich zum Beispiel verliebt in eine gewisse Schönheit, der ich selbst zugeneigt bin, so gestehe ich dir, daß ich dir nicht nur Beifall spenden werde, ich könnte auch versuchen, dir nützlich zu sein.

Valcour: Ich durchschaue dich nicht.

Ferval: Ich dich auch nicht. Von mir aus können wir Vorsicht und Geheimnis beiseite lassen.

VALCOUR: Deine Gründe sind nicht die meinen. Stell mir nur eine Frage, und rätst du richtig, so antworte ich in aller Offenheit.

FERVAL: Ein Geständnis beweist das Vertrauen, und das Anvertrauen eines Geheimnisses bindet an den, dem man vertraut.

(Er singt:)

Lied: Daigner m'épargner le reste

Von dem Geständnis deiner Gefühle
werde ich den besten Gebrauch machen,
dein Glück entflammt meine Sinne.
Erlaube mir, daß mein Herz geteilt ist.
Alle meine Wünsche wären erfüllt,
wenn es mein Werk werden könnte,
und wir wären beide glücklich,
kann es ein reineres Vergnügen geben?

VALCOUR: Also gut! Im Namen dieser Freundschaft, die auf ewig die Bande zwischen uns knüpfen soll, flehe ich dich an, mir jene zu nennen, an der dein Herz zu hängen scheint, eine heimliche Vorahnung scheint mir zu verkünden, daß es für uns beide von Nutzen sein könnte.

FERVAL: Also muß ich deiner Ungeduld nachgeben. Zélime ist ihr Name und ich kann jeden verstehen, dessen Herz für sie entflammt. Sie versteht es, zugleich Mut und die lebhafteste Leidenschaft zu erregen. Doch erkläre ich dir, daß ich für sie mehr Achtung als Liebe empfinde. Ich achte eine Frau, die es vorzieht, in der Blüte ihres Alters das Elternhaus zu verlassen, um sich den Schrecken des Krieges auszusetzen und dort dem Tod und den Feinden zu trotzen, statt zu gefallen zu versuchen; die es vorzieht, für das Vaterland zu kämpfen, statt sich für ihren Charme verwöhnt zu sehen. Ach mein Freund! Welch ein Beispiel für die Männer! Welcher Mann möchte nicht Soldat werden und an der Seite eines solchen Kameraden siegen. Das ist also das Modell, das ich meinen Brüdern und dem bezaubernden Geschlecht vorstelle, das sich rühmen kann, an einem solchen Geschöpf teilzuhaben.

VALCOUR *(ihm um den Hals fallend):* Ah! du hast mich durchschaut: sie ist meine Heroine, mein Geheimnis!

FERVAL: Ich bin entzückt! Na also! Zum ersten Mal in meinem Leben kann ich mich an einem so vollkommenen Glück erfreuen: Glaub mir, dein Glück wird mein Werk sein, du sollst den Preis der Freundschaft kennenlernen, ich verdanke dir weit mehr als ich dir geben kann, indem du mich an deinen süßen Vorrechten teilhaben läßt.

(Er singt:)

Lied: Oh! Mahomet

Zärtliche Freundschaft, ich liefere dir meine Seele aus,
ja auf ewig wil ich deinem Gesetz folgen;
in jedem Augenblick fühle ich, wie deine Flamme sich entwickelt,
vergeblich sucht man das Glück fern von dir.
Zärtliche Freundschaft etc.

Ja! die Freundschaft, immer unbefangen und rein,
läßt uns die glücklichsten Augenblicke genießen,
sie ist ungekünstelt und ehrlich,
die Achtung verstärkt ihre entzückenden Bindungen.
Ja! die Freundschaft etc.

VALCOUR: Gäbe es besondere Ausdrücke, um sich erkenntlich zu zeigen, sie könnten nicht treffend genug sein, um dir meine Anerkennung zu zeigen.

FERVAL: Schon gut, mein Freund, das Vergnügen nützlich zu sein, ist die vorrangigste Freude, und dieses Vergnügen ist genauso wertvoll wie selten vergönnt. Wenig Menschen kennen den Preis; überlasse mir die Sorge für dein Glück. Jemand nähert sich; laß mich allein, wir wollen uns erst wiedersehen, wenn ich alles für die erreicht habe.

(Valcour tritt ab, der General betritt die Bühne von der anderen Seite)

Elfte Szene

Der General, Ferval

Der General: Ich suche Sie überall.

Ferval: Entschuldigen Sie, mein General, hätte ich das geahnt, ich hätte nicht auf mich warten lassen!

Der General: Sie wissen, daß wir in wenigen Tagen aufbrechen, ich setze Sie davon in Kenntnis, damit Sie ihre Interessen mit ihren Pflichten in Einklang bringen können.

Ferval: Meine Interessen sind die des Vaterlands. Und ich bin jederzeit bereit. Doch ist meine Aufmerksamkeit noch auf einen Punkt gerichtet, ich bitte Sie nur noch um eine Gunst.

Der General: Ist es leicht, sie zu gewähren, können Sie im Voraus auf Zustimmung rechnen.

Ferval: Die Natur und die Liebe haben zusammen einen Prozeß, ich habe mich zu ihrem Verteidiger bestimmt, und Sie allein können ihr Richter sein.

(Er singt:)

Lied: Colin disoit à Lise un jour

Mit den süßen Reizen der Güte,
die du für uns verkörperst,
verbindest du die Liebenswürdigkeit
der Seele und den weisesten Verstand.
Glücklich zu machen
ist dein vorrangiger Wunsch.
Was soll ich mehr sagen? *(Wdh.)*

Der General: Der Gegenstand scheint interessant zu sein. Er erregt meine Neugier. Was Ihr Kompliment angeht, so bin ich dafür sehr empfänglich, bürden Sie mir neue Anstrengungen auf, um es zu verdienen, und ich werde Ihnen nur allzugern nützlich sein.

FERVAL: Valcour ist mein Freund, ich muß seinem Mut gleichermaßen wie seinen Gefühlen Gerechtigkeit widerfahren lassen. Seine Eltern wollen ihn verheiraten, und sie bedrängen ihn heftig, einem wohlhabenden Mädchen die Hand zu reichen; aber sein Herz ist ganz erfüllt von einem weitaus kostbareren Schatz: Es handelt sich um Zélime. Sie wissen, daß sie Mut mit Schönheit vereint; und für das Herz eines Soldaten sind ihre Reize allen Reichtümern vorzuziehen. Haben Sie die Güte, mir zu helfen, ein einziges Wort aus Ihrem Mund an seine unnachgiebigen Eltern kann sein Glück garantieren; Ihrer Beredsamkeit können sie nicht widerstehen. Wie wäre ich Ihnen zu besonderem Dank verpflichtet!

DER GENERAL: Ist es möglich, sich mit der Liebe und der Ehe zu beschäftigen, wenn ein anderes Interesse uns ruft?

FERVAL: Die Liebe vergrößert den Mut, statt ihn zu vermindern. Sie regt an, sie belebt; ein verliebter Soldat kämpft mit mehr Schwung, um siegreich zum Ziel seines Interesses zurückzukehren; aber wenn erst dieses Ziel an seiner Seite marschiert, welche Beweggründe beleben ihn dann, seine Feinde zu besiegen! Ach, mein General! Sie können sich nicht enthalten, meinen Ansichten beizupflichten.

(Er singt:)

Lied: Des deux jumeaux de Bergame

Soll der Lorbeer den Sieg markieren,
läßt uns die Schönheit ihm entgegenfliegen;
ruft uns Mars auf den Weg des Ruhms, *(Wdh.)*
hilft uns die zärtliche Liebe zu siegen.

(Der Vater und die Mutter von Valcour betreten die Bühne am Ende Arie.)

Zwölfte Szene

Der General, Oronte, Argante, Ferval

Der General *(zu Argante)*: Was verschafft mir die Ehre, Sie zu sehen?

Argante: Ein sehr wichtiges Anliegen, mein General.

Oronte: Ich bin der Vater von Valcour, dieses Kind ist meine einzige Hoffnung; die Liebe zu den Waffen hat ihn uns in frühester Jugend genommen, und es hat uns nie gereut, ihn den Ruhm der elterlichen Sorge vorziehen zu sehen. Aber da das Geschick ihn uns erhalten hat, wünschen wir noch vor unserem Ableben sein Glück zu sichern. Ein beachtliches Vermögen ist die Frucht meiner Arbeit, es besteht die günstige Gelegenheit, es mit dem einer jungen liebenswerten Person zu vereinen, die wir für ihn bestimmt haben. Er beharrt darauf, sich unseren Wünschen zu widersetzen und gegen unsere Zärtlichkeit zu fehlen.

Der General: Ich bin über alles unterrichtet. Euer Sohn ist anständig, und ich bin davon überzeugt, daß seine kindlichen Gefühle eure Sorge erwidern; aber das Herz läßt sich nicht befehlen, da muß man gerecht sein. Ich weiß, daß ein anderes Geschöpf seine Aufmerksamkeit fesselt. Fühlt euch nicht dadurch gekränkt, wenn das Glück die, die er vorzieht, nicht mit seinen Gaben überhäuft hat, so hat der Himmel sie zumindest dafür entschädigt, indem er ihr übernatürliche Tugenden verliehen hat. Ich appelliere an euren Patriotismus, an eure Liebe für den Ruhm der Nation.

(Er singt:)

Lied: Chacun avec moi l'avouera

Dem wahren Verdienst
ist allzeit der Vorzug zu geben;
und der, der seine Macht spürt,
hat wohl mehr als ein Vergnügen.
Macht das Geld immer glücklich?
Das Gefühl hat Vorrang!
Erfüllt es unser Herz,
macht man immer eine gute Partie.

ORONTE: Eine solche Rede, mein General, hat wohl ihre Wirkung auf meine Seele, und Sie haben mich bei meiner Schwäche gepackt.

DER GENERAL *(Ferval vorstellend)*: Dies ist der Freund eueres Sohnes, er hat es sich zur Aufgabe gemacht, sich für seine Sache einzusetzen; er hat mich gebeten, ihm Ihnen gegenüber als Anwalt zu dienen. Aber das ist nicht schwer: Sie müssen wissen, daß diejenige, die er vorzieht, bei allen Reichtümern, die ihr ihm anbietet, die Schönheit mit dem Mut eines meiner besten Soldaten verbindet. Sie hat unter meinen Befehlen gedient, und sie hat alles für die Interessen des Vaterlandes aufgegeben.

FERVAL *(sich Argante zu Füßen werfend)*: Ach! glückliche Mutter, erfüllen Sie meine Hoffnungen. *(Zum Vater:)* Und Sie, verehrenswürdiger Vater, freuen Sie sich an den süßen Vorrechten der Natur.

(Er singt:)

Lied: Le bonheur est de le répandre

Glück bedeutet, es zu verbreiten,
es über die Menschen zu vergießen,
mit unseren Händen all das zum Blühen zu bringen,
was sie mit Recht erwarten dürfen.
Gibt es ein Glück
vergleichbar der Sinnenfreude eines zärtlichen Vaters,
der sagen kann:
Alles, was der Himmel mir auferlegt hat,
all die, die in meiner Nähe atmen,
sind meine Kinder, sind meine Freunde.
Ach, welch eine Wonne in meinem Leben!
Welch ein Vergnügen, welch ein Entzücken!
Man stirbt vor Lust, (Wdh.)
in jedem Augenblick zu sagen:
Glück bedeutet ... etc.

DER GENERAL: Es ist unmöglich, daß Sie meinen inständigen Bitten und dem Nachdruck dieses großherzigen jungen Mannes widerstehen. Meine Freunde, wozu dient das Vermögen? Ist es nicht das am wenigsten achtenswerte Geschenk? Ihr Sohn ist für den Ruhm bestimmt; heiratet er das Geld, wozu werden ihm dann seine unnützen Schätze dienen, wenn er dem

Zwang unterworfen wird? Gibt er derjenigen die Hand, die er liebt, erfreut sich sein Herz an allen Gütern. Alle beide kämpfen für die Ehre ihres Landes und erhalten dafür den süßen Lohn. Wenn der Zufall sie begünstigt, wird die Nation, genauso großzügig wie ihre Repräsentanten, sich ihres Glücks annehmen; und wenn das Schicksal sie treffen wird, wird die Erinnerung an sie auf ewig in den Herzen ihrer Brüder weiterleben.

ARGANTE *(zu Oronte)*: Mein Freund, wir müssen nachgeben; das soll uns ein Vergnügen und eine Pflicht sein.

DER GENERAL: Ich nehme Sie beim Wort. *(zu Ferval:)* Geh, mein teurer Kamerad, sichere denen, an denen du Anteil nimmst, das Glück zu. *(Er geht)*

DREIZEHNTE SZENE

DER GENERAL: Ich bewundere den Einsatz dieses jungen Mannes, niemals könnte die Freundschaft einen zuverlässigeren Verteidiger haben, ich könnte mich der Gefühle, die er eingibt, nicht erwehren. Wenn die Menschen sich immer so zu lieben und zu helfen wüßten, wäre es dann nötig, für die Freiheit zu kämpfen? Und ist es nicht diese kostbare Gleichheit, die das Glück ausmacht? Oh, Ehrgeiz, und du, verhängnisvolle Habgier, die ihre immer das Schicksal der Menschen bestimmt, flieht also für immer aus unserer Mitte: möge die wunderbare Einigkeit uns zusammenführen; durch diese Tugenden erwerben wir die Ruhe, und sie allein sollen uns auszeichnen.

In diesen Augenblick vernimmt man eine Trommel, der General begibt sich mit Oronte und Argante an eine Seite der Bühne. Das junge Paar geht an der Spitze, angeführt vom Trommler, einem alten Mann und Ferval. Die Offiziere und Soldaten folgen in Zweierreihen. In ihrer Mitte tragen vier weißgekleidete Männer mit Trikoloreschärpen und Freiheitsmützen die Statue der Freiheit. Rose, verheiratet mit einem Kanonier, folgt der Fahne; die Bauern und Bäuerinnen, gekleidet in weiß mit Trikoloregürteln, die Frauen mit Bürgerkronen, die Männer mit Freiheitsmützen; alle tragen Lorbeerzweige und grüßen im Vorbeigehen den General. Der Dichter und Frontin beschließen den Zug.

Zélime und Valcour, der Greis, der Dichter, Ferval und Frontin stellen sich an der dem General gegenüberliegenden Seite auf. Alle Offiziere und Soldaten reihen sich rechts auf, mit der Fahne an ihrer Spitze. Die Bauern und Bäuerinnen links, an der Spitze die Freiheitsstatue.

Neben Zélime und Rose steht je ein großer Blumenstrauß, behängt mit Bändern in den Farben der Trikolore.

Schluss-Szene

Der General, Oronte, Argante, ein Greis, Ferval, Valcour, Zelime, der Dichter und Frontin

Der Greis *(auf den General zugehend)*: Citoyen, ich erfahre, daß meine Tochter der Anlaß für dieses bewegende Ereignis ist; lange schon sind mir die Tränen geflossen, weil ich nichts über ihr Schicksal wußte; mit Vergnügen sehe ich, daß sie, die eines mitfühlenden Vaters würdige Tochter, mehr denn je meine Liebe verdient. Erlauben Sie mir, alles zu teilen, zu dem sie Euch anregt, und ihr Glück zu besiegeln. *(Zu Zélime gewandt:)* Komm, empfange den Lohn für deinen Mut und für deine Tugend. *(Er nimmt ihre Hand und legt sie in die Valcours, dann geht er zur Bühnenmitte und singt:)*

Lied (Melodie: Marseillaise):

Die reinste Liebe,
sie läßt uns die zärtlichsten Töne vernehmen:
Die süßen Reize der Natur,
sie entflammen all unsere Sinne! *(Wdh.)*
Welch ein Jubel für uns,
wird sie uns vergolten!
Was erwartet man von der Liebe?
Liebt man nicht so?
  Gelobt sei die Tugend!
  Ehre sei ihr erwiesen!
  Der Ruhm *(er weist auf Zélime)* und seine Reize
  verheißen ihr ewige Dauer.

Zelime *(gleiche Melodie)*:

Die unantastbare Liebe zu meinem Vaterland,
sie hat mich erfolgreich kämpfen lassen.
Freiheit, geliebte Freiheit,

ich kenne nur deinen Segen. *(Wdh.)*
Für den Ruhm habe ich alles geopfert,
den Feinden wußte ich zu trotzen,
kann es höhere Werte geben?
Gibt es einen schöneren Ruhm?
    Es lebe, es lebe der Ton
    der liebenswerten Kanon!
    Die Liebe *(Wdh.)* kann ihren Reizen
    niemals gleichkommen.

VALCOUR *(zu seinem Vater, gleiche Melodie)*:

Ich habe nur den einen Wunsch, euch zu gefallen,
es ist mein Glück, euch zu lieben;
die vergebliche Lust, unnachgiebig zu sein,
wiegt sie die auf, sich zu verlieben? *(Wdh.)*
Nichts übertrifft die Stimme des Herzens,
mit ihr werden wir zuerst vertraut,
noch bevor man die Vernunft anhört,
ist die Natur zu befragen.
    Es lebe, es lebe auf ewig
    der Ruhm und seine Wohltaten.
    Die Liebe *(Wdh.)* (auf Zélime zeigend)
    und ihre Reize,
    sie werden meine Erfolge leiten.

ORONTE *(zu dem jungen Paar, gleiche Melodie)*:

Meine Kinder, immer werde ich sie bewahren,
die Erinnerung an diesen günstigen Tag.
Bereitet er euch große Freuden,
so ist er für mich der Gipfel meiner Wünsche. *(Wdh.)*
Meine lieben Freunde, an ihrem Beispiel
laßt uns Mars vereint mit Armor feiern.
Auf daß jeder von uns ihnen in seinem Herzen
einen Tempel bereitet!
    Es lebe, es lebe auf ewig
    der Ruhm und die Franzosen;
    die Ehre und der Lorbeer
    krönen ihren Erfolg.

DER GENERAL *(tritt vor und sagt)*: Meine Freunde, die anderen glücklich zu machen ist ein besonders ehrendes Vergnügen. Nie hat mein Herz eine wohltuendere Freude empfunden. Möge das Beispiel dieses jungen Kriegers das Herz unserer Brüder anregen, und möge der Refrain unserer Strophen auf ewig in ihre Herzen eingegraben sein.

Trommelwirbel erklingen, alles versammelt sich, um sich wieder in Marsch zu setzen. Es ertönt die Melodie "Ça-ira".

(BN)

24.

BARRA ODER DIE REPUBLIKANISCHE MUTTER

Historisches Drama in drei Akten und in Prosa
von der Citoyenne femme Villiers

Zum ersten Mal im Theater von Dijon aufgeführt
am 5. Germinal des Jahres II

Auftretende Personen:

DOROTHEE, *die Witwe Barras*
JOSEPH, *13 Jahre alt*
BLANCHE, *12 Jahre alt*
FELIX, *10 Jahre alt ihre Kinder*
CLAIRE, *9 Jahre alt*
JULES, *7 Jahre alt*
BRIGITTE, *Gastgeberin von Dorothée*
PAULINE, *ihre Tochter, 12 Jahre alt*
Der General DESMARRES

Die Szene spielt in Cholet.

ERSTER AKT

Auf der Bühne ist ein Zimmer dargestellt.

Erste Szene

BRIGITTE *(strickend)*, PAULINE *(stickend)*

PAULINE: Mama, es ist schon ziemlich spät und noch keiner unserer neuen Gäste ist erschienen! Ob sie krank sind?

BRIGITTE: Warum diese Befürchtung? Es ist gerade erst 9 Uhr. Ermüdet von einem langen Weg und erst vor wenigen Tagen nach einer langen Reise angekommen, ist es nicht weiter verwunderlich, daß sie sich ein wenig länger ausruhen.

PAULINE: Findest du nicht, daß diese Witwe Barra und ihre Kinder ziemlich interessant sind?

BRIGITTE: Oh ja, meine Liebe, sehr! Ich war ganz ergriffen, als ich sie erblickte! Eine so große Familie, die so wenig wohlhabend zu sein scheint, kommt von so weit her! Und mit welcher Absicht? Das sind bestimmt Opfer jener unglücklichen Umstände, in denen wir uns befinden.

PAULINE: Man hört sie jedoch nie gegen die Revolution murren.

BRIGITTE: Das stimmt; es gibt nichts angenehmeres und anständigeres als diese Fremden. Ich vermute, daß sie arm sind. Aber ihr ganzes Benehmen verweist auf eine gute Erziehung. Besonders die Mutter drückt sich mit Anmut und Empfindsamkeit aus. Alles an ihr erweckt Achtung und Interesse.

PAULINE: Oh Mama! Sie hat viele Vorzüge! Und wie findest du Blanche, ihre älteste Tochter?

BRIGITTE: Gut, ganz und gar gut!

PAULINE: Gut! Ach! es dürfte schwierig sein, noch besser zu sein. Ihre Seele spiegelt sich in ihrem Antlitz wider und verbreitet darauf einen unbeschreiblichen Reiz. Und dann, was sie für einen hübschen Namen hat! Höre, Mama, noch nie hat mir das Aussprechen eines Namens so viel Freude bereitet.

BRIGITTE: Welch eine Wachheit! Welch ein Schwung! Im Übrigen, wenn diese Zuneigung auch ganz persönlich entstanden ist, so hindert doch nichts daran, daß sie dauerhaft werden könnte. Blanche scheint ein gutes Kind zu sein; und ich gebe zu, daß ich genau wie du entzückt von unseren neuen Gästen bin.

PAULINE: Also gut, liebe Mutter, Dorothée soll deine Freundin sein wie ihre Tochter die meine; das wird das beste auf der Welt. Oh wie schön, daß diese würdige Familie bei uns angekommen ist.

Brigitte: Sehr schön, meine Liebe, gewiß. Seit die Briganten bis Cholet vorgedrungen sind, haben die Metzeleien oder die Furcht beinahe alle Einwohner zum Verschwinden gebracht und besonders die Fremden ferngehalten. Dieses arme kleine Haus ist bis jetzt noch dem Plündern und der Brandstiftung entgangen, unsere Armseligkeit ist unser Schutz gewesen. Da wir jedoch keine Pensionsgäste mehr finden, hätte wir nur mit recht viel Mühe existieren können. Die Vorsehung hat uns schließlich welche geschickt; in Wahrheit scheinen sie wenig begütert zu sein, aber sie werden unsere Freunde, wir werden alle zusammenleben, und diese angenehme Gesellschaft kommt wie gerufen für uns.

Pauline: Zweifellos, aber egal unter welchen Umständen ich Blanche auch kennengelernt habe, ich fühle, daß mein Herz sie immer jeder anderen vorgezogen hätte.

Brigitte: Ich höre jemanden auf der Treppe.

Pauline: Ach, Mama, das sind sie!

(Sie legt auf der Stelle ihre Handarbeit nieder, um ihnen entgegenzueilen.)

Zweite Szene

Dorothee, Blanche, Brigitte, Pauline

(Pauline nimmt Blanche bei der Hand und flüstert mit ihr.)

Brigitte: Hast du gut geruht diese Nacht, meine Besucherin?

Dorothee: So gut wie die Unruhe meiner Seele es mir erlaubt hat. Es hat uns an nichts gefehlt, dank deiner Fürsorge, für die ich dir all meinen Dank schulde.

Brigitte: Vor dieser traurigen Zeit wäre das eine andere Sache gewesen. All meine Gäste waren stets mit dieser Pension zufrieden. Und du, die bei mir so viel Interesse erweckt, was hätte ich nicht alles getan, um dich zufriedenzustellen, wenn meine Mittel meinen Wünschen entsprächen!

PAULINE *(zu Blanche)*: Palaiseau, wo liegt dieser Ort?

BLANCHE: Nah bei Versailles.

PAULINE: Ist das weit weg von Cholet?

BLANCHE: Oh ja! Ziemlich, ziemlich weit. Wir haben acht Tage bis hierher gebraucht.

PAULINE: Ist das eine schöne Gegend?

BLANCHE: Sehr schön, zumal es dort ganz ruhig ist.

BRIGITTE: Ruhig! Und diesen friedlichen Aufenthaltsort mußtet ihr verlassen, um in eine Gegend zu kommen, die Opfer aller Unruhen, aller Grauen des Bürgerkrieges ist!

DOROTHEE: Meine liebe Gastgeberin, für ein Herz erfüllt mit Bangen und Kummer existiert kein Friede mehr, und die Orte, wo man hofft, seine Ruhe wiederzufinden, die Orte, die die Gegenstände unserer Zuneigung bergen, sind die einzigen, die uns gefallen könnten.

PAULINE *(die Hand von Blanche drückend)*: Das ist wahr, und diese hier sind mir recht teuer geworden seit einigen Tagen.

BLANCHE: Gute! Liebenswerte Pauline! Ach! Wie mich dieser zärtliche Empfang bewegt und ermutigt! Und wie angenehm es ist, mich ganz der Freundschaft, die du mir entgegenbringst, hingeben zu können!

BRIGITTE: Sind unsere kleinen Kinder noch nicht aufgestanden?

DOROTHEE: Doch, sie sind alle wach. Blanche, Eine Liebe, ersetze mich bei ihnen und begleite sie hierher.

PAULINE: Blanche, erlaube mir, dir zu helfen, das wird recht bald gemacht sein.

BLANCHE: Ach! Von ganzem Herzen, meine liebe Pauline.

(Sie treten zusammen ab.)

Dritte Szene

DOROTHEE, BRIGITTE

DOROTHEE: Wie gut und hilfsbereit deine Tochter ist! So viel Zuvorkommenheit, so viel Freundlichkeit, so viel liebenswerte Eigenschaften in so zartem Alter gereichen dir genau wie ihr zum Lobe.

BRIGITTE: Oh! Ich muß mich dessen nicht rühmen, sie hat so ein gutes Naturell, daß nichts leichter ist als ihre Erziehung. Ich habe sie zu meiner Freundin gemacht, und durch die Empfindung ließ ich sie die Ratschläge der Vernunft erproben.

DOROTHEE: Indem du in ihr diese kostbare Fähigkeit entwickelst, hast du das schnellste und sicherste Mittel gewählt, um dein Ziel zu erreichen. Der Wunsch, Verpflichtungen einzugehen, das Wohlwollen, mit einem Wort die Liebe zu seinesgleichen ist die Quelle aller Tugenden.

BRIGITTE: In der Tat, ich habe stets bemerkt, daß die liebevollsten Personen zugleich gut und großmütig waren. Und die Güte! Die Sanftmut! Wie nötig sind sie für uns Frauen!

DOROTHEE: Ja, sorge dafür, daß das nicht mehr ausartet in Schwäche; denn schließlich ist die Frau kein nichtiges Wesen mehr in der Schöpfung!

BRIGITTE: Das denke ich auch, und ich glaube sogar, daß es in einer Ehe weder richtig noch gerecht ist, wenn einer von beiden ständig seinen Willen dem des anderen unterwirft, oft seinen Launen folgend; doch wenn wir den Frieden lieben, wenn wir glücklich sein wollen, ist es dann nicht die einzige Lösung, die uns bleibt?

DOROTHEE: Nicht immer, meine Liebe; wo das Vertrauen und die Vernunft herrschen, sind die Rechte gleich, und der Wille beider wird stets zu einem gemeinsamen.

Vierte Szene

DOROTHEE, BRIGITTE, BLANCHE,
PAULINE, FELIX, CLAIRE, JULES

DOROTHEE: Aha, so bald seid ihr zurück!

BLANCHE: Sie waren schon alle angezogen.

CLAIRE: Oh, Mama, sieh nur, die schöne Puppe!

FELIX: Und mein Gewehr!

JULES: Und mein Säbel!

CLAIRE: Das haben wir alles von Pauline bekommen!

FELIX: Oh, wir sind recht reich.

DOROTHEE: Und eure Reichtümer haben euch vergeßlich werden lassen, ihr habt mir noch nichts gesagt, meine Kinder.

FELIX: Liebe Mama, verzeih uns.

CLAIRE: Du weißt, wie sehr wir dich lieben.

JULES: Umarme uns, gute Mama.

(Dorothée umarmt sie)

CLAIRE *(zu Brigitte)*: Citoyenne, umarme uns auch, du hast eine so gute Tochter!

BRIGITTE: Oh, Dorothée, wie glücklich du bist! Vier Kinder! Und alle sind sie bezaubernd!

(Felix, Claire und Jules spielen vorne auf der Bühne miteinander)

DOROTHEE: Vier! Du siehst sie nicht alle!

Brigitte: Was! Das ist gar nicht deine ganze Familie?

Dorothee: Gefiele es Gott, daß alle hier vereint wären! Meine liebe Brigitte, ich habe noch einen Sohn; er ist es, der meinen Kummer verursacht.

Claire: Gib doch acht, Jules, du hast beinahe meiner Puppe die Haare zerzaust.

Brigitte *(zu Dorothée)*: Und warum Kummer? Beträgt er sich schlecht?

Dorothee: Er? Das ist gerade das würdigste Kind! Aber in diesem Augenblick kämpft er für das Vaterland; und wenn ich auch seinen Eifer gut heiße, so blutet mir doch mein Herz vor Schmerz und Unruhe.

Brigitte: Ich hätte nicht geglaubt, daß du schon einen Sohn hast, der in der Lage ist, zu dienen.

Dorothee: Er ist erst dreizehn Jahre alt, meine Liebe.

Brigitte: Dreizehn Jahre! Aber das ist schrecklich, so ein junges Kind zu nehmen! Wozu soll das gut sein? Noch fehlt es ihm an Kraft, an Gewandtheit, an Gesundheit; es wird zu Grunde gehen. Wahrhaftig, das läßt mich zittern! Das ist also diese schöne Regierung!

Dorothee: Beschwichtigte deine Wut, meine liebe Brigitte, man hat meinen Sohn nicht zum Dienen gezwungen. Von seinem armen Vater und mir nach den Grundsätzen der Freiheit, der Liebe zum Vaterland aufgezogen, hat sein junges Herz sich für das eine wie das andere entflammt; und trotz der Schwäche seines Alters wollte er für sie kämpfen. Unsere Vorhaltungen konnten seinen Eifer nicht aufhalten, sein Mut ging über alles, er mußte ihm nachgeben. Hätten wir aufrichtige Republikaner uns den erhabenen Gefühlen, die ihn mitrissen, widersetzen sollen? Vor einem Jahr hat er uns verlassen, seit einem Jahr ist mein lieber Joseph, dieses innig geliebte Kind allen Widrigkeiten der Kämpfe ausgesetzt. In der Zwischenzeit habe ich seinen werten Vater verloren. Er hat uns nur die Liebe für seine Erinnerung hinterlassen, unvergängliche Trauer um seinen Verlust, aber im übrigen kein Erbe.

Mein Mann war ein ehrenwerter Kaufmann, dem Namen Barra begegnet man in seinem Heimatort noch mit Ehrfurcht. Wir haben von seinem Handel gelebt; aber die Sorge für eine große Familie hat mir nicht erlaubt, mich um seine Geschäfte zu kümmern, sein Tod hat uns ohne Mittel gelassen. Schon bald ist es mir schwer gefallen, den armen Kindern Brot zu geben. Joseph ist mir zu Hilfe geeilt. Mit den Rücklagen, die er gemacht hat, denn er ist ebenso anständig wie gut, hat er seiner Familie geholfen, und er hat mir alles zukommen lassen, was er von seinem Sold sparen konnte. Durch ihn, durch dieses großzügige Kind haben wir unser Auskommen, ich schäme micht nicht, es zu bekennen. Oh, meine liebe Brigitte, das Herz einer Mutter fühlt sich geehrt, es ist stolz auf die Wohltaten ihres Sohnes.

Brigitte: Ach! Der Gute! Der schätzenswerte junge Mann! Ich habe Mühe, die Tränen der Bewunderung und der Rührung zurückzuhalten.

Felix: Mama, sprichst du von unserem guten Joseph?

Claire: Du hast gesagt, daß wir ihn in Cholet sehen würden, indessen sind wir dort.

Jules: Und kein Joseph!

Blanche: Mama, werden wir bald meinen Bruder sehen?

Dorothee: Ja, meine Kinder, das ist meine teuerste Hoffnung.

Brigitte: Folglich gehört er der Armee an, die in diesem Kanton Stellung bezogen hat?

Dorothee: Er dient in der Einheit des Generals Desmarres. Um nah bei diesem geliebten Kind zu sein, habe ich meinen Geburtsort verlassen; kein Beweggrund, sei er noch so stark, könnte den Wunsch, das Bedürfnis aufwiegen, ihn zu sehen. So selten hatte ich Neuigkeiten von ihm! Das Warten, die Ungewißheit, hundert Sorgen, hundert Ängste erschütterten unablässig mein armes Herz. Ich habe mich weder von der Strenge der Jahreszeit noch durch die schwierige Lage meiner großen Familie aufhalten lassen; ich habe mit ihr eine lange und anstrengende Strecke zurückgelegt. Aber nun bin ich dort angelangt, wohin alle meine Wünsche gerichtet waren; ich atme die gleiche Luft wie mein lieber Joseph. Bald, ja, so hoffe ich, bald werde ich ihn sehen: Mühen, Qualen, Verdruß, Ermüdungen, ach, alles ist vergessen!

Brigitte: Ist er über eure Reise unterrichtet?

Dorothee: Er erwartet uns seit langem. Es ist vor allem sein Wunsch, uns bei sich zu haben. Von der Beute, die er bei verschiedenen Gelegenheiten gesammelt hat, hatte er in diesem Kanton ein Haus erworben, wo er uns unterzubringen hoffte; aber da er sich in diesem Moment den Streifzügen der Rebellen zu sehr ausgesetzt findet, hat er uns geraten, uns zunächst hierher zu begeben.

Brigitte: Weiß er, daß ihr angekommen seid?

Dorothee: Sogleich nachdem ich aus dem Wagen gestiegen bin, habe ich dafür Sorge getragen, ihn durch eine kurze Nachricht zu informieren, aber sein Dienst muß ihn von hier entfernt haben, anderenfalls wäre er schon bei uns.

Brigitte: Möge er kommen, dieser gute junge Mann! Er glaubt nur eine Mutter zu finden, er wird zwei vorfinden, ich bin so entzückt von seinem Mut und seinem guten Herzen, daß ich ihn so liebe, als sei er mein eigener Sohn. Richtig, meine Kinder, ihr habt noch nichts zu essen bekommen heute morgen, euer Appetit muß recht groß sein.

Claire: Meine Puppe hat mich alles vergessen lassen, aber ich spüre wirklich, daß ich großen Hunger habe.

Jules: Und ich erst, wie gut ich essen werde!

Blanche: Auch mir wird es Vergnügen bereiten, meine liebe Pauline, mit dir zu essen.

Pauline: Mama, ich werde das nötige holen.

Brigitte: Ich auch, meine Liebe.

Felix: Citoyenne, bedenken Sie, daß wir rechten Hunger haben.

Brigitte: Meine Kinder, ich werde euch alles, was ich habe bringen, aber viel gibt es nicht zur Zeit! Die Briganten und die Beschlagnahmungen haben uns alles genommen. Das ist ein Jammer, das ist ein Elend. Oh, mein Gott! Die traurige, die schlechte Zeit, in der wir uns befinden!

(Sie tritt ab mit Pauline)

Fünfte Szene

DOROTHEE, BLANCHE, FELIX, CLAIRE, JULES

BLANCHE: Mama, scheint es nicht, als sei Brigitte eine Aristokratin?

DOROTHEE: Und woraus schließt du das, meine Liebe?

BLANCHE: Sie mißbilligt doch alles und beklagt sich über alles.

DOROTHEE: Das beweist nicht, daß sie Aristokratin sein könnte. Aristokrat, das bedeutet unter uns ein Feind der Revolution; das ist ein Geschöpf, das sie haßt, das versucht, ihr zu schaden, sei es durch Taten, sei es nur durch Wünsche. Aber Brigitte scheint von einer ähnlichen Haltung entfernt, ich glaube eher, sie gehört zu jenen ängstlichen und wenig unterrichteten Leuten, deren eingeengter Blick sie nur den augenblicklichen Zustand wahrnehmen läßt und denen es an genügend Mut mangelt, um die unvermeidlichen unliebsamen Begleiterscheinungen der Krise, die alles bei uns erneuert, zu ertragen.

FELIX: Mama, du hast uns oft gesagt, daß man sich ohne Selbstlosigkeit und ohne Mut nicht Patriot nennen darf.

DOROTHEE: Das ist wohl wahr, mein Freund, auch gebe ich diesen achtenswerten Namen keinen kleinmütigen Personen, von denen ich eben gesprochen habe. Oh, mein Sohn, du ahnst nicht, wie gering die Zahl derer ist, die diesen Namen in seinem ganzen Ausmaß verdienen! Du ahnst nicht, wie selten diese starken und entschlossenen Seelen sind, deren Interesse niemals von ihren Prinzipien abweicht, die alles für das allgemeine Wohl opfern, die das Blühen der Republik, die Liebe zum Vaterland hinwegtrösten und entschädigen für alle Verluste und alle Opfer! Das sind die Patrioten, die all unsere Anerkennung und Verehrung verdienen. Jedoch hat die Natur nicht alle Menschen mit der nötigen Energie ausgestattet, um ebenso würdige Republikaner zu sein; wir können den Personen nicht die Nachsicht verwehren, die nur schwach sind und doch wohlmeinend.

JULES: Zweifellos, man muß seinesgleichen lieben, du hast es uns gesagt, Mama.

Dorothee: Ja, Jules, aber bedenke, daß die Aristokraten nicht mehr unseresgleichen sind. Diese Feiglinge, für die die Freiheit keine Reize besitzt, die in ihrer Niederträchtigkeit und ihrer Verworfenheit schwelgen; diese Tiger, die nicht davor zurückschrecken, den Busen ihres Vaterlandes zu zerreißen, um verabscheuungswürdige Vorrechte zu verteidigen; diese Hinterlistigen schließlich, die die Maske des Patriotismus anlegen, um besser zu täuschen, um besser Verrat zu begehen ... Nein, dem Himmel sei Dank, all diese nichtswürdigen Geschöpfe, Schandflecke und Plage der Menschheit, sind nicht mehr unseresgleichen, und wir schulden ihnen nichts außer Verachtung, Haß und Unerbittlichkeit.

Claire: Oh, was mich betrifft, ich hasse sie von ganzem Herzen!

Felix: Allerdings! Ich finde sie auch verabscheuungswürdig! Nie werde ich ihnen ähneln, das schwöre ich dir, denn ich bin gewiß ein guter Patriot.

Dorothee: Zumindest hast du ein lebhaftes Interesse, es zu sein, und das ist alles, was man von deinem Alter erwarten kann; aber auch wenn sich deine Vernunft mit der Zeit entwickelt und du Kenntnisse und Wissen erwirbst, zweifle ich nicht mehr daran, daß du unsere Regierung nicht lieben wirst, und ich wage zu hoffen, daß du dich des ruhmreichen Titels des Republikaners würdig erweisen wirst.

Claire: Was Pauline betrifft, Mama, die uns so schöne Spielsachen gegeben hat, so wette ich, daß sie keine Aristokratin ist!

Blanche: Darauf wette ich auch, dafür ist sie zu liebenswert.

Dorothee: Sehr gut, meine Kinder, die hübschen Geschenke, die Pauline euch gemacht hat, machen sie in euren Augen zur Patriotin; es gefällt mir zu glauben, daß sie es tatsächlich ist. Doch vergeßt nicht, was ich euch so oft wiederholt habe, daß man jedes persönliche Interesse aufgeben muß, wenn man zu einem sicheren und unparteiischen Urteil gelangen will; und außerdem, ist es denn unmöglich, gleichzeitig liebenswert und aristokratisch zu sein? Die Liebenswürdigkeit, selbst die Zuvorkommenheit, sind nicht gleichzusetzen mit dem Patriotismus, dieser ist eine öffentliche Tugend, jene sind nur private Eigenschaften, und die Erfahrung wird euch lehren, daß die einen und die anderen nicht immer zusammentreffen.

Sechste Szene

Die vorherigen Schauspieler. Brigitte, Pauline

(Beide tragen das Frühstück herein und stellen es auf einen Tisch, der auf einer Seite der Bühne steht.)

Felix: Gut! Gut! Das Frühstück ist da!

Brigitte *(das Brot nehmend)*: Kommt, meine Kinder, wer möchte etwas davon?

Jules: Oh, gib mir ein recht großes Stück.

Brigitte *(nachdem sie die Kinder versorgt hat)*: Guten Appetit, meine Kinder! Wenn ihr gesättigt seid und während wir auf das Mittagessen warten, werden wir in der Stadt und in der Umgebung spazierengehen, wenn es euch recht ist.

Claire: Oh ja! Das wird mir viel Vergnügen bereiten.

Dorothee: Im Moment fühle ich mich nicht gerade in der Stimmung, um auszugehen, aber ich fürchte mich auch nicht davor, allein zu sein.

Brigitte: Du hast das Haus seit deiner Ankunft nicht verlassen, es ist recht traurig, immer allein im Haus zu hocken, komm mit uns, das wird dich ablenken.

Blanche: Ja, Mama, das wird besser für deine Gesundheit sein.

Felix: Gute Mama, komm mit uns.

Jules: Ja, komm, ich bitte dich darum.

Claire: Wer weiß, vielleicht treffen wir meinen Bruder?

Dorothee: Darauf besteht wenig Aussicht, aber gehen wir, meine Kinder, ich komme mit, wenn ihr alle wünscht, daß ich euch begleite.

Pauline *(zu Blanche)*: Meine Liebe, komm so bald als möglich zurück, ich werde mich recht langweilen ohne dich.

Blanche: Kommst du nicht mit uns?

Pauline: Und wer wird sich um das Essen kümmern?

Blanche: Ach, ohne dich werde ich mich nicht halb so vergnügen.

Ende des ersten Aktes

Zweiter Akt

Auf der Bühne ist das Land zu sehen. Im Hintergrund erhebt sich auf einer Seite ein Hügel, an der gegenüberliegenden Seite ein Wald; dazwischen bietet sich ein weites Panorama. Zur Linken der Zuschauer ist das Haus Brigittes gelegen; zur Rechten eine Baumreihe, unter der sich einige Bänke befinden. Einige Büsche sind hinten auf der Bühne verteilt.

Erste Szene

Dorothee, Brigitte, Blanche,
Felix, Claire, Jules

Claire *(zu Brigitte)*: Ach! Ist das da nicht dein Haus? Wir sind doch gar nicht von dort aufgebrochen.

Brigitte: Eine Seite ist zur Stadt hin gelegen, diese hier ist dem Land zugewandt.

Blanche: Diese Allee hier, gehört sie dir?

Brigitte: Ja, sie gehört zu dem Haus.

Blanche: Im Sommer muß das ein bezaubernder Platz sein.

Dorothee: In der Tat! Man hat von dort eine sehr weite und sehr ansprechende Sicht, soweit man das in der augenblicklichen Jahreszeit beurteilen kann.

Brigitte: Es stimmt, daß die ganze Umgebung bezaubernd ist, zumindest war sie es einmal, denn du machst dir keinen Begriff von den Verwüstungen, die der Krieg in dieser Gegend verursacht hat. Dieser Landstrich hat nicht mehr viel gemein mit dem, der er einmal war. Die Weiler zerstört, die Wälder in Brand gesteckt ... oh, mein Gott, wie schrecklich ist das alles!

Dorothee: Demnach seid ihr dem Kriegsschauplatz recht nah?

BRIGITTE: So nah, daß wir oft von diesen Bäumen aus den Lärm der Kanone hören, wir haben sogar schon das Feuer gesehen.

DOROTHEE: Hat die Armee ihr Lager weit von hier aufgeschlagen?

BRIGITTE: Es ist auf dieser Seite da; man erkennt die Zelte auf der Spitze des Hügels.

CLAIRE: Und wenn wir dort hin spazieren würden?

BRIGITTE: Oh, mein Kind, was sagst du da! In unserem ganzen Landstrich gibt es inzwischen keine Sicherheit mehr. Seht ihr diesen Wald dort ganz hinten? Dort wimmelt es von Briganten, die sich auf die Umgebung verteilen und alles, was sie finden, wegnehmen; und man tut gut daran, sich davor zu hüten, ihnen zu begegnen, denn sie behandeln die Patrioten, die das Pech haben, in ihre Hände zu fallen, auf abscheuliche Weise.

DOROTHEE: Also muß ich hier auf meinen Sohn warten. Er hat wohl gute Gründe, auf sich warten zu lassen.

BRIGITTE: Wieviele in diesem Kanton ums Leben gekommen sind! Die Zahl der unglücklichen Opfer ist unermeßlich. Hör, Dorothée, du magst sagen, was du willst, aber wenn man die grausamen Plagen erwägt, die Frankreich erschüttern, ist es schwierig, ein glühender Patriot der Revolution zu sein, die uns diese verschafft hat.

DOROTHEE: Ach! Aber ich sehe nicht, daß die Leiden, die von der jetzigen Krise herrühren und die zur gleichen Zeit wie diese Krise überwunden sein werden, irgendetwas wegnehmen von den Reizen der Freiheit, von der Schöpfung unserer erhabenen Verfassung.

BRIGITTE: Ich gebe zu, daß die Revolution unvermeidlich war, ich gebe zu, daß ihr Ziel bewundernswert ist, daß sie uns unermeßliche Güter verspricht; aber gib du deinerseits zu, daß sich eine Menge von Übeln eingeschlichen haben, die alle empfindsamen Herzen zu Klagen veranlassen.

DOROTHEE: Die Übel sind untrennbar von den Werken der Menschheit, und besonders bei einem so ungewöhnlichen Wandel wie demjenigen, der sich unter uns vollzieht; aber meine Liebe, das Interesse und die Böswilligkeit, haben sie nicht sehr übertrieben?

BRIGITTE: So viel gedemütigte Menschen, so viele andere, die alles verloren haben; Vermögen, Freunde, Eltern, jeglichen Wohlstand, ihr ganzes Lebensglück!

DOROTHEE: Zunächst, die ganze überwiegende Mehrheit von ihnen hat sich ihr Unglück selbst zuzuschreiben, nicht durch unbesonnenes Handeln, sondern durch überlegte Bosheit, durch eine unersättliche Gier, durch den verabscheuungswürdigsten Hochmut oder die empörendste Niederträchtigkeit. Sie sind es im übrigen, all die Verräter, all die Egoisten, die die Revolution in ihrem Gang behindern und deren Wohltaten verzögern; und sie bedienen sich schließlich der Übel, deren Verursacher sie sind, um die neue Ordnung der Dinge herabzuwürdigen, um die Schwachen irrezuleiten, und um so Zwistigkeiten und Verwirrung fortzupflanzen. Ach! meine Liebe, ich gestehe, daß es mir Mühe macht zu begreifen, wie man gerührt sein kann von dem Schicksal ähnlicher Ungeheuer.

BRIGITTE: Gut, für die Aristokraten mag das zutreffen; aber all die eifrigen Patrioten, die die Opfer der gegenwärtigen Umstände sind, wie lassen sich deren Schicksalschläge rechtfertigen?

DOROTHEE: Oh, diese Personen, Brigitte, die bedaure ich aufrichtig; von ganzem Herzen nehme ich Anteil an Leiden, die mir selbst nicht fremd sind; aber welcher Art diese Leiden auch immer sein mögen, sie können niemals dazu berechtigen, gegen die Revolution zu Felde zu ziehen, und noch weniger dazu, sich ihrem Kurs zu widersetzen. Die Revolutionen der Regierungen, vergleichbar den großen Naturkatastrophen, stürzen alles um, um alles zu erneuern. Ein Unglück zweifellos für die, die von den Ausbrüchen des einen oder anderen Vulkans betroffen sind! Aber während Kinder und Verrückte die Mauer, an der sie sich gedankenlos verletzt haben, schlagen, fügt sich der vernünftige Mensch bereitwillig in das zwingende Gesetz der Notwendigkeit. Glücklich, wenn man aus dem Innersten des Chaos, in das man gefallen ist, die Ordnung und die Vollkommenheit hervortreten sehen kann! Und wie und von welcher Front murren gegen die Ereignisse, von denen das öffentliche Glück ausgehen soll? Alle partikularen Interessen zur Seite stellen, sich selbst vergessen, sich völlig mit dem Schicksal der großen Familie identifizieren; das ist die Tugend, das ist der Patriotismus, und ich erkenne nur die als wahre Republikaner an, die zu dieser Anstrengung fähig sind.

Zweite Szene

Pauline, die vorherigen Schauspieler

Pauline *(Hals über Kopf herbeieilend)*: Ach Mama, du ahnst es nicht, ein junger Husar ist bei uns angekommen!

Dorothee: Ein junger Husar! Das ist mein Sohn.

Brigitte: Ein junger Husar! Ach, das ist doch zweifellos ihr Sohn.

Pauline *(zu Dorothée)*: Du bist es, nach der er fragt.

Brigitte: Was hast du ihm gesagt? Man hätte ihn erwarten müssen; nein, ihn hereinführen müssen. Ist er noch bei uns?

Pauline: Er ist vom Pferd gestiegen, als ich fortgeeilt bin, um euch zu benachrichtigen. Aber Mama, hier ist er!

Dritte Szene

Joseph, die vorherigen Schauspieler

Joseph (sich auf Dorothée stürzend): Ach, meine Mutter!

Dorothee: Ach, er ist es! Das ist mein Sohn! Das ist mein lieber Joseph!

Joseph: Oh, meine Mutter, oh wie glücklich bin ich, dich wiederzusehen!

Dorothee: Mein Freund, wie habe ich diesen Augenblick herbeigesehnt!

Joseph: Ich war nicht im Lager, als deine Nachricht dort eintraf; sofort nachdem sie mir ausgehändigt wurde, bin ich zu dir geeilt.

Blanche: Mein Bruder, mein Freund, umarme auch deine Blanche.

Felix: Guter Joseph!

Claire: Laß mich dich umarmen!

Jules: Mich auch!

Joseph: Liebe Blanche! Claire! Félix! Jules! Meine guten, meine lieben Freunde! Welche Reize dieser Augenblick für mich hat! Mama, wie gut du bist, so auf die Wünsche deines Sohnes eingegangen zu sein! Deine Reise muß dich sehr angestrengt haben, du hast schlechte Wege vorgefunden, aber nichts, das weiß ich, kann deine Zärtlichkeit entmutigen. Oh, Mama! Ich hoffte, dich bei mir beherbergen zu können; wir brauchen nicht mehr davon zu träumen: Ich habe kein Haus mehr.

Dorothee: Wie kommt das, mein Freund?

Joseph: Das Dorf, in dem es gestanden hat, befand sich, wie du weißt, in der Nähe der Briganten, die sich dorthin zurückzogen, und die von den Häusern aus unsere Truppen häufig belästigen; es wurde beschlossen, ihnen diese Möglichkeit zu nehmen und diese gefährliche Schlupfwinkel in Brand zu setzen. Mein General, voll der Güte für mich, wollte mein Haus aussparen, aber das hätte bedeutet, einen Teil des Übels, das man vernichten wollte, weiter fortbestehen zu lassen, und da hätte es so ausgesehen, als sei ich nicht würdig, dieses Opfer zu bringen; ich habe das getan, wozu du mir geraten hättest, ich habe es selbst angesteckt.

Brigitte: Was! dein eigenes Haus?

Joseph: Diese Tat setzt dich in Erstaunen, Citoyenne. In einer Armee anständiger Sanskulotten ist nichts alltäglicher als eine solche Selbstlosigkeit; ich könnte dir dafür hunderte von Beispielen nennen. Ich werde dir nur von Mosnier, meinem Freund, meinem Waffenbruder erzählen; man hätte sehen müssen, mit welcher Begeisterung er selbst ein sehr schönes Haus den Flammen ausgeliefert hat, das einzige Gut, das er besaß. Wenn es um die Interessen des Vaterlandes geht, gibt es keinerlei Überlegung, die den aufhalten könnte, der ihm wirklich ganz ergeben ist.

Dorothee: Deine großmütige Tat bedarf keiner Lobrede, der Preis dafür ist in deinem Herzen. Folge deiner glänzenden Laufbahn, folge ihr, lieber Joseph, und mögen deine Tugenden für immer die Freude und den Stolz deiner glücklichen Mutter ausmachen! Wie groß er geworden ist! Wie er sich entwickelt hat! Ach, wenn sein armer Vater ihn sehen könnte!

JOSEPH: Oh Mama! Welchen Verlust haben wir alle hinnehmen müssen! Ich habe sehr geweint, tagelang habe ich geweint. Ach! Leider habe ich ihn nicht in seinem letzten Augenblick gesehen!

DOROTHEE: Er sprach nur von dir, mein Freund, er hat dich mit all seinen Segenswünschen überhäuft.

JOSEPH: Mein ganzes Leben, ach! mein ganzes Leben werde ich danach trachten, mich ihrer würdig zu erweisen.

DOROTHEE: Mögen sie ihre ganze Wirkung entfalten! Möge der Himmel mein Kind immer beschützen!

JOSEPH: Du weinst, gute Mama! Worüber denkst du noch nach? Du hattest mir gesagt, daß du mich an das Vaterland abgäbest, daß dein Herz darauf gefaßt sei.

DOROTHEE: Gefaßt! Das bin ich, Joseph, niemals werde ich mich der edelmütigen Begeisterung deines Patriotismus widersetzen. Ich begrüße deinen Mut. Ich bin stolz auf die Früchte meiner Erziehung, auf deine republikanischen Tugenden; aber ... aber all die Gefahren, die dich umgeben! Verzeih mir meine Ängste, meine Aufregung; oh, mein Freund, zu sehr fühle ich, daß ich Mutter bin.

BLANCHE: Oh ja, das bist du, Mama, und die beste, die es jemals gegeben hat.

FELIX, CLAIRE, JULES *(zusammen)*: Gute Mutter, nun weine doch nicht!

JOSEPH: Mama, beruhige dich, alles wird gut gehen, du siehst doch, daß mir noch kein Leid zugestoßen ist.

DOROTHEE: Noch ist dir kein Leid zugestoßen, mein lieber Joseph! Ach, der Himmel weiß, wie wichtig du für uns bist; er liest in meinem Herzen, er wird Erbarmen mit mir haben.

BRIGITTE: Krieg ist wirklich eine schreckliche Angelegenheit!

JOSEPH: Nicht so schrecklich wie du glaubst, Citoyenne; man gewöhnt sich daran, wenn man jeden Tag damit befaßt ist.

BRIGITTE: Demnach kämpft ihr wohl oft?

JOSEPH: Beinahe unablässig; wir haben wenig wichtige Schlachten, aber ständig kleine Scharmützel. Es vergeht sicher kein Tag, ohne daß auf beiden Seiten einige Gewehrschüsse abgefeuert würden.

DOROTHEE: Oh, mein Gott! Täglich! Heute! Und eine Kugel genügt, um mich für immer unglücklich zu machen.

JOSEPH: Wenn man immer an sich denkt, was soll dann aus dem Vaterland werden? Das Vaterland! Ach! Wenn dieser heilige Name ertönt und im Herzen widerhallt, wallt das Blut auf; man fühlt sich von einer Begeisterung mitgerissen, die die Kräfte und den Mut verdoppelt; alle Furcht vergeht, man sieht weder Hindernisse noch Gefahren. Und im übrigen, Mama, sind diese Gefahren nicht so schrecklich wie du glaubst; in einer Schlacht werden zwar reichlich Gewehrschüsse abgegeben, aber nur wenige erreichen ihr Ziel.

DOROTHEE: Oh mein Freund! Sie sind alle auf mein Herz gerichtet, wenn ich daran denke, daß du ihnen ausgesetzt bist.

BRIGITTE: Es wäre wohl bedauerlich, wenn das Schicksal nicht einmal einen so tapferen jungen Mann verschonen würde. Aber auch abgesehen von Angst und Gefahr ist der Krieg, wie ich gerade eben schon sagte, eine scheußliche Angelegenheit, und besonders der Bürgerkrieg; denn schließlich, bestünde auch keine Gefahr für einen selbst, so muß es doch recht grausam, recht schmerzhaft sein, seine Brüder zu töten.

JOSEPH: Ach, seine Brüder! All diese Wahnsinnigen, die ganz Frankreich ihrem Hochmut opfern, ihrem schändlichen Geize; all diese Grafen, diese Marquis, diese Fürsten; und diese Priester, die Verwüstungen und Zerstörungen im Namen des Gottes des Friedens über uns bringen; glaubst du denn, das seien unsere Brüder? Ach! Das sind nicht einmal Menschen! Man zielt auf sie wie auf wilde Tiere und ich versichere dir, daß es große Freude bereitet, sie zu vernichten, denn du weißt, es ist besser, den Wolf zu fressen als von ihm gefressen zu werden.

CLAIRE: Oh, allerdings! Das ist wirklich wahr!

Felix: Wenn ich so stark sein werde wie du, Joseph, hoffe ich sehr, daß ich auch welche von ihnen vernichten werde.

Dorothee: Bis dahin, Kinder, ist zu hoffen, daß Frankreich befriedet sein wird.

Pauline: Zweifellos; es wäre wirklich schrecklich, wenn man ein Leben lang miteinander kämpfen würde.

Blanche: Und wenn man sich immer von seinen Söhnen, von seinen Brüdern, von allen, die man am meisten liebt, trennen müßte.

Felix: Ja, aber solange man nicht weiß, wann der Friede kommen wird, werde ich jedenfalls lernen, zu exerzieren.

Joseph: Du hast recht, mein Freund, jeder gute Citoyen muß bereit sein, seinem Vaterland zu dienen.

Felix: Oh, das wird mich nicht in Verlegenheit bringen, Joseph, denn ich kenne schon sehr gut die Aufgaben.

Jules: Und ich auch, Joseph.

Felix: Du wirst sehen.

(Félix und Jules gehen, um ihre Waffen im Haus zu holen)

Vierte Szene

DOROTHEE, BRIGITTE, JOSEPH,
BLANCHE, PAULINE, CLAIRE

PAULINE: All diese Übungen, der ganze Militärdienst, wie anstrengend muß das sein! Vor allem, wenn man so jung ist.

JOSEPH: Ich habe das niemals so empfunden; die Idee, nützlich für die Republik zu sein, hat immer all das erleichtert, was diese Übungen an Strenge haben können.

BLANCHE: Schön, aber mein Freund, das was ich nicht mag an deinem Dienst, ist, daß er dich von uns entfernt.

JOSEPH: Das ist es auch, was für mich am schmerzlichsten ist. Aber entfernt von euch kümmere ich mich um euch, um Möglichkeiten, all denen, die ich liebe, nützlich zu sein; ich denke an den Augenblick, in dem ich euch wiedersehen werde; und an den, als ich euch wiedersah! ... ach! meine Schwester! Der heutige Tag entschädigt mich für ein Jahr des Wartens und der Sorge!

Fünfte Szene

FELIX, JULES, DIE VORHERIGEN SCHAUSPIELER

FELIX: Sieh mal, Joseph, was ich machen werde. 'Haltung annehmen.' - 'Attacke ... (?) ...' - 'Waffe laden.' - 'Patrone nehmen.'

JOSEPH: Bevor du die Patrone nimmst, mußt du die Zündpfanne öffnen. *(Zu Jules:)* Und du mein Freund, du hälst deine Waffe nicht gut.

FELIX: Warte Joseph, wir fangen noch mal von vorne an.

JOSEPH: Wenn wir in Palaiseau sein werden, mein Freund, werden wir so oft du willst von vorne anfangen.

DOROTHEE *(zu Félix und Jules)*: Ja, meine Kinder, ja. Das wird so ein glücklicher Augenblick wie dieser hier! *(zu Joseph:)* Glaubst du, es wird noch lange dauern?

JOSEPH: Ich glaube, daß uns beinahe nichts mehr zu tun bleibt; die Rebellen sind nahezu vollständig vernichtet, sie werden täglich geschlagen. Erst gestern haben wir recht viele von ihnen getötet. Diese Leute sind wütend, aber sie sind nicht mutig; es gibt keine Tapferkeit in der Nähe des Verbrechens. Schau mich an, noch bin ich ein Kind, ich bin nicht sehr stark; dennoch habe ich mehr Mut gehabt als zwei von ihren Reitern.

BRIGITTE: Aber wie denn das, mein kleiner Freund?

JOSEPH: Ja, sie haben mich zu zweit angegriffen; eine ihrer Kugeln durchbohrt meinen Mantel, eine andere verbiegt den Lauf meiner Pistole in meiner Jackentasche; sie glaubten, daß sie mich nur noch gefangen nehmen müßten; ich, gefangen von den Briganten! Ich jage dem einen eine Kugel durchs Hirn, ich durchbohre den anderen mit meinem Säbel und ich führe ihre Pferde in unser Lager. Ich habe sie gut verkauft; es scheint, als hätte man geahnt, was ich mit dem Erlös machen wollte. Hier ist er, Mama; niemals in meinem Leben habe ich so viel Vergnügen wie heute verspürt, wo ich dir diese Summe übergebe.

DOROTHEE: Liebes und großmütiges Kind! Ach! Glaube mir, daß es mir genausoviel Freude bereitet, deine Geschenke zu erhalten, wie es dir Freude bereitet, sie mir zu machen. Aber ich fürchte, daß du dich selber vergißt, um deiner Familie zu helfen. Mein Freund, behalte einen Teil dieser Summe, du könntest sie nötig haben.

JOSEPH: Ach! Habe ich nicht meinen Sold? Oh, Mama! Er ist mehr als reichlich. Ein Kind braucht nicht viel. Nimm es an, Mama, nimm es, ich bitte dich darum. Welches Vergnügen hätte ich daran, Beute zu machen, wenn sie nicht für dich wäre?

PAULINE *(zu Blanche)*: Ach, meine Liebe, wie er euch liebt! Welcher Mut! Welch gutes Herz! Was hast du für einen Bruder!

DOROTHEE *(zu Brigitte)*: Siehst du, Brigitte, was habe ich dir gesagt? Ach! Wie stolz bin ich, dich meinen Sohn zu nennen! Aber, mein Kind, das ist zu viel, zu viel Großmut; wie könnten deine arme Mutter, wie deine Brüder und Schwestern so viele Wohltaten entgelten?

JOSEPH: Oh, Mama, was sagst du? Bin ich dir nicht für alles zu Dank verpflichtet? Wenn mein Herz sich entflammt im Namen des Vaterlandes, wenn ich den Wunsch habe, Gutes zu tun, und die Liebe zur Tugend, ist es nicht dein Verdienst? Eine solche Wohltat übertrifft alle anderen. Gute Mama! Laß mich meine Schuld bezahlen. Ich könnte das nicht, wenn mir nicht deine Erziehung dazu verholfen hätte. Ach! Wie angenehm ist es für mich, daß ich, um meine Pflicht zu erfüllen, nur den Gefühlen meiner Achtung und meiner Liebe zu dir freien Lauf lassen muß!

BRIGITTE: Bezauberndes Kind! Erlaube, daß ich dich umarme; wer würde ihn nicht bewundern; Wer könnte es sich verwehren, ihn zu lieben? Mein Freund, zähle darauf, daß du in mir eine zweite Mutter gefunden hast; ich möchte, daß du mein Haus als das deine betrachtest, und wenn du Lust hast, mir einen Gefallen zu tun, so kannst du jede freie Minute hier verbringen.

JOSEPH: Ach, Citoyenne! Die Augenblicke, über die ich frei verfügen kann, sind recht rar, und ich fürchte sogar, daß ich mich auch an diesem hier nicht lange erfreuen kann.

DOROTHEE: Warum denn, mein Freund?

JOSEPH: Man hat Rebellen auftauchen sehen; man ist gerade losgezogen, um sie aufzuspüren. Man rechnet jeden Moment mit einem Angriff.

DOROTHEE: Heute!

JOSEPH: Diese Nacht, heute nachmittag, vielleicht sofort.

DOROTHEE: Ach! Mein Gott!

BLANCHE: Mama, du sagtest, hier wärest du ruhiger, doch habe ich dich nie so aufgewühlt gesehen.

DOROTHEE: Ich hatte auch nie mehr Gründe der Furcht. Der Krieg wird von Tag zu Tag grausamer. Hier wird mit mehr Verbissenheit gekämpft als sonst überall. Die Rebellen erwarten keine Gnade mehr, sie gewähren keine, sie metzeln alles ohne Erbarmen nieder. Das sind wilde Tiere, ohne Rücksicht, weder gegenüber dem Geschlecht noch dem Alter. Mein Freund, sie werden dich nicht deiner Jugend wegen verschonen.

JOSEPH: Mich verschonen! Ihr Erbarmen wäre eine Kränkung. Glaub mir, Mama, ich kenne sie, ich fürchte sie nicht. Überdies stirbt man nur einmal.

DOROTHEE: Ach! Joseph, nicht der, der überlebt.

BLANCHE: Mein Bruder, mein lieber Joseph, stirb nicht, wir hätte alle zu viel zu beklagen.

DOROTHEE: Mein Freund, ich habe deinen Vater verloren, aber du bist mir geblieben. Was soll aus mir werden, wenn du mir genommen wirst? Wer wird mich für deinen Verlust entschädigen? Wer wird die Stütze meiner Familie sein?

JOSEPH: Läßt das Vaterland die im Stich, die sich für es aufgeopfert haben? Und wer hätte mehr Recht auf seine Erkenntlichkeit als du? Hast du mich nicht durch die Empfindungen, die du in mir wachgerufen hast, zu meinen schwachen Diensten veranlaßt? Hast du mich nicht zum Republikaner gemacht?

DOROTHEE: Ich verstehe dich, glaub mir, mein Freund, ich werde die Unterweisungen, die ich dir gegeben habe, für mich selbst nicht außer Acht lassen. Aber kann man nicht meine Ängste und deine Pflicht in Einklang bringen? Die Liebe zum Vaterland und die Empfindungen der Natur? Lieber Joseph! Eile deinem Land zu Hilfe; zieh in die Kämpfe, wohin dich sein Interesse ruft, aber möge das Bild deiner Mutter dich dorthin begleiten und deine Begeisterung, wenn sie zu ungestüm wird, mäßigen. Kurz, exponiere dich nur so weit wie es unvermeidlich ist und bedenke, meiner Zärtlichkeit erhalten zu bleiben, ist eine ebenso heilige Pflicht wie die, die du bis jetzt erfüllt hast.

JOSEPH: Liebe Mama, beruhige dich, deine Liebe zu mir wird mich vorsichtig machen. (Man hört den Generalmarsch schlagen.) Mama hörst du den Generalmarsch? Ach! Ich eile dorthin. Ich eile dorthin.

DOROTHEE: Joseph, oh Himmel, du willst mich verlassen?

PAULINE: Dieser Lärm läßt einen erschauern.

DOROTHEE *(ihren Kopf an die Schulter von Blanche sinken lassend)*: Mir ist, als müßte ich sterben.

JOSEPH: Mama, liebe Mama, beruhige dich doch, ich flehe dich an. Denk an die Uniform, die ich trage, erweiche nicht noch mehr dieses Herz, das schon zu gerührt ist. Meinst du denn, ich bin jeder Prüfung gewachsen?

DOROTHEE: Oh, mein Freund! ... Also, es muß sein, erfüllen wir unsere grausame Pflicht.

JOSEPH *(zu seinen Brüdern und Schwestern)*: Umarme mich, Mama, und ihr alle, meine Freunde!

BRIGITTE: Und nun mich, guter junger Mann! Mich, die ich dich von ganzem Herzen liebe! *(Er umarmt sie)*

JOSEPH *(entfernt sich, er kehrt zu seiner Mutter zurück und wirft sich vor ihr auf die Knie)*: Du hast deinen Sohn nicht gesegnet, liebe Mama, ach! Überhäufe mich mit deinen Segenswünschen.

DOROTHEE *(ihn an ihr Herz drückend)*: Ja, mein lieber Joseph, all meine Segenswünsche, all meine Liebe, all meine Wünsche ...
(Joseph tritt ab)

Sechste Szene

DOROTHEE, BRIGITTE, BLANCHE,
PAULINE, CLAIRE, FELIX, JULES

Während dieser Szene hört man den Lärm der Kanone und der Karabiner, zunächst sehr häufig, dann unmerklich nachlassend.

DOROTHEE: Er ist gegangen! Ach, Brigitte, werde ich ihn je wiedersehen?

PAULINE: Wie man die Kanone hört!

BLANCHE: Ach! Mama, ich habe das Feuer gesehen.

BRIGITTE: Es scheint, als sei die Schlacht bereits in vollem Gange.

DOROTHEE: Mein Sohn kann sich noch nicht dort befinden!

PAULINE: Er wird nicht lange brauchen, um sich dorthin zu begeben; hast du nicht gesehen, mit welchem Tempo sein Pferd galoppiert?

DOROTHEE: Er treibt es mit all seiner Kraft an, daran zweifle ich nicht. Liebe Brigitte, wie schrecklich der Schlachtenlärm ist!

BRIGITTE: Du sollest ins Haus gehen. Dort hören wir viel weniger.

DOROTHEE: Nein, nein, lassen wir uns auf dieser Bank nieder; so schrecklich dieser Lärm auch sein mag, ich könnte mich ihm nicht dadurch entziehen, daß ich mich von ihm entferne.

(Dorothée, Brigitte, Blanche und Pauline setzen sich auf die Bank; Claire setzt sich auf den Boden, zu Füßen Paulines.)

FELIX *(zu Jules)*: Laßt uns auch Krieg spielen, Jules; die Büsche, die du dort siehst, sollen die Briganten sein, wir, wir sind die Armee der Patrioten, wir werden sie erfolgreich bekämpfen.

JULES: Ach! Gut, ja, Félix, das hast du dir gut ausgedacht, ich werde mit ganzem Herzen dabei sein.

BLANCHE: Der Lärm der Kanone hört nicht mehr auf!

CLAIRE: Das ist zumindest ein anderer Lärm als der für die Föderation.[4]

BRIGITTE: Es ist auch kein Fest, mein Kind.

DOROTHEE: Ein Fest! Ach! Es schaudert einen, wenn man bedenkt, daß jeder dieser Schüsse das Leben eines Menschen vernichten, eine Ehefrau in Verzweiflung stürzen, das ganze Glück einer armen Mutter zerstören kann.

4 Gemeint ist das Föderationsfest vom 14.7.1790.

Felix: Mut, Jules! ich köpfe gerade einen feindlichen General; wenn du standhaft bleibst, werden bald alle besiegt sein.

Brigitte: Das Feuer läßt beträchtlich nach; es scheint, als ginge der Kampf seinem Ende zu.

Dorothee: Ach, Brigitte! Das letzte Wort ist noch nicht gefallen. Ich merke es ... ich fühle es ... ich bin zutiefst bedrückt!

Felix: Sieg! Sieg! Ich hab es dir doch gesagt, Jules, daß wir mit diesen Schurken fertig werden würden.

Jules: Oh, allerdings! Ich habe mich auch wie ein Teufel geschlagen.

Felix *(sich seiner Mutter nähernd)*: Dieser Sieg ist ein gutes Vorzeichen, was meinst du, Mama? Unsere Armee wird gewiß siegen; irgendetwas sagt mir das.

Dorothee: Mein Freund, ich zweifle nicht an dem Sieg, aber er kann teuer für uns werden!

(Für einen Augenblick herrscht Ruhe)

Pauline: Welche eine Ruhe plötzlich!

(Erneute Ruhe, dann hört man einen Schuß)

Dorothee *(mit dem größten Entsetzen)*: Ach! Ach! Mein Gott, was für ein Schuß! Brigitte, entschuldige meine Schwäche, aber er hat mir einen unbeschreiblichen Schreck versetzt.

Brigitte: Wie du zitterst, meine Liebe! Glaub mir, laß uns ins Haus gehen; bald werden wir Nachrichten von der Schlacht erhalten, und ich hoffe, daß sie dich beruhigen werden.

Ende des zweiten Akts

DRITTER AKT

Das gleiche Bühnenbild wie im ersten Akt

Erste Szene

DOROTHEE *(allein)*: Es ist bald vier Uhr und Joseph kommt nicht zurück! Und ich habe keine Nachricht erhalten! Ich kann mich nicht beruhigen. Wie lange und unerquicklich sind doch die Stunden der Angst und der Ungewißheit! Noch nie habe ich mich so beunruhigt gefühlt. Noch nie habe ich so wenig Selbstbeherrschung gehabt. Oh, Vernunft! Wie ohnmächtig sind deine Grundsätze da, wo sich die tyrannische Stimme des Gefühls, der Liebe und der mütterlichen Sorge vernehmen läßt! Ich bin schwach, bedrückt. Eine traurige Vorahnung bemächtigt sich meiner Seele und betrübt sie. Lieber Joseph, würdiges Objekt meiner zärtlichsten Liebe! Werde ich dich noch einmal wiedersehen? Sollte deine unglückliche Mutter bestimmt sein, dich zu überleben?

Zweite Szene

DOROTHEE, BRIGITTE

DOROTHEE: Nun Brigitte, weiß man etwas?

BRIGITTE: Deine Ungeduld ist ganz natürlich, aber, meine Liebe, es ist unmöglich, schon irgendetwas zu wissen. Doch wir werden bald unterrichtet sein. Ich habe einen Boten zum Lager geschickt, und ich erwarte jeden Moment seine Rückkehr.

DOROTHEE: Wo sind denn die Kinder?

BRIGITTE: Félix und Jules sind in den Ort gegangen, um sich zu informieren, Blanche, Pauline und Claire sind vor der Tür und befragen Passanten.

DOROTHEE: Ach! Brigitte! Mein Sohn lebt nicht mehr; zumindest ist er verwundet. Wäre er unversehrt, könnte er nicht einen Augenblick zögern zu kommen, um seine Mutter zu beruhigen.

Dritte Szene

Dorothee, Brigitte, Blanche,
Pauline, Claire

Blanche: Ach! Mama, wir haben den Sieg errungen.

Pauline: Einen vollständigen Sieg!

Claire: Das hat uns ein Freiwilliger gesagt.

Blanche: Er kam von der Armee.

Pauline: Er war dabei.

Dorothee: Habt ihr ihn nach Neuigkeiten über euren Bruder gefragt?

Blanche: Er kannte ihn nicht, Mama.

Claire: Sieh mal, Mama, ein anderer wird ihn vielleicht kennen, ich nehme meinen Wachposten wieder auf, und ich werde erst wieder zurückkommen, wenn ich Nachricht von Joseph habe.
(Sie tritt ab)

Vierte Szene

Dorothee, Brigitte, Blanche, Pauline

Dorothee: Und der Freiwillige kam von der Armee?

Blanche: Ja, Mama.

Dorothee: Nun, Brigitte, hätte mein Sohn nicht zur gleichen Zeit zurück sein können?

BRIGITTE: Wie einfallsreich du dich peinigst! Ist es nicht möglich, daß er bis zuletzt in den Kampf verwickelt war? Kann er schließlich nicht durch irgendeinen Grund aufgehalten worden sein?

BLANCHE: Das ist wahr; Mama, du weißt, daß Joseph nicht weicht, bevor der letzte Schuß gefallen ist.

DOROTHEE: Genau das ängstigt mich, er setzt sich den Gefahren zu sehr aus, um nicht schließlich in ihnen umzukommen. Die Unbesonnenheit seines Alters, seine Unerschrockenheit, diese Verspätung, die ich nicht begreifen kann, alles erfüllt mein Herz mit Traurigkeit und Unruhe.

BRIGITTE: Oh, meine Liebe, warum läßt du dich so erschüttern? Du, deren Seele so edel und mutig ist, kannst du in diesem Fall nicht Gebrauch von deiner Entschiedenheit machen?

DOROTHEE: Ich bin schwach, das bekenne ich, aber das muß mich nicht zum Erröten bringen; oh, Brigitte, ich bin Mutter, und Mutter welch eines Kindes!

BRIGITTE: Denkst du denn, ich könnte deine Empfindungen mißbilligen? Sie sind ganz natürlich, und ich bitte dich nur einen Moment um Geduld; es wird nicht mehr lange dauern, bis wir über sein Schicksal unterrichtet sind.

BLANCHE: Ich höre jemanden.

PAULINE: Das sind deine kleinen Brüder.

Fünfte Szene

FELIX, JULES, DIE VORHERIGEN SCHAUSPIELER

FELIX: Siehst du, Mama! Habe ich es dir nicht gesagt? Wir sind Sieger!

DOROTHEE: Ich bin von unserem Sieg unterrichtet, mein Freund, aber weißt du nichts darüberhinaus?

FELIX: Ich weiß, daß es ein entscheidender Sieg ist, wir haben eine große Zahl von Rebellen getötet.

JULES: Ja, viele, viele.

FELIX: Wir haben viele Gefangene gemacht. Ganz Cholet freut sich.

DOROTHEE: Alles freut sich! Und du hast nichts von Joseph gehört?

FELIX: Nein, Mama, aber er ist ganz bestimmt nicht tot, denn man sagt, daß wir kaum jemanden verloren haben.

Sechste Szene

CLAIRE, DIE VORHERIGEN SCHAUSPIELER

CLAIRE: Oh, Mama! Höre! Ich habe gerade mit einem anderen Freiwilligen, der von der Armee kam, gesprochen.

DOROTHEE: Nun!

CLAIRE: Er sagt, daß man viel über einen jungen Husaren spricht, der Wundertaten vollbracht hat. Da siehst du es, es handelt sich dabei sicher um meinen Bruder.

DOROTHEE: Sagt man, daß er verwundet ist?

CLAIRE: Ich weiß nur das, was ich dir erzählt habe.

BLANCHE: Du solltest dich doch über alle Einzelheiten informieren.

CLAIRE: Ich habe keine Frage ausgelassen; aber der Freiwillige wußte nicht mehr davon zu sagen. Vielleicht ist ein anderer besser unterrichtet. Ich werde zu meinem Posten zurückkehren.

Siebte Szene

Dorothee, Brigitte, Blanche,
Pauline, Felix, Jules

Dorothee *(zu Brigitte)*: Dein Bote kehrt nicht zurück. Es scheint, alles treibt sein Spiel mit meiner Ungeduld. Die Stunden eilen dahin und bringen keine Veränderung in meine betrübliche Situation.

Achte Szene

Claire, die vorherigen Schauspieler

Claire: Oh! Du wirst sofort Klarheit haben, Mama. Ein Citoyen möchte mit dir sprechen. Sicher bringt er Nachricht von der Schlacht, denn es ist ein Freiwilliger, ein Hauptmann, ein General, was weiß ich. Aber hier ist er! Gleich wirst du wissen, was los ist.

Neunte Szene

Der General Desmarres, die vorherigen Schauspieler

Desmarres: Wohnt nicht hier die Citoyenne Witwe Barra?

Dorothee: Du sprichst mit ihr selbst. Aber, Citoyen, was führt dich hierhin? Bist du nicht von der Armee? Hast du das letzte Gefecht gesehen?

Desmarres: Ich habe es kommandiert, mein Name ist Desmarres.

Dorothee: Du bist der General meines Sohnes? Kennst du ihn? Hast du etwas über Joseph Barra gehört, ein Kind, aber voller Mut und Patriotismus?

Desmarres: Ein Kind! Ach, sag ein Held! Ja, ich kann seine Tugenden und seinen Ruhm bestätigen, ich war Zeuge seiner überragenden Einsätze. Du siehst mich durchdrungen von Bewunderung für ihn, von Respekt für seine Mutter.

DOROTHEE: Er hat zu dir von seiner Mutter gesprochen?

DESMARRES: Er hat von ihr mit seiner ganzen Liebe gesprochen, mit der ganzen Ehrfurcht, die deine Lehren und deine Sorgen ihm eingegeben haben müssen. Citoyenne, auf sein Bitten bin ich zu dir gekommen.

DOROTHEE: Auf sein Bitten! Also konnte er selbst nicht kommen? Oh Himmel! Mein Sohn ist verwundet! Möglicherweise gefährlich? General, ich flehe dich an, rede, teile mir sein Schicksal mit! Du antwortest mir nicht ... Ach! Joseph, du bist nicht mehr!
(Sie läßt sich mit den Anzeichen allergrößter Verzweiflung auf einen Stuhl fallen.)

BLANCHE: Oh mein Bruder, Mama!
(Sie wirft sich vor ihrer Mutter auf die Knie und umschlingt sie.)

BRIGITTE: Citoyen, ist das wirklich möglich! Dieser tapfere junge Mann soll tot sein?

DESMARRES: Er hat das schönste Leben beendet mit dem ruhmreichsten Dahinscheiden; er ist so gestorben wie er gelebt hat, als würdiger Republikaner. Oh du, seine Mutter! Die dieses edle Herz hervorgebracht hat, folge seinem Mut und der erhabenen Aufopferungsbereitschaft, die er in seinen letzten Momenten gezeigt hat.
(Blanche erhebt sich, stützt sich auf den Stuhl ihrer Mutter und verdeckt die Augen mit einem Taschentuch. Pauline ist an ihrer Seite, nimmt ihre Hand und versucht, sie zu trösten.)

DOROTHEE: Du hast ihn sterben sehen! Du hast seine letzten Wort vernommen! Und ich, ich war fern von ihm! Mein Unglück fürchtend, sterbend vor Sorge und Unruhe! ... Joseph! ... Ich werde dich nie mehr sehen!

FELIX: Oh mein Bruder! Oh, guter Joseph, wir werden dich nie mehr sehen!

BRIGITTE: Er hatte so viel Mut! Er wird sich zu sehr der Gefahr ausgesetzt haben.

DESMARRES: Seit langem war mir seine Tapferkeit bekannt. Es hat mir Freude bereitet, ihm Gelegenheiten zu verschaffen, um sich zu beweisen. In der Schlacht von heute - eine der blutigsten, die wir seit langem hatten - hat er ohne Unterlaß an meiner Seite gekämpft, mit einem Wort, erhaben über jedes Lob; wir waren immer zusammen auf den gefährlichsten Posten. Schließlich habe ich ihm meine Pferde anvertraut, während ich die Verfolgung der Briganten aufnahm; nach ihrer vollständigen Niederlage kehrte ich an der Spitze einer Kolonne zu dem Ort, an dem ich ihn gelassen hatte, zurück; ich sehe ihn umzingelt von feindlichen Jägern, wir eilen ihm zu Hilfe. Ein Schuß fällt ...

Dorothee: Ach, Brigitte, ich habe es gehört! Dieser verhängnisvolle Schuß! Mein ganzes Herz hat sich dagegen aufgelehnt!

Desmarres: Wir kommen zu spät; er war tödlich verwundet. Aber dieses unerschrockene Kind hielt noch die Zügel der Pferde und rief mehrmals hintereinander: 'Du bist dran, Brigant! Die Pferde des Kommandanten und die meinen! Also, was ist?' Und er rief zwischen seinen Drohungen aus: 'Es lebe die Republik!' Wir entreißen ihn seinen Mördern, wir lassen ihm die bemühteste Pflege angedeihen, aber sie war überflüssig, Barra fühlte es selbst. Er erkennt mich; während er meine Hand nimmt, sagt er mir: 'Dem Himmel sei dank, das Vaterland ist siegreich, ich bin glücklich, daß ich für es sterben kann. Aber meine arme Mutter! Sie ist nicht reich, ich half ihr zu leben. Wer wird ihr helfen? Wer wird sie trösten?' Ich eile, ihn über sein Schicksal zu beruhigen und ihm den einzigen Schmerz zu nehmen, der seine letzten Minuten zu vergiften schien. Seine Blicke zeigen mir seine Dankbarkeit, und er stirbt, während der Name des Vaterlandes sich mit dem deinen auf seinen sterbenden Lippen vereinigt.

Dorothee: Ja, mein Sohn hatte immer ein edles und großmütiges Herz; die Natur hatte alles zu seinen Gunsten eingerichtet, ich mußte sie stets nur unterstützen. Furchtlos, großherzig, eifriger Patriot, voller Begeisterung für die Tugend, aber vor allem ein zärtlicher und ehrerbietiger Sohn, niemals ist ihm jemand gleichgekommen an kindlicher Liebe. Er ist nicht mehr! Nichts kann meine Tränen trocknen. Mit ihm habe ich alles verloren.

Desmarres: Nein, du hast nicht alles verloren, Citoyenne, denke an den Ruhm, mit dem sein Name auf ewig behaftet sein wird, denke an die Anerkennung des Vaterlandes. Ja, ich erlaube mir darauf zu antworten, ich verspreche dir in seinem Namen das, was du mit Recht erwarten kannt: Hochachtung, Tröstung und Unterstützung.

DOROTHEE *(ihre Kinder betrachtend)*: Unterstützung! Ja, ich bin noch Mutter. Lieber Joseph, durch deine geliebte Hand werden wir nicht mehr ernährt werden! Was sage ich? Oh weh! Immer hatten wir dir alles zu verdanken. Aber deine letzte Wohltat, sie kommt uns teuer zu stehen!
(Sie fällt zurück in ihre Niedergeschlagenheit)

BRIGITTE: Arme Freundin! Citoyen, wenn du wüßtest, wie sehr sie ihren Sohn geliebt hat! Du siehst ihren Schmerz, einen bittereren kann es nicht geben. Höre das Schluchzen ihrer unglücklichen Familie. Welch herzzerreißendes Schauspiel! Das sind sie nun, die Folgen der Bürgerunruhen und des Krieges! *(Zu Félix und Jules:)* Oh, meine Kinder, hütet euch davor, jemals daran teilzunehmen. Erinnert euch unablässig an die Verzweiflung, in der ihr eure Mutter seht. Möge sich dieser schreckliche Tag niemals für sie wiederholen!

DOROTHEE *(lebhaft aufspringend)*: Was redest du da, Brigitte? Welch falscher Eifer, welch aufdringliche Freundschaft verwirrt dich? Und warum sind sie denn geboren? Hat das Vaterland nicht mehr unantastbare Rechte an ihnen als ich? *(Zu ihren Kindern mit großer Eindringlichkeit:)* Meine Kinder, ihr, ich, alle gehören wir ihm; unsere Tage, unser Schweiß, unser Blut, alles gehört ihm. Es ist der größte Ruhm eines Franzosen, zu der Ehre gerufen zu werden, ihm zu dienen. Oh Vaterland! Unglück über den Egoisten, dessen gefühlloses Herz nicht erfüllt ist von deiner Liebe! Meine Kinder haben das mit der Muttermilch eingesogen, sie werden deiner würdig sein! Oh Vaterland, dir opfere ich sie auf! Ihr Bruder ist nicht mehr, er hat seine Schuldigkeit getan. Und ich, die ich ihn dir überlassen habe, und ich, die ich ihn überlebe ... Ach! Was kann ich mehr tun?

Der Vorhang fällt.

(BN)

V.
ÄSTHETISCHE KULTUR

25.

Petition an die Nationalversammlung
(1791)

Citoyenne Vallée

Meine Herren,

ich habe die Ehre, mich heute Ihrer erhabenen Versammlung vorzustellen, um Ihnen die große Freude mitzuteilen, die das Volk empfunden hat, als es den Freiheitsbaum gepflanzt hat. Dieses Volk, so sanft, so liebenswert, so ergeben, wünscht nur das öffentliche Wohl; doch ich versichere Ihnen, daß dieser Freiheitsbaum, dem unbeständigen Wetter ausgesetzt, bald vertrocknen und verfaulen wird, da er keine Wurzeln hat. Es wäre ratsam, daß die Versammlung beschließt, daß man eine Medaille tragen soll, die Medaille der Freiheit heißen, und die mehr als 1000 Jahre überdauern würde; bis dahin könnte alle Welt - Männer, Frauen, Kinder - sich daran erfreuen; und, meine Herren, Sie würden die ganze Nation zufrieden sehen, denn viele Leute glauben, daß jener Freiheitsbaum nur für die Nationalgarden bestimmt ist, da er doch nur vor deren Wachlokalen gepflanzt worden ist. Meine Herren, beurteilen Sie selbst den großen Wunsch des Volkes, die Freiheitsmedaille tragen zu können! Es gibt sogar Leute, die sich welche aus vergoldetem, andere, die sie sich aus emailliertem Kupfer haben anfertigen lassen, die sich jedoch nicht wagen sie zu tragen, weil es zu diesem Gegenstand noch kein Dekret gab; und schließlich gibt es andere, die stattdessen eine kleine rote Mütze, Freiheitsmütze genannt, tragen. Diese Medaille könnte mit einem roten, weißen oder blauen Band, oder mit einem blaugeflammten getragen werden. Es kann auch irgendeine Farbe haben, die die Nationalversammlung dafür festlegen möchte.

Meine Herren, ich möchte Sie darum bitten, anzuordnen, daß ich allein mit der Herstellung dieser Medaillen beauftragt werde. Ich habe durchaus nicht die Absicht, von dem Gewinn zu profitieren, den sie mir verschaffen könnte;

ich biete vielmehr an, den Erlös für die Einrichtung eines Pflegeheims zur Entlastung von zwölf schwangeren Frauen zu verwenden, die alle neun Tage aus der ärmsten Klasse aufgenommen werden sollen. Dieses Pflegeheim wird im Laufe eines Jahres 468 Frauen, die alle neun Tage zu je zwölf aufgenommen werden, die Not lindern. Ich werde mich dafür einsetzen, sie während des gesamten Verlaufs ihrer Niederkunft unentgeltlich zu pflegen und zu behandeln. Man könnte mir entgegenhalten, daß das *Hôtel de Dieu* dazu eingerichtet ist, genau diese Frauen aufzunehmen. Aber ich kann darauf antworten, daß dieses Haus, außerordentlich überfüllt mit Kranken, täglich gezwungen ist, sie zum Hospital der *Salpêtrière* abzuweisen. Wie oft kommt es noch vor, daß Familienmütter so mit kleinen Kindern überlastet sind, daß sie sie nicht allein lassen können außer im Augenblick ihrer Niederkunft. Das ruft bei ihnen eine große Aufregung hervor, denn von dem Moment an, wo sie das *Hôtel de Dieu* betreten, dürfen sie weder ihre Kinder noch ihre Ehemänner sehen, da ihnen dort verboten ist, Familienmitglieder zu empfangen. So kommt es, daß unglückliche Familienmütter es oft vorziehen, lieber auf dem Stroh zu sterben als sich um Ehemann und Kinder gebracht zu sehen. So soll es in dem Projekt, das ich der Versammlung unterbreite, nicht zugehen, denn den Ehemännern und Kindern wird es freigestellt sein, sie immer dann zu sehen, wenn sie es wünschen. Wenn Sie es in ihrer Güte für ratsam halten, meinen Vorschlag anzunehmen, meine Herren, erbitte ich folglich nichts für diese Einrichtung. Meine Bereitwilligkeit, stets den Armen zu helfen, wird mein Lohn sein.

Sollte der Gewinn aus diesen Medaillen mir nicht für dieses Unternehmen reichen, so gebe ich der Versammlung zu bedenken, daß ich jemanden kenne, dem es ein Vergnügen wäre, sich mit mir zusammenzutun, um dem abzuhelfen. Innerhalb von acht Tagen würde ich der Versammlung verschiedene Modelle von Medaillen vorlegen. Ich würde eine Million von dem Modell, dem die Versammlung zustimmt, herstellen lassen, damit alsbald jeder eine Medaille haben kann.

Wenn die dreiundachtzig Departements an dieser Medaille interessiert sind, so müßten sie mir nur die Anzahl und den Namen des jeweiligen Departements mitteilen, damit ich sie miteinbeziehen könnte. Ich glaube durchaus nicht, daß die Departements es mir als Vergehen anrechnen könnten, daß ich mich in dieser Angelegenheit an die Nationalversammlung gewandt habe, da es um das allgemeine Wohl geht. Im übrigen wird dieses Pflegeheim nicht nur für Paris eingerichtet, sondern vielmehr für ganz Frankreich, in Anbetracht dessen, daß viele aus allen Departements in die Hauptstadt kommen.

Unter diesen Umständen und nach diesen Ausführungen bitte ich die Nationalversammlung inständig, den Gegenstand meiner Bittschrift doch in Erwägung ziehen zu wollen, und die weiter oben im einzelnen erörterten Vorschläge zu berücksichtigen, die von großer Bedeutung für die notleidende Menschheit sind. Danach darf ich doch von Ihrer erhabenen Versammlung hoffen, meine Herren, daß Sie mir, da ich nur den Wunsch habe, etwas für das allgemeine Wohl zu tun, die Herstellung dieser Medaille sowie den Plan, den ich vorschlage, zugestehen. Wenn Sie die Güte hätten, die Herstellung der Freiheitsmedaille zu beschließen, so wäre Ihnen die Nation zu großer Dankbarkeit verpflichtet, das gleiche gilt hinsichtlich des großen Wohls, das Sie den armen unglücklichen Frauen bezüglich des Plans, den ich vorschlage, erweisen würden. Sie werden ebensowenig wie ich zögern, ihre lebhafteste Dankbarkeit zu bezeugen.

Femme Vallée

(AN, F^{17} 1348 doss. 7)

26.

Brief der Citoyennes von Avallon, mit Piken bewehrt, an den Architekten Palloy, um ihn um einen Stein der Bastille zu bitten

Avallon, 9.8.1792

Mein Herr,

es ehrt uns, Ihnen eine Rede zu schicken, die wir anläßlich einer staatsbürgerlichen Zeremonie gehalten haben. Wir hoffen, daß Sie aus Liebe zur Freiheit eine Bitte in Erwägung ziehen werden, die einzig zum Ziel hat, unsere Kinder durch ein Schauspiel, das sie vor Entsetzen zittern lassen wird, daran zu erinnern, wie kostbar ihnen die Freiheit sein muß, und daß sie nie mit Anstrengungen geizen dürfen, um sie zu verteidigen. Im übrigen wird sie Ihr Name, den sie auf dem Sockel des Steins der Bastille sehen werden, an ein großes Beispiel von Opfern aller Art erinnern, die Sie für den Erhalt der Freiheit gebracht haben. Schließlich hoffen wir, mein Herr, daß die Nachschrift unserer Rede ihre ganze Wirkung auf einen Patrioten entfalten wird, der mit Genugtuung einige Tatkraft bei einem Geschlecht sehen muß, dem man allzu lange seine Neigung zur Frivolität, zum Luxus und zur Trägheit vorgehalten hat.

Fr. Aubry, Fr. Peutat, Präsidentin, Fr. Raisson,
Fr. Mansey, Fr. Penta, Frl. Heinan,
Fr. Boudieu, Fr. Roy, Fr. George.

(Aus: H. Monceaux,
Trois pièces révolutionnaires du Musée d'Auxerre.
L'Annuaire de l'Yonne 1899.)

Rede der Citoyennes von Avallon, mit Piken bewehrt, an die Freunde der Verfassung anlässlich der Einweihung der Büste von Mirabeau in ihrem Sitzungssaal, gehalten von Madame Peutat

Patriotische Citoyens,

unterrichtet davon, daß man heute an diesem Ort, der der Ausübung der patriotischen Tugenden gewidmet ist, die Büst von Mirabeau aufstellen wollte, sind wir hierher geeilt, um unsere Huldigungen mit den euren zu vereinen.

Das Interesse, das wir an euren Reden und Diskussionen nehmen, soll euch ein zuverlässiger Garant für unsere außerordentliche Liebe zum Vaterland sein; und da diese Mutter aller ihr Heil wahrhaftig diesem Freund des Volkes verdankt, hat er auf unsere Anerkennung den gleichen Anspruch wie auf die eure, denn auch wir haben französische und patriotische Herzen.

Daher werden wir heute in Gegenwart dieses unsterblichen Mannes schwören, mit unserem ganzen Mut und all unserer Kraft das große Werk unserer Revolution zu unterstützen, und wir werden dieses Gelöbnis als Französinnen, als Mütter und als Ehefrauen erfüllen.

Als Französinnen werden wir niemals dulden, daß die Ehre der heiligen Lade der Verfassung von Unwürdigen angetastet wird, und wir weihen diese Piken der Verteidigung der Freiheit und der Gleichheit der Rechte, die diese Verfassung uns verbürgt.

Die Empfindsamkeit, die Sanftheit, die Bescheidenheit sind zweifellos kostbare Eigenschaften unseres Geschlechtes; jedoch, Citoyens, wenn wir der Wut unserer Feinde, der gewaltigen Erschütterung, mit der sie uns drohen, ausgeliefert wären, glaubt ihr, wir stünden dann nicht in der Pflicht, uns selbst zu überwinden, um für einen Moment diese sanften Gemütsregungen zugunsten erhabener Gefühle wie die Liebe zur Freiheit und die Liebe zum Vaterland aufzugeben?

Diese Empfindsamkeit, diese Sanftheit, diese Bescheidenheit wären nur Schwächen und sie würden frevelhaft, wenn sie dazu führten, die Männer zu schonen, die bereit sind, unsere Kinder, unsere Ehegatten, unsere Mitbürger, unsere Brüder niederzumetzeln oder sie wie niedrige Sklaven, von denen sie blinden Gehorsam verlangen, zu beherrschen.

So schwören wir denn als Französinnen, uns unerschrocken diesem Joch aller Verräter zu widersetzen, die es wagen sollten, uns den Schatz der Freiheit zu rauben. Und sollte sich der Sieg jemals zu ihren Gunsten entscheiden, so würden wir uns unter den Trümmern des Vaterlandes begraben.

Als Mütter schwören wir, ohne Unterlaß dafür zu arbeiten, daß unsere Kinder diese Verfassung lieben, die die Nationalversammlung der Wachsamkeit der Familienväter, der Gattinnen, der Mütter, der Liebe der jungen Citoyens und dem Mut aller Franzosen überantwortet hat; wir geloben, ihnen jene leidenschaftliche Begeisterung einzuprägen, die zu ihrer Verteidigung nötig ist; und wenn die französischen Frauen bis heute nur Kinder zur Welt gebracht haben, so werden sie sich vom Beginn dieser Revolution an daran machen, nur noch Männer zu schaffen: Das sind zumindest unsere besonderen Fähigkeiten.

Als Gattinnen schwören wir, unseren Männern Rückhalt zu geben, wenn sie dem Feind gegenüberstehen; ihnen eine zusätzliche Kraft zu sein, die sie dann nahezu unbesiegbar machen wird, wenn sich der Aufschrei des Vaterlandes mit dem Aufschrei der Natur vereint ...

Was! Wir haben von schwächlichen Feiglingen vernommen, andere Pflichten riefen uns ins Haus, unsere Hände seien nur dazu da, um mit der Spindel und nicht mit dem Schwert umzugehen!

Niederträchtige Geschöpfe! Zweifellos gehört ihr zur Zahl der Verräter, wenn ihr nicht zugebt, daß in dem Augenblick, wo das Vaterland in Gefahr ist, Frauen, Kinder, Greise, alle ohne Unterschied ihm zu Hilfe eilen müssen; alle müssen ihre Hütten verlassen, um den Feind, der mit seinen Ketten und mit seiner Rache droht, zurückzustoßen.

Seht euch vor, ihr niederträchtigen Männer oder ihr gemeinen Egoisten, die ihr auf die Tugenden, die aus der Begeisterung und der Erhebung der Seele erwachsen, nur spöttische Worte im Verborgenen zu werfen wißt, die sie nicht erschüttern können; seht euch vor, denn es geht hier um nichts Geringeres als die Rettung der ganzen Welt, denn die Freiheit Frankreichs hängt von der Freiheit aller anderen Nationen ab, wie von dem Beispiel einer Mutter die Tugenden ihrer Töchter abhängen.

Wenn ihr hierin mit uns einer Meinung seid, wie könnt ihr es dann wagen, über unsere Bemühungen, uns zu bewaffnen, zu murren?

Auf denn, wir kennen unsere Pflichten, und wir werden sie dem Rang entsprechend erfüllen, den sie in einer rechten moralischen Ordnung haben müssen. Geleitet von einer wohlverstandenen Empfindung für die Menschheit fassen wir heute einen kraftvollen Beschluß.

Aber lassen wir jene Kreaturen hinter uns, die durch eine Gleichgültigkeit, die der Armut ihres Wesens entspringt, mitten in den Stürmen untätig verharren: Nur für euch allein, Patrioten, schüren wir unsere großen Leidenschaften: Genau wie ihr wollen wir den Sieg oder den Tod. Sollten unsere Gatten und unsere Kinder jemals in einer Schlacht zurückweichen oder fliehen, so würdet ihr sehen, daß wir sie wie die Frauen jener stolzen Sikamber, unserer Vorfahren, anhalten und ihnen sagen: 'Feiglinge, schlagt uns nieder, tötet uns, bevor ihr uns der Schande der Sklaverei aussetzt!' So würden wir ihren Mut und ihren Stolz wiederbeleben, sie würden sich wieder zum Angriff auf den Feind rüsten und ihn ihrerseits nach dem Beispiel derselben Sikamber in die Flucht schlagen.

Aber wenn sie ihnen zahlenmäßig unterliegen, würden wir, statt ihre Niederlage zu überleben, über ihren Leichen zugrunde gehen; wie jene berühmten Akarnier, die zunächst mit all ihren Kräften den Mut ihrer Gatten, ihrer Brüder, ihrer Kinder stützten, aber, als sie sahen, wie sie vor Erschöpfung niederfielen und unter den Stößen der Ätolier umkamen, sich alle mit ihnen umbrachten.

Das sind also die Schwüre, die wir euch, patriotische Citoyens, in Gegenwart des unsterblichen Mirabeau übereignen: Möge sein Geist hier anwesend sein, um beifällig unseren festen Beschluß zu vernehmen, daß wir frei leben oder an der Seite unserer Gatten und unserer Kinder sterben wollen, bewaffnet mit dem Eisen, das ihr seht.

Citoyens, erlaubt uns, daß wir als Lohn für diesen Schwur die Büste Mirabeaus mit einer staatsbürgerlichen Schärpe, mit diesem Band der Trikolore, dem kostbaren Talisman, der so viele Wunder vollbracht hat, schmücken, der von nun an stets wie der Federbusch von Heinrich IV. alle guten Citoyens in diesem Saal vereinen soll, unter den Auspizien dieses großen Mannes, der heute unsere Verehrung entgegennimmt, und dessen Andenken ewig in den Herzen der Freunde der Freiheit weiterleben wird.

Citoyens, wir haben noch ein weiteres Anliegen; wir hoffen, von dem großzügigen Patrioten Palloy ein Denkmal des schrecklichen Despotismus, einen Stein der Bastille zu erhalten, an dem ein Glied der Ketten, die so viel Unglück bewirkt haben, befestigt sein soll: Dieses Denkmal wird als Pendant zu der Büste Mirabeaus dienen, um eine gleiche Wirkung durch ihren Kontrast herbeizuführen.

Unsere Kinder werden sich hier beim Anblick des Freundes des Volkes und der Freiheit für den reinsten Patriotismus begeistern und zugleich in ihrem Innersten einen unversöhnlichen Haß gegen die Tyrannei im Angesicht der Werkzeuge, die ihren Anschlägen dienten, entwickeln.

Daher bitten wir euch, diesen Wunsch dem Patrioten Palloy zu übermitteln, indem ihr ihm ein Exemplar unserer Rede schickt.

Gezeichnet ...

(BN)

27.

Paris, 26. September Jahr II der französischen Republik

Citoyenne Gond Witwe Boulliand

Citoyens,

die Vorschläge, die die Citoyens Barère und Léonard Bourdon im Konvent gemacht haben, haben mich auf die Idee gebracht, einen Platz der Freiheit und ihrer Verteidiger zu schaffen. Da ich nicht zeichnen kann, erlaube ich mir, euch einen unvollkommenen mit der Feder skizzierten Plan zuzusenden. Ich bitte euch, mich zugunsten des Beweggrundes, der mich dazu veranlaßt hat, zu entschuldigen.

Eure Mitbürgerin

Gond Witwe Boulliand

Der Citoyen Barère hat im Nationalkonvent gefordert, daß die Kommissare, die sich in seinem Auftrag bei den Armeen aufhalten, beauftragt werden, Taten des Heroismus und der Tapferkeit von den Vaterlandsverteidigern zu sammeln, der Citoyen Léonard Bourdon hat vorgeschlagen, daraus ein Elementarbuch für die jungen Franzosen zu erstellen; ich habe die Ehre, dem Wohlfahrtsausschuß ein Bild vorzuschlagen, das die Herzen und Augen aller Franzosen wie auch der Ausländer anspricht, indem es das Gedenken der für die Freiheit gefallenen Helden und den Wert derer, die am Leben sind, ehrt.

Der Platz der Freiheit ist sehr ausgedehnt und die Statue der Freiheit verschwindet fast in seiner Weite, man muß sie dem Auge durch einige Ornamente näher bringen; nichts würde der Göttin der Franzosen mehr gefallen als ein Museum zu Ehren der Helden, die für ihre Verteidigung gefallen sind. Zu diesem Zweck müßte man um die Rasenflächen Bäume in der Art pflanzen wie sie um die Rasen des ehemaligen Palais Royal standen, bevor er neu gestaltet wurde. Dies wäre eine wunderbare nachgebildete Orangerie zwischen den Tuilerien und den Champs-Elysées. Zwischen den Bäumen würde man eine Terme für die für die Freiheit gefallenen Helden aufstellen, auf deren Pfeiler ihr Name und die heroische Tat, durch die sie diese Ehre verdient haben, geschrieben wäre; um die Rasenflächen würde man statt der vorhandenen Holzbalustrade eine aus Stein errichten, an deren Ecken man je ein Standbild der bedeutendsten Männer der Revolution aufstellen würde, wie Lepeletier, Marat, Dampierre und anderen, das ergäbe sechzehn Statuen um die Freiheitsstatue herum; auf den kleinen Pavillons, die sich auf den Trottoirs befinden, wäre ebenfalls ein Standbild, so daß der Platz von vierundzwanzig Statuen umgeben wäre. An jedem Eingang wären auf der Balustrade des Trottoirs zwei Vasen oder Löwen aufgestellt, was sechzehn ergäbe.

Die Statue der Freiheit stünde wie jetzt auch auf ihrem Sockel; unterhalb von ihm wäre ein Altar, auf dem eine Urne stünde, die ständig die Asche anderer Citoyens aufnehmen würde, die gestorben sind, um die Freiheit zu verteidigen. Zu beiden Seiten der Urne wären zwei Standbilder, 'das der Unsterblichkeit und das des Sieges, der die Bürgerkrone über die Urne hält. Die Freiheitsstatue und der Altar wären von einer Balustrade eingefaßt; um diese Balustrade würden sieben Säulen errichtet, auf die daran befestigten Medaillons schriebe man die Namen und die Taten derer, die noch am Leben sind. Auf der Säule würde ein Renommee stehen, zwischen den Säulen würden Pappeln gepflanzt.

Dies wäre das erste öffentliche Museum, das auf der Welt existiert, und es wäre der nationalen Anerkennung würdig. Das Volk könnte in jedem Augenblick die tugendhaften Citoyens bewundern, die für die Verteidigung der Freiheit ihr Leben ließen und ihr Blut vergossen und die eine und unteilbare Republik gegründet haben. Man hätte keine großen Ausgaben; die Statuen, die Termen und die Balustrade wären aus Stein, die Helden bedürfen weder der Bronze noch des Marmors, der Stein ist die Pracht der Republikaner.

Die beigefügte Skizze wird, so schlecht angefertigt wie sie ist, eine Vorstellung von diesem Plan geben; der berühmte David wird jede Einzelheit in die Ordnung bringen, die er für richtig hält, wenn der Wohlfahrtsausschuß der Idee zustimmt.

1 Die Statue der Freiheit;
2 der Altar und die Urne;
3 die Statue der Unsterblichkeit und des Sieges, die die Urne krönen;
4 die Balustrade, die sie umgibt;
5 die Säulen, an denen die Medaillons angebracht sind;
6 die Pappeln;
7 die 24 Standbilder, davon 8 auf den Pavillons;
8 die Termen;
9 die in Gestalt von Orangenbäumen geschnittenen Bäume;

10 die 16 Vasen oder Löwen auf der Balustrade des Trottoirs, davon zwei an jedem Eingang;

11 die Steinbalustrade um die Rasenflächen;

12 die 8 Rasenstücke um den Platz;

13 die Trottoirs;

14 die 8 kleinen Pavillons auf den Trottoirs;

15 die Balustrade in der Höhe des Trottoirs.

(AN, F^{13} 207, doss. 22)

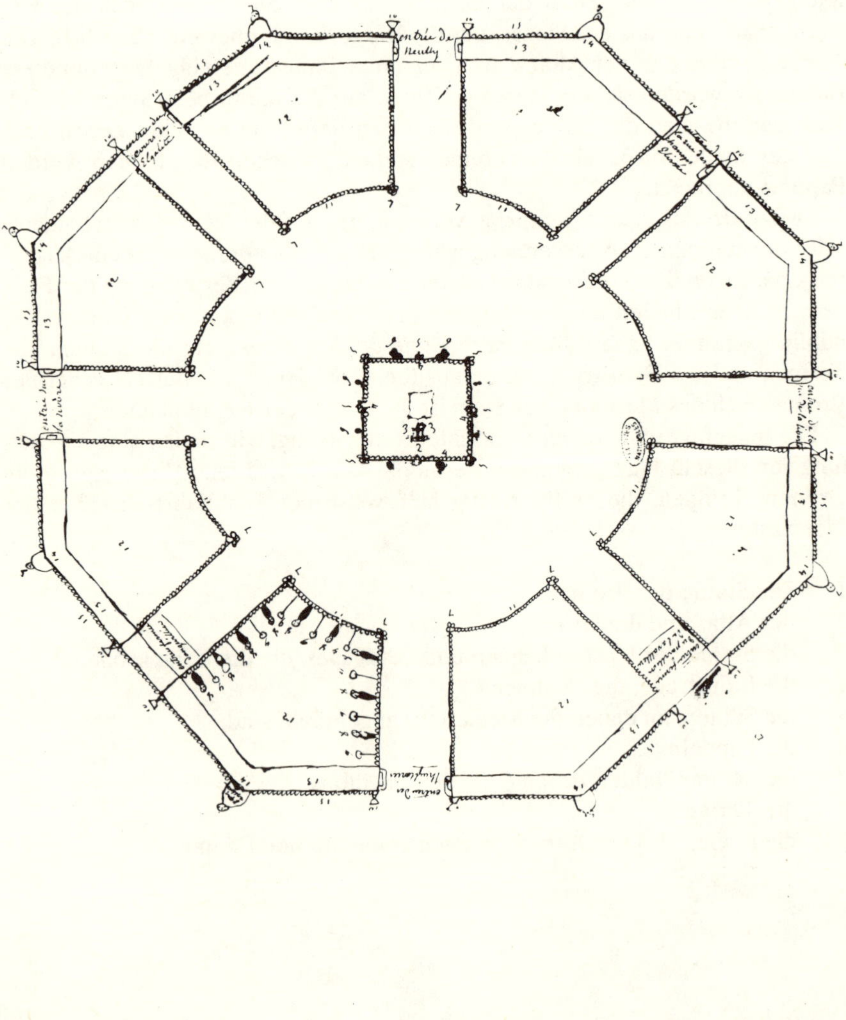

28.

CITOYENNE HEUVRARD

Gesetzgeber,

beständig mit dem Glück der Völker beschäftigt, umfassen Eure Dekrete alle Zeitumstände, alle Lebensalter und -bedingungen. Nichts entgeht Eurer regen Wachsamkeit, und man kann wahrhaftig von Euch behaupten, daß ihr unsere allumfassende Vorsehung seid.

Indes, seit meiner frühesten Jugend ganz dem Studium der schönen Künste und insbesondere der Musik, die mir die kostbarsten Genüsse schenkt, hingegeben, habe ich nicht ohne Sorge sehen können, daß ihr noch nichts für jene bezaubernde Kunst getan habt, die einen Rousseau, einen Gluck, einen Piccini unsterblich gemacht hat.

"Was bedeutet das schon", habe ich mir gesagt, "da doch diese Versammlung von Weisen, dieser Konvent überall das Wissen verbreitet hat und das glückliche Reich der Freiheit und der Vernunft auf ein immerwährendes Fundament gestellt hat; das geschieht durch solche Wunder, die er dem Universum verdankt. Aber wo sich doch alles unter seiner wohltätigen Hand erneuert - durch welches Verhängnis kommt es dann, daß er eine Kunst zu vernachlässigen scheint, die den größten Gesetzgebern Roms und Athens nicht gleichgültig war?"

Ich gab mich diesen Überlegungen hin, als ich plötzlich meinen Irrtum erkannte und erfuhr, daß Ihr ein nationales Musikinstitut zugunsten der jungen Schüler der Pariser Garde dekretiert habt.

Ewiger Dank gebührt Euch, Gesetzgeber, für diese Einrichtung, die zu unserem Ruhm noch fehlte und die seit langem der nationale Geschmack, verknüpft mit der französischen Heiterkeit, die ihn auszeichnet, forderte.

Unter dem glücklichen Einfluß des berühmten Gossec und seiner würdigen Mitarbeiter wird dieses Institut die Schule und der Mittelpunkt des Geschmacks werden; es wird unter uns die Liebe zum Schönen fundieren, und seine sich stets erneuernden Erfolge werden in die Annalen unseres musikalischen Systems eingehen.

Schon beleben und verschönern jene jungen Schüler durch ihre glanzvollen Akkorde unsere patriotischen Feste, und alles, bis zu den innig geliebten Schatten Lepeletiers und Marats erfreut sich an ihren melodiösen Tönen.

Wann werde ich erleben, wie unter der gleichen Schirmherrschaft ein ähnliches Institut für die jungen Personen meines Geschlechtes entsteht? Was! Väter des Vaterlandes, dieser andere Teil der großen Familie, hätte er es in euren Augen weniger verdient als jene, die Ihr gerade so großzügig behandelt habt? Haben wir nicht alle das gleiche Recht auf die nationale Freigebigkeit? Und wenn die erste Sorge für unsere Kindheit bis jetzt nur den törichten Vorurteilen und der Unwissenheit, die ihre Folge ist, überlassen wurde - sollen all unsere Kenntnisse sich auch heute noch darauf beschränken, auf dem Stickrahmen zu sticken und zu spinnen, wie die römischen Damen, über die man uns so hochtrabend berichtet?

Ich weiß, daß die Nation uns nicht zur Rednertribüne ruft, um dort ihre Rechte zu verteidigen und ihre Interessen zu bestimmen. Ich weiß auch, daß wir nicht dazu geschaffen sind, um mit dem Helm auf dem Kopf und dem Rucksack auf dem Rücken in den Kampf gegen die Feinde des Vaterlandes zu ziehen und die Risiken des Krieges durchzumachen. Möglicherweise könnten wir mit einer weniger oberflächlichen und verständnisvolleren Erziehung nützlicher werden. Es ist die Aufgabe unserer Gesetzgeber, diese Frage zu prüfen, vorausgesetzt, daß sie sie ihrer Aufmerksamkeit für würdig erachten. Bis dahin geben wir uns mit dem Los zufrieden, das man uns zugeteilt hat und das unseren Herzen unendlich teuer ist, nämlich das, durch den süßen Charme der Tugend und der Talente (Euch durchgestrichen) zu gefallen und für uns einzunehmen.

Aber Gesetzgeber, verbietet uns wenigstens nicht den Weg, der zu diesen Talenten führt; und seid uns gegenüber ebenso gerecht, wie Ihr es zu den jungen Schülern gewesen seid, habet die Güte und ordnet an, daß unter der Aufsicht der größten Meister der Hauptstadt unverzüglich ein *Nationales Lyzeum für Musik* eröffnet wird, das alle Personen meines Geschlechtes besuchen können, um kostenlos zu lernen, wie man in anderen Vergnügen und Interesse wecken kann; denn die Musik ist dazu gemacht, die Tugend zu verschönern und dem Schönen einen neuen Glanz zu verleihen.

Gesetzgeber, ordnet an, daß die Stellen für die Lehrer dieses Lyzeums in Wettbewerben ausgeschrieben werden und daß beide Geschlechter gleichermaßen darauf Anspruch erheben können. Ich werde keine Furcht haben, mich zu bewerben; denn in einen so schönen Kampf, wenn die Schranken einmal geöffnet sind, will ich mich als erste hineinwerfen. Und wenn ich nicht die Palme des Sieges erringe, werde ich zumindest die Genugtuung haben, mit 15 Jahren um sie gestritten zu haben.

Zweifelt nicht, Gesetzgeber, diese Einrichtung wird Euch ewige Rechte auf unsere Dankbarkeit geben; sie wird Euren Namen in den Tempel des Gedenkens tragen, die Frauen werden die Schlüssel zu ihm haben; und was nicht weniger bedeutsam ist, Ihr werdet für immer jenen feigen Verleumdern Einhalt gebieten, die überall verbreiten, daß die Revolution die Künste getötet habe, daß sie in allen Herzen das heilige Feuer des Genies ausgelöscht habe und uns mit großen Schritten auf die Pfade der Unwissenheit und der Barbarei führe.

Durch solche Reden suchen sie die Talente zu vernichten und jene zu entmutigen, die sie pflegen. Sie wollen uns zu verstehen geben, daß wir nicht mehr für die Reize der Musik und des Gesangs da sind. Von jetzt ab soll es unsere einzige Bestimmung sein, über das Schicksal unseres unglücklichen Vaterlandes zu klagen und zu weinen.

Unselige! Euch kommt es gerade zu, den Namen dieser zärtlichen Mutter (la patrie) auszusprechen; euch, die ihr euch darin gefallt, ihr die Brust zu zerreißen und eure verdorbenen Hände in ihr schändlich vergossenes Blut zu tauchen.

Erzittert, daß sie nicht schließlich ihren gerechten Groll erhört; und daß vom Gipfel des HEILIGEN BERGES der Blitz sich nicht augenblicklich auf euch richtet und euch alle wie garstige Reptilien zerschmettert.

Geschrieben und ausgesprochen durch die Citoyenne Heuvrard,
den 25. Nivôse, Jahr II der französischen Republik.

Théophile Heuvrard

(AN, F^{17} 1008^{D} - 1673)

VI.
KUNSTWERKE

1
Bergny
Jean-Jacques Rousseau

2
Bergny
Michel Lepeletier

3
Bergny
Le Triomphe de la Liberté

4
Bergny
Marat à l'Immortalité

5
Bergny
Le Triomphe de la Montagne

6
Bouliard
Alexandre Lenoir

7
Boze
Augustin Robespierre

8
Briceau
Mirabeau

9
Briceau
J.P. Marat, L'ami du peuple

10
Briceau
Michel Lepeletier

11
Briceau
Joseph Chalier

12
Briceau
Joseph Barra

13
Briceau
Agricola Viala

14
Briceau
Junius Brutus

15 Briceau, *Les vingt-cinq préceptes de la Raison*

16 Charpentier, *Danton*

17 Chatté, *Calendrier des Femmes libres*

18 Croisier, *Le curé patriote*

19
Croisier
L'Abbé Fauchet

20
Croisier
Fête célébrée en
l'honneur de l'Etre suprême

21
Dabos
Marat votant la mort de Louis XVI

22 Desfonds, *Michel Lepeletier sur son lit de mort*

23 Anonym, nach Desfonds, *Siège des Tuileries par les braves Sansculottes*

24 Anonym, nach Ferrey, *L'Héroine de St. Milhier*

25
Anonym, nach Gérard
L'Héroine de St. Milhier

26
Labille-Guiard
Maximilien Robespierre

27
Pilastre/Van Spaendonck
La Revellière-Lépeaux

28
Prévost
Union – Force – constitution

29
Rollet
Traité des nègres

30
Rollet
Médaille "En Thermidor l'an IIIe de la République"

31 Sintzenich, *Ermordung Marats*

VII.
Pläne und Programme der Mädchenerziehung

29.

Le Courrier de l'Hymen. Frauenzeitschrift

vom Sonntag, 24. April 1791

Erster Brief einer Frau über die Erziehung ihres Geschlechtes

Monsieur, da Ihre Zeitschrift vor allem für Frauen bestimmt ist, glaube ich, daß mein Brief dort richtig plaziert sein kann. Wenn Sie der gleichen Ansicht sind, drucken Sie ihn ab.

Bis heute hat man nicht zwischen einer Frau, die den Haushalt besorgt und einer Unkundigen, einer Gebildeten und einer Schulmeisterin zu unterscheiden vermocht. Warum? Deshalb, weil man stets die Ergebnisse für die Ursache gehalten hat; infolgedessen ist man von einem Irrtum ausgegangen, um eine Wahrheit zu beweisen.

Um mich davon zu überzeugen, daß unsere Erziehung von Grund auf völlig anders sein muß als die der Männer, müßte man mir vorher beweisen, daß es einen Unterschied zwischen ihrer und unserer Intelligenz gibt; wenn dieser Unterschied tatsächlich existiert, auf welcher Seite läge der Nutzen? Wird ein Gelehrter auf diese Frage antworten? Gewiß nicht, denn ein Gelehrter ist dennoch ein Mann, und dieses Geschlecht ist zu sehr daran interessiert, in uns die Gaben der Natur verkommen zu lassen als unsere Überlegenheit einzuräumen. Ach! wenn die Frauen nur wollten, bald erschienen diese Herren, die sich so groß vorkommen, uns klein; bald würde man sich uns nicht mehr mit Milde und Selbstgefälligkeit nähern, sondern nur mit Tugenden und Fähigkeiten, und unser Herz wäre schließlich ein Lohn des wahren Verdienstes statt der Preis eines Siegers auf Knien zu sein.

Mein Herr, ich glaube, daß die Frauen im allgemeinen befähigter zum Lernen sind als die Männer. Weniger ungestüm und weniger ablenkbar in ihrer Kindheit, folglich mehr zur Reflexion geeignet, bedarf es in Wahrheit der ganzen Wucht einer schlechten Erziehung, um in ihnen ihre natürliche Neigung zum Lernen zu unterdrücken.

Da das, was man täglich sieht, der Masse gewöhnlich entgeht, die man heftig anstoßen muß, wenn man sie bewegen will, werde ich Madame Dacier erwähnen, der man zweifellos nur Sticken und das Auszupfen von Goldfäden beibringen wollte; schöne Talente, die den Geist einer Frau ungemein weiterbilden.

Madame Dacier nahm in ihrer Kindheit an den Unterrichtsstunden ihres Bruders teil und half seinem unzuverlässigen Gedächtnis immer wieder auf die Sprünge. Glücklicherweise war ihr Vater klug genug, um zu bemerken, daß wenn sie so leicht lernte ohne es zu wollen und ohne daß man es wollte, sie um so besser lernen würde, wenn man Sorgfalt darauf verwenden würde. Er nahm sich ihrer Erziehung an, und heute braucht man nur ihren Namen zu nennen, um all den eifersüchtigen Wesen entgegenzutreten, die, ihre eigenen Schwäche fühlend, nur in der Lage sind, diese zu verbergen, indem sie Geschöpfe kreieren, die noch schwächer sind als sie selbst.

Ich sehe hier schon zahlreiche kleine Spötter ausrufen: 'Ach was! Wollen Sie aus allen Frauen Gelehrte machen? Molière, der das menschliche Herz kannte, nahm Anstoß daran und zeigte es auf der Bühne, auf eine Weise, die euch verbessern sollte. Seien Sie liebenswürdig, das ist Ihr Erbteil; für Ihre Madame Dacier, auf die Sie so stolz sind, gestehe ich zu, daß sie gebildet war; aber sie war auch bis auf die Spitze getrieben schulmeisterlich, und wenn man ihr nicht wenigstens in Latein guten Tag sagen und sich mit ihr Griechisch über die Liebe unterhalten konnte, wurde man von ihr kaum eines Blickes gewürdigt!'

Sachte, meine Herren, sachte. Zweifellos kannte Molière das menschliche Herz, zweifellos war Molière der geborene Feind der Lächerlichen, auch traf uns seine schärfste Kritik, und in seiner Komödie "Die gelehrten Frauen", die besonders für uns Frauen bestimmt war, trägt die Kraft der Wahrheit den Sieg davon, und Sie werden zugeben, daß der Wert Ihrer Rolle dem der unseren entspricht.

Aber ich bin so gut, auf Ihre Torheiten zu antworten. Molière griff das Lächerliche an; aber das Lächerliche ist nur eine Folgewirkung, die sich in keiner Weise aus der Erziehung ergibt, die zu erhalten wir befähigt sind, und im allgemeinen rechnen Sie sich ebenso leichtfertig Verdienste zu, die Sie nicht haben, wie Madame Dacier sich die zurechnete, die sie besaß. War es ihr Wissen, das sie pedantisch gemacht hat? Ach nein, meine Herren, das waren Ihre perfiden Elogen, Ihre Befremden, Ihre Bewunderung, Ihre absurden Komplimente, gleich ob in Griechisch oder in Latein. Mit der Wirkungskraft der Kunst haben Sie es erreicht, sie eitel zu machen, und Sie schämen sich nicht, wenn Sie sich ihrer erinnern, ihr einen Fehler vorzuwerfen, der Ihr Werk ist. Das ist wirklich die größte Wissenschaft der Demokraten; sie machen die Dummheiten, und uns arme Aristokraten klagen sie deswegen an.

Aber in Ihren Augen ist es keineswegs das Verbrechen der Frauen, sich unterrichten zu wollen. Seien sie auch Gelehrte, was kümmert Sie das schon, wenn sie nur nicht vernünftig sind; denn es ist die Vernunft, vor der Sie sich fürchten. Wenn ihre Fackel jemals für uns leuchtet, meine Herren! meine Herren! nehmen Sie sich in Acht; wir werden unsere Rechte zurückerobern, unantastbare Rechte, die seit dem Anfang der Welt bestehen, während die Ihren recht neu sind und Sie gezwungen waren, sie selbst zu schaffen. Das einzige, was die Natur Ihnen gewährte, ist das Recht des Stärkeren, mit anderen Worten das des Dümmeren.

Beenden wir meinen Brief, der nur als Einführung zu den weiteren dienen wird. Die Frauen haben auf dem Thron brilliert, heutzutage zeichnen sie sich in der Malerei aus, so wie sie sich im vorigen Jahrhundert in der Literatur hervorgetan haben. Unsere Sängerinnen sind mindestens Ihre Kastraten wert; unsere Schauspielerinnen machen allein den Ruhm unserer Bühne aus. Sie sind mit uns in Wettstreit getreten hinsichtlich des Geredes, des Klatsches, der Koketterie; ich glaube, daß Sie in Kürze selbst auf diesem Gebiet den Sieg davon tragen werden; nun gut! Wir werden Ihnen unseren Platz überlassen, wir werden den Ihren einnehmen, und zum ersten Mal wird alles auf der Welt in Ordnung sein.

Madame L...

(BN)

30.

Anschreiben an die Nationalversammlung

**Präsentiert und zusammengestellt von Madame Mouret,
Nachfahrin von de la Fontaine,
Autorin des Erziehungsplans für junge Damen,
den sie die Ehre hatte, der Nationalversammlung persönlich am Donnerstag
dem 11. Februar 1790 zu widmen.**

Würdige Repräsentanten der Nationalversammlung,

es ist sehr ruhmreich für mich, daß mein Erziehungsplan für das weibliche Geschlecht bei Ihnen wohlwollende Aufnahme gefunden hat, der Plan für diesen wichtigen Teil der Menschheit, den man glühend zu verehren scheint, und den man dennoch so unglücklich macht, indem man ihn in die Finsternis der Unwissenheit und der Vorurteile und in die Gefahren des Luxus und der Frivolität hinunterstößt. Aber da mit diesem Plan erst die Hälfte des Weges aufgezeigt wäre, dem das weibliche Geschlecht folgen muß, um gut erzogen und nützlich für das Vaterland zu sein, glaubte ich, Eurer Weisheit wirksame Mittel unterbreiten zu müssen, um einen guten Erziehungsplan in die Praxis umzusetzen. Ich denke, es wäre angemessen, die gesamte Erziehung auf die Distrikte zu verteilen, jeder Distrikt hätte seine Lehrerinnen ebenso wie seine Lehrer, um diesem so wichtigen Teil der Gesetzgebung vorzustehen. Wenn man in den 60 Distrikten der Hauptstadt 60 Lehrerinnen und ebenso viele Lehrer auswählt, die sich durch ihren Lebenswandel, ihren Eifer und ihre Fähigkeit, dieser Erziehung vorzustehen, auszeichnen; wenn man ihnen die Wertschätzung zugesteht, die der Tugend, dem Wissen, dem Fleiß und den Talenten geschuldet sind und ihnen einen Beweis der Anerkennung gäbe, der ihnen Achtung und eine Rente nach einer gewissen Zahl von Jahren eifriger und gewissenhaft erfüllter Berufstätigkeit zusicherte, dann glaube ich, der Nation das haltbarste Glück, die sofortige Erneuerung und den dauerhaftesten Glanz versprechen zu können. Jede Erziehungsvorsitzende (présidente d'éducation) wird eine zweite Vorsitzende, eine Verwalterin, eine Vermittlerin (médiatrice) und so viele Lehrerinnen, wie es die Einwohnerzahl des Distrikts erfordert, zur Seite haben. Die lobenswerten Taten, die guten Eigenschaften des Herzens würden genauso belohnt werden wie die Fortschritte beim Lernen. Denn wenn man nur den wissenschaftlichen Erfolg belohnt, hieße das, die wesentlichste Eigenschaft des Citoyen zu vergessen. Um dort einen lebhafteren und lobenswerteren Wetteifer anzuregen, werden die städtischen Beamten wiederholt diese Schulhäuser besuchen und der Nation über alles, was sie dort bemerken, Bericht erstatten. Die gleiche Organisation, die ich für den Unterricht des weiblichen Geschlechtes vorgelegt habe, kann für den der jungen Studenten übernommen werden.

Ich denke, daß es für die Sitten von Vorteil wäre, wenn die Jugend sich zur rechten Zeit daran gewöhnte, das Alter und den Anstand zu respektieren, und daß alle jungen Leute beiderlei Geschlechts und jeder Herkunft ein Kennzeichen ihres Distrikts mit einer Nummer trügen, damit, wenn jemand sich von seiner Pflicht entfernte, man ihn erkennen und allen unliebsamen Folgen vorbeugen könnte. Diese und jene, die dieses Kennzeichen nicht mehr hätten, würden als Verdächtige festgenommen und in ihren Distrikt zurückgeschickt, damit dort ihr Verhalten geklärt werden kann. Dies wäre ein gutes Mittel, um sie dazu zu bringen, die Sitten und ihre Pflichten als Staatsbürger zu respektieren und niemandem den schuldigen Respekt zu versagen. Bei den alten Römern hatte jeder Alte und jeder vornehme Bürger das Recht, auf der Straße alle jungen Leute anzuhalten und ihnen folgende Frage zu stellen: 'Wer sind Sie, wie heißen Sie, wo wohnen Sie, wer sind Ihre Eltern, welchen Beruf haben Sie, woher kommen Sie und wohin gehen Sie?' Die jungen Leute waren daran gewöhnt, auf diese Fragen offen und mit Respekt zu antworten. Die weisen Römer sind unbesiegbar gewesen, groß, glücklich und die Herren der Welt, solange sie ihren ausgezeichneten Erziehungsgrundsätzen folgten; aber sobald der Luxus und die Zügellosigkeit aus diesem schönen Imperium alle guten Erziehungsgrundsätze verbannt hatte, ließ der Ruin nicht lange auf sich warten, vergleichbar einem großen Bauwerk, das über seine Bewohner zusammenstürzt, sobald es nicht mehr auf einem soliden Fundament ruht.

(AN, D I § 2 - 1, doss. 2)

31.

Darlegung der unzuträglichsten Missstände für das Glück einer Nation, oder Reflexionen über die schlechte Erziehung des weiblichen Geschlechtes, einschliesslich wirksamer Mittel, diese zu verbessern (1790)

Madame Mouret

Nichts ist leichter zu beweisen als die Wahrheit der Maxime, die ich als Überschrift gewählt habe. Die Erfahrung aller Zeiten und aller Nationen hat uns davon überzeugt, daß die Dekadenz der Imperien allein durch den exzessiven Luxus und den Verfall der Sitten verursacht worden ist. Nun aber sind in einem Staat, in dem das weibliche Geschlecht den Ton angibt, wenn dieses Geschlecht durch die Vernachlässigung seiner Erziehung und durch einen dominierenden Geschmack für den Luxus und die Leichtfertigkeit verdorben ist, alle Bürger verdorben; und welchen augenscheinlichen Gefahren ist dann das Vaterland nicht ausgesetzt?

Die Natur hat das weibliche Geschlecht dazu bestimmt, die ersten Grundlagen der Kindererziehung zu legen, deshalb müssen diese Grundlagen, sollen sie solide sein, auf die Sitten und das Wissen gestützt sein. Dieses Prinzip ist so evident wie die geometrischen Wahrheiten. Um mich wesentlich für mein Vaterland nützlich zu erweisen, glaubte ich, die Mißstände darlegen zu müssen, die aus der Vernachlässigung, ich könnte sogar sagen, aus dem fast vollständigen Entzug der Erziehung der Personen meines Geschlechtes resultieren. Könnte ich dies unter günstigeren Umständen tun als zu einer Zeit, wo die ganze Nation, feierlich versammelt, um alle Mißstände zu beseitigen, damit beschäftigt ist, das Glück aller Citoyens auf die rascheste und wirksamste Weise zu verwirklichen? Wenn ich durch die Darlegung meiner Ansichten zur Glückseligkeit der Familien und der gesamten Nation beitragen könnte, wäre das ein Beweis dafür, daß man darauf geachtet hat, mein Herz und meinen Geist zu bilden, und daß folglich die gute Erziehung des weiblichen Geschlechtes eine der Quellen des öffentlichen Glücks ist.

Man wird mir verzeihen, daß ich durchaus nicht in einem bilderreichen und treffenden Stil schreibe, so wie ein Mann, der durch lange Studien in der Kunst, so zu schreiben, geschult ist; aber ich hoffe, überzeugende Wahrheiten darzulegen und schlüssig in meiner Argumentation zu sein; dieses Beispiel wird die Personen meines Geschlechtes dazu bewegen, sich hervorzutun; ich werde die Familienmütter über ihre Pflichten, über ihre teuersten Interessen unterrichten. Sie werden mir dankbar sein für meinen Einsatz für meinesgleichen, und ich werde die angenehme Genugtuung haben, zum öffentlichen Glück beizutragen, das ganz das Werk der Sorge und der Wünsche unseres erlauchten Monarchen ist, der die aufgeklärtesten und wohlmeinendsten Bürger für die Ausführung seiner wohltätigen Ansichten zusammenführt.

Mögen meine ersten Bemühungen in diesem so schwierigen wie wichtigen Beruf für meine Mitbürgerinnen nützlich sein und den Beifall der erlauchten Versammlung verdienen, der ich die Ehre hatte, dieses bescheidene Werk mitzuteilen, welches kenntnisreiche Geister vollständiger und interessanter gestalten können!

*

Über die körperliche, moralische und literarische Erziehung des weiblichen Geschlechtes

Welches sind die Früchte einer wohl abgestimmten Erziehung? Zweifellos die, den Geist zu erleuchten, das Herz zu bilden und eine widerstandsfähige Konstitution zu erwerben; denn wozu kann die Seele eines schlaffen Körpers fähig sein? Zu keiner dieser grundlegenden Fähigkeiten ist dem weiblichen Geschlecht verholfen worden. Man vermittelt ihm keine Kenntnisse, nicht einmal die notwendigen und unabdingbaren. Man bringt ihm nicht bei, richtig zu urteilen. Es ist voll von Vorurteilen und falschen Grundsätzen. Ein linkischer Geist nimmt alles übel, sieht alles verkehrt und sät die Zweitracht, wohingegen Friede und Eintracht das Glück einer Familie ausmachen, indem sie dort durch einen aufrichtigen und aufgeklärten Geist herrschen, der nicht wenig zur Redlichkeit des Herzens beiträgt. Man ist nur darauf bedacht, die natürliche Empfindsamkeit des weiblichen Geschlechtes auszunutzen, um es durch die gemeine Schmeichelei zu verderben. Sie artet aus in Lasterhaftigkeit oder zumindest in Zaghaftigkeit. Dasselbe Geschlecht hat nur noch Bilder des Luxus, des Schmucks, der Inkonsequenz und der Leichtfertigkeit im Kopf. Entfernt davon, ihm durch Lektionen und Beispielen von guten Tugenden die Seele zu erheben, macht man es sich zur Aufgabe, es nur für Dinge zu begeistern, die der Aufmerksamkeit eines vernunftbegabten und für das Glück der Gesellschaft gemachten Wesens verachtenswert und unwürdig sind. Die physische Erziehung, ich verstehe darunter die, die den Körper betrifft, ist genauso vernachlässigt und genauso absurd wie die schlechte Bildung des Geistes und des Herzens.

Das weibliche Geschlecht sieht sich stets wie ein Patient im Zustand der Behinderung, gehemmt, verkrampft und der Mittel beraubt, die zu einer widerstandsfähigen Konstitution verhelfen, zu einem Temperament, das es befähigte, den Stürmen der Krankheiten und den verschiedenen Unannehmlichkeiten, denen es von Natur ausgesetzt ist, zu widerstehen. Das also wäre das traurige Los dieses Geschlechtes, das man zu bewundern scheint und das man durch eine schlechte Erziehung so unglücklich macht.

Da das Beispiel von allen Mitteln, uns von einer Wahrheit zu überzeugen, das mächtigste und wirksamste ist, werde ich zwei nennen, die beweisen, wie nützlich die gute Erziehung für das weibliche Geschlecht ist und zugleich wie notwendig, um uns im Unglück vor der Armut zu schützen, und wie sehr der Mangel an Erziehung der Grund für den Ruin von Familien ist, selbst auf dem Höhepunkt des Wohlstands.

Eine junge Dame, auf deren Erziehung man viel Sorgfalt verwendet hatte, der man beigebracht hatte, richtig zu urteilen, die Grundsätze ihrer Sprache zu kennen, die Regeln der Rechtschreibung zu beachten, die in den Tugenden und Qualitäten ihres Geschlechtes gebildet worden war, und gut geübt in der Kunst des Schreibens und in der Wissenschaft des Rechnens, heiratete einen Mann, der sehr kenntnisreich war und sich in seinem Beruf als Lehrer ausgezeichnet hatte. Er unterhielt eine große Pension in einer bedeutenden Provinzstadt. Sie sahen mit jenem entzückenden Vergnügen, das eine angenehme Verbindung und der Erfolg verleiht, ihr Etablissement von Tag zu Tag aufblühen, bis eine ansteckende Krankheit ihnen schlagartig einen Teil ihrer Schüler dahinraffte. Der Rest wurde abgeholt, um nicht einem ähnlichen Unglücksfall ausgesetzt zu sein. Der tiefste Kummer bemächtigt sich des Gatten, er wird krank, verursacht unerläßliche Kosten; schließlich ist er von seiner Krankheit geheilt; aber um für die Kosten aufkommen zu können, müssen Opfer gebracht werden. Unglücklicherweise veranlassen ihn die unerbittlichen Gläubiger, als sie sehen, daß dieser Schulmeister ohne Ressourcen ist, da er nun einmal keine Schüler mehr hat, seine Möbel zu verkaufen, und sie überhäufen ihn mit Gerichtskosten. Der Gatte ist verzweifelt, sich mit einer geliebten und tugendhaften Frau so eingeschränkt zu sehen. Aber sie tröstet und beruhigt ihn über das traurige Los, das ihn bedroht. Sie berichtet einem guten Bürger von dem Unglück, das über ihn gekommen ist. Er ist von ihrer Tugendhaftigkeit und ihrer Zärtlichkeit ihrem Gatten gegenüber gerührt; er ist darüber unterrichtet, daß sie in der Lage ist, seine Bücher zu führen, das sie das Rechnen und die Rechtschreibung gut beherrscht. Er bietet ihr eine Stelle zu 2000 l. bei ihm an und eine Rente für ihren Mann, der vor Kummer und Geldmangel zugrunde zu gehen drohte, wenn er in der Not, die ihn heimgesucht hatte, keinen Beistand gefunden hätte. Auf diesen Bericht hin fühlte der Gatte, wie sein

Mut sich durch den Rückhalt neu belebte, den er in diesem Gönner für sich und besonders für seine Gattin fand, deren Schicksal ihn mehr beunruhigte als das seine. Da er ein sehr gewandter Literat war, schrieb er gute Werke und in kurzer Zeit machte er die erlittenen Einbußen wieder wett. So haben diese beiden Ehegatten sich vor der tiefen Erniedrigung, die mit der Armut verbunden ist, bewahren können, und dies war möglich durch die gute Erziehung, die die Frau erhalten hatte. Sie ist in der Tat so notwendig, daß es (wie ich bereits gesagt habe) zum Sprichwort geworden ist, daß es vor allem die Ehegattin ist, die über das Glück oder Unglück des Haushaltes entscheidet ...

(Aus: Annales de l'Education du sexe)

(BN)

32.

Plan für die Erziehung der jungen Leute gemäss unserer neuen Verfassung (1793)

Citoyenne Lemaignan

Nach einigen Überlegungen, die ich angestellt habe, schien es mir von größter Wichtigkeit, eine Erziehung einzurichten, die mit den Gesetzen, die aus unserer glorreichen Wiedergeburt hervorgehen, übereinstimmt.

Wir befinden uns nicht mehr in jenen verweichlichten und frivolen Zeitaltern, in denen man vom schönen Geschlecht nur viel Koketterie und die Kunst zu gefallen erwartete. Heute braucht man Citoyennes, wenn man Citoyens haben will, und mit Sicherheit sind die Grundsätze, aus denen sie bis heute geschöpft haben, nicht geeignet, ihnen die dazu erforderlichen Kenntnisse zu vermitteln.

Es ist daher wesentlich, daß die Personen, die mit einem so kostbaren Gut beauftragt sind, ganz von den moralischen Tugenden durchdrungen sind, die die Basis unserer Verfassung bilden, um die Keime ihrer Grundsätze in das Herz ihrer Schüler zu legen; daß die Schülerinnen ihre Reichweite und Kraft so gut kennen, daß sie, wenn sie Mütter geworden sind, sagen: Mein Sohn kann eines Tages ein Repräsentant des souveränen Volks sein; versäumen wir nichts, um ihn eines so glorreichen Titels würdig zu machen; die ersten Worte, die mein Sohn stammelt, sollen die Pflichten sein, die er für sein Vaterland zu erfüllen hat.

Daher muß jede Mutter die Tugenden ihres Geschlechtes besitzen und vollständig jene kennen, die die Männer haben sollen, damit sie in der Lage ist, sie ihrem Sohn zu vermitteln.

Es gibt heute keine Frau, welchen Standes auch immer, die das Kind, das sie trägt, mit Gleichgültigkeit betrachten könnte. Dank der Dekrete unserer weisen Gesetzgeber, die jenes grausame und barbarische Gesetz von uns genommen haben, das eine Klasse von Individuen in einem engen und nutzlosen Kreis gefangen hielt, in dem sie nur noch kriechen konnten, teilen heute alle Frauen die gleiche Auffassung: Sie wollen nützliche Wesen für das Vaterland hervorbringen.

Die Erziehung soll daher dieselbe für die Armen wie für die Reichen sein, man muß dem gleichen Weg folgen und ihnen die gleichen Grundsätze vermitteln, nämlich die Sanftmut, die Menschlichkeit und die Bescheidenheit,

Tugenden, die mit ganzer Notwendigkeit den Frauen zu eigen sein müssen; wir müssen daher bestrebt sein, in ihnen einen festen und in den Meinungen unbeirrbaren Charakter heranzubilden, vor allem dann, wenn sie schon überzeugt sind, sich auf dem rechten Weg zu befinden; dies sind Dinge, die man nicht vernachlässigen darf: wegen der Macht, die die Frauen über den Geist der Männer haben, die in den häufigsten Fällen nur durch sie sehen können (ich bitte meine Mitbürger, meine Indiskretion zu entschuldigen). Man muß sie an die Arbeit ohne einen Charakter der Knechtschaft gewöhnen, auch muß man ihnen wechselnde Tätigkeiten verschaffen, um in ihnen die Liebe zum nützlichen Gebrauch der Zeit zu wecken; die Untätigkeit gilt es zu vermeiden, sie bringt die Langeweile hervor, die nur schwierige und mißliche Stimmungen zur Folge hat, mit denen wir meistens unseren Freunden und uns selbst zur Last fallen. Man muß ihnen die Liebe zur Ordnung und zur Sparsamkeit vermitteln; Leute, die diese Eigenschaften besitzen, weisen nur selten schwere Fehler auf.

Vertreibt die Koketterie, sie kann nur die geistigen Fähigkeiten zermürben, man kann von Glück sagen, wenn sie das Herz nicht verdirbt. Vermittelt ihnen die Ehrfurcht vor den tugendhaften und unglücklichen Menschen; zeigt ihnen, daß das Unglück der Schmelztiegel der Ehre ist, wenn man es mutig erträgt, ohne sich der Achtung, die man sich selbst und der Gesellschaft schuldet, zu begeben.

Der größte Respekt gilt dem Alter. Es ist schön, einen Menschen zu sehen, der unter der Last der Jahre gebeugt sein Leben mit Zuversicht und Heiterkeit beschließen und sagen kann: Ich habe mein Leben abgeschlossen, ich habe mir nichts vorzuwerfen.

Was die Erholungsstunden betrifft, so sollen sie stets unter den Augen der Lehrerin verbracht werden. Es soll nicht zu laut zugehen; der Lärm betäubt und erfreut niemanden. Man muß versuchen, so weit es möglich ist, die Erholung zum Nutzen des Geistes und des Herzens zu gestalten.

Vermittelt die ersten Grundlagen der Wohltätigkeit, dies ist ein angenehmes Gefühl, es ist ein Vergnügen, das uns eng mit allen unseren Brüdern verbindet. Macht sie interessant, indem ihr derjenigen einen Preis gewährt, die sich eine gute Tat einfallen ließ, die besonders bemerkenswert ist. Sie sollte von ihren Gefährtinnen beurteilt werden; zwischen ihnen soll ein herzlicher Geist walten, frei von Neid und Eifersucht sollen sie einander beurteilen. Der Tag, an dem der Preis vergeben wird, soll einer von jenen sein, die eine neue Epoche unserer Regeneration einleiten, alles Gute soll für diese glücklichen Tage reserviert werden.

Die körperliche Züchtigung soll für immer verbannt werden, das Herz seiner Schüler gewinnt man nicht, indem man ihren Körper peinigt. An ihre

Stelle soll bei leichten Vergehen die Buße treten; vor allem muß man den Charakter studieren, um die Schüler zu leiten. Was schwere Fehler angeht: Da alle Citoyennes den Eid ablegen müssen, den sie dem Vaterland schulden, werden sie auf der Tafel, vor der sie den Eid geleistet haben und auf der alle ihre Namen eingeschrieben sind, herabgestuft, und zwar je nach Bedeutung des Vergehens für eine geringere oder größere Zahl von Tagen. Ich verspreche, daß unter 1000 sich vielleicht nicht eine während eines Jahres finden wird, die sich dieser Ungnade aussetzt.

Ich glaube, es ist Zeit, daß man über die Erziehung wacht, denn ich bemerke, daß die Freiheit, die zur Zügellosigkeit wird, wenn man ihre Ausdehnung und ihre Grenzen nicht kennt, vor allem für unser Geschlecht zu einem gefährlichen Übel wird. Ich sehe mit Schmerzen, daß ich, seitdem ich vor 14 Jahren meine Geburtsstadt Paris verlassen habe, den Ausdruck des Anstands nicht wiedererkenne, der einstmals das Erbteil aller wohlerzogenen jungen Leute gewesen ist.

*

Begleitschreiben

Citoyen,

Sie finden beiliegend eine Kopie des Plans, den ich von Ihrem Ausschuß zurückerbeten habe, der in einem Ihrer Büros verloren gegangen ist und den ich vor einem Jahr präsentiert habe. Ich habe versucht, ihn mit Hilfe meines Gedächtnisses wieder ungefähr in Übereinstimmung mit dem Original zu bringen; denn ich befürchtete, wenn er sich wieder anfände und sich unterschiede, würden Sie glauben, daß ich etwas erbete, was mir nicht gehört; am liebsten hätte ich ihn jedoch ganz neu geschrieben. Ich bitte Sie, Citoyen, einen Blick darauf zu werfen und mir das Wohlwollen entgegenzubringen, mir irgendeine Stelle zu verschaffen, denn ich befinde mich in der größten Notlage, verursacht durch meinen Patriotismus ebenso wie den meines Mannes, der unaufhörlich die Revolution mit den Mitteln seiner Talente gefeiert hat; er hat die Zeichnung der ersten Abordnung aus Nantes gemacht, die er zur Nationalversammlung geschickt hat und auf die er keine Antwort erhalten hat; diese Zeichnung hat ihn viel Zeit gekostet. Nachdem er seinen Beruf durch die Umstände verloren hat, ist er vor einem Jahr als Freiwilliger nach Paris gekommen, und er war bei den Ereignissen des 10. August dabei, wo er knapp dem Tod entgangen ist. Danach war er an der Grenze, wohin ich ihm unter allen Mühen und Anstrengungen, die mit solchen Märschen verbunden sind, gefolgt bin. Zurück in Paris lebe ich in einem möblierten Zimmer, ohne Beruf und

Mittel außer jenen, die die Nation jedem Citoyen gewährt, der Opfer für sie gebracht hat. Dies, Citoyen, ist der Abriß der traurigen Lage, in der ich mich befinde, in einem fortgeschrittenen Alter, in dem man nicht mehr so vielfältige Möglichkeiten wie mit 20 Jahren hat. Ich wage zu glauben, daß Sie, Citoyen, dies wohl in Erwägung ziehen und mir eine günstige Antwort geben werden. Wenn Sie mir durch Ihren Portier eine Stunde angeben würden, zu der ich mich Ihnen in der Gewißheit, Sie anzutreffen, vorstellen könnte, in Anbetracht dessen, daß ich weit entfernt wohne und nicht sehr kräftig bin, wäre ich Ihnen sehr verbunden ...

Ihre Concitoyenne
femme Lemaignan

Paris, 12.8.1793

(AN, F^{17} 1005^{B} - 964)

33.

Die Freundinnen der Freiheit und Gleichheit der Stadt Besançon an die Abgeordneten des Nationalkonvents (1793)

Citoyens Abgeordnete des Konvents,

Ihr seid dabei, den Angehörigen Eures Geschlechtes eine Erziehung zu geben, und es scheint, als wolltet Ihr die unsrige vergessen. Indes, Abgeordnete, die Überlegungen, die wir angestellt haben und die wir Euch zur Prüfung unterbreiten, werden Euch gewiß die Notwendigkeit erkennen lassen, einen Erziehungsplan für unsere Töchter zu entwerfen, sogar noch vor dem für unsere Söhne.

Die erste Erziehung der Männer beginnt durch die Frauen. Wenn diese keine gute Erziehung erhalten haben, setzt Ihr dann nicht Eure Söhne der Gefahr finsterster Eindrücke aus? Denn die, die man in diesem Alter erwirbt, sind stets die dauerhaftesten.

In der Zeit ihrer Einführung in die Gesellschaft haben die jungen Leute Beziehungen zu den Personen unseres Geschlechtes; wenn man uns in den Vorurteilen der alten Erziehung ließe, bestünde die Gefahr, daß wir die Grundsätze, die die neuen Lehrer ihnen vermitteln, untergraben oder sogar korrumpieren - seht Ihr nun, welchen nachteiligen Folgen Ihr sie aussetzt?

Eine gute Erziehung führt, wie Ihr wißt, Abgeordnete des Konvents, zu guten Sitten, gute Sitten führen zur Tugend, und in einer Republik, in der die Frauen tugendhaft sind, werden es die Männer zwangsläufig auch sein. Den Beweis dafür finden wir in den antiken Republiken: Solange Frauen wie Lucretia, Porcia und Cornelia an der Spitze der Erziehung der jungen Römer standen, wurden die Römer tugendhaft, und die Athener und Spartaner waren es solange bis Luys, Aspasie, Phinée und Glicière die Verderbtheit über diese Städte brachten.

Abgeordnete des Konvents, unser Einfluß auf die Männer war immer sehr groß und wird es immer sein; genauso leicht wie wir im Laufe der Zeit ihren Geist und ihre Seele zu den erhabenen Gefühlen und Tugenden emporgehoben haben, werden wir sie zur Verworfenheit des Lasters fortreißen, wenn wir die öffentliche Meinung zur Sittenverderbnis lenken wollen.

Abgeordnete des Konvents, eine gute Erziehung wird all diese Nachteile abwehren, eilt Euch, sie uns zur Pflicht zu machen, andernfalls lauft Ihr Gefahr, die Früchte der Erziehung, die Ihr für unsere jungen Leute vorgesehen habt, nicht ernten zu können.

Wir fügen diesem Anschreiben einen Plan bei, der euch vielleicht nützliche Ideen über den Gegenstand, für den wir um Unterstützung bitten, vermitteln kann.

Nehmt, Citoyens, Abgeordnete des Konvents, die Huldigung der Citoyennes der Gesellschaft der Freundinnen der Freiheit und Gleichheit der Stadt Besançon entgegen.

(es folgen die Unterschriften der Mitglieder)

*

Erziehungsplan für die jungen Mädchen der Republik, dem Konvent von der Gesellschaft der Freundinnen der Freiheit und Gleichheit von Besançon vorgeschlagen

Abgeordnete des Konvents,

die dringende Notwendigkeit einer Erziehung für die Personen unseres Geschlechtes scheint so hinreichend erwiesen, daß wir es uns nicht mehr zur Aufgabe machen wollen, dies zu belegen. Wir legen jetzt das Ergebnis unserer Diskussionen in die Hände unserer Gesetzgeber, und wir wären glücklich, wenn einige unserer Ideen sie zu noch besser durchführbaren Ideen anregen würden.

Wir würden zunächst wünschen, Citoyens, daß sich der Konvent mit einer einfachen und leichten Methode befaßte, um die Mütter bei der ersten Erziehung ihrer Kinder zu leiten, das heißt, vom Zeitpunkt ihrer Geburt bis zum 6. Lebensjahr, der Zeitpunkt, an dem wir unsere Töchter aus unseren Händen geben würden. Inspektoren, von der Nation in jedem Departement ernannt, würden alle Kantone aufsuchen, um zu prüfen, ob die Mütter ihre Pflichten erfüllen und um ihnen die Ratschläge zu erteilen, die sie den Umständen entsprechend für geeignet halten. Diese Maßnahme schiene uns einer großen Nation würdig, der alle unsere Kinder gehören und denen diese nie genug Sorge entgegenbringen kann.

Wir würden zwei Arten von Schulen in jedem Departement wünschen, eine Primar- und eine Sekundarschule, jeder Kanton könnte jeweils zwei davon haben, der Bevölkerungszahl entsprechend. Mit 6 Jahren würden die Mädchen in die erste, mit 12 Jahren in die zweite Klasse aufgenommen. In der ersten Schule würden Lesen und Schreiben unterrichet; man würde die Menschenrechte, die Prinzipien der Freiheit und Gleichheit erklären, man würde Moralgeschichten, zugeschnitten auf das Verständnis der Kinder in diesem Alter, von einem unserer französischen Autoren vorlesen, und man würde so ihre jungen Herzen auf die Gefühle der Menschlichkeit und der Wohltätigkeit vorbereiten, die die ersten Grundlagen der sozialen Tugenden sind; außerdem würden sie Stricken lernen.

Nach vollendetem 11. Lebensjahr gingen sie zur Sekundarschule über. Hier würden sie in Geographie, alter Geschichte, Geschichte der Republiken und vor allem unserer Revolution, in Spinnen, Nähen, Sticken und im Wirtschaften in allen Einzelheiten und Erwägungen unterrichtet. An den Markttagen würden unsere jungen Citoyennes ihren Lehrerinnen über die Preise der verschiedenen Lebensmittel Bericht erstatten.

Mit 15 Jahren wäre die Erziehung der Mädchen beendet; diejenigen, die eine Neigung zu den höheren Wissenschaften haben, könnten in Begleitung ihrer Mütter die Schulen besuchen, die für die Jungen vorgesehen sind.

Unser Wunsch ist die Abschaffung aller Pensionate, die nur dazu dienen, die durch den Reichtum gezogenen Trennungslinien aufrechtzuerhalten, die die Gleichheit töten. Die Töchter aller Bürger sollen unterschiedslos die öffentlichen Schulen besuchen und zu diesem Besuch verpflichtet sein. Eine Nation kann diese Verpflichtung ihren eigenen Kindern auferlegen. Es schien uns auch unabdingbar, die Heime neu zu organisieren, die für Waisen und ausgesetzte Kinder bestimmt sind, die heute größtenteils unwissenden und abergläubischen religiösen Frauen ausgeliefert sind. In diesen Häusern fände aber keine Erziehung statt: die öffentlichen Schulen stünden diesen Unglücklichen ebenso wie den anderen Citoyennes offen, Schluß mit diesen barbarischen Vorurteilen, die einen Unterschied zwischen dem einen und dem anderen Kind machen, vor der Natur und der Vernunft sind alle gleich.

Die Personen, die eine Stelle als Lehrerin anstreben, wären gehalten, sich bei ihrer jeweiligen Stadtverwaltung einzutragen; ihre Namen würden in jeder Gemeinde des Kantons und in der Distrikthauptstadt für einen bestimmten Zeitraum angeschlagen.

Die Lehrerinnen werden von den Frauen gewählt, die sich in Primarversammlungen in der Hauptstadt ihres Kantons zusammenfinden; für ihre Wahl wären zwei Drittel der Stimmen erforderlich.

Die Lehrerinnen sollen einen herausgehobenen Platz bei allen politischen Zeremonien und bei den Nationalfesten erhalten.

Dies sind, Citoyens, Abgeordnete des Konvents, die Wünsche der Citoyennes Freundinnen der Freiheit und Gleichheit der Stadt Besançon. Sie hoffen, daß Ihr ihre Wünsche mit dem Eifer entgegennehmt, der sie ihnen eingegeben hat.

(AN, F^{17} 1004^{A} - 385)

34.

Citoyenne Valincourt

Petition

mit dem Ziel, vom Konvent die Unterstützung für die Einrichtung eines kostenlosen Kurses zu erbitten, in dem man eine einfache und leichte Methode vorführen würde, um problemlos gleichzeitig Lesen, Schreiben, Rechtschreibung und französische Grammatik zu lernen, vor allem für die Frauen, die sich entschlossen haben, Lehrerinnen in den Primarschulen zu werden; von der Republikanerin Valincourt, bekannt durch ihre literarischen und vor allem durch ihre pädagogischen Arbeiten (1794/Jahr II).

Citoyens Volksvertreter,

angetrieben durch das heilige Feuer, das Euren Eifer leitet, und begierig, an dem ruhmreichen Wettstreit teilzunehmen, den Ihr durch Euer Dekret vom 9. Pluviôse für die Erziehung ausgelöst habt, lege ich in Eure Hände eine Entdeckung, die ich gewiß weniger der Weiterentwicklung einiger schwacher Talente, die die Natur mir gegeben hat, verdanke als meiner Liebe zum Vaterland und zur Verbreitung der Prinzipien, auf die Ihr eine so empfehlenswerte Regierung gegründet habt, die Ihr dem Busen der Natur selbst entnommen habt und die die Frucht aller Tugenden ist, die einen freien Menschen ausmachen sollen; jener Tugenden, von denen uns gewissermaßen nur der Abglanz bleibt, jener Tugenden, die den Mut aller berühmten Patrioten belebt haben, jener Tugenden schließlich, die die Götzenbilder umgestürzt und dem Menschen seine Erhabenheit zurückgegeben haben. All diese Tugenden sind in meiner Seele, sie haben die Arbeiten geleitet, die mein Glück ausmachten. Citoyens, wenn ich sie Euch präsentiere, wäre es möglich, daß Ihr sie würdig fändet, zum Nutzen einer Nation beizutragen, die sich täglich zur höchsten Stufe des Glanzes emporhebt; dies ist mein reiner Wunsch und der einzige Ruhm, den ich erstrebe.

Das Lesen, das Schreiben, die Rechtschreibung und die Grammatik sind die fruchtbaren Quellen, aus denen alle menschlichen Kenntnisse fließen; sie müssen ebenso unzertrennlich sein wie sie kostbar sind, vor allem für Frankreich zu dieser Zeit, in der die Dinge so ruhmreich für es stehen, daß die vereinte Pracht aller Welten nichts vergleichbares bieten könnte. Dinge, die wir der Nachwelt überliefern müssen und die die Geschichte als ebenso unantastbare Verpflichtungen betrachten muß wie die, die wir mit ihr eingegangen sind. In diesen Zeiten, Citoyens, in denen man nicht genug danach streben kann, Eure erhabenen Absichten zu unterstützen, vor allem die, die der Erziehung der Kinder gelten, habe ich die Mittel zusammengefaßt, über die ich zu verfügen glaube, um den Kenntnissen den elementaren Weg zu bahnen, die in einem Alter, in dem der Mensch zunächst nur die Schwierigkeiten empfindet, immer entmutigend wirken, und die in diesem Alter weniger als eine künftige Erbschaft angesehen werden, die ein Übermaß an Ruhm und Glück verheißt, sondern als ein Gegenstand des Verdrusses und der Last.

Diese Erwägungen haben meinen Eifer verdoppelt, und ich bin endlich auf eine Methode gestoßen, die diesen dornigen Weg abkürzen kann, und durch einige anschauliche Abwechslungen, die ich den Prinzipien hinzugefügt habe, glaube ich, die gefährliche Eintönigkeit vermieden zu haben, die bis heute besonders in den vier Wissenschaften üblich ist, die solange, vor allem in der Erziehung des weiblichen Geschlechtes, vernachlässigt worden sind. Ich werde sie so darlegen, daß die Kinder zur gleichen Zeit Lesen, Schreiben, Rechtschreibung und Grammatik lernen können, ohne verwirrt zu werden, und dies in kürzerer Zeit als man gewöhnlich auf jede einzelne von ihnen verwendet, alles nach den strengsten Regeln unserer Grammatiker.

Ich weise darauf hin, Citoyens, daß es nach den Erfahrungen, die ich damit gemacht habe, gut möglich ist, den Fortschritten, die aus dieser angenehmen, klaren und leichten Methode folgen, noch die verschiedenen wissenschaftlichen Erkenntnisse hinzuzufügen, von denen man glaubt, daß sie geeignet sind, mit dieser "Vierfach-Übung" verbunden zu werden. Ich könnte den Unterricht noch anregender gestalten, indem ich meine Stunden durch ein briefliches Korrespondenzsystem erteile, und sei es von einem Endpunkt der Republik zum anderen, ich kann versichern, daß die Arbeit dadurch nicht die geringste Verzögerung oder Beeinträchtigung erfahren würde. Da es indes für eine einzelne Person nicht möglich ist, eine solche Korrespondenz, die sehr umfangreich werden könnte, allein zu unterhalten, und da die Theorie, über die ich im Moment eine besondere Arbeit anfertige, außer von Grammatikern nur durch praktische Vorführung begriffen werden kann, und da ich schließlich darauf bedacht bin, den Ruhm einer Entdeckung, die mir gehört, zu behalten, bitte ich den Konvent, einen Berichterstatter ernennen zu lassen, dem ich meine Geheimnisse anvertrauen kann. Wenn man sich Gewißheit über den Nutzen und die Fortschritte, die aus meiner Arbeit resultieren, verschaffen wird, wage ich zu hoffen, daß der Konvent mein Vorhaben unterstützen und mir Räumlichkeiten zur Verfügung stellen wird, in denen ich einen kostenlosen Kurs für meine Mitbürgerinnen ankündigen kann, besonders für jene, die

die Absicht haben, Lehrerinnen in den für die Mädchen geplanten Primarschulen zu werden.

Denn zweifellos liegt es in Eurer weisen Absicht, Citoyens, ein Geschlecht aufzuklären, das die Natur zum Treuhänder unseres Lebensanfangs gemacht hat; unsere Kinder werden von nun an mit der Milch Grundsätze einsaugen, die ebenso rein sind wie dieses Geschlecht selbst. Ich würde nicht nur meine Methode diesen Lehrerinnen - selbst denen in den Departements, durch die Korrespondenz, von der ich oben gesprochen habe - bekanntmachen, darüber hinaus könnte ich sie auch darauf vorbereiten, von den großen Lehrern zu erfahren, daß wir bereits über weitere Mittel verfügen, die zum Zuständigkeitsbereich einer Frau gehören können, die sich vorgenommen hat, Citoyennes zu unterrichten, die Familienmütter werden wollen.

Im Hinblick darauf habe ich damit begonnen, ein Werk vorzubereiten, das ich Eurem Erziehungsausschuß unterbreiten möchte, Citoyens, ich gebe ihm den Titel "La maman républicaine". Diese Arbeit, aufgebaut in Fragen und Antworten, wird alle besonderen Pflichten der beiden Geschlechter enthalten, einschließlich der Erklärung der moralischen Bedeutungen und aller abstrakten Wörter, die sich heute mit den verschiedenen Gegenständen unserer Ehrfurcht verbinden. Mir schien diese Arbeit um so notwendiger, als ich glaubte, daß man nach der neuen Ordnung der Dinge das Licht, das zur Wahrheit führt, nicht genug ausbreiten kann, um so weit wie möglich alle Vorstellungen der Scharlatanerie zu vertreiben, an deren Aufrechterhaltung die Magier des *Ancien Régime* so großes Interesse hatten; im übrigen: je reiner die Absichten sind, desto süßer ist es, sie zu entfalten.

In diesem bescheidenen Versuch über die Moral hielt ich es, damit die Kinder begreifen, was man unter Einheit und Unteilbarkeit der Republik versteht, für notwendig, all dies zu lehren: daß derjenige ein republikanischer Citoyen ist, der allein oder mit seiner Familie geschworen hat, in Freiheit zu leben oder zu sterben; daß man unter den Worten *Einheit, Unteilbarkeit* in einer Gesellschaft von Menschen, die sich auf irgendeinem Teil der Erde vereint haben, diese eindrucksvolle Masse von Citoyens verstehen muß, die durch den gleichen Wunsch, die gleichen Interessen vereint nur ein einziges Wesen bilden; daß diese Einheit das Kennzeichen jenes Gebildes ist, das man Republik nennt; daß jedes Individuum, aus dem sie sich zusammensetzt, sein eigenes Interesse zurückstellen muß, um nur für das allgemeine Glück zu arbeiten, ohne das es das Glück des einzelnen nicht geben kann; und daß man, um es dauerhaft zu machen, Mittel anwenden muß, die in der Natur und dem moralischen Wesen des Menschen selbst liegen, um dieses unteilbare Band zu festigen, das die Einheit des Gefühls herstellt, die Grundlage aller Handlungen, die ihre Kraft und ihre Existenz sichern. Ich würde versuchen, ihnen diese Notwendigkeit durch die Notwendigkeit selbst zu beweisen, die die Menschen zwingt, in der Gesellschaft zu leben. Ich werde dies in Bildern schildern, die ihrer Anpassungsfähigkeit entsprechen; ich werde ihnen vor Augen führen, daß die Menschen alle die gleichen Bedürfnisse haben, aber daß der Schöpfer der Natur jedem einzelnen eine besondere ihm eigene Fähigkeit gegeben hat; daß jedoch die Unmöglichkeit, alles zu umfassen, das Bedürfnis hervorgebracht hat, sich zusammenzutun, damit die Menschen einander wechselseitig durch ihre reziproken Fähigkeiten helfen können. Unter den moralischen Fähigkeiten werde ich versuchen, ihnen all jene zu erläutern, die allgemein so schätzenswert sind, sei es weil sie freudige Gefühle eingeben wie die Eintracht, sei es weil sie Sicherheit vermitteln wie die Unschuld; und vor allem werde ich ihnen jenen flammenden Mut, jene leidenschaftliche Energie vermitteln, die die Liebe und Begeisterung für das Vaterland belebt, die dazu befähigt, ihm zu Hilfe zu eilen und es unter Einsatz des eigenen Lebens zu verteidigen. Ich werde auch versuchen, ihnen alle anderen Tugenden zu erläutern, die die Moralität des Menschen ausmachen, aber ich werde dies alles auf der Grundlage jener erhabenen Vernunft, jener geistigen Fähigkeit, der edelsten und kostbarsten, die wir von der Gottheit empfangen haben, entwickeln; ich will ihnen begreiflich machen, daß sie für unser Auffassungsvermögen das ist, was ein erfahrener Lotse in einem aufgewühlten Meer ist. Ich will ihnen begreiflich machen, daß die Vernunft durch eine Verknüpfung, zu der nur sie befähigt, uns stets im Gleichgewicht zwischen der Notwendigkeit und der Erfahrung alle Vorzüge und Nachteile aufzeigt, die aus unseren Handlungsmöglichkeiten, das Gute oder das Schlechte zu tun, folgen; ich werde ihnen verdeutlichen, wie erhaben ihre Aufgabe ist, wie vielfältig sie im einzelnen ist, daß sie uns dem Irrtum entreißt, indem sie uns das Offensichtliche vom Wahrscheinlichen unterscheiden läßt, daß sie uns zur Wahrheit führt. Und, um zum Schluß zu kommen, Citoyens, ich werde sie zu der kostbaren bewegenden Kraft emporheben, die ihre Handlungen leitet; und um sie spüren zu lassen, daß sie allein durch einen göttlichen Willen bewegt wird, werde ich ihre Aufmerksamkeit auf alle Wunder der Natur lenken. Ich werde ihnen sagen: Sieh, betrachte, bewundere! Und frage dich, wer ist der Schöpfer dieser Meisterwerke? Die Vernunft führt dich rasch zu den Grenzen, die deinem Wesen gesetzt sind; du wirst spüren, daß es keineswegs ein Wesen wie du oder ich ist, das all diese Dinge geschaffen hat. Und in der festen Gewißheit deines Unvermögens wirst du keine anmaßenden Ideen angesichts des undurchdringlichen Schleiers entwickeln, der die Ursache dieser Gesamtheit von Wundern verbirgt, und du wirst dich vor allem hüten, zu denken, daß sie selber Gottheiten sind; du wirst bedenken, daß diese Erde und alle ihre ungeheuren Hervorbringungen sich auflösen und zu Staub zerfallen; daß diese so strahlende Sonne sich verdunkelt und furchtbarer Finsternis weicht; daß diese Woge, so rein und klar in ihrem Lauf, stehen bleibt, faulig wird und sich in einen stinkenden Sumpf verwandelt; und daß endlich diese Luft, die den Erdball in einer so imposanten wie kühnen Lage hält, sich unter dem einfachen Flug eines Vogels, unter dem Gang eines Reptils ausdehnt und zurückweicht. Alles ist der Natur unterworfen, ja alles endet in ihr; der Grund ihres Seins allein ist ewig.

(AN, F^{17} 1454 doss. 9)

35.

Projekt für die Kleidung der Kinder in den nationalen Erziehungshäusern

Veuve Clemenceau

Alles, was ich vorschlagen möchte, hat die Ökonomie zum Ziel, vor allem die der Seife, die sehr teuer ist, die Bequemlichkeit der Kinder, die Haltbarkeit der Sachen, und die Leichtigkeit, mit der ein großer Teil von ihnen in den Unterrichtshäusern der Mädchen und Jungen hergestellt werden kann.

Die Kinder beiden Geschlechts werden in den sechs Monaten des Sommers vom 1. Mai bis zum 1. September weder Strümpfe noch Handschuhe tragen. In den sechs anderen Monaten tragen die Mädchen farblose Strümpfe aus feinem Tuch, aber je zur Hälfte schwarz und weiß angefertigt; indem man Schafwolle mit Rupfen aus Baumwolle vermischt, kann man einen dunklen Ton erhalten, der nicht leicht schmutzig wird. In den sechs Monaten, in denen sie Strümpfe tragen, werden sie Schuhe aus schwarzem Leder oder aus braunem Schafleder erhalten, in den anderen sechs Monaten Holzschuhe, ebenso wie die Jungen.

Man könnte ihnen auch allen, wenn es sehr kalt wird, Socken aus Stoff geben, das ist notwendig, damit sie an den Füßen nicht frieren müssen; wegen der Gefahr von Frostbeulen, denen die Kinder natürlicherweise ausgesetzt sind; um dem ebenso an den Händen vorzubeugen, sollten sie in den sechs Wintermonaten Handschuhe tragen. Diese Handschuhe werden mit Baumwolle angefertigt, vermischt mit alter ausgezogener Seide, darunter viel schwarze, all dies wird zusammengedreht, so erhält man einen dunkelgrauen Stoff von guter Haltbarkeit.

Um die Stoffe für die Strümpfe und Handschuhe herzustellen, braucht man nur die Wolle und etwas weiße Baumwolle zu kaufen sowie alte Seidenstoffe; sicher werden die Eltern die Kleinen, die sie anziehen sollen, gerne damit versorgen.

Diese Arbeit wäre die Aufgabe der Klasse der fünfjährigen; in den anderen würden die Spinn- und Strickarbeiten gemacht; das Rupfen würde in den Häusern der Jungen erledigt. Auf diese Weise würden die Strümpfe und Handschuhe wenig kosten, und die Mädchen wären nicht nur verpflichtet, ihre Häuser damit zu versorgen, sie wären darüber hinaus gehalten, eine Anzahl von Strumpf- und Handschuhpaaren, für die Preise festgelegt würden, für die Jungenhäuser anzufertigen.

In Art. 13[5] ist nicht davon die Rede, daß die Mädchen sticken sollen; ich denke, dies ist ein Versäumnis, denn diese Arbeit ist sowohl nützlich als auch notwendig, um die Kleinen zu beschäftigen, die keine Lust zum Spinnen haben, und sie ist zudem einträglich. Kinder von fünf und sechs Jahren kann man noch nicht mit Nähen beschäftigen.

Die Jungen wie die Mädchen werden im Haus nichts außer ihren eigenen Haaren auf dem Kopf tragen; diejenigen, die keine haben, werden ein kleines, sehr schlichtes Kopftuch aus weißem Leinen tragen. Niemals werden die Haare künstlich gelockt. Jeden Morgen werden die Kinder gekämmt und ein wenig gepudert, das Puder befreit von Läusen. Die Jungen tragen die Haare kurz, die Mädchen lang und mit einem Kamm hochgesteckt. Sie tragen in ihrem Haar ein Trikolore-Band aus Florettseide, einen Zoll breit, das links zur Schleife gebunden wird.

Jungen wie Mädchen tragen in den sechs Sommermonaten sehr schlichte Strohhüte, die in den Häusern der Jungen angefertigt werden.

Die Jungen tragen Kokarden in den Farben der Trikolore, die Mädchen tragen mit Schleifen gebundene Hutbänder aus zwei Zoll breiter Wollborte, ebenfalls in den Farben der Trikolore. Beide tragen im Winter winzige Wollhüte mit den gleichen Kokarden wie an den Strohhüten.

Der Stoff für die Hemden wird für Jungen und Mädchen gleich sein. Er soll weder zu dick noch zu fein und gebrochen weiß sein. Wenn man Kinder in zu dicken Stoff kleidet, behindert man sie in ihrer Bewegung; alle ihre Kleider müssen weit und bequem sein, damit sie auf keine Weise behindert werden und laufen, springen, klettern, kurz: sich stets frei bewegen können, die Mädchen ebenso wie die Jungen.

Die Hemden der Jungen haben breite Umlegekragen, die sie während des Sommers über ihrer Kleidung tragen; im Winter werden sie hochgeschlagen und mit einem weißen Halstuch gebunden. Die Ärmel der Hemden sind anliegend, lang, unten weit, damit die Hände hindurchschlüpfen können, und ohne Manschetten. Man achte darauf, die Litze immer unten an den Ärmeln anzubringen.

Der Stoff für die Hals- und Kopftücher soll zu zwei Dritteln aus feinem Leinen sein. Die Tücher sollen stets einfach sein, sowohl für den Kopf wie für den Hals; aus einem quadratischen Stoffstück kann man zwei davon herstellen. Die Mädchen tragen im Winter ein Baumwolltuch um den Hals. Als Kopfbedeckung bei Nacht und bei den groben Arbeiten nimmt man grobes Leinentuch für die Jungen wie die Mädchen.

---

5 Bezugnahme auf den Gesetzentwurf zum öffentlichen Unterricht, den Robespierre 1793 nach einem Projekt Michel Lepeletiers im Konvent einbrachte.

Die Kleidung der Jungen ist im Sommer in verschiedenen Farben gestreift, wobei die dunklen Farben vorherrschen; kein rot, kein blau - diese Farben sind zu teuer, sondern violette, gelbe, grüne und einige weiße Streifen. Die Westen sind im Sommer mit kleinen, im Winter mit großen Kragen ausgestattet und haben bequeme Ärmel mit einem kleinen Besatz und zwei Knöpfen; die Sommerwesten werden in der Mitte zugeknöpft, die Winterwesten liegen über der Brust doppelt und werden an der Seite zugeknöpft.

Große, weite und bis zu den Füßen reichende Hosen mit breiten Gürteln. Die Hosen für den Winter sollen unten drei Knöpfe haben, damit sie am Bein anliegen und in die Schuhe passen, da sie nicht darüber getragen werden sollten. Die Kleider der Mädchen wären für den Sommer aus gestreiften Stoffen, ähnlich wie bei den Jungen, nur feiner, und für den Winter gleichfalls aus ungefärbtem Stoff, aber feiner und samtartig. Die Kleider sind hemdartig geschnitten, weit, mit großen Kragen und langen Ärmeln; sie sollen nicht bis zum Boden reichen; aber da die Kinder ständig wachsen, versieht man sie mit Einschlägen (Säumen) ..., die bei Bedarf länger gemacht werden können.

Darunter tragen sie ein Kleidungsstück, das genauso lang ist, aber an der Taille anliegt, ohne sie einzuschnüren. Die Ärmel sind kurz. Dieses Kleidungsstück sollte im Sommer aus grauem, ungefärbtem Tuch und im Winter aus einem guten grauen Flanell sein. Über der Brust sollten die Kleidungsstücke doppelt liegen. Bei grober Haushaltsarbeit werden nur diese Unterkleider getragen. Die Jungen würden gleichfalls weite Westen und Kniehosen aus grauem Leinen tragen, wenn sie mit der Landarbeit und anderen groben Arbeiten beschäftigt sind.

Die Mädchen würden niemals anderen Schmuck tragen als das Trikoloreband aus Florettseide um den Kopf und einen Gürtel in den Farben der Trikolore aus Wolle gleich dem an ihrem Hut mit den gleichen Schleifen. Die Jungen trügen das gleiche Band am linken Arm, ebenfalls zur Schleife gebunden. Die Jungen und Mädchen trüger immer dieses Erkennungszeichen, das sie als Schüler der nationalen Erziehung ausweist. Auch die Lehrer und Lehrerinnen wären verpflichtet, den gleichen Dekor zu tragen; selbst der Familienvater, der die Aufsicht ausübt und die 51 anderen hätten stets ein solches Band im Knopfloch.

*

Begleitschreiben

Citoyens Volksvertreter,

der Artikel VI des Projekts über den öffentlichen Unterricht sieht vor, daß alle Bürger vom Konvent aufgefordert werden, in den Wettbewerb um die Ausarbeitung dieses Unterrichts einzutreten und ihre Beiträge an den Ausschuß für öffentlichen Unterricht zu schicken. Können die Frauen Anspruch auf die Ehre erheben, sich an diesem Wettbewerb zu beteiligen und über einen Gegenstand arbeiten, der so gut in ihren Kompetenzbereich gehört?

Wenn der Konvent positiv befindet, möge er anordnen, dies im nächsten Bulletin aufzunehmen, damit die Frauen, die genügend Liebe zum Vaterland haben, um ihm in dieser Sache dienen zu wollen, Eurem Ausschuß ihre Kenntnisse über die einfachste und passendste Weise, die Kinder zu erziehen, mitteilen, wie auch Bemerkungen, die sie zu verschiedenen Artikeln des Unterrichtsprojekts und zu dem angekündigten Reglement machen könnten.

Die Familienmütter haben wohl mehr Kenntnisse über die physischen Bedürfnisse der Kinder als die Männer. Ich habe selbst mehrere Kleine großgezogen, ich habe diese Geschöpfe immer geliebt; und mit großer Aufmerksamkeit habe ich das Projekt für den öffentlichen Unterricht gelesen, und ich fand, daß es auf vorzügliche Prinzipien gegründet ist. Nichtsdestoweniger habe ich einige Bemerkungen zu verschiedenen Artikeln, die ich unsystematisch zu Papier gebracht habe. Wenn ich damit rechnen könnte, daß sie bei Eurem Ausschuß Anklang finden, würde ich sie bestens redigieren und sie Euch zuschicken, sofern der Konvent es den Frauen gestattet, über dieses Thema zu schreiben.

Da der Artikel über die Kleidung der Kinder ein besonderes Thema und mehr ein Sache der Frauen als der Männer ist, habe ich mich damit beschäftigt, einen Entwurf dazu zu machen, für die Jungen wie für die Mädchen. Ich schicke ihn Euch hiermit zu, Citoyens Volksvertreter, und wenn Ihr ihn Eurer Aufmerksamkeit würdig findet, mögt Ihr daraus den Nutzen ziehen, der Euch beliebt.

Zur Grundlage meiner Arbeit habe ich die Ökonomie gemacht, vor allem die der Seife, die sehr teuer ist; die Einfachheit, die Reinlichkeit und die Bequemlichkeit der Kinder. Gleichwohl soll man sie von klein auf, vor allem die Mädchen, daran gewöhnen, sich stets mit den schlichtesten Dingen zurechtzumachen und zu schmücken, deshalb spreche ich davon, ihnen Bänder um die Köpfe und Hüte zu legen. Das verleiht ihnen ein anmutiges Aussehen, gefällt den Mädchen aller Stände und bindet jederzeit die Gatten an ihre

Frauen. Ohne daß man aus ihnen kleine Damen machen muß, kann man in den Schülerinnen den Geschmack für die Reinlichkeit und das Zurechtmachen wecken.

Wenn dieser Entwurf nicht in jeder Hinsicht den Auffassungen entspricht, die ihr zu diesem Gegenstand habt, vielleicht findet ihr dann trotzdem, daß einige meiner Ideen mit einem anderen Projekt verbunden werden können. In diesem Fall hätte ich mein Ziel erreicht, denn ich hätte zu dem allgemeinen Wohl beigetragen, das die Väter des Vaterlandes für die kommenden Generationen schaffen. Dies würde wohl meine Sorgen lindern und mich von dem Unglück ablenken, das mich getroffen hat. Die Unruhen in der Vendée haben mich gezwungen, meine Heimat zu verlassen, die Rebellen haben sich nicht nur meines gesamten Besitzes, sondern auch meines einzigen Sohnes bemächtigt, den sie seit über 5 Jahren in Ketten halten, ohne ihm zu erlauben, mir Nachrichten zu schicken.

Seine Verbrechen bestehen darin, daß er ein entschiedener Patriot gewesen ist, glühender Partisan der Freiheit und Gleichheit und unbeirrbar in seinen republikanischen Überzeugungen, daß er an der Spitze der über das Land ziehenden Klubs stand und dort den Gehorsam gegenüber den Gesetzen, den Respekt vor dem Konvent und das Mißtrauen gegen die schlechten Priester gepredigt hat, und daß er Mitglied eines Distriktgerichts in Beaupreau, nahe der Vendée gewesen ist.

Jeden Tag fürchte ich, erfahren zu müssen, daß diese Schurken ihm die Kehle durchgeschnitten haben. So befindet sich meine Seele in ständigen Ängsten.

Witwe Clemenceau, Flüchtling

Angers, den 13. August 1793,
Jahr II der einen und unteilbaren Republik

*

Citoyens Volksvertreter

Ihr habt mir nicht die Ehre erwiesen, auf den Brief zu antworten, den ich mir vor etwa einem Monat Euch zu schreiben erlaubte, und in dem ich anfragte, ob der Artikel VI des Erziehungsprojektes Michel Lepeletiers sich ebenso an Frauen wie an Männer richtet.
Ich habe mich zu verschiedenen Artikeln dieses Projektes in der Absicht geäußert, meinem Vaterland und Euch, würdige Repräsentanten, nützlich zu

sein; ich habe es Euch erspart, allzusehr in die Einzelheiten zu gehen, die diese große Arbeit erfordert, denn es geht um so viel komplizierte und detaillierte Dinge, daß man eine Mutter und Hausfrau sein oder gewesen sein muß, um alles über die Art, die Kinder aufzuziehen, sagen zu können; aber darüber hinaus muß die Liebe zum öffentlichen Wohl bei der Frau, die sich einer solchen Aufgabe widmet, sehr stark ausgeprägt sein. Einzig dieses Gefühl hat meine Feder geführt und mich veranlaßt, eine Sammlung von Bemerkungen zusammenzustellen, die durch mein Interesse am Projekt der nationalen Erziehung und an der Notwendigkeit, alle Kinder in die dafür vorgesehenen Häuser zu schicken, geleitet sind.

Da ich diese Arbeit gemacht habe, bevor der Konvent das Gesetz erließ, das es den Eltern freistellt, ihre Kinder in die nationalen Erziehungshäuser zu schicken, sagte ich, daß man die Eltern, die es ablehnen, ihre Kinder dorthin zu schicken, mit Strafen belegen sollte, wie es Art. 111 des Erziehungsprojektes vorsah. Nachdem der Konvent anders entschieden hat, möchte ich was ich hierzu gesagt habe, zurücknehmen, da ich mich gerne und bereitwillig all seinen Dekreten unterwerfe, die zu allen Zeiten von der Weisheit diktiert und stets von allen guten Patrioten akzeptiert worden sind. Die Verfassung, die der Konvent Frankreich zu seinem Glück gegeben hat, ist ein sicherer Garant, er will nur das Beste, obwohl die Verleumder und die Feinde des Vaterlandes oft das Gegenteil behaupten, aber sie sind vor der ganzen Welt widerlegt worden. Die Verfassung und ihre Annahme durch die Franzosen hat ihren Autoren Ehre gemacht, dieser Schlag gegen die Tyrannei hat ihnen die Augen geöffnet, sie haben gesehen, auf welcher Seite die Vernunft und die Vaterlandsliebe sitzen, sie haben die wahren Freunde des Volkes erkannt, die Verteidiger seiner Rechte, diejenigen schließlich, die wirklich die auf die völlige Gleichheit gegründete Freiheit wollen. Und man sieht, wie sie sich mit ihren Wünschen den wahren Patrioten anschließen und mit ihnen sagen: "Bleibt auf Eurem Posten, würdige Repräsentanten, Ihr habt das Gebäude der Freiheit auf unzerstörbaren Grundlagen errichtet, aber die boshaften Menschen sind da; wenn ihr Euren Platz verlaßt bevor es wohl gefestigt ist, werden sie sich nähern und versuchen, es zum Einsturz zu bringen; aber dies wird vergeblich sein, das ist wahr, ihre Anstrengungen werden ohnmächtig sein, doch sie könnten es beschädigen. Haltet daher aus, wir beschwören Euch im Namen des Vaterlandes, das sich immer noch in der größten Gefahr befindet, und im Namen des Heils, das es von Euch erwartet."

Dies ist der einmütige Ruf, der sich von allen Enden der Republik vernehmen läßt; darf ich es wagen, weise Gesetzgeber, mich ihm anzuschließen und Euch sagen, daß dieser Wunsch aus meinem Herzen kommt, seit dem Moment, in dem ich erlebte, wie die erhabene Verfassungsakte das Licht der

Welt erblickte. Ich meditiere oft über sie, sie versüßt meinen Kummer durch die Hoffnung auf das Glück, das sie meinem Vaterland verheißt; möge mein einziger Sohn das Glück dieser Hoffnung erleben, es würde ihn für sein gegenwärtiges Unglück entschädigen und ihn alle Übel vergessen lassen, die er erleidet; seit 6 Monaten liegt er in den mörderischen Ketten der Briganten, die ihn in schrecklichen Gefängnissen festhalten.

Wenn Ihr wünscht, daß ich Euch meine Sammlung von Bemerkungen zum Projekt der nationalen Erziehung zusende, gebt mir die Ehre, es mich wissen zu lassen, wenn nicht, gebe ich sie dem Vergessen anheim. Ich habe in diesem Brief, den ich die Ehre hatte an Euch zu richten, ein Projekt über die Art, die Kinder zu kleiden, angekündigt. Eure wichtigen Arbeiten haben Euch gewiß den Brief und das Projekt übersehen lassen. Habet die Güte, einen Blick darauf zu werfen und mir zu sagen, was Ihr davon haltet.

Witwe Clemenceau, Flüchtling in Angers

Angers, den 2. September 1793,
Jahr II der einen und unteilbaren Republik

(AN, F^{17} 1005^{A} - 750)

36.

Berufsschulen für Frauen

Françoise Acrin

Der Zeitpunkt ist gekommen, an dem die Nationalversammlung sich mit der Erziehung des zarten Geschlechtes beschäftigen wird, das die Schwachheit von einträglichen Beschäftigungen und von Arbeiten, die die Kraft des Körpers verlangen, fernhält. Es genügt nicht, daß der Unterricht sie zu den ersten Grundlagen der Kunst des Sprechens und Schreibens und zu den Geboten der Moral heranbildet; die Kenntnisse, die die Frauen in ihrer Kindheit erwerben, lassen sie um so schmerzhafter die spüren, welche man in ihnen vernachlässigt. Die Bücher und die Kenntnis der wechselseitigen Pflichten belehren sie, daß die Männer, ganz mit sich selbst beschäftigt, den Nutzen selbst jener Künste, die lediglich Pflege, Geduld und Freinfühligkeit verlangen, allein für sich vermehrten.

Ihr Unglück wäre noch größer, wenn sie feststellten, daß, obwohl von einer beginnenden liberaleren Erziehung dazu bestimmt, ehrenhafte Citoyennes zu werden, der Hälfte von ihnen nur in der Mühsal der Knechtschaft oder in der Erniedrigung der Unzucht ein Mittel zum Leben bleibt.

Wir wagen nicht, diese politische Frage zu behandeln, ob das Gesetz den Männern, die es im übrigen so wohl bedacht hat, die Berufe verbieten könnte, in denen Intelligenz und Geschicklichkeit den Frauen große Erfolge versprechen können.

Wir schlagen nur vor, daß die Frauen in ihrer Kindheit auf öffentliche Kosten zu den Berufen herangebildet werden, die in allen Gesellschaften wesentlich und für die großen nützlich sind, in denen der Luxus, der auf dem Geschmack beruht, Reichtum beschert, selbst den fremden Nationen, die von unserem Gewerbefleiß abhängig sind.

Diese Berufe, abgestuft nach ihrer Bedeutung in Bezug auf das Talent und den Ertrag, den die Schülerinnen aus ihnen ziehen können, wären die Stickerei, die Näherei und das Anfertigen von Weißwäsche. Man würde diese Schulen in ganz Frankreich nach der Weise verteilen, die die Nationalversammlung für richtig hielte.

An dieser Stelle beschränke ich mich darauf, von der Stadt Paris zu sprechen, weil die armen Einwohner sich hier in der größten Zahl befinden, die wichtigste Einnahmequelle für sie im Gewerbefleiß liegt, und diese Einrichtungen im Ganzen oder in Teilen, auch für alle anderen Städte des Königreichs geeignet wären. In diese Schulen würden Frauen jeden Alters ab 9 Jahren aufgenommen; um die Sitten zu wahren, würden Frauen, die ihr 15. Lebensjahr vollendet haben, in einem von den Jüngeren getrennten Raum untergebracht werden.

Man würde unterschiedslos Französinnen und Ausländerinnen zulassen, weil es das Prinzip der Brüderlichkeit gebietet, alle Ausländer im Schoß des Reiches aufzunehmen; man hat sie der Wohnraumsteuer unterworfen, diese wird durch die Entwicklung der Industrie dem Staat noch mehr Nutzen verschaffen; und schließlich, weil das Gesetz zwischen den Frauen keinen Unterschied in Bezug auf ihre Stadtrechte macht.

Schon bald werden diese Unterrichtseinrichtungen den Staat nichts mehr kosten. Zunächst ist nur eine bescheidene Vorauszahlung nötig, die nach den ersten Jahren einen beträchtlichen Gewinn zurückbrächte, wie noch erklärt wird.

Stickereischulen

Anzahl und Verteilung dieser Schulen

Die erste rue St. Antoine, in der Ste. Marie, nahe der Bastille.
Die zweite im Haus der *soeurs grises Faubourg St. Denis*.
Die dritte im Hospiz Beaujon Faubourg du Roule.
Die vierte bei den *filles anglaises* Faubourg St. Marceau.
Die fünfte bei den *filles du Calvaire* im Marais.
Die sechste bei den *Dames de Pantemont* Faubourg St. Germain.

Anzahl der Personen, der Arbeitsmittel und der Kosten pro Klasse

3 Professorinnen zu 600 # jährlich	1800 #
50 Stickmaschinen zu je 6 #	300 #
25 Böcke zum Aufstellen der Maschine zu je 3 #	75 #
4 L. farbige Seide, um mit dem Sticken beginnen zu können zu je 2 # die Unze	120 #
40 Ellen Leinenstoff zu 2 #	80 #
Taft zum Applizieren	100 #
Werkzeug zur Montage der Maschinen	24 #
150 Stühle zu je 20 #	150 #
für Stickereibedarf und Nadeln	300 #
Insgesamt	2949 #

Für die sechs Schulen wird ein einziger Zeichner benötigt, der pro Jahr 1200 # kostet.

In diesen sechs Schulen sollen die Schülerinnen nach den gleichen Grundsätzen, das heißt nach den besten, die in diesen Künsten bekannt sind, unterrichtet werden; Tätigkeit und Aufsicht sollen gleich sein, damit, sobald die Schüler ein wenig imstande sind, für die Öffentlichkeit zu arbeiten, die Privatleute, die oft nicht wissen, wo sie Stickerinnen finden sollen, die Händler, die ihren Aufträgen nicht nachkommen können, sich an diese Schulen wenden und ihnen den Vorzug vor den Hospitälern geben, in denen die Herstellung langsam, unzulänglich und oft gegen die Regeln der Kunst organisiert ist. Bald wird die Arbeit der Schulen zu einer gesuchten Vollendung gelangen, die aus ihnen eine beachtliche Manufaktur machen wird. Damit diese auf verschiedene Viertel verteilten Werkstätten eine einheitliche Arbeitsweise haben, ist eine Generalinspektorin erforderlich, die in der Kunst erfahren ist und von der die Professorinnen abhängig sind.

Auf ihre Order hin wäre ein Angestellter damit beauftragt, ihr alle Bestellungen und die ausgehandelten Preise vorzulegen und nach ihrer Entscheidung die Aufträge auf die verschiedenen Werkstätten zu verteilen; sie beauftragt ihn des weiteren damit, ein Register der Einnahmen und Ausgaben anzulegen, das sie dem Departement vorlegt.

Das Gehalt der Generalinspektorin wird im Jahr betragen ..., das Gehalt des Angestellten ...

Vom zweiten Jahr an verursachen diese Schulen von der Ausgabenseite keine Kosten mehr. Vom dritten Jahr an wird der Gewinn höher sein als der Vorschuß. Geht man davon aus, daß eine Schule hundert Schülerinnen hat, dann werden sie am Ende eines Jahres, selbst wenn sie fast keine Begabung mitbringen, imstande sein, jede 10 sous pro Tag zu verdienen, was für jede Klasse 50 # täglich, für die sechs Klassen 300 Livres und 9000 Livres im Monat macht.

Nähschulen

In jeder Schule zwei Professorinnen	
zu je 600 # pro Jahr	1200 #
für erforderliche Arbeitsmittel	600 #
	1800 #

Ebenfalls sechs Schulen.

Um sich zu üben, werden diese Schülerinnen die Kleider herstellen, die man in den Kirchengemeinden zur Erstkommunion verteilt. Nach dem ersten Lehrjahr gibt man ihnen Modelle, um den Geschmack zu bilden und die Mode zu lehren.

Schulen für die Anfertigung von Weißwäsche

In jeder Schule zwei Professorinnen	
zu je 600 # im Jahr	1200 #
notwendige Details für die Weißwäsche	400 #
	1600 #

Gleichfalls sechs Schulen.

Die Schülerinnen beginnen damit, Babywäsche, Wäsche für die Kirchengemeinde und für die Truppen anzufertigen.

Für die Näherei und die Anfertigung von Weißwäsche sei angemerkt, daß Privatleute und Händler die Schülerinnen beschäftigen werden, weil sie gut und schnell und zum niedrigsten Preis arbeiten, da die Schülerinnen keinen anderen Lohn als das Talent erhalten, das sie erwerben.

Es schiene nützlich, wenn dieser gesamte Unterricht für die Berufe der Frauen von einer Oberinspektorin beaufsichtigt würde, was leicht einzurichten wäre; die drei Arten von Schulen könnten sich an der gleichen Stelle befinden, der unter Artikel 1 zur Stickerei angegebenen Anordnung folgend. Diese Inspektorin würde alle 15 Tage mündlich oder schriftlich dem *Departement* Bericht erstatten.

Zusammenfassung

Ausgaben für die sechs Stickschulen pro Jahr		17694 #
Einnahmen ab dem zweiten Jahr	9000 #	
Ausgaben für die sechs Nähschulen pro Jahr		10800 #
Einnahmen ab dem zweiten Jahr	9000 #	
Ausgaben für die sechs Schulen für die Anfertigung von Weißwäsche pro Jahr		9600 #
Einnahmen ab dem zweiten Jahr	9000 #	
Gesamteinnahmen des zweiten Jahres	27000 #	
Jährliches Gehalt für einen einzigen Zeichner		1200 #
Gehalt der Generalinspektorin pro Jahr		
Gehalt des Angestellten pro Jahr		

Mlle Acrin, Stickerin des Königshauses und des königlichen Marinecorps, rue des prêtres St. Germain, *maison du notaire*.

(25.4.1792)

(AN, F^{17} 1009^c - 2289)

37.

Plan für eine Erziehungseinrichtung
(1793)

Citoyenne Hardou

In der Überzeugung, daß die Unwissenheit nur den Despotismus zurückbringt und die Unsittlichkeit aufrechterhält, glaubte ich, daß ich mich vollständig meinem Vaterland hingeben und alle meine Kräfte zusammenfassen sollte, um die jetzige Generation aus den schändlichen Vorurteilen unserer altersschwachen Erziehung herauszureißen, daß ich alle Anstrengungen unternehmen sollte, um in die Herzen unserer jungen Citoyennes die Liebe zur Freiheit und Gleichheit einzupflanzen. Von diesen mächtigen Beweggründen angetrieben, biete ich meinen Mitbürgern eine Erziehungsweise dar, der zur folgen ich mir selber vorgenommen habe. Möge sie ihren Beifall finden und sie davon überzeugen, daß meine patriotische Begeisterung ein sicherer Garant für das Vertrauen ist, das ich erstrebe.

Entwurf eines Règlement

1.

Die Klasse setzt sich aus Kindern des weiblichen Geschlechtes aller Altersgruppen zusammen.

2.

Die Unterrichtsstunden sind öffentlich, damit die Eltern selbst den gegebenen Unterricht beurteilen können.

3.

Die Schülerinnen werden zur Arbeit gebildet und dazu befähigt, in einem späteren Alter für ihren eigenen Lebensunterhalt zu sorgen.

4.

Die Hälfte des Arbeitsertrages fällt den Kindern unserer im Kampf für das Vaterland gefallenen Brüder zu.

5.

Die Kinder unserer für das Vaterland gefallenen Brüder haben das Recht, ohne Schulgeld zum Unterricht zugelassen zu werden.

6.

Die Arbeiten bestehen im Anfertigen von Wäsche, Kleidern, Stricksachen etc. Diese unter allen Lebensumständen nützlichen Arbeiten werden uns, wenn sie von den jungen Citoyennes beherrscht werden, zur Einfachheit republikanischer Völker zurückführen. Die Citoyens, die von jenem Feuer des Patriotismus durchdrungen sind, der die Liebe zur Revolution eingibt, werden aufgerufen, meine Ziele zu unterstützen, indem sie meine Schülerinnen mit den für ihren Unterricht erforderlichen Arbeiten versorgen.

7.

Die Art der Arbeit, die jeder Schülerin erteilt wird, der Name und das Datum der Zuweisung werden registriert.

8.

Der Ertrag der Arbeiten wird in einer Urne aufbewahrt, auf die folgende Worte graviert sind:
SENSIBLE HERZEN, DER TUGEND BEGEGNET MAN OFT BEI DER ARMUT, AUF SIE SOLLEN SICH EURE WOHLTATEN RICHTEN.

9.

Die Urne wird mit dem Siegel der Sektion verschlossen; vier Kommissare, die von der Vollversammlung (der Sektion) benannt werden, öffnen sie jeden Monat öffentlich und im Beisein der Schülerinnen.

10.

Die Aufteilung der Arbeitserträge erfolgt, so wie es in Artikel 4 vorgesehen ist, durch die Kommissare auf die Betroffenen.

11.

Die sechs Schülerinnen, die am meisten Eifer und Pünktlichkeit für den Unterricht an den Tag gelegt haben, werden jeden Monat gewählt, um den Teil der Arbeitserträge an die Kinder von Citoyens zu verteilen, die für das Vaterland gefallen sind.

12.

Zu bestimmten Zeiten des Tages wird Lesen, Schreiben und Rechnen unterrichtet; die jungen Schülerinnen, bei denen man weitergehende Befähigungen feststellt, werden in der Geschichte unserer Revolution und in den Begriffen, die sie sich von den Rechten und Pflichten der in der Gesellschaft vereinten Menschen bilden sollen, unterrichtet. Es wird nichts unterlassen, was ihnen einen wahren Eindruck vermitteln kann, was sie zu guten Müttern und dem Vaterland, dessen Schutz sie genießen, dankbar ergebenen Töchtern machen kann.

13.

Für die Lehrerin wird kein festes Schulgeld beschlossen. Die Eltern werden sich unter diesen Umständen gewiß nach ihrem Patriotismus und nach der Aufmerksamkeit richten, die eine ebenso uneigennützige wie mühselige Hingabe verdient.

19. Vendémiaire II

(AN, F^{17} 1310 Doss. 2)

38.

Prospectus für die Erziehung der Citoyennes

Citoyenne Laroche

Eines der größten Übel unter der alten Regierung Frankreichs lag in der Erziehung, die man dem weiblichen Geschlecht gab. Die Eltern glaubten, genug für ihre Kinder getan zu haben, wenn sie sie für mehrere Jahre in den Klöstern begruben; aber weit davon entfernt, sich dort zu vervollkommnen, verließen sie sie nur mit klösterlichen Tugenden, die völlig im Gegensatz zu jenen Tugenden stehen, die notwendig sind, um gute Familienmütter hervorzubringen. So folgte daraus die Zwietracht zwischen den jungen Eheleuten, und daraus das schlechte Beispiel für die Kinder. Auf diese Weise zog ein erstes Übel der Erziehung eine Unzahl von Störungen nach sich, zur Schande eines geduldigen, liebenswürdigen und geistreichen Volks.

Die Citoyenne Laroche, die durch Erfahrung, Unglück und Studium das menschliche Herz kennengelernt hat und die von der wohltuenden Auflösung der Klöster durchdrungen ist, möchte ihre ganze Zeit der Aufklärung eines Geschlechtes widmen, dessen Genius sie zu würdigen weiß. Die grundlegenden Kenntnisse der Moral, der Physik und der Geschichte, verbindet sie mit der nützlichen Annehmlichkeit, korrekt Französisch, Englisch, Italienisch und Deutsch zu sprechen und zu schreiben. Sie bietet jetzt ihre Dienste an, in der Stadt Unterrichtsstunden zu erteilen, und sie begnügt sich mit einem bescheidenen Lohn, um ihre Eltern unterstützen zu können.

Ihre Sorgfalt, ein unermüdlicher Eifer und eine leichte Methode lassen sie hoffen, die Wertschätzung der Leute zu finden, die sie mit ihrem Vertrauen ehren möchten.

(BN)

VIII.
Texte für die Moralerziehung

39.

Patriotischer Katechismus
(1789)

von einer guten Citoyenne

Frage:	Wer ist Necker?
Antwort:	Der Wiederhersteller der Freiheit in Frankreich.
Frage:	Wie hat er dieses Wunder vollbracht?
Antwort:	Indem er uns in den ursprünglichen Zustand zurückversetzt hat, in den das Höchste Wesen uns gestellt hatte: in die Ordnung der Natur.
Frage:	Warum hat Necker euch in diesen Zustand versetzt?
Antwort:	Um uns in die Lage zu versetzen, daß wir die Wohltätigkeiten unseres Königs erkennen und uns bemühen, ihn zu lieben und ihm treu zu dienen.
Frage:	Gibt es mehrere Necker?
Antwort:	Nein.
Frage:	Gibt es mehrere Personen, die im Sinne Neckers denken?
Antwort:	Ja.
Frage:	Welche?
Antwort:	Der König und sein Rat, die eine Einheit bilden: dies nennt man das Geheimnis von Versailles.
Frage:	Gab es schon einmal einen Necker?
Antwort:	Ja, in der Gestalt Sullys.

Frage: Wo ist Necker?

Antwort: In Versailles, und sein Bild ist in allen unseren Herzen eingeprägt.

Frage: Warum ist Necker in den Rat eingetreten?

Antwort: Um uns freizukaufen von der Sklaverei des Adels und uns auf diese Weise die Qualität freier Menschen zu verschaffen.

*

Kennzeichen des guten Patrioten

Frage: Sind Sie Patriot?

Antwort: Ja, im höchsten Grade, durch den Minister Necker.

Frage: Was ist ein Patriot?

Antwort: Derjenige, der eine günstige Gelegenheit findet, den König und sein Vaterland gegen die Unterdrückung der Adligen zu verteidigen.

Frage: Ist 'Patriot' eine bedeutende Bezeichnung?

Antwort: Ja, die bedeutendste von allen, mit denen ein Mensch sich auszeichnen könnte.

Frage: Worauf beruht diese Bezeichnung?

Antwort: Darauf, ergeben zu dem Eid zu stehen, den man auf seinen König und sein Vaterland geschworen hat.

Frage: Was ist das Kennzeichen eines Patrioten?

Antwort: Ein rechter Winkel.[6] *(équerre)*

Frage: Wo tragen Sie ihn?

Antwort: In meinem Herzen.

---

6 In Anspielung auf den Namen Neckers, auf die Rechtschaffenheit, die Richtigkeit der Mittel, die er einsetzt, um zur Vollendung seiner klugen Vorhaben zu gelangen.

40.

Belehrungen für die Kinder oder Abriss der wichtigsten Pflichten des Citoyen, Jahr II der Französischen Republik

*Citoyenne H****

Morgengebet

Gott, Schöpfer aller Dinge, du, dem wir das Glück verdanken, zu leben, der unsere Nahrung geschaffen hat, unsere Güter, unsere Vergnügen, nimm unsere Verehrungen an; mach, daß wir heute den ganzen Tag gut und vernünftig sein mögen, und daß wir dir immer für deine Wohltaten Dankbarkeit erweisen.

Abendgebet

Vergib uns unsere Fehler, allmächtiger Gott, du der du uns den Mut gegeben hast, sie einzugestehen. Von dir kommen alle Tugenden; gib uns die Mittel, davon viele zu haben; mach uns immer gut, achtenswert und dankbar dir gegenüber.

Katechismus

Frage: Was ist ein anständiger Mann?

Antwort: Das ist derjenige, der zuverlässig all seine Pflichten erfüllt.

Frage: Was sind unsere Pflichten?

Antwort: Guter Sohn zu sein, guter Patriot zu sein, guter Citoyen zu sein, guter Ehemann, guter Vater und guter Freund zu sein.

Frage: Wie ist man ein guter Sohn?

Antwort: Durch die Achtung, die man für seine Eltern hat; durch die Fürsorge, die man ihnen erweist, wenn sie krank sind, durch das Vergnügen, das man dabei verspürt, ihnen einige Wohltaten zu verschaffen; dadurch, daß man arbeitet, um sie zu entlasten; dadurch, daß wir unsere persönlichen Interessen zurückstellen, um bei ihnen zu bleiben und sie im Alter zu erfreuen.

Frage: Wie ist man ein guter Patriot?

Antwort: Indem man das Vaterland als seine nährende Mutter ansieht.

Frage: Was versteht ihr unter dem Vaterland?

Antwort: Das Land, in dem man geboren ist; dessen Gesetze man angenommen hat.

Frage: Was muß man für das Vaterland tun?

Antwort: Da wir ihm unsere moralische und physische Existenz verdanken, schulden wir ihm das Opfer, wenn es seiner bedarf; so schulden wir es ihm, Krieg zu führen, um es zu verteidigen; ihm die Abgaben zu zahlen, die es fordert und die Beschäftigungen anzunehmen, die es uns anvertraut.

Frage: Was versteht ihr unter moralischer Existenz?

Antwort: Die moralische Existenz ist unser Zustand in der Gesellschaft, unser Geschick, der Platz, den wir einnehmen etc.

Frage: Was ist das, die physische Existenz?

Antwort: Das ist das Leben, die Gesundheit.

Frage: Wie ist man ein guter Citoyen?

Antwort: Indem man gewissenhaft die Pflichten des Berufs, den man gewählt hat, erfüllt; indem man guter Nachbar ist, barmherzig gegenüber den Armen; indem man sich immer zuverlässig zu den Versammlungen begibt, in denen das Interesse des Vaterlandes und unserer Mitbürger verhandelt wird; indem man immer eifrig die Plätze einnimmt, mit denen kein finanzielles Interesse verknüpft ist; indem man in allem dem Gesetz folgt; indem man den Mut aufbringt, es auszuführen und die Mißbräuche anzuzeigen.

Frage: Wie ist man ein guter Ehemann?

Antwort: Indem man für seine Gattin Rücksicht, Achtung und Freundschaft aufbringt und indem man Ordnung in seinem Hauswesen hält.

Frage: Wie ist man ein guter Vater?

Antwort: Indem man seine Kinder mit Sorgfalt aufzieht, indem man ihnen gute Grundsätze vermittelt, gute Beispiele und die Voraussetzungen, um glücklich zu sein.

Frage: Wie ist man ein guter Freund?

Antwort: Indem man seinen Freund als anderes Ich betrachtet, dessen Tugenden wir lieben, dessen Taten alle unsere Sache sind, und dessen Freuden und Leiden gleich den unseren sind.

Frage: Welches sind die wünschenswerten Eigenschaften für einen Mann?

Antwort: Die Standfestigkeit, der Mut, die Güte, die Geduld und die Rechtschaffenheit.

Frage: Was versteht ihr unter der Standfestigkeit?

Antwort: Die Standfestigkeit ist jener beständige Wille, mit dem wir das Ziel erreichen wollen, was wir uns gesetzt haben und das die Vernunft uns hat wählen lassen.

Frage: Was versteht ihr unter Mut?

Antwort: Der Mut ist gleich unserer Selbstbeherrschung. Er läßt uns die Leiden ertragen, die unsere Gesundheit angreifen, unser Glück, unsere teuersten Gefühle; er ist es, der uns dem Tod trotzen läßt, der uns Mittel im Unglück finden läßt.

Frage: Was versteht ihr unter der Güte?

Antwort: Das ist jenes angenehme Gefühl, das uns sagt, daß wir nicht zufrieden sein können, solange wir jemanden leiden sehen, und das uns dazu bringt, dem zu vergeben, der einen Fehler begeht; mit einem anderen das Gute zu teilen, das Vergnügen, dessen wir uns erfreuen können; darin einen Grund der Verpflichtung zu finden.

Frage: Was ist Geduld?

Antwort: Das ist ein Teil des Mutes, der uns ruhig, ohne zu klagen ertragen läßt, auf das, was wir wünschen, zu warten; der uns ruhig und über einen langen Zeitraum handeln läßt, damit uns etwas gut gelingt; der uns aufmerksam auf das hören läßt, was die anderen sagen, um es gut zu verstehen; der uns den Schmerz ohne

Klagen und Aufregung ertragen läßt: Es gibt keinen Tag im Leben, wo man es nicht nötig hätte, davon Gebrauch zu machen.

Frage: Was ist Rechtschaffenheit?

Antwort: Das ist jene peinliche Genauigkeit, mit der man erkennt, daß das, was dem anderen gehört, nicht unseres ist; und folglich die Aufmerksamkeit, es zu bewahren, ohne darüber zu verfügen, denn es gehört uns nicht; das ist jene Zuverlässigkeit, unsere Verpflichtungen den Absichten gemäß einzuhalten, mit denen wir sie mit anderen eingegangen sind. Schließlich, die Rechtschaffenheit ist der strenge Richter all unserer Handlungen.

Frage: Welches sind die Prinzipien der französischen Republik?

Antwort: Die Freiheit, die Gleichheit.

Frage: Was versteht ihr unter Freiheit?

Antwort: Darunter verstehe ich jenes natürliche Recht aller Menschen, all das zu tun - sei es für ihr Vermögen, sei es für ihr Glück - was den anderen nicht schädigt. Deshalb hört die Freiheit dort auf, wo das Gesetz sie einschränkt; denn dieses Gesetz ist zum Wohle aller und mit der Zustimmung der Mehrheit gemacht. Dieses Wort ist daher nur gefährlich und trügerisch, wenn es nicht mit der Erklärung seines wahren Sinns einhergeht, damit jeder, der sich rühmen kann, ein freier Mensch zu sein, spürt: Um diesen ruhmreichen Titel tragen zu können, muß man sich den bewahrenden Gesetzen der Gemeinschaft unterwerfen; sonst wäre man nur frei wie ein Wilder, ohne Eigentum, ohne Hoffnung es zu erlangen oder es zu bewahren.

*

Gleichheit ist Gerechtigkeit,
Freiheit ist Glück

Frage: Was versteht ihr unter Gleichheit?

Antwort: Die Abschaffung aller Privilegien, von jeglichen erblichen Unterschieden; das Recht, das alle Menschen haben, nach Stellen zu streben, nach Ehrenämtern, nach Beschäftigungen, die die

	Gesellschaft für das allgemeine Interesse geschaffen hat; das Verdienst, die Kenntnisse, die Talente müssen die einzigen Beweggründe der Bevorzugung sein.
Frage:	Soll das Vermögen gleich sein?
Antwort:	Nein! Diese Gleichheit würde die Gerechtigkeit zerstören, die verlangt, daß ihr an eure Kinder das weitergeben könnt, was ihr durch eure Arbeit erworben habt, durch euren Fleiß; das, was eure Väter euch hinterlassen haben. Ein Volk könnte gemeinschaftlich arbeiten, alle Kinder als das Gut der Gesellschaft ansehen, alles Eigentum als die Rücklagen der Gesellschaft; so haben die Menschen ursprünglich gelebt. Aber weil die einen stark geboren werden, die anderen schwach; die einen groß, die anderen klein; die einen geistreich, die anderen beschränkt; die einen fleißig, die anderen faul, haben sie, während sie sich vermehrten, bemerkt, daß sie sich nicht alle auf die gleich Weise verhalten und auf dieselben Bedürfnisse und Möglichkeiten beschränken können; jeder von ihnen hat seine Fähigkeiten entwickelt, und bald haben sie durch wechselseitigen Tausch ihrer Erzeugnisse den Handel eingeführt.
Frage:	Also wird es immer Glückliche und Unglückliche geben?
Antwort:	Ja, denn es gibt Kluge und Verrückte. Wenn die Gesellschaft zu ihrer Vollendung gelangt sein wird, wird sie so eingerichtet sein, daß nur die unglücklich sind, die einfältig oder schuldhaft sind, wenigstens in bezug auf die Armut; denn es ist nicht ihre Angelegenheit, das Unglück zu beseitigen, das von irgendeiner anderen Ursache abhängt.
Frage:	Was wird man tun, um die Armen reicher zu machen, von denen es doch so viele gibt?
Antwort:	Man wird den Luxus, der das Elend verhöhnt, abschaffen; von diesem Überfluß schafft man das Notwendige für die Armen. Man wird viele Häuser einrichten, in denen arbeitsame Leute Werkzeuge und Arbeit finden; durch einen guten öffentlichen Unterricht wird jeder seine Pflichten und Rechte und ein für die Gesellschaft nützliches Handwerk lernen. Um die Greise und die Kinder muß sich die brüderliche Gemeinschaft kümmern. Auch wird man Heime für diejenigen schaffen, um die sich ihre Kinder nicht kümmern können; man wird in diesen Häusern

lernen, tugendhaft zu sein; man umsorgt das Alter, während man den Lehren seiner Erfahrung zuhört. Das wär das meine lieben Kinder, was ihr eines Tages erleben werdet, das, was die Frucht eurer Klugheit sein wird, der Preis des Mutes eurer Väter.

ENDE

(BN)

41.

Grundlagen des republikanischen Unterrichts (1794/Jahr II)

von der Citoyenne Desmarêts aus Corbeil

Einleitende Fragen

Frage:	Wer bist du?
Antwort:	Ich bin ein Kind des Vaterlandes.
Frage:	Was ist dein Kapital?
Antwort:	Die Freiheit und die Gleichheit.
Frage:	Was ist dein Beitrag für die Gesellschaft?
Antwort:	Ein Herz, um mein Land zu lieben, und Arme, um es zu verteidigen.
Frage:	Welches sind die Vorbilder deiner Jugend?
Antwort:	Das Beispiel tugendhafter Citoyens.
Frage:	Woran erkennst du sie?
Antwort:	An der Reinheit ihrer Sitten, an dem Glanz ihrer schönen Taten und an der Wertschätzung, die die gutgesinnten Leute ihnen entgegenbringen.
Frage:	Was sind die Titel, nach deren Erwerb du strebst?
Antwort:	Die des guten Citoyens und des wahren Republikaners.
Frage:	Was muß man dafür tun?
Antwort:	Den Mut mit der Tugend verbinden.
Frage:	Welches sind die kostbarsten Güter?
Antwort:	Die Vernunft, die Tugend und die Freiheit.
Frage:	Warum nennst du die Vernunft und die Tugend vor der Freiheit?

Antwort:	Ohne Vernunft kann man nicht tugendhaft sein, ohne Tugend verliert man seine Freiheit.
Frage:	Was muß der Citoyen unbedingt lernen?
Antwort:	Seine Rechte und seine Pflichten.
Frage:	Genügt es, sie zu kennen?
Antwort:	Nein, man muß seine Rechte verteidigen und seine Pflichten erfüllen.
Frage:	Glaubst du, daß es ein höchstes Wesen gibt?
Antwort:	Alles kündet von ihm, alles beweist es, ich glaube es.

1. Kapitel

Von der Vernunft

Frage:	Die Vernunft, was ist das?
Antwort:	Ein Geschenk des Himmels.
Frage:	Welche Vorteile bringt sie uns?
Antwort:	Nur durch sie hat der Mensch Tugenden und Würde, sie erhebt ihn über das Tier, bringt Ordnung in seine Ideen und läßt ihn das Gute vom Schlechten unterscheiden.
Frage:	Kann die Vernunft unser Verhalten leiten?
Antwort:	Ja, wenn man sie bildet, wird sie eine zuverlässige Richtschnur, die niemals den vom rechten Weg abbringt, der sie in Treu und Glauben befragt.
Frage:	Warum soll man die Vernunft bilden?
Antwort:	Nur wenn man sie bildet, kann sie sich entwickeln, wachsen, uns unsere wahren Vorteile begreifen und uns mit festem Schritt auf dem Pfad der Tugend gehen lassen.
Frage:	Ist sie bis jetzt nicht vernachlässigt worden?

Antwort: Sehr, und diese Vernachlässigung ist die Quelle für das größte Unheil gewesen.

Frage: Wer hat denn verhindert, daß man sie entwickeln konnte?

Antwort: Die Priester; ihnen war daran gelegen, das Reich zu erhalten, das sie auf die Unwissenheit der ersten Jahrhunderte gegründet hatten.

Frage: Die Priester haben also die Vernunft gehaßt?

Antwort: Sie fürchteten sie zu sehr, um sie nicht zu hassen, daher erklärten sie sich zu ihren unversöhnlichen Feinden.

Frage: Welche Beweise hat man für ihren Haß auf die Vernunft?

Antwort: Die zahlreichen Anstrengungen, die sie machten, um sie zu zerstören.

Frage: Welche Mittel setzten sie ein, um sich gegen sie durchzusetzen?

Antwort: Sie haben sie von Kindheit an zunichte gemacht, indem sie unseren Geist mit Gespenstern und wunderlichen Verstiegenheiten anfüllten; und wenn einige Funken dieser kostbaren Vernunft ihrer verbrecherischen Geschicklichkeit entgingen, befahlen sie uns gebieterisch, diese zu opfern.

Frage: Was? Und man hat ihnen gehorcht?

Antwort: Sie haben uns dazu gezwungen.

Frage: Wie?

Antwort: Indem sie uns einschüchterten.

Frage: Und auf welche Weise?

Antwort: Indem sie uns mit donnernder Stimme die unersättlichen Flammen schilderten, die bereit seien, uns zu verschlingen, wenn wir uns anmaßten, die Lügen und die frommen Verrücktheiten, mit denen sie unsere Leichtgläubigkeit befrachteten, zu überprüfen.

Frage: Was ist aus der Herrschaft der Priester geworden?

Antwort: Sie ist vernichtet.

Frage: Und wer hat sie vernichtet?

Antwort: Es war die Vernunft selbst, die sie mit so viel Wut hartnäckig zu zerstören suchten.

2. Kapitel

Von der Tugend

Frage: Die Tugend, was ist das?

Antwort: Das ist die Quelle des wirklichen Glücks.

Frage: Worin besteht sie?

Antwort: Darin, alle Menschen wie Brüder zu betrachten und zu behandeln, alles für sie zu tun, von dem man möchte, daß es für uns getan wird, immer gerecht und aufrichtig zu sein, sein Vaterland zu lieben, seine Eltern zu ehren, das Alter zu achten und den Gesetzen zu gehorchen.

Frage: Ist das alles?

Antwort: Nein, das sind nur die allgemeinen Tugenden, unverzichtbar für jeden Citoyen, aber es gibt noch besondere für die verschiedenen Lebenslagen.

Frage: Ist es schwierig, die Tugenden auszuüben?

Antwort: Im Gegenteil, es ist sehr angenehm und die Belohnung ist einem stets gewiß.

Frage: Welcher Art ist diese Belohnung?

Antwort: Die Wertschätzung durch seine Brüder und das Zeugnis eines guten Gewissens.

Frage: Gibt es ein sicheres Mittel, um das Böse zu vermeiden?

Antwort: Ja.

Frage: Welches?

Antwort: Hat man eine geheime Tat vor, muß man sich fragen, ob in dem Fall, wo sie bekannt würde, sie die Zustimmung der guten und anständigen Leute fände.

Frage: Und wenn man spürt, daß sie von ihnen abgelehnt würde?

Antwort: Dann ist sie schlecht, man muß sie sorgfältig vermeiden.

Frage: Lindert die Tugend das Unglück in der Welt?

Antwort: Sie gibt einem die Kraft, es zu ertragen und wird so der größte Trost.

Frage: Kann man ohne Tugenden glücklich sein?

Antwort: Niemals! Die Tugend ist der größte und kostbarste Schatz. Unglücklich der, der taub ist für den bewegenden Klang ihrer Stimme.

3. Kapitel

Vom Vaterland

Frage: Das Vaterland, was ist das?

Antwort: Das Land, in dem man geboren ist.

Frage: Ich habe gehört, du bist in Paris geboren, also ist Paris dein Vaterland?

Antwort: Nein, Paris ist mein Geburtsort, aber mein Vaterland ist die gesamte Republik.

Frage: Wie das?

Antwort: Alle, die unter denselben Gesetzen leben, bilden nur eine Gesellschaft, die gesamte Fläche des Landes, das sie bewohnen, bildet ihr Vaterland.

Frage: Welches sind die Vorteile eines zahlreichen Zusammenschlusses?

Antwort: Den Feinden zu widerstehen, sie mit vereinten Kräften zu schlagen.

Frage: Ist man verpflichtet, einem von seinem Wohnort entfernten Departement beizustehen?

Antwort:	Wir müssen für es das tun, was wir für uns selbst tun würden; der Gesellschaftsvertrag, unser Interesse schreiben uns dieses Gesetz vor.
Frage:	Warum unser Interesse?
Antwort:	Wenn wir die nicht schützen, die angegriffen werden, würde man in ihr Gebiet eindringen.
Frage:	Welchen Schaden fügt uns das zu?
Antwort:	Wenn wir unsere Kräfte vermindern, erhöhen wir die unserer Feinde und würde so unsererseits unterjocht.
Frage:	Also müssen sich alle Franzosen, wenn es nötig ist, helfen?
Antwort:	Ja, auf jede Weise und mit all ihren Kräften, die guten Citoyens sind alle Brüder.
Frage:	Wie muß man sein Vaterland lieben?
Antwort:	Zunächst einmal: es ist unsere erste Mutter, wir verdanken ihm alles und wir schulden ihm alles.
Frage:	Welche Beweise unserer Liebe sind wir ihm schuldig?
Antwort:	Alle, die in unseren Kräften stehen, unser Schicksal und unser Leben gehören ihm.
Frage:	Wer es nicht liebt, ist folglich recht schuldig?
Antwort:	Derjenige, der sein Vaterland nicht liebt, wäre besser nie geboren.

4. Kapitel

Über die Freiheit

Frage:	Die Freiheit, was ist das?
Antwort:	Das ist das kostbarste Geschenk der Natur.
Frage:	War es immer in unserem Besitz?
Antwort:	Nein, die Priester und Könige haben es uns geraubt.

Frage:	Ein Priester, was ist das?
Antwort:	Ein Betrüger, der alles seinem persönlichen Interesse opfert.
Frage:	Und ein König?
Antwort:	Ein Tyrann, der sich von dem Blut und dem Schweiß des Volkes nährt.
Frage:	Wie konnte man ihr widerwärtiges Joch abschütteln?
Antwort:	Die auf die Spitze getriebenen Verbrechen haben die Herzen in Aufruhr versetzt; die Philosophie hat die Augen geöffnet, der Mut der Citoyens hat den Rest besorgt.
Frage:	Also sind wir frei?
Antwort:	Ja, wir haben uns die Freiheit erobert.
Frage:	Kann der freie Mensch alles tun, was er will?
Antwort:	Ja, sofern das was er will in Einklang mit den Gesetzen steht und weder jemanden kränken noch jemandem schaden kann.
Frage:	Also haben wir nicht das Recht, jemandem, wer es auch immer sei, Böses zuzufügen?
Antwort:	Ach, wenn wir dieses abscheuliche Recht hätten, hätten wir lediglich daran gearbeitet, die Ungeheuer, die uns zugrunde gerichtet haben, auszutauschen.
Frage:	Aber werden wir sie, diese so teure Freiheit, zu erhalten wissen?
Antwort:	Man kann sie uns nur mit dem Leben entreißen, die Republik endet erst mit dem letzten wahren Franzosen.

5. Kapitel

Von der Gleichheit

Frage:	Die Gleichheit, was ist das?
Antwort:	Das ist ein gerechtes, ewiges Gesetz, das seinen Ursprung in der Natur hat.

Frage:	Sind alle Menschen vollkommen gleich?
Antwort:	Alle haben die gleichen Rechte und sind vollkommen gleich vor dem Gesetz.
Frage:	Aber gibt es keine moralischen Unterschiede?
Antwort:	Zweifellos, der Böse kann nicht gleich dem Guten sein; alle Ideen wären auf den Kopf gestellt, wenn man glaubte, daß das Laster Hand in Hand mit der Tugend schreiten könnte, ebensowenig wie die Dummheit mit dem Genie. Die Wasser sind klar, wenn sie aus ihrer Quelle entspringen, aber durch die unterschiedlichen Schlammassen, mit denen sie in Berührung kommen, wenn sie sich über die Ebene ergießen, werden sie heilsam oder schädlich.
Frage:	Ist das ein treffender Vergleich?
Antwort:	Mit dem einen Unterschied, daß das Wasser nur durch den Zufall geleitet wird, während der Mensch von seiner Vernunft geführt wird, dadurch ist er imstande, sich für den guten oder den schlechten Weg zu entscheiden; und iese Wahl kann er frei treffen, nur sie allein kann den Grad der Wertschätzung oder Geringschätzung bestimmen, die man ihm entgegenbringt.
Frage:	Sind Verdienst und Tugend nicht immer empfehlenswert gewesen?
Antwort:	Nein, weil Urkunden, Gold und Verbrechen die einzigen Titel derer waren, die sich widerrechtlich unsere Achtung angeeignet haben.
Frage:	Welches sind heute die Citoyens, die das Recht haben, darauf Anspruch zu erheben?
Antwort:	Das sind all die, die uns durch ihre Taten, ihren Mut, ihre Kenntnisse und die Reinheit ihrer Sitten den Weg des Glücks geebnet haben, indem sie uns das Beispiel der Tugend gegeben haben.
Frage:	Wer befiehlt uns, sie zu respektieren?
Antwort:	Das Gefühl.
Frage:	Möchtest du sie nachahmen?
Antwort:	Ich bemühe mich darum.

Frage:	Bist du ehrgeizig?
Antwort:	Nein, der Ehrgeiz führt zum Verbrechen.
Frage:	Was ist dann das Gefühl, das du verspürst?
Antwort:	Ein lebendiger Wetteifer; und jeder Republikaner muß davon begeistert sein, da man sich nur mit Ruhm bedecken kann, indem man seinem Vaterland dient.
Frage:	Reichen an der Spitze der Staatsgeschäfte und der Armee mittelmäßige Kenntnisse aus?
Antwort:	Nein, dort sind fundierte Kenntnisse nötig.
Frage:	Was muß derjenige machen, dessen Intelligenz zu beschränkt ist, um sie zu erwerben?
Antwort:	Er muß sich nützlich machen, indem er seine Arme gebraucht, es gibt keinen Menschen, der nicht für irgendetwas geeignet ist, und jeder soll sich seinen Fähigkeiten entsprechend einsetzen.
Frage:	Aber gibt es keine niedrigen Stände?
Antwort:	Nein, alles was zum Wohl der Gesellschaft beiträgt, kann nicht niedrig sein.
Frage:	Gibt es nicht wenigstens Stellungen, die demjenigen, der sie einnimmt, Ehre machen?
Antwort:	Der Mensch allein kann seine Stellung ehren oder entehren; die Art, wie er sie ausfüllt, macht seinen Ruhm oder seine Schande aus. Das Verdienst ist nicht mehr übertragbar, es muß persönlich erworben sein.
Frage:	Dann können also alle Citoyens sich empfehlenswert machen?
Antwort:	Zweifellos, da es ja keinen Stand in der Republik gibt, der nicht durch die Rechtschaffenheit, durch die Aufrichtigkeit und die Tugenden dessen, der sie ausübt, geehrt werden könnte.
Frage:	Was hälst du von den lasterhaften Menschen?
Antwort:	Der lasterhafte Mensch ist eine Schande der Natur, die Plage der Gesellschaft und der Schreck des guten Citoyen.
Frage:	Wie soll man mit ihm umgehen?
Antwort:	Ihn meiden, ihn verachten, so lange bis das Gesetz ihn bestraft.

6. Kapitel

Über die Gesetze

Frage:	Was sind die Gesetze?
Antwort:	Das Ergebnis des allgemeinen Willens.
Frage:	Wozu dienen die Gesetze?
Antwort:	Dazu, die Ordnung aufrechtzuerhalten, das Eigentum zu garantieren, die Guten zu schützen und die Bösen zu bestrafen.
Frage:	Könnten wir ohne Gesetze leben?
Antwort:	Nein, ohne Gesetze würde sich die Gesellschaft auflösen, sie sind der Schutz der Citoyen.
Frage:	Muß man den Gesetzen stets folgen?
Antwort:	Nichts kann einen davon entbinden.
Frage:	Aber wenn es Gesetze gäbe, die unseren Interessen widersprächen?
Antwort:	Die Gesetze sind für das allgemeine Interesse gemacht und jedes partikulare Interesse muß ihm untergeordnet sein.
Frage:	Aber wenn das Opfer zu groß schiene?
Antwort:	Ein Opfer kann nie zu groß sein für einen anständigen Menschen, wenn es darum geht, seine Pflicht zu erfüllen.
Frage:	Kann man nicht wenigstens den Gesetzen ausweichen?
Antwort:	Man kann es nicht, ohne die Aufrichtigkeit und Ehrlichkeit aufzugeben; derjenige, der sich nicht nach den Gesetzen richtet oder sie umgeht, ist ein schlechter Citoyen, der ihre ganze Strenge zu spüren bekommen muß.
Frage:	Welche Strafe verdient derjenige, der sein Eigeninteresse dem Gesetz vorzieht?
Antwort:	Den Tod.

7. Kapitel

Vom Mut

Frage: Was ist Mut?

Antwort: Ein edelmütiges Gefühl, das unsere Kräfte vermehrt, uns Gefahren überwinden und dem Tod trotzen läßt.

Frage: Wer gibt dieses Gefühl ein?

Antwort: Die heilige Liebe zum Vaterland und das natürliche Gesetz, alles zu verteidigen, was uns teuer ist.

Frage: Bei welchen Gelegenheiten müssen wir von unserem Mut Gebrauch machen?

Antwort: Wenn wir angegriffen oder unterdrückt werden.

Frage: Gibt es nur eine Art von Mut?

Antwort: Nein, es gibt zwei Arten; erstens den Mut des Kriegers, das ist der, der zum Sieg führt.

Frage: Und der andere?

Antwort: Der andere ist, wenn auch weniger glanzvoll, so doch nicht weniger notwendig: er ist auch eine republikanische Tugend.

Frage: Welcher ist es nun?

Antwort: Es ist der, welcher uns das Unglück ertragen und uns ohne Murren die größten Entbehrungen aushalten läßt.

Frage: Können alle Völker den Mut des Kriegers haben?

Antwort: Nein, der freie Mensch allein hat den wahren Mut, der Sklave hat nur die Wildheit.

Frage: Wie kommt es zu diesem Unterschied?

Antwort: Der freie Mensch, der wahre Republikaner kämpft nur, um die unantastbaren Rechte, die er von der Natur erhalten hat, zu verteidigen, das tut er mit jenem heiligen Eifer, den ihm die Überzeugung von der Richtigkeit seiner Sache gibt.

Frage: Und der Sklave?

Antwort:	Blindes Werkzeug der Launen eines Herren, bewaffnet er sich nur, um dessen Hochmut, Despotismus und Tyrannei zu stützen, Sieger oder Besiegter, sein Schicksal ist immer das gleiche.
Frage:	Was! Verbleibt ihm denn nichts von dem Sieg?
Antwort:	Nein, nachdem der Sieg die Rasereien des Tyrannen, der den Sklaven angetrieben hat, befriedigt hat, ist der alleinige Vorteil, den er dabei erlangt hat, daß er seine Ketten fester gezogen und weiter erhalten hat.
Frage:	Seine Lage ist also wirklich schrecklich?
Antwort:	Sie ist schrecklich, und es ist die, die uns vorbehalten wäre, wenn wir den Anstrengungen der Ungeheuer, die uns versklaven wollen, unterlägen.
Frage:	Erscheint dir diese Vorstellung nicht empörend?
Antwort:	So empörend, daß die Republik, wenn sie davon ganz durchdrungen ist, so viele Helden zählen wird, wie sie Citoyens beherbergt.

8. Kapitel

Von der Arbeit

Frage:	Arbeit, was ist das?
Antwort:	Das ist eine notwendige Aneignung für das Allgemeinwohl und das partikulare Interesse.
Frage:	Welches sind die persönlichen Vorteile, die die Arbeit verschafft?
Antwort:	Der Wohlstand, die Zufriedenheit, die Gesundheit des Körpers und die Heiterkeit des Geistes.
Frage:	Welches sind davon gegenwärtig die allgemeinen Vorteile?
Antwort:	Die Arbeit erhält den Überfluß in der Republik, sie bewirkt dadurch Reichtum, Kraft und Glück.

Frage:	Müssen alle Citoyen arbeiten?
Antwort:	Ja, sei es die geistige oder körperliche Arbeit, alle müssen arbeitsam sein und sich nützlich machen, nur das hohe Alter und die Gebrechlichkeit sind ausgenommen.
Frage:	Muß man seine ganze Zeit auf die Arbeit verwenden?
Antwort:	Zweifellos; der Verlust der Zeit läßt sich nicht ausgleichen, der vergangene Augenblick kehrt niemals zurück.
Frage:	Gibt es nicht Tage, die dem Nichtstun vorbehalten sind?
Antwort:	Die Republik hat Tage zum Ausruhen vorgesehen, aber Ausruhen bedeutet nicht Untätigkeit.
Frage:	Wozu sollen diese Tage dann genutzt werden?
Antwort:	Dazu, die Tugenden zu feiern, über sie nachzudenken, sich von den kostbaren Vorteilen zu überzeugen, die sie denjenigen verschaffen, die sie ausüben, und sich auf diese Weise gegen die Gefährdungen des Lasters stärken.
Frage:	Demnach ist die Trägheit wirklich verdammenswert?
Antwort:	Sie ist ein so gefährliches Laster, daß einer der großen Gesetzgeber der Antike, Lykurg, durch ein Gesetz anordnete, sie mit dem Tode zu bestrafen.
Frage:	Wie denkst du über dieses Gesetz?
Antwort:	Es war streng, aber gerecht; der Faule ist eine Plage, er verschlingt die Substanz der Gesellschaft und läßt sie oft unter den verbrecherischen Mitteln, die er verwendet, um seine verachtenswerte Existenz aufrechtzuerhalten, erzittern.

9. Kapitel

Über die Mäßigung

> Derjenige, der sich auf seine physischen Bedürfnisse zu beschränken weiß, wird niemals abhängig sein.
> *J.J. Rousseau*

Frage: Mäßigung, was ist das?

Antwort: Das ist eine heilsame und wahrhaft republikanische Tugend.

Frage: Worin besteht sie?

Antwort: Darin, sich mit wenig zufrieden zu geben, sich mit einfacher Ernährung zu bescheiden und niemals im Übermaß davon zu nehmen.

Frage: Muß man nicht darauf bedacht sein, seinem Geschmack zu schmeicheln?

Antwort: Seinem Geschmack zu schmeicheln ist das Vergnügen der Sklaven, ein Republikaner verachtet das.

Frage: Also darf man seinen Appetit nicht anreizen?

Antwort: Seinen Appetit anreizen, das heißt mehr Nahrung zu sich zu nehmen als die Bedürfnisse der Natur erfordern, und das ist ein Verderbnis.

Frage: Welche Vorteile resultieren aus dem maßvollen Leben?

Antwort: Indem man sich Reserven für die Zukunft schafft, leidet man im Alter keine Not; man erhält seine Gesundheit, man ist niemandem etwas schuldig, man lebt ohne Beunruhigung.

Frage: Muß man in bezug auf das Trinken die gleiche Zurückhaltung wahren?

Antwort: Noch größere.

Frage: Warum noch größere?

Antwort: Um die Gefahr zu vermeiden, in den Rausch zu fallen.

Frage: Ist der Rausch ein Laster?

Antwort:	Ja, ein ebenso empörendes wie beschämendes Laster.
Frage:	Und wieso?
Antwort:	Die Natur hat uns die Getränke gegeben, um unseren Durst zu löschen, selbst die Tiere machen davon nur Gebrauch, um ihren Durst zu stillen; derjenige, der ohne Bedürfnis trinkt, stellt sich unter diese; er macht noch mehr.
Frage:	Was denn?
Antwort:	Er sagt sich los von der Qualität des Menschseins, indem er die Vernunft zerstört.
Frage:	Ist derjenige, der betrunken ist, kein Mensch mehr?
Antwort:	Nein, er ist nur noch ein Rohling, oft aufgebracht, immer unfähig, einen vernünftigen Gedanken zu fassen, es gibt keine Ausschreitungen, kein Verbrechen, deren er nicht schuldig werden könnte.
Frage:	Gibt es nicht Menschen, bei denen die Trunkenheit niemals gefährlich ist?
Antwort:	Sie sind nicht weniger ihrer Vernunft beraubt, und derjenige, der seine Vernunft dem schändlichen Vergnügen opfert, ohne Bedürfnis zu trinken, verdient es nicht, dieses schöne Geschenk des Himmels zu empfangen.

10. Kapitel

Von Gott

Frage: Gott, wer ist das?

Antwort: Gott ist ein Wesen so weit über jeder menschlichen Existenz, daß allein Betrügerei, Hochmut und Geistesschwachheit sich vermessen konnten, ihn zu definieren.

Frage: Was veranlaßt dich denn, an seine Existenz zu glauben?

Antwort: Ich hebe 'die Augen: ich sehe die herrlichen Wunder, die den unermeßlichen Raum ausfüllen, und ich sage mir: SIE HABEN SICH NICHT SELBST GESCHAFFEN ... Oh, wie groß ist ihr Schöpfer.

Frage: Zeigt sich die Idee des höchsten Wesens nicht auch in weniger entfernten Dinge?

Antwort: Ja, die schöne Ordnung der Natur, die Wiederkehr der Jahreszeiten, die unendliche Zahl und Vielfalt der Geschöpfe, die uns umgeben, ihr besonderer Instinkt, die reichen und steten Hervorbringungen der Erde; alles sagt mir, daß allein ein Gott, unendlich groß, unendlich mächtig, all diese Wunder vollbracht und erhalten haben kann.

Frage: Hatte man Gott nicht Tempel erbaut und Altäre errichtet?

Antwort: Nein, sondern das Interesse der Priester hatte sich seines Namens bedient, um uns dem Irrtum und dem Aberglauben zu unterwerfen.

Frage: Heute schulden wir ihm keine Tempel und Altäre?

Antwort: Das Universum ist der wahre Tempel dieses Wesens aller Wesen, die reinen Herzen sind seine Altäre, und unsere guten Taten sind der einzige Weihrauch, der ihm angenehm sein könnte.

Frage: Wozu dienten dann diese vielen Praktiken und Zeremonien, die man religiös nannte?

Antwort: Dazu, die Priester zu bereichern, um ihren Bischöfen Schätze, Paläste und Karossen zu verschaffen.

Frage: Wie konnte die Regentschaft dieser gefährlichen Scharlatane so lange dauern?

Antwort: Sie unterstützten den Despotismus, der Despotismus unterstützte seinerseits sie; und vereinigt vernichteten diese beiden Mächte die Wahrheit; die großen Männer, die mutig genug waren, um dies aufzuzeigen, wurden verfolgt, oft den Scharfrichtern ausgeliefert, und immer wieder wurden ihre Schriften verbrannt.

Frage: Demnach ist das Wesen Gottes absolut unbekannt?

Antwort: Hören wir, was ein großer Mann dazu gesagt hat, und halten wir uns daran, wenn wir nicht mehr getäuscht werden wollen:

> *Weit davon entfernt, irgendetwas über dieses Wesen befinden zu können laßt uns tiefes Schweigen bei seiner Anbetung bewahren.*
> *Seine Natur ist unermeßlich, und der Geist davon verwirrt; um zu wissen, wer er ist, muß man er selber sein.*

(BN)

42.

Dialoge: Die gute Mutter und ihre Kinder

Citoyenne Cavaillon

Erster Dialog

Die gute Mutter und ihre Kinder.

Die Kinder laufen auf sie zu: Guten Tag, Mama, umarme uns und gib uns Frühstück, wir sterben vor Hunger!

Die gute Mutter: Also seid ihr schon eine Weile auf, meine kleinen Freunde!

Die Kinder: Nein, ich versichere dir, daß wir gerade erst aus dem Bett gestiegen sind.

Die gute Mutter: Zweifellos überkam euch der Appetit beim Anziehen?

Victorine: Das finde ich nicht weiter verwunderlich, Mama, ich hatte viel Mühe beim Strümpfe anziehen, aber wenn ich groß bin, werde ich sie so locker stricken, daß ich ohne Anstrengung hineinschlüpfen kann.

Die gute Mutter: Gut so, meine Tochter, ich hoffe, daß du im nächsten Sommer so weit sein wirst. Aber Kinder, sagt mir, habt ihr, die ihr so schnell nach Brot verlangt, schon zu Gott gebetet?

Sincère mit verwirrtem Ausdruck: Nein, Mama, aber wir haben doch immer zu ihm gebetet.

Die gute Mutter: Meine Kinder, das erste, was ihr gleich nach dem Erwachen tun müßt, ist, zu dem zu beten, der euch ernährt!

Sincère: Aber Mama, du bist es doch, die uns ernährt?

Die gute Mutter: Ich teile die Nahrung an euch aus, aber Gott sorgt dafür, daß sie vorhanden ist.

Sincère: Aber, meine kleine Mama, entschuldige, das ist die Erde, die sie wachsen läßt. Du erinnerst dich sicher gut an den Tag als du mit uns auf dem Land warst, als wir all die Citoyens vom Land gesehen haben, die Samen in die Erde warfen und als ich mich dem dicken Wilhelm näherte und ihn fragte, ob er das Getreide für die Vögel in die Erde werfe. Er antwortete mir, daß die Vögel einen Teil davon äßen, aber daß der Hauptteil in der Erde bliebe, um deine und unsere Nahrung zu erzeugen; ich fragte ihn, wie es denn möglich sei, daß das Korn, das er auswerfe, uns eines Tages ernähren könne; 'mein Kind', sagte er, 'aus dem kleinsten Korn, das ich der Erde gebe, wachsen mehr als Hundert, und wenn es reif ist, mache ich daraus Garben, die ich mit dem Dreschflegel, den du hinter der Tür siehst, schlage, dann lege ich alles Getreide auf einen Haufen und teile es auf; die Hälfte bekommt dein Papa, und ich nehme meinen Anteil.' 'Aber Wilhelm', sage ich zu ihm, 'ich habe nie gesehen, daß man bei meinem Papa von diesem Korn gegessen hat.' 'Nein, davon nicht', sagt Wilhelm, 'aber von dem, was daraus wird; es gilt viele Vorbereitungen zu treffen, von denen nicht nur du keine Ahnung hast. Zunächst wird das gut gereinigte Getreide in einer Windmühle zerkleinert, das heißt zu Mehl gemahlen, aber das ist noch grob, man muß es sieben, um die Hüllen zu entfernen. Es gibt grobes Korn, das einstmals für das Brot der Armen, wie ich, gedacht war, und ganz feinkörniges Mehl für das Brot der Reichen. Aber dank unserer neuen Verfassung besteht dieser kränkende Unterschied nicht mehr; oh, wie gut schmeckt das Brot der Gleichheit, Gott möge es uns erhalten und die guten Gesetzgeber, die es erfunden haben.' Wie du siehst, Mama, geht aus den Ausführungen von Wilhelm klar hervor, daß er und die anderen Arbeiter uns ernähren und nicht der liebe Gott wie du meinst.

Die gute Mutter: Du hast Recht, mein Sohn, nach Gott sind es die Bauern, denen wir am meisten Dank schulden, aber das Werk der Menschen ist nichts, wenn Gott es nicht Früchte tragen läßt. Mein Sohn, diesem Vater aller Geschöpfe ist es zu verdanken, daß die Erde erwärmt wird, um das Getreide reifen zu lassen; er erhält das Getreide während der strengen Wintermonate; er ist es, der im Frühling den milden Tau schickt, um die Erde zu befeuchten und es wachsen zu lassen, und der zu Beginn des Sommers die nötige Hitze gibt, damit alles reifen kann. Ohne seine Hilfe wären alle menschlichen Anstrengungen vergeblich.

Sincère: Mutter, du tust Recht daran, uns zu sagen, daß man zu Gott beten muß, um ihm für all die Wohltaten zu danken. Niemals, niemals werde ich es daran fehlen lassen.

Alle Kinder zugleich: Wir auch nicht, Mama, das versichern wir.

Die gute Mutter, während sie die Kinder umarmt: Recht so, meine kleinen Freunde, man muß zu ihm beten und ihn lieben.

Sincère: Aber Mama, wie kann man etwas lieben, was man nicht kennt? Dich lieben wir, weil du zärtlich zu uns bist, weil du uns unterrichtest, weil du uns heilst, wenn wir krank sind; aber Gott, den haben wir nie gesehen, wie können wir ihn dann lieben?

Die gute Mutter: Aber mein Sohn, du liebst doch deinen Großvater sehr?

Sincère: Oh ja, Mama, von ganzem Herzen.

Die gute Mutter: Du hast ihn indes nie gesehen, weil er hundert Meilen von hier entfernt lebt?

Sincère: Das stimmt. Aber warum sollte ich ihn nicht lieben, ihn, der mir eine schöne Uniform geschickt hat, einen Säbel, ein wundervolles Gewehr, und der mir für das nächste Jahr, falls ich den republikanischen Kalender, meine Menschenrechtserklärung und meine Verfassung auswendig kann, ein schönes Schwert mit einer schönen Trikoloreschlinge versprochen hat?

Die gute Mutter: Und Gott, mein Freund, der dir das Leben gegeben hat, der dir einen guten Vater und eine gute Mutter gegeben hat sowie robuste Gesundheit, dem du das unschätzbare Glück verdankst, weise und aufgeklärte Lehrer zu haben? Folgst du deren Prinzipien, bedeutet das Ruhm für deine Eltern und Lebensglück für dich, ein unschätzbares Glück. Oh mein Sohn, preise den Augenblick, in dem du das Glück der Existenz empfinden wirst; du bist noch zu jung, um deine Seele zu jenen Höhen empor zu heben, die dich die ganze Würde deines Daseins spüren lassen. Der Tag wird kommen, an dem du beurteilen kannst, an dem du begreifen wirst, daß deine Vorfahren Jahrhunderte in Ketten gelegen und unter dem beschämenden Joch der Sklaverei gestöhnt haben; daß du in das Zeitalter hineingeboren wurdest, das Gott ausersehen hat, um unsere Tyrannen zu vernichten; daß dein Vater sich aus meinen Armen gerissen und sich deinen Zärtlichkeiten entzogen hat, um mit seinem Leben, so wie er sein Glück verteidigt hat jenes Menschenrecht zu verteidigen, das jahrhundertelang von den barbarischen Händen des Despotismus in Finsternis gehüllt war und schließlich seinen Tyrannen entkommen ist, um sich unter den Schutz der Franzosen zu begeben. Also, mein Sohn, dies waren die Wohltaten, für die du dich jeden Tag deines Lebens beim Höchsten Wesen bedanken mußt. Von ihm allein gehen sie aus, es verdient alle Verehrung.

Sincère, der sich seiner Mutter an den Hals wirft: Oh, meine gute kleine Mama, mit welcher Güte du mich in meinen Pflichten unterweist. Ja, ich werde Tag für Tag zu Gott beten, ihm für alles Gute danken, das er für mich getan hat, aber am meisten werden ich ihm dafür danken, daß er mir eine so gute Mutter gegeben hat.

Ende des ersten Dialogs.

*

Zweiter Dialog

Die gute Mutter und die Kinder.

Die Kinder: Mama, erkläre uns ein wenig was das ist, die Republik, von der wir seit einiger Zeit so viel reden hören.

Die gute Mutter: Die Republik, meine Kinder, ist eine Regierung, die auf der Gleichheit basiert. In ihr verschwinden alle persönlichen Interessen hinter dem gemeinsamen Interesse am Vaterland; sie belebt die Individuen, aus denen sie sich zusammensetzt, zu den heroischsten Taten, sie läßt sie alle Bindungen und alle Gefahren überwinden, die Könige verachten und dem Tod ins Auge sehen; sie erkennt als Lehrmeister nur die heiligen Gesetze der Natur an und die Ewigkeit, aus der sie hervorgehen.

Die Kinder: Welches sind die wichtigsten Tugenden, die man braucht, um ein guter Republikaner zu werden?

Die gute Mutter: Mäßigung, Gerechtigkeit, Kraft und Mut.

Die Kinder: Wie wichtig ist die erste?

Die gute Mutter: Sie dient als heilsame Schranke gegen die maßlosen Leidenschaften wie den Hochmut, den Geiz, die Naschhaftigkeit, die die schrecklichste von allen ist.

Die Kinder: Warum ist die Naschhaftigkeit die schrecklichste von allen?

Die gute Mutter: Weil sie die Menschen am meisten erniedrigt, und weil sie die Quelle für zahlreiche Fehler ist, die die Jugend begeht, weil sie nur zu oft zum Ungehorsam führt, zur Lüge, zum Diebstahl und zum Tod.

Die Kinder: Kannst du uns einige ihrer unheilvollsten Wirkungen schildern?

Die gute Mutter: Unzählige, meine Kinder. Gerade habe ich ein Ereignis vor Augen, wo vier kleine Unglückliche ihren Ungehorsam gegen die Eltern beinahe mit dem Leben bezahlt hätten. Die Citoyenne B..., die in der Stadt zum Essen eingeladen war, vertraute ihre Kinder einer Gouvernante an. Es traf sich, daß am gleichen Tag ihr Schwiegervater, belästigt von den Ratten, einen Kuchen anfertigen ließ, in den er Gift tat, um sie zu vernichten; aus Vorsicht seinen Enkelkindern gegenüber stellte er ihn auf das höchste Regal in seiner Bibliothek und beauftragte die Gouvernante, die Kinder auf keinen Fall in sein Arbeitszimmer zu lassen. Aber dieses Mädchen, wie es gewöhnlich bei diesen bezahlten Aufsichten ist, denen die unvorsichtigen Mütter ihre Kinder anvertrauen, vergaß bald die Anordnungen, die man ihr gegeben hatte; sie ging in das Quartier zum Plaudern und ließ die Kinder im Unklaren über ihr Weggehen. Sie hatte auf einem Kamin den verhängnisvollen Schlüssel des Kabinetts abgelegt, wo ihn der Älteste der Kinder fand. Er sagte zu seiner Schwester: 'Wollen wir uns in Großvaters Kabinett vergnügen?' 'Man hat uns verboten, dort hineinzugehen', antwortete das kleine Mädchen, 'aber wie dem auch sei, Marie ist ausgegangen, wir sind die Gebieter, also gehen wir.' Sie gingen wirklich hinein, kaum eingetreten, kitzelte der verführerische Duft des Kuchens ihren Gaumen. 'Riechst du den Kuchen, Emilie?' 'Ja, sehr gut, ich wünschte, ich wäre eine kleine Maus, um meinen Teil davon zu knabbern.' 'Und ich eine dicke Ratte', sagte der Junge, 'weil ich mehr davon essen werde; aber welch eine Idee, ihn so hoch zu stellen, zweifellos damit wir nicht daran gehen. Doch wenn ich ihn kriegen wollte, wird es mir ohne Mühe gelingen.' 'Und wie machst du das?' fragte eine der kleinen Schwestern. 'Wie ich das machen werde? Ihr wißt doch, daß ich wie eine Katze klettern kann. Zuerst werde ich auf diesen Tisch steigen, ich stelle einen Sessel darauf, dann stelle ich darauf einen Stuhl, ihr anderen, haltet ihr mir dieses Gerüst gut?' 'Oh ja, ja, mit all unseren Kräften, aber wenn du nicht groß genug bist?' 'Ich steige auf eine Etage des Bücherregals und hole ihn.' 'Also gut', sagen alle Kinder, 'der seltenen Gelegenheit wegen und um deine Geschicklichkeit zu zeigen, mußt du es versuchen. Dennoch sollten wir den Kuchen nicht essen, er soll vergiftet sein.' 'Nein, nein', sprachen alle im Chor, und sie machten sich daran, ihren schönen Plan auszuführen.

Ihr Unglück wollte, daß alles glatt ging, und bald befand sich der geschickt heruntergeholte Kuchen auf dem Tisch. 'Er sieht gut aus', sagt der kleine Felix. 'Oh, der beste auf der Welt', antwortet Emilie. 'Was mich betrifft, so glaube ich nicht, daß er schaden kann', sagt die kleine Narcisse. 'Ich auch nicht', sagt Olivier, 'ich glaube, daß man uns ein Schauermärchen erzählt hat, um zu verhindern, daß wir ihn essen. Wenn ihr einer Meinung mit mir seid, schneidet sich jeder von uns ein Stück ab, und wir stellen den Rest mitsamt der Platte dahin wieder zurück, wo wir ihn hergeholt haben, und dann wird man sagen, daß die Ratten ihn gegessen haben.'
Dieser Rat, diktiert durch die Naschsucht, wurde bald in die Tat umgesetzt, sie verschlangen ihre Portion bis auf den letzten Happen. Aber kaum war sie im Magen angelangt, als das Gift seine Wirkung tat; sie fielen alle mit Krämpfen und schrecklichen Schreien zu Boden. Glücklicherweise kam das Dienstmädchen. Einige Kuchenreste und die Stühle, die nicht an ihren Platz zurückgestellt worden waren, wiesen eindeutig auf das hin, was ihnen Schaden zugefügt hatte. Das Mädchen stieß Schreckensschreie aus, die Nachbarn liefen zusammen, glücklicherweise war die Frau eines Apothekers dabei, da sie das Gift für den Kuchen beschafft hatte, wußte sie gleich ein Gegenmittel; sie schafft einen mit Öl gefüllten Flakon herbei, läßt die Unglücklichen in großen Zügen davon trinken, gibt ihnen Einläufe mit Milch und schwächt auf diese Weise die tödlichen Spuren des Giftes ab. Die Mutter der Kinder, die man in großer Eile gesucht hatte, kommt in dem Augenblick an, als ihre Kinder mit dem Tod kämpfen, dem ihr Ungehorsam und ihre Naschsucht sie nahegebracht hatten. Diese unglückliche Frau wird ohnmächtig, kommt wieder zu sich, stürzt sich auf ihre Kinder, benetzt sie mit ihren Tränen und verspricht, jedoch zu spät, wie der Rabe bei Lafontaine, sie nie wieder zu verlassen.
Indessen gelang es der Mutter, die noch lebt und die ich zu sehr bedaure, um ihren heftigen Schmerz durch Vorwürfe noch zu vergrößern, vier ihrer Kinder zu retten; aber eines ihrer Kleinen, von großem Liebreiz, doch schwächlichem Naturell, starb, nachdem es einige Zeit dahingesiecht war, in beklagenswertem Zustand, Opfer des Ungehorsams gegen seine Eltern und Opfer seiner Naschsucht.

Sincère: Du hattest wohl recht, Mama, uns zu erzählen, daß diese gräßliche Leidenschaft eine schreckliche Sache ist. Ich versichere dir, daß ich mich niemals von ihr hinreißen lassen werde.

Die gute Mutter: Gut so, mein Sohn, und wenn du dich würdig der Republik erweisen willst, mußt du dich rechtzeitig daran gewöhnen, deinen Vorgesetzten gegenüber gehorsam zu sein und dich vor der Naschsucht in Acht nehmen, diese widerliche Leidenschaft, die so viele Fehler und so viel Grausamkeit über die Menschen gebracht hat.

Sincère: Mama, könntest du uns ein Beispiel nennen für Grausamkeit ausgelöst durch die Naschsucht?

Die gute Mutter: Millionen könnte ich dir aufzählen, mein Freund, aber ich werde mich auf das eines Tyrannen beschränken, der fand, daß ihn eine Melone aus seinen Gärten reizen wür--de; nachdem er vergebens danach verlangt hatte, ließ er vierzehn seiner Pagen den Bauch aufschlitzen und hielt nicht ein in seiner Raserei, bis er die Melone im Magen des letzten fand.

Sincère: Und wie war es möglich, daß dieser Tiger so barbarische Menschen um sich hatte, die bereit waren, so schreckliche Anordnungen auszuführen?

Die gute Mutter: Ach! Die Tyrannen finden nur genug von diesen niedrigen entmenschlichten Seelen, die stumm aus Angst vor der Strafe oder in der Hoffnung auf Belohnungen, jene beiden Triebfedern, die Ehre und die Menschlichkeit opfern und sich zu den schändlichen Komplizen des unmenschlichen Herren machen, der ihnen befiehlt. Um heute diese niederträchtigen Seelen zu finden, brauchen wir nur die Annalen der Geschichte aufzuschlagen. Pitt, Coburg, Brunswik, sind sie nicht die gemeinsamen Werkzeuge von Ungeheuern, die ihnen befehlen, und sind sie nicht vor der ganzen Menschheit und vor der oft beleidigten Natur verantwortlich für all das menschliche Blut, mit dem sie die Erde gerötet haben?

Sincère: Gott bewahre die Tyrannen davor, Männer um sich zu haben, die so wie ich denken, sie würden bald aufhören, das menschliche Geschlecht zu vernichten.

Die gute Mutter: Wie würdest du sie daran hindern?

Sincère: Indem ich demjenigen, der mir einen solchen Auftrag erteilte, das Eisen in die Brust stieße.

Die gute Mutter: Aber du würdest selbst Opfer dieser Kühnheit werden: Wenn du das Ungeheuer verfehlst, wird es dich töten lassen, wenn du es tötest, werden seine Minister dich ihrer Rache opfern.

Sincère: Und wenn schon, kann es einen schöneren Grund geben, sich durch seinen Tod auszuzeichnen, als die Erde von einem Tyrannen zu befreien?

Die gute Mutter: Nein, mein Kind, und ich bin begeistert, diese edelmütigen Züge an dir zu sehen. Fahre fort, sie zu nähren, und wenn das Vaterland eines Tages einen Mutius braucht, um die Tyrannen einzuschüchtern, oder einen Brutus, um sie hinzumorden, wird sie ihre Wahl in meiner bescheidenen Behausung, wird sie sie in dir treffen.

Ende des zweiten Dialogs

*

Dritter Dialog

Die gute Mutter und ihre Kinder.

Sincère: Ich erinnere mich, Mama, daß du uns gesagt hast, daß die Naschsucht oft zur Lüge führt, zum Ungehorsam gegen die Eltern, zum Diebstahl und zum Tod. Du hast uns zwei von diesen Beispielen genannt, das des Pagen, der gelogen hat und der es vorzog, daß 13 seiner Kameradenn der Bauch aufgeschlitzt wurde, anstatt sein Vergehen zuzugeben; und das des kleinen Mädchens, das an den Folgen des Giftes starb. Ich bitte dich, uns ein Beispiel für den Diebstahl zu nennen.

Die gute Mutter: Das will ich gerne tun, meine Kinder, und ihr werdet zweifellos recht erstaunt sein, wenn ich euch sage, daß ich selbst Opfer dieser schrecklichen Leidenschaft war, und daß ich selbst die traurige Heldin meiner Geschichte sein werde.
Ich hatte eine Mutter, die mich nicht liebte und mich deshalb immer aus ihrer Nähe vertrieb. Meine ersten Lebensjahre spielten sich in einer Dachkammer ab, wo ich zur Gesellschaft nur Mäuse und Puppen um mich hatte; dennoch wollte meine Mutter mich gern zur Schule schicken. Auf dem Weg dorthin gab es einen Schweizer, der Brioches herstellte, Marzipan und Törtchen von schönstem Aussehen und bestem Duft. Oft wenn ich an diesem Geschäft vorbeiging, dachte ich daran, daß ich, wenn ich diese guten Dinge in der Dachkammer hätte, in die man mich abschob, ich mich nicht so sehr langweilen würde. Seitdem malte ich mir aus, meinen Vater, der mich abgöttisch liebte, zu bestehlen. Er hatte das größte Vertrauen in mich, so daß es mir nicht schwerfiel, meinen furchtbaren Plan beim erstenmal, als mein Vater mir den Schlüssel zu seinem Kabinett gab, auszuführen. Sein Vertrauen mißbrauchend, seine Zärtlichkeit verletzend, allein beherrscht

von der Naschhaftigkeit öffnete ich ganz vorsichtig seinen Sekretär und stahl ihm einen Taler von 6 francs, den ich in meiner Bodenkammer versteckte. Dieser verbrecherische Versuch verursachte mir viel Qualen und Gewissensbisse. Während mein Vater zärtlich zu mir war und versuchte, durch seine Güte die Härte meiner Mutter zu mildern, regte sich mein Gewissen, zwanzig mal war ich bereit, mich zu seinen Füßen niederzuwerfen und ihm meinen Fehler zu gestehen. Die Furcht vor meiner Mutter hielt mich immer wieder zurück, und die Leckereien, die ich mir verschaffte, versüßten meinen Kummer, während sie mein Herz korrumpierten und verdarben.

Ich stahl einen zweiten Taler, dann einen dritten, und hatte immer Glück, daß niemand es bemerkte; wenn ich die Tochter eines Mandrain oder eines Cartouche gewesen wäre, hätte ich, glaube ich, gewiß meine Schöpfer übertroffen. Diese Lebensweise währte mehr als ein Jahr, dieser Zeitraum war durch alle Arten von Diebstahl gekennzeichnet. Aber Gott, der mich sah, und der oft erst langsam die Schuldigen bestraft, ließ einen meiner Diebstähle, den ich bei einer meiner besten Freundinnen beging, entdecken.

Mein Vater, der einer der ehrwürdigsten und tugendhaftesten Menschen war, war verzweifelt, als er diese furchtbare Neuigkeit erfuhr. Er schloß mich in einen Wandschrank unter einer Treppe ein, der zur Aufbewahrung von Kohle diente. 15 Tage mußte ich an diesem finsteren Ort bleiben, ernährt von Wasser und Brot, morgens und abends schlug meine Mutter mich mit dem Stock; und all diese grausamen Strafen, die ich wohl verdient hatte, verbesserten mich nicht, nur über das Gefühl sollte ich verwandelt werden.

Einige Zeit nachdem ich aus meiner Gefangenschaft kam, stahl ich einen sehr hübschen Ohrring bei einer meiner guten Freundinnen. Dieses neue Verbrechen wurde entdeckt, mein unglücklicher Vater, der gehofft hatte, daß die Bestrafung mich für immer verbessert hätte, verfiel in einen schwer zu beschreibenden Zustand, als er begriff, daß er sich getäuscht hatte. Er befand sich in seinem Kabinett, als er von meiner neuen Verfehlung unterrichtet wurde. Ich hörte, daß er mich rief. Ach, seit meiner Geburt hatte diese Stimme für mich alles Glück und allen Trost bedeutet, jetzt traf sie mich wie ein Blitzschlag. Ich wünschte, daß sich die Erde öffnen möge, um mich zu verschlingen. Blaß, zitternd, erfüllt von tödlichem Schrecken, erschien ich vor ihm. Auf einem kleinen Tisch sah ich Geißeln und Stricke. Als mein achtbarer Vater mich unglückliches Kind sich nähern sah, fehlten ihm die Worte; er fiel auf die Knie und hob seine Hände zum Himmel: 'Mein Gott, was habe ich getan, daß ich so ein verdorbenes Kind bekommen habe? Mein Gott, sieh meine weißen Haare, sieh meine Tränen, sieh meinen tiefen Schmerz, erhöre mein Gebet, wenn ich nun sehe, daß das Verbrechen in meiner Familie weilt, habe ich zu lange gelebt. Ich flehe dich an, du Beschützer und Freund derer, die dich lieben, laß mich sterben, damit ich nicht mitansehen muß, wie diese Unglückliche das Opfer einer so verbrecherischen Neigung wird.'

Während dieser ergreifenden Szene hatte ich bewegungslos mit gesenkten Lidern vor ihm verharrt. Aber als ich ihn nicht mehr sprechen hörte, wagte ich, die Augen aufzuschlagen. Meine Kinder, welch ein Schauspiel für ein empfindsames Herz - denn diese unglückliche Leidenschaft hatte das meine nicht verdorben - ich sah meinen Vater, barhäuptig, die Arme zum Himmel erhoben, das Gesicht verschwamm in Tränen ... ein bitterer Vorwurf stieg in mir hoch: Du Elende hast den würdigsten aller Menschen in diese Lage gebracht ... Mit meiner ganzen Kraft wurde ich von Scham, Gewissensbissen und kindlicher Liebe ergriffen. Überwältigt von diesen heilsamen Antrieben warf ich mich in die Arme meines Vaters. Ich konnte nur stammeln 'Verzeih mir, verzeih mir, niemals ...' meine Stimme versagte, ich wurde ohnmächtig an seiner Brust.

Als ich wieder zu mir kam, fand ich den zärtlichsten aller Väter vor, er umgab mich mit der zärtlichsten Sorge, sein Gesicht verfärbte sich angesichts der Furcht vor meinem Zusammenbruch (oft hat er mir erzählt, daß ich schreckliche Krämpfe hatte, und daß er mehrfach geglaubt hatte, ich würde sterben). Aber als er sah, daß ich mich wieder erholte, schwand der Ausdruck seines Schmerzes mehr und mehr. Und die Nüchternheit vertrieb die zärtlichen Ausdrücke väterlichen Liebe. 'Oh mein Vater', rief ich aus, indem ich mich heftig an seinen Kragen klammerte und seine Haare mit einer Flut von Tränen benetzte, 'vernichte mich nicht mehr mit dem Gewicht deines Zorns. Hier vor Gott, den du angerufen hast, und der die Reue in meiner zerrissenen Seele sieht, verspreche ich dir, niemals, niemals werde ich dir wieder Kummer bereiten.'

Ich habe meine Wort gehalten, Kinder, und während der Zeit, die er noch gelebt hat, habe ich mich bemüht, ihn durch die liebevollste Pflege im Alter den Kummer, den ich ihm zugefügt hatte, vergessen zu lassen. Er verstarb, besser gesagt er entschlief in meinen Armen, denn, Kinder, der Tod ist nur für Schurken eine Strafe, die sich in einem anderen Leben vor der dem Verbrechen vorbehaltenen Züchtigung fürchten. Für die tugendhaften Menschen ist der Tod ein friedlicher Schlaf. Meine lieben Kinder, verdient euch diesen Tod durch die Reinheit eures Lebens, eure Tugenden werden euer Glück sein und das Glück derer, denen ihr euer Leben verdankt.

(AN, F^{17}11648)

43.

Hinweise für die jungen französischen Republikanerinnen, von einer Lehrerin der Sektion Thermes
(Jahr II/III)

Citoyenne Lambert

Dem Nationalkonvent gewidmet

Die Weisheit gebietet die Arbeit,
Die Hoffnung unterstützt sie,
Die Ausdauer krönt sie.

1.

Arbeite, müßige Jugend, die Arbeit muß der Ernte vorangehen.

2.

Von der Zeit, die ständig dahineilt,
bleibt immer nur das ewige Bedauern ihres unwiderbringlichen Verlustes;
Kinder, um ihrem unvermeidlichen Verlust vorzubeugen, nutzt ihre Wohltaten.

3.

Ihr könnt an der Existenz Gottes nicht zweifeln,
alles spricht, alles unterrichtet uns über seine unsterbliche Macht.

4.

Gott hat die Menschen frei und gleich geschaffen,
die Freiheit ist dem Reichtum des Goldes vorzuziehen,
ihre Süße gleicht dem Honig,
aus dem die junge Biene ihren Schatz errichtet.

5.

Ihr habt die Pflicht, auf das Bedürfnis der anderen Rücksicht zu nehmen
und am allgemeinen Wohl zu arbeiten;
euer persönliches Interesse soll stets auf den öffentlichen Nutzen gerichtet sein.

6.

Wenn du Handel treibst, bereichere dich niemals auf Kosten deiner Mitbürger,
das wäre ein ehrloser Gewinn.

7.

Unrechtes Handeln ist niemals vorteilhaft oder nützlich,
keine Rechtschaffenheit ist von dem zu erwarten, der diesen Grundsatz nicht befolgt.

8.

Liebt eure Eltern und eure Freunde, aber euer Vaterland über alles.
Oh Vaterland, sei du immer der Abgott der edlen Seelen.

9.

Richte alle Handlungen deines Lebens nach diesem unfehlbaren Grundsatz aus:
Immer wenn man gegen die Tugend handelt, handelt man gegen sein Glück.

10.

Wenn man von dir verlangt, das Laster zu verabscheuen und zu fliehen, dann
um dir das einzige Mittel, auf der Erde glücklich zu werden, zu geben.

11.

Denkt daran, eurem Herzen die Liebe zur Ordnung und zur Pflicht einzuprägen, sie sind es, die den ehrenhaften Menschen und den wahren Citoyen ausmachen.

12.

Macht es euch immer zur Gewohnheit, Gutes zu tun; diese Gewohnheit schwächt sich nur sehr selten im späteren Alter ab.

13.

Sobald du deine Pflicht kennst, zögere keinen Augenblick, ihr zu folgen.

14.

Verhaltet euch euren Eltern gegenüber so, wie ihr möchtet, daß eure eigenen Kinder einst sich zu euch verhalten.

15.

Seid betrübt über ihre Fehler, aber nichts berechtigt euch, ihnen das zu verweigern, was die Natur und eure Pflichten euch auferlegen.

16.

Nur mit Achtung sollt ihr den Schoß, der euch getragen, die Mutter, die euch genährt hat, anschauen.

17.

Den Sitten schuldet man einen heiligen Respekt, von dem ihr euch niemals entfernen dürft.

18.

Denke daran, daß man sich nur durch die Tugend auszeichnen kann, daß man nur durch sie Ansehen und Glück erlangen kann.

19.

Die Bewunderung und die Wertschätzung sind das Erbteil der Weisheit, Mißbilligung und Verachtung das der Unwissenheit und Anmaßung.

20.

Der Unterricht ist für ein Kind, was die Blumen für die Biene sind, sie würden rasch aufhören, fruchtbar zu sein, wenn sie nur einige Tage versäumten, an ihrem Nektar zu saugen.

21.

Ein gelehrsames und ruhiges Kind glänzt durch sein gutes Betragen; ein trotziges und ungehorsames Kind zieht den Haß seiner Lehrer und Kameraden auf sich.

22.

Entscheidet niemals gegenüber Personen, die mehr Erfahrung haben als ihr.

23.

Um den Menschen nützlich zu sein, muß man damit beginnen, ihnen gefällig zu sein; unterstützt die Tugend im Unglück, die Wohltätigkeit bringt nur erhebende Taten hervor.

24.

Wenn du studierst und arbeitest, gibt es keinen Sieg, den du nicht über dich selbst erringen kannst.

25.

Die nützlichste und legitimste Neigung hört auf, eine Tugend zu sein, wenn sie zur Leidenschaft wird.

26.

Von allen Eigenschaften der Seele ist die herausragendste die Weisheit, die nützlichste die Klugheit.

27.

Hofft nicht darauf, daß verwerfliche Handlungen dem Vergessen anheimfallen könnten.

28.

Trotz des Aufsehens, mit dem sich das Laster manchmal schmückt, kann es nicht der ewigen Schande entgehen, die ihm folgt.

29.

Bei den geheimsten Taten stelle dir vor, daß du die ganze Welt zum Zeugen hast.

30.

Mit Tugend, Rechtschaffenheit und Schulbildung kann man das Glück in allen Lebenslagen finden.

31.

Das Glück ist nichts anderes als eine Folge von Handlungen, die mit der Tugend übereinstimmen.

32.

Sei immer wahrhaftig, die Wahrheit dient uns selbst unter solchen Umständen, wo sie uns zu schaden scheint.

33.

Achte darauf, daß eine falsche und verleumderische Rede die Tugend nur die Lider senken läßt.

34.

Wenn du willst, daß man dir Wertschätzung entgegenbringt, sei einfach und bescheiden, ein kokettes Mädchen wird stets verachtet.

35.

Denke daran, daß es wichtiger ist, geachtet zu werden, als einen netten Eindruck zu machen; die falsche Ehre, allen schön zu tun, zerstört das wahre Ansehen.

36.

Die Tugend wird um so mehr bewundert je bescheidener sie auftritt.

37.

Die glückliche Gabe zu gefallen schöpft man aus der Natur, die Künstlichkeit ist, statt ein Schmuck zu sein, nur ein falsches Ornament, das der Schönheit Abbruch tut; was einen am anziehendsten macht, ist die Schlichtheit.

38.

Bedenkt, daß die Schönheit nur oberflächliche Komplimente auf sich zieht, und daß allein die Anmut, verbunden mit den Qualitäten des Herzens und des Geistes, das Recht beanspruchen kann, dauerhafte Empfindungen zu erwirken und einzugeben.

39.

Meine Kinder, wenn die Unschuld, die Freundschaft, die zärtlichen Gefühle der Menschlichkeit jeden Augenblick eures Lebenslaufes verschönern, dann habt ihr alle wahren Güter erworben.

ENDE

(AN, F^{17} 1331^{B} doss. 9)

IX.
Die wundersame Geburt einer Tochter der Freiheit

Schüssel zum Gebrauch bei Entbindungen, mit Deckel[7].

7 Aus: Champfleury, Histoire des faiences patriotiques sous la Révolution. Paris 1866.

44.

Freiheit, Gleichheit, Brüderlichkeit

Valenciennes, 3. Nivôse Jahr II der Republik

Die *Représentants du Peuple* bei den Armeen des Nordens, von Sambre und Meuse und den Grenzdepartements.

In Anbetracht der Petition der Citoyenne Magdelaine Bouche, Gattin von Jean-Baptiste Mercier, Freiwilliger im 1. Bataillon des Departement Nord, die mit mehreren Kindern betraut nur mit Mühe der Wildheit der Österreicher bei der Belagerung von Lille entging: Dieselbe hat soeben in Landrey ein Mädchen zur Welt gebracht, das unter der linken Brust die Freiheitsmütze hervortretend und in Farbe aufweist; deren Petition uns vom Wohlfahrtsausschuß weitergeleitet worden ist.

In Anbetracht des Berichtes des Divisionsgenerals Jacob, der von uns mit der Überprüfung dieses Sachverhalts beauftragt worden ist.

Erwägend, daß aus dem Bericht des Generals Jacob hervorgeht, daß es gesichert ist, daß die Tochter, die die Citoyenne Mercier zur Welt gebracht hat, unter der linken Brust die Freiheitsmütze hervortretend und in Farbe trägt.

Erwägend, daß das französische Volk seine alten Götzen nur umgestürzt hat, um die Tugenden mehr zu ehren; daß das Licht der Freiheit, das die lügenhafte Finsternis des Fanatismus auflöst, all seinen strahlenden Glanz, der im Verlauf der Revolution niedergegangen ist, über die Werke der Natur wirft, um uns mit ihren Wohltaten zu überschütten; daß wenn die Wunder, die die Heuchelei der Geistlichen erfand, aus Unwissenheit und Dummheit geglaubt wurden, nur aufgeklärte Geister und die Vernunft imstande sind, aufmerksam auf die vielfältigen Wunder des geheimen Bewegers des Universums zu achten.

Erwägend, daß das Phänomen, für das die Tochter der Citoyenne Mercier das erste Beispiel bietet, nicht nur beweist, daß die Natur gerne mit ihrem Siegel das Reich der Unabhängigkeit markiert, sondern darüber hinaus die enge Anhänglichkeit bezeugt, die die Mutter dieses Kindes den heiligen Zeichen der Freiheit entgegenbringt.

Wird beschlossen, daß aufgrund dieser Anordnung der Steuereinnehmer des Distrikts Quesnay der Citoyenne Mercier den Betrag von 400 L. als provisorische Unterstützung zahlen soll.

Weiterhin beschließen wir, daß diese Anordnung an den Wohlfahrts- und Unterrichtsausschuß des Konvents geschickt wird.

Die Anordnung wird gedruckt und angeschlagen.

Unterzeichnet ...

(AN, DXXXVIII - 3)

Abbildungsnachweis

1 Marguerite Bergny, *Jean-Jacques Rousseau*, BN, Est., Coll. de Vinck
2 Marguerite Bergny, *Michel Lepeletier*, BN, Est., Coll. de Vinck
3 Marguerite Bergny, *Le Triomphe de la Liberté*, BN, Est., Coll. de Vinck
4 Marguerite Bergny, *Marat à l'Immortalité*, BN, Est., Coll. Hennin
5 Marguerite Bergny, *Le Triomphe de la Montagne*, BN, Est., Coll. Hennin
6 Geneviève Bouliard, *Alexandre Lenoir*, MC
7 Ursule Boze, *Augustin Robespierre*, Musée Lambinet, Versailles
8 Angélique Briceau, *Mirabeau*, MC
9 Angélique Briceau, *J.P. Marat, L'ami du peuple*, BN, Est., Coll. de Vinck
10 Angélique Briceau, *Michel Lepeletier*, BN, Est., Coll. de Vinck
11 Angélique Briceau, *Joseph Chalier*, BN, Est., Inv. Allais
12 Angélique Briceau, *Joseph Barra*, BN, Est., Coll. de Vinck
13 Angélique Briceau, *Agricola Viala*, BN, Est., Inv. Allais
14 Angélique Briceau, *Junius Brutus*, BN, Est., Inv. Allais
15 Angélique Briceau, *Les vingt-cinq préceptes de la Raison*, BN, Est., Coll. de Vinck
16 Constance-Marie Charpentier, *Danton*, MC
17 Margueritte Chatté, *Calendrier des Femmes libres*, MC
18 Marie-Anne Croisier, *Le curé patriote*, BN, Est., AA 1
19 Marie-Anne Croisier, *L'Abbé Fauchet*, BN, Est., Coll. Hennin
20 Marie-Anne Croisier, *Fête célébrée en l'honneur de l'Etre suprême*, BN, Est., Coll. de Vinck
21 Jeanne Dabos, *Marat votant la mort de Louis XVI*, Musée Lambinet, Versailles
22 Antoinette Desfonds, *Michel Lepeletier sur son lit de mort*, (Zuschreibung), MC
23 Anonym, nach Antoinette Desfonds, *Siège des Tuileries par les braves Sansculottes*, BN, Est., Coll. Histoire de France
24 Anonym, nach Fanny Ferrey, *L'Héroine de St. Milhier*, (Zuschreibung), BN, Est., Coll. Hennin
25 Anonym, nach Marguerite Gérard, *L'Héroine de St. Milhier*, (Zuschreibung), MC
26 Adélaide Labille-Guiard, *Maximilien Robespierre*
27 Renée Pilastre/Van Spaendonck, *La Revellière-Lépeaux*, MC
28 Madame Prévost, *Union – Force – constitution*, MC
29 Citoyenne Rollet, *Traité des nègres*, Stich nach Morland, BN, Est., Coll. Hennin

30 Citoyenne Rollet, *Médaille "En Thermidor l'an IIIe de la République"*, BN, Est., Coll. de Vinck
31 Elisabeth Sintzenich, *Ermordung Marats*, BN, Est. Coll. de Vinck

*

Abkürzungen

AN	Archives Nationales
BN	Bibliothèque Nationale
BHVP	Bibliothèque historique de la Ville de Paris
Est.	Cabinet des estampes
MC	Musée Carnavalet
PV CIP	Procès-verbaux de Comité d'instruction publique de la Convention nationale. Bd. I-VII, Hg. J. Guillaume. Paris 1890-1907

Alle Titel ohne Quellenverweis befinden sich in der Bibliothèque Nationale.